高等学校教师岗前培训教材

高等学校教师职业道德修养

（修订版）

教育部人事司组织编写

主编　李春秋

北京师范大学出版社

图书在版编目（CIP）数据

高等学校教师职业道德修养 / 教育部人事司组编 . —— 北京：北京师范大学出版社，1999.4（2019.7 重印）
ISBN 978-7-303-05034-5

Ⅰ . ①高… Ⅱ . ①教… Ⅲ . ①高等学校－教师职业－道德修养 Ⅳ . ① G645.16

中国版本图书馆 CIP 数据核字（1999）第 10527 号

营 销 中 心 电 话	010 — 58802181　58805532
北师大出版社高等教育分社网	http://gaojiao.bnup.com
电 子 信 箱	gaojiao@bnupg.com

出版发行：北京师范大学出版社　www.bnup.com
　　　　　北京新街口外大街 19 号
　　　　　邮政编码：100875
印　　刷：北京溢漾印刷有限公司
经　　销：全国新华书店
开　　本：889 mm × 1194 mm　1/32
印　　张：13.625
字　　数：342 千字
版　　次：2006 年 9 月第 3 版
印　　次：2019 年 7 月第 21 次印刷
定　　价：24.00 元

责任编辑：倪　花　　　　　　装帧设计：李　强
责任校对：李　菡　　　　　　责任印制：陈　涛

序　言

教育部副部长　周远清

　　《中华人民共和国教师法》明确规定："各级人民政府教育行政部门、学校主管部门和学校应当制定教师培训规划,对教师进行多种形式的思想政治、业务培训"。同时规定,教师享有"参加进修或者其他方式的培训"的权利。1995年12月12日国务院颁布的《教师资格条例》规定："根据实际情况和需要,教育行政部门或者受委托的高等学校可以要求申请人补修教育学、心理学等课程"。无论从贯彻落实《教师法》、实施教师资格制度,还是根据教师担任教育教学工作的要求,教师培训都显得非常重要。为此,1996年4月8日原国家教委正式颁布实施了《高等学校教师培训工作规程》,随后又出台了《高等学校教师岗前培训暂行细则》。文件规定,岗前培训是新补充的高等学校教师任教前的职前培训,是国家加强高等学校教师队伍建设,保证提高教师整体素质的重要举措。

　　教书育人是教师的神圣天职,"师者,所以传道、授业、解惑也。"韩愈的这句名言,说明从古代起,人们就已认识到教师是既当"经师",又当"人师"。经师教学问,人师则要教行为,教道德,教学生怎样做人。高等学校教师肩负着为社会主义现代化建设培养合格专门人才的重要使命。他们应当既是学术方面的专家,又是培养造就人才的行家。这就要求高校教师应当具备从事教育教学工作所必要的教育法规、教育科学、心理科学等方面的理论知识,树立依法从教的观念和科学的教育观念,熟悉教育活动中的心理现象,懂得教育规律,具备良好的职业道德。高等学校教师岗前培训正是针对这些要求而进行的。它的主要目的在于提高高校教师教育教学工作的技能和水平,使他们能更好地履行教师岗位职责,胜任教育教学工作。

当前,高等教育领域的各项改革不断深化。高等教育面向21世纪教学内容和课程体系改革计划的实施,对高等学校的教育教学工作提出了新的更高的要求,它不仅涉及学科专业本身,而且涉及教育理论与方法,不仅涉及教学内容的取舍和课程体系的构建,而且涉及教学思想和教育观念的更新。因此,开展高等学校教师岗前培训,已成为进一步提高高校教育和教学质量的一项必要措施。各地教育行政部门和各高校应认真贯彻落实《高等学校教师岗前培训暂行细则》,搞好高等学校教师岗前培训工作。

根据《教师资格条例》规定,担任高等学校教师工作,必须取得依法认定的高等学校教师资格。而取得高校教师资格的条件之一是要学习高等教育学、高等教育心理学等与教师职业关系密切的课程。所以,新上岗的教师要学好《高等教育学》《高等教育心理学》。

好的教材是教学工作取得良好成效的基础。为了有效实施高等学校教师岗前培训,保证培训质量,教育部人事司组织有关专家学者,依据《高等学校教师岗前培训教学指导纲要》,编写了《高等教育法规概论》、《高等教育学》、《高等教育心理学》及《高等学校教师职业道德修养》四本岗前培训系列教材,供各地各高校采用。希望各地各高校注意及时总结,不断改进,使高等学校教师岗前培训不断完善,更趋规范。

1998 年 6 月 19 日于北京

目　录

第一章　道德是为人处世的行为准则

道德是人类社会特有的现象。人类总是在一定的社会关系中生存和发展。为了维护劳动、生活、生活的正常进行和社会生活的稳定，人们必须对相互之间以及人与自然的关系进行必要的调节，对个人的行为进行必要的约束。道德便是这种调节、约束的重要手段之一。换言之，道德是为人处世的行为准则。高等学校教师要正确地进行职业道德修养，首先要对道德的基本理论有所了解和把握。

一、道德的本质

（一）道德的含义

在我国的古籍中，最早是把"道"与"德"两个字分开使用的。"道"表示道路，如"周道如砥，其直如矢。"以后引申为原则、规范、规律、道理或学说等方面的含义。孔子在《论语》中说："志于道，据于德，依于仁，游于艺。"又说："朝闻道，夕死可矣。"这里讲的"道"是指做人治国的根本原则。"德"，即得，人们认识"道"，遵循"道"，内得于己，外施于人，便称为"德"。朱熹说："德者，得也。"用在人伦上则为人的本性、品德。"道德"二字连用始于荀子《劝学》篇："故学至乎礼而止矣，夫是之谓道德之极。"，"道德"主要是指调整人们相互关系的行为准则和规范，有时也指个人的思想品质、修养境界、善恶评价，乃至泛指风俗习惯和道德教育活动等。

在西方古代文化中，"道德"一词起源于拉丁语的"摩里斯"

1

(Mores)，意为风俗和习惯，引申其义，也有规则、规范、行为品质和善恶评价等含义。古希腊的哲学家苏格拉底提出：罪恶即是对于道德所应知的许多事物的无知，道德即是知识。近代法国唯物主义者霍尔巴赫把道德规定为善的行为，他说：做善事，为旁人的幸福尽力，扶助旁人，就是道德。道德只能是为社会的利益、幸福、安全而尽力的行动。德国哲学家黑格尔认为，道德是"主观意志的法"。中外思想家关于道德的种种见解表明，道德概念是随着社会实践的发展和人们认识能力的逐步提高而逐步完善的。他们对"道德"一词的理解，大体都包含了社会道德和个人道德品质的内容，指的都是用来调节处理人们之间关系的行为准则或规范，是人类社会普遍存在的特有现象。

那么，什么是道德，或如何理解道德的含义呢？

马克思主义伦理学认为，道德是由一定社会的经济关系所决定的特殊意识形态，是以善恶评价为标准、依靠社会舆论、传统习惯和内心信念所维持的，调整人们之间以及个人与社会、人与自然之间关系的行为规范的总和。我们可以从以下几个方面来把握道德的含义。

第一，道德是由一定社会的经济关系所决定的特殊意识形态。人类为了生存就必须从事生产劳动，要生产就必然会结成生产关系，因而也就形成了个人与他人、个人与集体、社会的各种社会关系，产生如何处理这些关系的态度和行为，以及对这些态度和行为的看法和评价问题。也就是说，社会经济关系决定了人们必然产生一定的道德关系、道德观念和道德情感。道德深深地植根于社会经济关系的土壤之中。有什么样的经济关系，就必然会有什么样的道德；经济关系改变了，道德也会或迟或早地发生变化。在阶级社会中，道德具有鲜明的阶级性。

第二，道德是以善恶为评价标准来调整人们关系的行为规范。在社会生活中，人们经常对各种行为进行议论，说这种行为

"好"，那种行为"坏"；这种行为"道德高尚"，即是"善"；那种行为"坏""缺德"，即是"恶"。在阶级社会中，一个人的行为究竟是善还是恶，主要是以自己所属阶级的阶级利益为判断标准。凡是符合本阶级的利益或者符合从本阶级的利益中引申出来的道德原则和规范的行为，就是善；反之，就是恶。善恶是具体的，没有超阶级的、永恒不变的善恶标准。一般说来，善恶的客观标准，就是看其行为是否有利于社会的发展进步，是否有利于广大人民群众的利益。

第三，道德是依靠社会舆论、传统习惯和内心信念来调整人们之间关系的行为规范。道德作为调整人们之间关系以维持社会秩序的一种精神力量，需要通过社会舆论、传统习惯和人们的内心信念这几种道德评价方式去发挥作用。社会舆论通过表扬和肯定一些良好的品行，批评、否定一些不良的品行，造成一种精神力量，鼓励、制约或限制人们的行为，造成良好的社会道德风尚。传统习惯是人们在社会生活中逐步形成的习以为常的行为习惯和道德风尚。由于它源远流长，深入人心，并往往同民族情感、社会心理交织在一起，因此，它具有稳定性、群众性和持久性等特点。内心信念是人们发自内心的对道德义务的真诚信仰和强烈的责任感，是人们对自己行为进行善恶评价的精神力量。具有高尚内心信念的人，做了合乎道德的事情，会感到"问心无愧"，得到精神的满足；做了不道德的事情，会感到"问心有愧"，自己谴责自己。可见，内心信念对人们主动选择和调整自己的行为具有重要作用。

第四，道德是调整个人与个人、个人与社会之间以及人与自然关系的行为规范。人是社会的人，人类的一切活动都是在社会中进行的。任何人要在社会中生活，就必须同他人、同社会发生这样或那样的联系，形成复杂的社会关系，产生种种矛盾。为了保障社会生活的正常进行，就必须对人们之间的关系进行调整，对人们的行为加以必要的约束。这种调整人们之间的关系，约束人们行为的手段，在原始社会是靠维护氏族利益的风尚、习俗实现的。随着阶级的出现，人类社会生活复杂化，调整人们相互关系的手段也随之复杂多样，出现了经济、政治、法律等调节手段。与此同时，在原始社会风尚、习俗的基础上根据一定阶级利益的要求，形成了以善恶评价为标准的，依靠社会舆论、传统习惯和内心信念等维持的行为准则和规范，这也就是调整人们之间以及个人与社会、人与自然之间关系的道德。它具有不同于政治规范、法律规范的特点，是人类社会生活中的一种特有现象。

（二）道德的本质

道德作为一种与人类相伴始终的社会历史现象，它在人类社会长河中处于什么地位？对社会的发展有何作用？什么样的道德是进步的？这都是我们必须回答的，而如何回答这些问题又取决于对道德本身的认识，即研究道德的本质是什么？它如何区别于其他社会现象？马克思主义伦理学一方面根据社会存在决定社会意识的基本原理，扬弃旧伦理学的道德本质论，把道德本质置于科学的历史唯物主义的基础之上；另一方面，对道德本质的认识也是一个由浅入深的过程。我们不但要把握道德的一般本质，即道德作为社会意识形态的根本属性，也要把握道德的特殊性，即道德区别于其他社会意识的内在本质，还要把握道德更深层次上的必然性和规律性。

1.伦理思想史对道德本质的看法。

关于道德本质的问题，中外伦理思想史上思想家们众说纷纭，其中有代表性的观点有：

客观唯心主义观点。他们认为道德是从上帝的意志和神的启示中产生出来的，是神或上帝指示圣人提出来的行为规范。古希腊的柏拉图说，道德是"神"把善的理念放到人的灵魂中的结果，由于人的灵魂不同，等级不同，才产生了不同等级的德性。

后来的神学家则认为，道德是上帝意志的表现。中国汉代大儒董仲舒则把封建的道德规范说成是"天"的旨意，他说："道之大原出于天，天不变，道亦不变"。① 他从"天人合一"、"天人相符"的思想出发，认为人所具有的一切包括物质上的和精神上的都是"天"定的；并且，天在制定出一系列的规范原则之后，还随时监视着人的行为，以使人的行为不违背天意，一旦违背了天意，天则先发出灾害以警告它，继而用一些怪异事件来恐吓它，如果再不改变行为，那么，伤害和败坏就会到来。董仲舒认为，人的行为的好坏，是和天相通并且交互起着感应作用的。这些观点把道德归结为上帝或人格神的天，不但没有真正解决道德本质的问题，反而将其掩盖起来或推到神秘主义的彼岸世界。

主观唯心主义观点。他们认为道德是先天的与生俱来的，是人心所固有的东西。德国古典哲学的创始人康德认为，道德与功利幸福毫无关系，它仅是一种实践理性的命令，而这些实践理性是人头脑所固有的，它能够判断什么是善，什么是恶。孟子认为，道德是人生来就有的天性。他说："人之所不学而能者，其良能也；所不虑而知者，其良知也。"② 又说："恻隐之心，仁也；羞恶之心，义也；恭敬之心，礼也；是非之心，智也。仁义礼智，非由外铄我，我固有之也。"③ 主观唯心主义道德本质论还有一个重要的提法是"道德官能"说，其代表是 17 世纪英国的沙甫兹伯利，他认为每个人身上都有两种感情，一种是自私的感情，一种是社会的感情，道德的功能就在于使两种感情和谐而不冲突。这种道德从何而来呢？他认为，就像天生具有识别美丑的器官一样，人也天生就具有识别善恶的器官。这种观点把道德

---

① 董仲舒《春秋繁露·对策》。

② 《孟子·尽心上》。

③ 《孟子·告子上》。

归结为先验的善良意志，而否定了道德的客观的社会基础和内容，使道德成为先于人和人类社会的东西，从根本上歪曲了道德的本质。

旧唯物主义观点。他们根据抽象的人性或人的自然本性，认为道德是人的天性的欲望。旧唯物主义者认为人生来就有一种追求幸福的欲望，能够满足这种欲望的行为使人感觉快乐，就是善的；不能满足这种欲望的行为使人感觉痛苦，就是恶。所以，他们认为道德是从人的天性的欲望中产生的，或者说，是由人的苦乐感觉所决定的。19 世纪德国哲学家费尔巴哈是以人的感觉作为道德的根源的人性论者。他在《幸福论》中写道："没有快乐感和不快乐感的地方，也就不会有善与恶的区别"，认为人们追求幸福的欲望，是人生下来就有的，因而应成为一切道德的基础。还有的旧唯物主义者看到了道德与社会物质消费水平的关系。《管子》提出"仓廪实则知礼节，衣食足则知荣辱"的命题。汉代的王充进一步说：为善恶之行，不在人之质性，在于岁之饥穰。由此言之，礼义之行，在食足也。旧唯物主义者虽然把道德同人的现实生活、物质利益联系起来，但是由于他们不懂得人的社会性，不懂得人的社会实践活动在道德形成中的决定作用，而把人归结为生物学上的自然人，把道德看作是与人们的社会存在无关的、先验的、永恒的东西，最终不能不与唯心主义殊途同归。

在马克思主义以前，尽管说法纷纭，但都没能对道德的本质问题作出科学的回答。马克思主义才真正揭示出道德的本质。

2. 马克思主义的道德本质论。

(1) 道德是一种社会意识。

马克思主义认为，道德是一种社会现象，道德的本质不应从人们的意识中去寻找，也不应从社会生活之外去寻找，而只能从现实的人类物质生活中去探求。马克思主义将辩证唯物主义和历史唯物主义的基本原理运用于道德理论的研究，认为道德不是人主观自生的，也不是神的意志，更不能用抽象的人性来说明，道德是由一定经济基础决定的上层建筑、社会意识形态，是社会物质生活条件的反映，并受着社会关系特别是经济关系的制约。人类为了生存就必定要进行生产。人们在生产过程中，必然形成个人同个人、个人同社会乃至人与自然的各种关系和矛盾，并产生如何看待这些关系，解决这些矛盾的态度和行为，产生对这些行为的评价及善恶判断。也就是说，人们必然产生一定的道德观念、道德情感、道德意志和道德信念。正是在这些道德意识的指导下，才产生了调节人们之间的一定道德关系和各种道德行为的规范。这就表明，作为思想关系的道德关系是由人们的物质的社会关系决定的，正如列宁所说："社会关系分成物质关系和思想关系，思想关系只是不以人们的意志和意识为转移而形成的物质关系的上层建筑，而物质关系是人们维持生存的活动的形式（结果）。"①　具体地说，社会经济关系对道德的决定作用表现在如下几个方面：

第一，社会经济结构的性质直接决定各种道德体系的性质。历史唯物主义认为，社会经济结构即社会的物质关系包括生产资料所有制、人们在生产过程中的地位和相互关系、消费资料的分配方式三个方面，其中生产资料所有制是社会经济结构的基础，它直接决定着社会道德的性质。在人类历史上，社会的经济结构有两种基本类型：一种是以生产资料公有制为基础的经济结构，一种是以生产资料私有制为基础的经济结构。与这两种经济结构相适应，也产生了两种不同类型的道德：一种是统一的社会道德，包括原始社会的道德、共产主义社会的共产主义道德；一种是对立的阶级道德，包括奴隶社会道德、封建社会道德和资本主

---

① 《列宁选集》第1卷，第18页。

义社会道德。由于经济结构的不同，两种类型的道德各有其特点。在阶级社会中，道德直接由阶级关系决定，有什么样的阶级利益，就会产生什么样的道德，一定的道德是一定的阶级利益的体现。正如恩格斯指出的："我们判定，一切以往的道德归根到底都是当时的社会经济状况的产物。而社会直到现在还是在阶级对立中运动的，所以道德始终是阶级的道德；它或者为统治阶级的统治和利益辩护，或者当被压迫阶级变得足够强大时，代表被压迫者对这个统治的反抗和他们的未来利益"。① 所以在历史上就形成了奴隶主阶级道德和奴隶阶级道德，地主阶级道德和农民（农奴）阶级道德，资产阶级道德和无产阶级道德。

第二，经济利益决定道德体系的基本原则和主要规范。

恩格斯指出，"每一个社会的经济关系首先是作为利益表现出来的"，② 这种利益就是道德的直接根源。利益关系是多种多样的，各种不同的利益关系对各种道德体系的基本原则和主要规范直接起着决定作用。其一，不同性质的利益关系直接决定着道德体系原则规范的性质。在阶级社会里，利益分解为对立阶级的利益，任何阶级的利益都不再是该社会的整体利益，每一时代的对立阶级的利益，都是由人们在社会经济关系中所处的不同地位决定的。其二，经济利益的范围决定着道德的基本原则和主要规范所适用的范围。马克思说："财产的任何一种社会形式都有各自的道德与之相适应"。③ 各种不同的道德是以一定的社会经济关系为实在内容的。道德的中心内容都是如何处理个人同他人、个人同社会集体之间的利益关系。各种道德原则和规范在多大程度上适应社会整体利益，归根结底，取决于它所反映的社会整体

---

① 《马克思恩格斯选集》第 3 卷，第 133～134 页。
② 《马克思恩格斯选集》第 2 卷，第 537 页。
③ 《马克思恩格斯全集》第 11 卷，第 610 页。

利益的范围和程度。在原始社会中，社会整体利益实际上就是氏族、部落联盟的利益，因此，原始社会的道德实际上就是以血缘氏族为基础的社会整体道德。在阶级社会中，各种道德体系的原则和规范也是从相应的一定阶级的整体利益中引申出来的，所以任何一种道德体系的基本原则和主要规范都不能真正成为全体社会成员的统一的行为准则。当然，由于在同一社会中的各阶级生活于同一社会经济结构中，处于同一历史发展阶段，有着共同的历史背景，因而也存在一些共同的利益，并在此基础上形成了某些人类公共生活最起码的行为准则，但是，这些共同利益是有限的，在此基础上形成的行为准则并不是各阶级道德体系中的主要成分。随着社会主义制度的建立，社会主义道德成了社会占统治地位的道德，但社会主义道德与完善的共产主义道德相比，仍然是两个不同阶段，在反映个人利益与社会整体利益的一致性方面有着程度上的差别，所以，道德的基本原则和规范在这两个阶段上实际发生作用的范围和程度也是有差别的。这些历史事实表明，道德的原则和规范实际发生作用的范围和程度，从根本上说完全是由作为经济关系表现出来的利益和利益关系所决定的。

第三，社会经济关系的变化引起道德变化。

在人类历史上，道德体系的兴衰进退，新旧更替，归根到底都是由社会经济结构的变革造成的。其一，社会经济结构的根本变革，迟早会导致新旧道德的更替。当旧的社会经济结构日益腐朽而成为束缚生产力发展的桎梏，新的适应生产力发展要求的社会经济关系日益形成，旧的道德体系必然随之日益衰败，新的道德体系便随之日益兴起。其二，同一经济结构内部的某些重大变化，也会引起相应道德体系内部的某些变化。当某种社会经济结构内部出现了某种重大变化，生活于其中的人们往往会随着这一变化而引起新的认识，并在原有的道德体系中加进一些新的内容，抛弃原来的某些部分，或对原有的内容赋予新的含义，改变其重点和形式。当然，同一道德体系的这种变化，属于量的变化或部分质的变化，而并未从根本上改变道德体系的性质。但是，这种变化的根源仍然是社会经济关系。目前我国所进行的经济体制改革，是社会主义经济体制内部的重大变革，它必然带来道德生活的深刻变化，给我国的道德生活带来许多新情况，新问题，也给伦理道德研究提出一系列新的课题。

综上所述，道德是在一定社会经济关系之上产生的一种社会意识形态，它反映着人类社会发展的要求，反映着特定的阶级利益，道德的内容、特征、发展和演变都受着社会经济关系的制约。当然，我们肯定社会经济关系对道德的决定作用，同时也要看到生产力和科学技术对道德进步的影响。这是由于生产力、科学技术的发展，必将促进劳动者素质的提高和生产工具的改进，推动生产力和生产关系的矛盾运动，引起社会由低级向高级的发展，导致包括道德在内的精神文明的进步。虽然这种影响在不同社会制度下，存在不同的情况，但从最终意义上看，生产力的发展和科学技术的进步，人们物质生活的改善，必将不断地改变人与人之间的关系，改变人类社会的道德面貌，培养道德上的新人。

（2）道德是特殊的规范调解方式。

道德作为社会意识，是由社会经济结构决定的，但道德作为一种具体的社会意识形式，它与其他社会意识形式有什么不同呢？这就需要进一步了解道德的特殊本质，只有这样，才能全面科学地把握道德的本质。当我们深入到社会意识形态的内部，比较诸社会意识形式的异同时，不难发现，道德是一种由原则、规范、意识、信念和行为习惯构成的特殊的调解规范体系。

在人类长期的发展中，人的活动、人与人的交往和联系会逐渐形成一定的秩序、节奏，在人与人尤其是个人与他人、个人与整体的关系中，也会相应地产生一定的要求，这些秩序和要求是

10

人类社会实践的产物，也是为人们自觉意识到的，它相对于个人而言是一种普遍的规律，是一种"应当"。"应当"立足于现有和事实，但又不等于现有，而是现有与应有的统一。当现有既具有现实基础又符合社会发展内在必然性时，就转化为应有，而当现有不具有现实基础并违背社会发展内在必然性时就与应有相背离，这时"应有"就表现为一种秩序，表现为一种"客观"力量，迫使这种丧失必然性的现有转化为应有。"应当"作为一种生活方式和行为模式是维系社会生活、维持社会存在的必要纽带。经过阶级、国家等群体有意识地加以总结、提炼、概括之后，就形成了人类社会特有的行为规范，这种规范不是单一的个别的要求，而是包括原则、准则、戒律、标准等多层次多方面要求在内的规范体系，是特定的行为方式和生活方式，它们共同组成一个规范之网，将人与人、人与社会联系在一起，保证社会生活的正常进行。

道德不同于其他社会意识形式的根本特征，就在于它的特殊的规范性。

第一，道德规范是一种非制度化的规范。在社会生活中，调整人与人之间的关系，除了道德规范外，还有政治规范、法律规范等等。政治规范、法律规范是制度化的规范，是经国家、政治团体或阶级以宪法、章程、司法机构等形式表现出来的意志，是特殊的社会制度，而道德规范就整体而言，则没有制度化，不是被颁布、制订或规定出来的，而是处于同一社会或同一生活环境中的人们在长期的共同生活过程中逐渐积累形成的要求、秩序和理想，它表现在人们的视听言行上，深藏于品格、习性、意向之中。

第二，道德规范没有也不使用强制性手段为自己开辟道路。法律作为统治阶级意志的体现，必然要以强制手段强迫人们执行，遵守它的要求就获得了在社会中生活和行动的权利，否则就会受到惩罚。道德规范的实施则主要是借助于社会舆论、传统习惯和内心信念来实现的。社会舆论的力量是一个"精神法庭"，传统习惯是一种行为准则，内心信念是一个无形的"法官"，任何不道德的行为都难逃它的"审判"。同时教育、宣传、大众传播媒介等也常常是道德规范转化为人们实际行动的重要手段。

第三，道德是一种内化的规范。道德规范只有在为人们真心诚意地接受，并转化为人的情感、意志和信念时，才能得到实施。内化的规范也称为良心。良心是人们思想、言行的标准和尺度，良心形成特定的动机、意图、目的，良心促使人去遵守社会规范。法律在人的行为没有导致实际结果时，不去追究行为的动机，道德则必须有内在的善良愿望才能得以遵守，那种迫于外界压力而循规蹈矩的人，在法律意义上是好公民，但不一定是道德意义上的君子。

（3）道德是一种实践精神。

道德不仅是一种社会意识，是一种特殊的调解规范体系，而且是人类掌握世界的特殊方式，是人类完善发展自身的活动。

马克思在《政治经济学批判导言》中指出："人类除了用科学掌握现实世界之外，还有"世界的艺术的、宗教的、实践——精神的掌握"。① 道德是一种以指导行动为目的、以形成人们正确的行为方式为内容的精神，因此它又是实践的。道德作为特殊的实践精神，不同于科学、艺术等其他精神。科学以真假掌握现实世界，艺术以美丑掌握现实世界，道德则是通过价值方式掌握现实世界，即以评价对象，调节社会关系，预测社会发展，形成行为准则等方式来认识、反映、改造和完善世界。道德把世界分为两部分，即善的和恶的，正当的与不正当的，应该的与不应该的，高扬前者，鞭笞后者，以推动人类社会的发展。道德作为善

---

① 《马克思恩格斯选集》第 2 卷，第 104 页。

恶观念，又是一种关于价值的观念，是道德主体人的需要同满足这种需要的对象之间的价值关系。需要是人类活动的基本动机，道德需要作为高于物质需要的精神需要，主要是促使人类结成相互满足的价值关系，推动人们改善这种关系，调节人与人的交往、协作，完善人的人格。同时道德又不仅仅是价值，更是实现价值的行动，是有目的的行动。目的性是人类活动的最基本特征，在所有存在物中，只有人才能够根据自己的需要和现有的手段自觉地提出一定的目的。在社会中，"任何事情的发生都不是没有自觉意图，没有预期目的的"。[①] 道德也不例外，正是人的行为目的性决定了道德行为的方向、价值，表现了精神的实践功能，反过来讲，实践精神要成为道德的，就必须转化为一定目的和在这目的支配下的行动，就必须干预、调节人们的目的，并通过调节目的而达到调节行为，所以说，道德是一种以"实践——精神"掌握现实世界的特殊方式。

道德掌握世界的特殊性，是随着人类实践精神的分化而形成和逐渐发展起来的。在人类社会早期，人们还没有意识到自己面前的世界具有多种本质，因而对世界的掌握是一体化的，还没有必要也不可能形成多层次的精神领域。随着人类活动的日益复杂和分化，人类精神也日益精微而相对独立，人们在认识世界的同时，又在艺术地表现世界，能动地评价世界，并由此形成了科学、艺术、道德等掌握世界的方式，这些方式之间相互联系，相互区别，而不能互相代替，它们各自从不同的角度反映着社会生活和世界的本质，从不同的方面促进着社会的进步。

概括地讲，道德掌握世界的特殊性表现在以下几个方面。

第一，道德不是被动地反映世界，而是从人的需要出发，从特定的价值要求出发来改造世界的。这里的改造主要是指以精神

---

① 《马克思恩格斯全集》第21卷，第341页。

的手段来调节人与人的关系，使社会关系符合某一价值要求的精神活动，而不仅仅指以物质手段作用于物质客体的实践活动。这里所讲的世界也主要不是指与人类社会共存的自然界，而是指人类社会、人类活动和人类品质。道德的这种把握之所以必要，是因为人类只有结成群体，社会才能进行生产和再生产，而人类群体和社会只有在一定秩序和行为准则下才能不至于分裂，不出现混乱，道德就是通过形成特殊的社会秩序和行为准则来实现社会的稳定、和谐与发展的。

第二，道德的目的不是再现世界，而是对世界进行价值评价。评价是道德把握世界的基本手段。道德评价最初是与风俗习惯交织在一起的，通过传统的生活方式和行为方式的延续而维持人类自身的发展。风俗评价、舆论评价既是按特定的道德准则进行，又创造出新的行为规范，制约、指导着人们的行为，这些准则作为评价的依据，规定着评价对象和内容，它们作为评价的产物，又代表着评价主体的价值取向。评价的有意义和无意义，有价值和无价值，善和恶等等加之于评价对象，往往会左右着人们的态度和价值取舍，从内和外两个方面形成道德的环境。对个人而言，道德评价将外在的准则直接灌输到人们的内心，形成个人自己的做人标准和价值目标，而这种标准和目标反过来又作为内心的评价主体，审查自己的动机、欲望、需要、意图，使之符合社会的价值要求和指向社会的价值标准。

第三，道德掌握世界不是以盲目听从权威，屈从于现实中的邪恶势力，而是增强人的主体意识和选择能力，动员全部身心力量克服恶行，培养善行，既提高自身的道德境界，又实现社会的道德理想。由于社会中善与恶，高尚与卑劣总是相伴存在，而且在特定的时期，特定的场合，后者还可能占上风，因此，在掌握世界时，道德绝不允许随波逐流。要通过对世界的道德掌握来形成人的价值和人生意义，形成人的责任心和义务感，确定人的道德理想，就必须同邪恶势力作斗争，同社会上的腐败现象，同个人的卑污情欲和自私心理作斗争。道德也不允许甘居中游，它要求人在掌握世界的同时，形成上进心和荣誉感，做到"见贤思齐"，"见不贤而内自省"，不断提高自己的道德境界。道德要求人们在面临几种行为可能性的情况下，在道德冲突的困境中、自觉选择高尚而弃绝卑鄙，自觉地选取较大的价值而牺牲较小的价值，并以此为人类社会发展作出自己的贡献。

总之，道德作为一种实践精神，是特殊的意识信念、行为准则、评价选择、应当、理想等的价值体系，是调节社会关系，发展个人品质，提高精神境界诸活动的动力。

二、道德的特点与社会作用

（一）道德的特点

第一，特殊的规范性。如前所述，人们把握世界有三种形式，即科学的、艺术的和道德的形式。科学把握世界靠概念、规律的逻辑体系向人们提供关于真理和谬误对立的认识；艺术把握世界靠艺术形象向人们展现美和丑的形象；道德则是一种特殊的把握世界的形式，它是通过道德原则和规范向人们提供用善和恶来评价、调整人与人之间以及人与自然之间关系的准则和规范。当然，道德并不是与科学、艺术分离的，而总是把真、善、美（即科学、道德、艺术）的理想追求，包括在自己的规范之中。道德的这种规范性，使它成为人们行为的不可替代的指南。

第二，独特的多层次性。由于社会生活中人们社会关系和道德关系的多层次性，人们对道德要求的多层次性，因而道德体系也就呈现出多层次的特点。历史上无论哪个阶级的道德体系中，总有一些高于现实生活的成分，即理想的成分。然而，各个阶级的道德体系中，除了有表示远大目标的、示范性的道德理想外，还有一些体现眼前道德要求的具体道德规范，如封建道德体系中除了道德理想外，还有忠、孝、仁、义、礼、智、信等具体规范，在调整人们之间大量的、一般的道德关系时，发挥着巨大的作用。道德体系中的崇高道德理想规范与一般的具体道德规范，构成了道德的多层次性的特点。

第三，广泛的社会性。道德的广泛社会性主要表现在：道德与人类社会生活共始终，存在于社会生活的各个领域，渗透于各种社会关系和人们的一切思想行为之中。道德不像政治法律这些意识形态只存在于阶级社会中，也不像宗教那样，到了共产主义社会就要消亡，而是在任何社会都是调整人们行为的主要精神力量，与人类社会共存亡。还有，道德在社会生活的各个领域都存在并发挥作用。无论是政治、经济、军事领域，还是法律、宗教、艺术领域，无论是人们的物质生活领域，还是人们的精神生活领域，都存在道德问题。另外，凡是存在人与人之间关系的地方，在其他行为规范如政治、法律规范发挥作用的同时，也总有道德关系在其中发挥着调整人们相互关系的作用。最后，道德还渗透于一切人的思想和行为之中，凡是具有理智的正常人总要掌握一定的道德观念，表现出这样那样的道德行为。这些情况说明，道德具有广泛的社会性。

第四，更大的稳定性。道德与其他社会意识形态一样，随着社会经济关系的变化而变化，具有历史变动性。同时，它又有不同于其他社会意识形态的特殊的稳定性，变化的速度较慢。在我国，封建专制制度早已被推翻，但是，当今我国社会生活中一些人心灵上的偶像崇拜、特权思想、等级观念、家长作风等封建道德残余仍然存在，需要很长时间才可能消除，并最终失去其存在的根源。

（二）道德与法律

了解什么是道德，还需要将其同上层建筑其他意识形态联系起来，特别需要将其同法律联系起来进行考察。因为道德与法律是维护社会生活稳定的两种最重要的规范，从二者的关系中，我们可以进一步把握为什么道德是特殊的社会意识和行为规范。

道德和法律的区别主要表现在以下三个方面。

第一，它们的产生条件和发展趋势不同。早在原始社会，就有道德的萌芽；产生了对立阶级之后，道德分离成对立的具有阶级性的道德，形成了不同的道德体系；到了共产主义社会，带阶级性的道德没有了，但还存在全人类的道德。法律则是阶级社会的特有现象，它同国家政权联系在一起，国家消亡了，法律也就不存在了。

第二，它们依靠的力量不同。法律是统治阶级意志的表现，由国家立法机关制定，并由国家设立的检察院、法院、公安机关等强制力量执行，谁触犯了法律，就要受到法律的制裁。应该说，在法律面前人人平等。道德则不像法律那样具有强制性，它是依据一定的善恶标准，通过社会舆论、风俗习惯特别是人们的内心信念（主要是良心）来评价人们的行为，调节人们之间的关系以及人与自然之间的关系。道德的主要特点是自觉自愿，谁违反了道德虽然要受到舆论的批评和内心的谴责，有一定的压力，但不像法律那样带有外在的强制性。

第三，它们产生作用的范围不同。尽管法律对人们违反道德的行为可以干涉，但只要这些行为没有达到触犯法律的程度，法律就无能为力。道德调节的范围，比法律广泛得多，凡是不道德的行为，不管法律制裁的还是不制裁的，道德都要进行谴责、干预。有些行为，如在车站、码头等地不排队上车、上船，在公共场所抽烟、喧闹，婚姻生活中喜新厌旧等不道德行为，没有触犯法律，法律不能制裁，但道德可以谴责、劝阻。但是，任何事情都有一个"限度"，超过一定"限度"，就可能走向反面。如在公共场所抽烟造成火灾，伤害了他人安全；有的人喜新厌旧破坏了他人的家庭和睦，导致了人身事故等等，这就触犯了法律。在这种情况下，法律就要干预，道德也要谴责。

在社会主义条件下，划清道德与法律的界限，对于正确处理两种不同性质的矛盾，维护社会主义法制的严肃性，加强对广大社会成员进行社会主义道德教育，都有重要意义。无疑，道德与法律的区别是显而易见的。但在同一个国家里，法律与统治阶级的道德在本质上是一致的，都体现了统治阶级的意志，同为维护统治阶级利益的工具。历史上的任何统治阶级，总是一方面用本阶级的道德为其法律作辩护，另一方面又用法律来维护和发展本阶级的道德。

道德和法律的联系主要表现在以下三个方面。

第一，在调节内容上相互渗透。有的道德规范就是法律规范，有的在内容上虽然没有直接重合，但却是共同体现的。我国宪法对公民提出的许多要求，也是社会主义道德规范的内容。如"保卫祖国，抵抗侵略，是每一个公民的神圣职责"；公民必须"保守国家秘密，爱护公共财产，遵守劳动纪律，遵守公共秩序，尊重社会公德"；等等。这些都是社会主义道德规范的内容。我国宪法关于公民权利和义务的规定，充分体现了人与人之间平等、男女平等、国内各民族平等的社会主义道德精神。

第二，在调节功能上相互补充。在维护统治阶级利益及其需要的社会秩序上，道德调节和法律调节虽然各司其职，各显其能，但又是相互补充、相互协调的。对于一些不能或不宜用法律来调节的行为，就用道德来调节；对于道德调节不了的行为，就用法律来调节。例如家庭生活中的父子关系，一般用道德调节，但当父子之间的矛盾到了用道德不能调节的时候，则需要用法律来调节。

第三，在调节的实施上相互支持。为了防范违法行为的发生，要加强道德教育；为了道德理想的实现，又由法律认可并积极促进。我国宪法中就有"在人民中进行爱国主义、集体主义和国际主义、共产主义教育"等规定。这样，通过法律的作用，就可以有效地改善人们的道德面貌，并在提高道德素质的同时，增强遵纪守法的自觉性。

道德与法律既相互区别又相互联系。因此，我们既要加强社会主义道德教育，又要加强法制教育，把"依法治国"与"以德治国"密切结合起来，这是建设社会主义现代化强国的极为重要的条件，二者不能偏废。

（三）道德的社会作用

道德一经形成，就以相对独立的形式对产生它的经济基础产生能动的反作用。一般说来，进步的、革命的道德，对经济基础的巩固和发展起促进作用，落后的、反动的道德，对经济基础起阻碍、破坏作用。如何科学地确定道德在社会发展中的作用，在伦理思想史上，存在两种对立的错误看法。

一种是"道德决定论"（或道德万能论）。就是过分地强调道德的社会作用，认为道德高于一切，人类的其他活动均从属于道德活动，社会历史的发展是道德决定的。中国儒家学派的一些代表人物的思想反映了这种倾向。孟子说："三代之得天下也以仁，其失天下也以不仁。国之所以兴废存亡者亦然。"[①] 孟子不懂得社会发展的客观规律，把社会变更、国家存亡的根本原因统统归之于"仁"（即道德）的兴衰。十八、十九世纪的空想社会主义者也是"道德决定论"者。他们不懂得物质资料的生产方式在社会发展中的决定作用，不懂得资本主义内部的不可克服的矛盾终将走向自己的反面，而社会主义则是人类历史发展的必然；他们无视阶级对立的事实，主张进行改良，把建立理想社会的愿望建立在道德说教的基础上，幻想通过向统治者和有产者呼吁的办

---

① 《孟子·离娄上》。

法，劝说他们行善，对穷人仁慈，为人类利益作出牺牲，等等。与此同时，空想社会主义者又劝说穷人对富人忍让，在物质上要知足。总之，空想社会主义者虽然煞费苦心地制定了一个个关于未来社会的蓝图，但他们从抽象的人性出发，力图通过"人类之爱"的道德说教来消除阶级对立，即通过道德和理性的力量来达到自己的目的，结果不可避免地成为"乌托邦"。道德决定论的根本错误在于，颠倒了社会存在和社会意识、经济基础和上层建筑之间的决定与被决定的关系，把社会意识形态之一的道德作为社会发展的根本动力，把道德手段夸大为医治社会弊病的唯一良方，这不仅在理论上是错误的，在实践上也是有害的。恩格斯在批评空想社会主义者的错误时指出："这种诉诸道德和法的做法，在科学上丝毫不能把我们推向前进；道义上的愤怒，无论多么入情入理，经济科学总不能把它看作证据，而只能看作象征。"①

另外一种是"道德无用论"（或非道德主义）。就是否定道德的社会作用，把道德看作是可有可无的。我国先秦时期的思想家商鞅、韩非的观点反映了这种倾向。他们把道德说成是虱子、蠹虫，认为不把这些东西去掉，国家不仅无法富强，而且还要灭亡。在伦理思想史上，非道德主义的系统理论是由唯意志论的代表叔本华和尼采表述的。叔本华认为，意志是一切事物的本质和基础，而任何意志都表现为自我奋斗；道德不过是一种"巧奴的自私自利"，一种"好看的罪恶"。尼采在其《权力意志论》一书中鼓吹"权力意志"，崇拜权力，贬斥道德。在他看来，"弱肉强食"是自然界和社会发展的规律，道德不过是弱者为了反对强者，限制强者而提出的借口，它在"弱肉强食"面前是无能为力的、完全无用的。从这种观点出发，尼采主张为了达到目的，任何手段都是可以采用的，都不能说是不道德的。显然，这种否定

---

① 《马克思恩格斯选集》第 3 卷，第 189 页。

道德作用，强调权力意志的非道德论，是一种赤裸裸的法西斯主义论调，是为帝国主义的侵略掠夺政策辩护的。

在现实生活中，夸大或否认道德作用的观点和做法，也在一些人中这样那样地存在着。这是因为道德的作用不是有形的。如果片面地观察到一些事件就下断言或加以引申，往往容易导致以偏概全的错误。这也就说明，全面科学地把握道德在社会生活中的地位和作用，是十分重要的。马克思主义伦理学反对"道德万能论"，也反对"道德无用论"，认为道德不是社会发展的决定力量，社会发展归根到底是由物质资料的生产方式决定的。在这个基本前提下，又充分肯定道德具有相对的独立性，能反作用于经济基础，对社会发展起促进或阻碍作用。

道德对经济基础的反作用，表现为直接和间接两方面。直接作用，是指人们根据一定经济关系所确定的道德标准，用以评价或矫正个人在经济领域中的行为，从而肯定和维护一定的经济关系。例如，在社会主义条件下，爱护公共财产，同一切损害集体利益的行为作斗争，既是每个公民应该遵守的社会公德，又是社会主义道德规范的重要内容之一，它肯定了社会主义公共财产神圣不可侵犯，并从一个方面肯定和维护了社会主义的经济基础。道德对经济基础的间接作用，表现为通过评价或矫正上层建筑其他因素（政治、法律、文艺、宗教等）中的行为，以维护一定的经济基础。例如，通过道德评价肯定那些维护一定经济基础的文艺作品，同时也就鼓励了维护现实经济基础的行为；反之，通过道德评价否定那些非难现实经济基础的文艺作品，同时也就是斥责那些非难现有的经济基础的行为。

具体来说，道德在社会发展中的作用表现在如下几方面：

论证作用。任何道德都是通过社会舆论、风俗习惯、内心信念等特有形式，要求人们按照一定的善恶标准处世行事，为一定的社会经济基础服务。道德对经济基础的作用贯穿于经济形态产生、发展和消灭的全过程。当一种新的经济关系刚刚产生并要求取代旧的经济关系的时候，由它产生的道德便以自己特有形式去论证推翻旧的经济政治制度是善的、正义的，唤起新的阶级和进步力量投入建立新制度的斗争。当新的经济基础和政治制度建立起来，由它产生的道德又以自己的特有形式去谴责不利于新经济基础的行为，促进它的巩固和发展。当这种经济基础已经过时，并为另一种更新的经济基础代替时，由它产生的道德还往往作为一种残余的习惯势力同力图为建立新制度的新道德作斗争，阻碍和破坏新的经济基础的巩固和发展。无论是奴隶主阶级的道德，还是封建地主阶级的道德，或是资产阶级的道德，概莫能外。归根到底，它们总是直接间接地为产生它的经济基础服务。正如马克思恩格斯指出的，剥削阶级道德的一个重要功用就是"作为对自己统治的粉饰或意识"。①

教育作用。在阶级社会中，各个阶级都通过道德的宣传教育，教育本阶级成员并影响对立阶级的成员，使他们按照本阶级的道德原则和道德规范约束自己的行为，尽量达到自觉的程度，即在："个人的意识中把它们设想为使命"。② 道德的教育作用，在我们的社会里十分重要。这是因为，剥削阶级的腐朽思想包括旧伦理道德的残余，仍在社会上存在，对人们特别是青少年产生腐蚀作用。在新的历史条件下，拜金主义、享乐主义、个人主义的腐蚀，正是少数人走上邪路的重要思想根源。因此，大力提倡社会主义道德，发挥道德的教育作用，目的之一就是为了消除剥削阶级道德观念的影响，坚持正确的道德观和价值观。

调节作用。人们总是在一定的社会集中生活，时刻都发生个人之间以及个人同社会集体之间的关系，发生各种经济利益的矛

---

① 《马克思恩格斯全集》第 3 卷，第 492 页。
② 同上。

盾。为此，就要求有一定的准则来调整，即要求人们在个人利益同集体利益之间进行必要的节制，以便保证社会集体关系能够基本协调一致，保证人们共同生活的正常运转。人类社会发展的历史进程表明，从原始社会开始，就逐步形成了一定的道德观念，随着生产力的提高，人类文明的发展，最后形成了善恶观念。一般说来，凡是有利于社会和他人的好行为，就是道德的，善的；反之，就是不道德的，恶的。道德调节的范围很广，但主要是调节非对抗性的矛盾，特别是当个人利益同社会集体利益发生矛盾时，要求克制或牺牲个人利益。

道德的调节作用在不同时代、不同国家和不同民族的表现程度和范围是不一样的。在没有阶级存在的社会里，道德是维护整个社会组织和一切社会成员相互关系的纽带。在阶级社会里，道德主要调节本阶级内部的利益关系，更多地在阶级或集团范围内发生作用，也调节同对立阶级之间的关系，以便缓和矛盾，更好地对他们实行统治，用马克思恩格斯的话说，这样的道德就成了"作为这种统治的道德手段"。① 无产阶级的道德，则依无产阶级所处的历史地位的变化，在不同的历史阶段都发挥着调节的作用。在无产阶级革命阶段，它"是为破坏剥削者的旧社会，把全体劳动者团结到创立共产主义者新社会的无产阶级周围服务的。"② 这是对阶级内部关系的协调作用。在社会主义革命和建设时期，社会主义道德则越来越广泛地调节着广大人民群众的关系，在更大范围内对社会发生作用。

道德在社会发展中的作用，除上述的几个方面外，还有认识作用，作为道德规范组成部分的公共生活规则，在维护社会生活的相对稳定，保证人们日常生活和交往的正常进行同样有着重要

---

① 《马克思恩格斯全集》第 3 卷，第 492 页。
② 《列宁选集》第 4 卷，第 353 页。

作用，不可忽视。

三、道德的起源、发展及其规律性

（一）道德的起源

谈到道德，我们很自然会想到道德的起源问题。

中国封建社会有一本用孔孟思想教育儿童的通俗读物，叫《三字经》。书中有一句话："人之初，性本善。"这里讲的正是与道德起源相关的问题。

马克思主义之前的许多伦理思想家对道德的起源问题进行了探讨，提出种种道德起源说，概括起来，主要有以下几种。

一是主观唯心主义的道德起源说。即"天赋道德论"，认为道德是生来俱有，先天存在的，是人的内心活动或主观意识的产物。在他们看来，人生下来不用学习就懂得怎样行动是善，怎样行动是恶。孟轲就持这种观点。他认为人生下来就有一种善性（人性善），就有仁义礼智四种道德萌芽，即所谓"四心"或"四端"，人们的道德就是发挥"四端"而来的。也就是说，仁义礼智这些道德意识不是外界对人的影响所形成，而是与生俱来的天性，人不用任何社会生活实践的体验便会产生道德意识。很明显，这种观点是错误的。《三字经》中所宣扬的"人之初，性本善"的观点，也是站不住脚的。德国哲学家康德认为，人是一种理性的动物，人生下来就有一种"纯粹理性"，能够判断什么是善和恶，人们道德的善良行为根源于"人的灵魂"。这是唯心主义的先验论。

二是客观唯心主义的道德起源说。有多种说法，其中有代表性的是认为道德是善的理念或绝对观念。他们把道德看成是离开人的头脑、离开自然和社会而独立存在的东西。人的行为只要符合理念或绝对观念就是道德的。在中国古代，宋代的朱熹是个典型。他认为世界的根本法则是理，世间一切事物包括道德都要服从理，都是理的反映。朱熹借用佛教"月印万川"的比喻，提出理好比天上的月亮，就像每条河流都有月亮的影子一样，包括道德在内的万事万物都是理的体现。

宗教神学的道德起源说即"神启论"也属于客观唯心主义。基督教、天主教讲上帝创造万物，人的美德也是上帝给予的。古希腊奴隶主思想家柏拉图认为，是神把"善的理念"放到人的灵魂中，形成不同等级的不同道德。他提出，智慧是最高的德性，由神所赋予，只有奴隶主统治者才具有；勇敢是保卫国家所必须的德性，属于第二等级的武士所具有；节制是对欲望的控制，这种德性为下等人所具有。①

在中国，一些人把道德看作是天命或神的意志，是上天通过"启示"或"征兆"指示皇帝制定出来的行为规范。孔丘说："天生德于予"。② 董仲舒认为，人们行为的好坏，是和天相通并交互起着感应作用。董仲舒的这种著名的"天人感应"说，就是他的道德起源论的理论根据。

三是旧唯物主义的道德起源说。这里是指资产阶级革命时期的唯物主义哲学家的观点。他们主张感觉欲望或人性是道德的起源。也就是说，他们从抽象的人性或生物学意义上的人来解释道德的起源。认为道德是人的生理本能、感觉需要的产物，道德是对幸福的追求，实际上就是感官需要的满足；人的本性就是趋利避害，趋乐避苦，道德是由人的苦乐感觉决定的。十八世纪法国唯物主义者霍尔巴赫说过："适用人的道德学应当建立在人性上；它应当告诉人什么是人，什么是人给自己提出的目的，以及达到

---

① 参见《古希腊罗马哲学》，第 226 页。
② 《论语·述而》。

这个目的的方法。……这就是全部道德学的撮要。"① 又说："人从本性上说，既不善也不恶。他一生之中时时刻刻都在寻求幸福，他的一切能力都用在取得快乐和规避痛苦上面。"② 费尔巴哈也是把人的感觉欲望作为道德的起源。他认为，追求幸福的欲望，是人生下来就有的，因而应当作为一种道德的基础。"没有快乐感和不快乐感的地方，也就不会有善与恶的区别。感觉的呼声是第一重要的绝对命令。"③ 旧唯物主义的道德起源说，摆脱了有神论、先验论的唯心主义的束缚，从自然界和人的感觉需要出发，即从人的感觉经验中去寻求道德的起源，是有合理因素的。但是，他们离开人的社会性和历史发展，只从人的生理和心理机能去寻求道德的起源，是无法取得科学答案的，而且最终还是陷入了历史唯心主义。只有在马克思主义产生后，把辩证唯物主义和历史唯物主义的观点运用到伦理学的研究上，才解决了前人所不能解决的道德起源问题。

马克思主义以前的道德起源说的共同点，就是把道德或"人性"看作是永恒不变的，超阶级的，从人类社会关系之外如"神"或抽象的人性去寻找道德的起源。这种观点既不能解释为什么不同的时代有不同的道德，就是同一时代，同一民族之内的不同阶级的道德也是不同的，也不能解释为什么在相同的"神"或相同的"人性"中会产生不同的道德观念。

马克思主义批驳了所谓道德是由"神的启示"或"神的意志"所创造的神学谎言。马克思恩格斯指出，在原始社会，"一开始就表明了人们之间是有物质联系的。这种联系是由需要和生产方式决定的，它的历史和人的历史一样长久；这种联系不断采

---

① 《十八世纪法国哲学》，第 649 页。
② 同上书，第 644 页。
③ 《费尔巴哈哲学著作选集》上卷，三联书店 1959 年版，第 589 页。

取新的形式，因而就显现出历史，它完全不需要似乎还把人们联合起来的任何政治的或宗教的呓语存在。"① 人类历史发展的事实表明，原始人关于神的观念或宗教信仰也是社会关系的产物，是人们社会关系的虚幻的反映。在神或宗教观念出现之前已经有了道德规范的最初形式，也可以说，在原始社会的早期曾经存在过没有神或任何宗教意义的道德规范和戒律的雏形。

马克思主义也驳倒了关于人们的善恶观念和道德行为是从人的生物性——"动物性"引申出来的错误观点。无疑，在动物界（包括类人猿）中，确实存在着母兽爱幼兽，甚至牺牲自己而保护幼兽的现象。有的动物还有合群的本能。我国《诗经》中就有"嘤其鸣矣，求其友声"的诗句，说的是失群落队的孤雁以其哀鸣求得其他同伴的呼应和援助。如此说来，能否认为动物也有团结互助、勇于自我牺牲的道德意识和道德行为呢？显然不能这样看。

马克思主义伦理学认为，道德是一种社会意识形态，是社会关系的反映。而在人们的社会关系中，突出地表现了个人利益和集体利益的关系。因此，只有发生个人利益同集体利益的关系，并且只有当人脱离了动物界，开始意识到自己是某个集体的成员，即意识到自己与他人、与集体的关系时，才会产生道德。动物，包括类人猿，只能利用自己的器官去影响自然界，不理解自己的行动，更不能预见自己行动的后果，它们只能被动地适应环境，而不能对自然界进行有意识、有目的的改造。正因为这样，动物不可能自觉地意识到相互间或个体与群体间的利益关系，更谈不上如何调节这种关系。正如马克思恩格斯所说："动物不对什么东西发生'关系'，而且根本没有'关系'；对于动物来说，

---

① 《费尔巴哈哲学著作选集》上卷，三联书店1959年版，第589页。

它对他物的关系不是作为关系存在的。"① 也就是说，在动物的本能中，没有任何与道德动机相似的东西：既没有个体间或个体与群体间的义务观念，也没有有意识的行为选择和对自己行为的道德评价；既没有类似人类所具有的那种道德感情，也没有与人类社会所具有的道德关系，所以在动物界是不可能有道德的。这就不难看出，把动物的本能表现（母兽保护幼兽、合群性等）与道德混为一谈是非科学的。把动物的某些本能活动视为道德的根源，无疑等于在蚂蚁和蜜蜂的"筑穴"活动中寻求人类劳动的起源，在飞禽的鸣啼或羽毛中寻求艺术的根源一样可笑而又无济于事。

总之，人起源于动物，但不等于人类的社会生活是动物群居生活的简单继续，不等于人的精神生活是动物心理活动的简单继续。人所具有的人类的一切东西，都是在社会关系的影响下对人的"动物"本性进行改造而发展起来的。任何从动物界，从社会关系之外寻求道德起源的做法，都不可能得出科学答案。

人类道德最初究竟是怎样发生？或者说，人类道德是在什么样的情况下出现的呢？

首先，人类意识的产生是道德发生的基本前提。

辩证唯物主义认为，人的意识（包括道德意识）不仅是物质世界长期发展的产物，更重要的还是社会发展的产物。人类意识的产生和发展同人类的劳动实践有着不可分割的联系。

人是由动物（类人猿）进化而来的。社会性的生产劳动是促成从猿到人转化的决定力量，促使猿脑变成人脑，使动物的一些本能活动过渡到社会的人的有意识、有目的的改造世界的活动。大家知道，生产劳动是改造世界的最基本形式。进行生产劳动必须结成一定的生产关系，因此，生产劳动一开始就是集体性的、社

① 《马克思恩格斯全集》第 3 卷，第 34 页。

会性的，制造生产工具，从事生产劳动既是人和动物的根本区别，也是"人猿相缉别"的决定性因素。由此可见，没有社会性的生产劳动，就没有人和人类社会，也谈不上什么人的意识。

人类在社会性的劳动中，必须彼此交往，这就需要有表达和交流思想的工具。原始人在生产力极低的情况下进行劳动，社会成员必须结合在一起，否则就无法生存下去。劳动越发展，他们互相帮助，共同协作的机会就越多，迫切性就越大。互相协作就要表达思想，交流思想。对于这些正在形成的人来说，"已经到了彼此间有什么东西非说不可的地步了。"① 于是最初的语言便应运而生，并充当了交际的工具和交流思想的手段。语言的发展，促使猿的脑髓逐渐地变成人的脑髓。在生产劳动过程中，有了全体社会成员都懂得的和共同使用的语言，人们就能畅通无阻地交流思想，进行必要的协同动作。人只有借助于语言，才能进行思维，没有思维，就根本不需要表达思维的工具。因此，思维的发展和语言的发展是不可分割地联系在一起的。随着语言的不断丰富，增强了人的抽象思维能力，发展人的意识。

意识的内容也是随着社会劳动的发展而不断丰富的。原始人从学会打制石器、制造简单的劳动工具到学会用火，从狩猎到农耕，劳动工具逐渐改进，劳动规模日益扩大，劳动技能日益提高，社会交往日益频繁。在这个过程中，原始人对各种自然现象及其联系，对人与人之间的关系、人与自然界的关系的认识不断提高。人们如果不动手去改造自然界，也就用不着用脑去认识自然界；人们如果不在一定的社会关系中生活，也就用不着去认识社会生活。人们的生产实践和科学试验是获得自然知识的基础，人们的社会斗争实践是获得社会知识的基础。生产越发展，社会生活越发展，人们的思维能力也就越发展，人类意识的内容也就

① 《自然辩证法》，人民出版社 1961 年版，第 139 页。

越丰富。与此同时，人们由于有了语言作为交往手段，把在劳动中或其他活动中取得的经验和对事物的认识加以总结，并且巩固下来传给后代，人类的意识便日益丰富。

由上所述，在社会劳动的推动下，作为思维器官的人脑日趋完善，作为思维的物质外壳的语言也在劳动中产生、发展，意识的内容也在劳动过程以及人们的社会交往中取得和丰富起来。因此，"意识从一开始就是社会的产物，而且只要人们还存在着，它就仍然是这种产物。"①

人们的意识是客观存在的反映。道德作为一种社会意识形态，是人们之间的道德关系的反映。道德关系是由社会物质生活条件决定的，并且按照一定的道德观念、道德原则和规范形成的一种特殊的社会关系。因此，人类社会的出现和意识的产生，为道德的发生提供了条件。不过，在人类刚刚从动物界分离出来的时候，由于交往关系和意识的发展尚处于低级阶段，个人还没有从整体中分化出来，个人利益和整体利益之间并无显著的矛盾，所以这个时期所发生的关于社会关系的意识和行为只能是道德的萌芽，还不是完全意义上的道德。随着生产实践和社会关系的发展，人类即从无道德的生活过渡到道德的生活，从萌芽状态的道德发展到真正意义上的道德。

其次，社会分工的出现和发展，是道德从萌芽到形成的关键。

在原始社会早期，原始人类经常处于自然灾害和猛兽的威胁之中，猎取食物的能力很低，人们只有依靠集体的力量，才能得以生存发展。但原始人尚未意识到自己的个性，还没有意识到与他所赖以生存的血族集团分开的个人。这时道德还没有分化为独立的社会意识形态，而促使道德从萌芽状况向形成转化的关键，

---

① 《马克思恩格斯全集》第 3 卷，第 34 页。

是社会分工的出现和发展。

人类从一开始就在一定的社会关系中劳动，但这种劳动不是孤立的个体活动，而是分工与协作的社会性劳动。在集体劳动中，开始时实行自然分工，即以男女性别和年龄来进行的劳动分工。随着这种建立在两性基础上最初的劳动分工的出现，每一个性别不仅因为自己的特殊的职务而有相应的某种个人使用的财产，并且在共同劳动、平均分配劳动果实的过程中形成了原始人之间的一些风俗和习惯，形成一些在原始群内处理相互关系的一些道德观念的萌芽，规定人们应该这样做或不应这样做。例如，凡是有劳动能力的人，不能逃避劳动，不能占有别人的劳动成果。又如，在婚姻关系上，原始人最初是处于乱婚、群婚阶段，男女间互为夫妻。随着生产力的发展和人类认识水平的提高，人类发现近亲血缘间交配生育下的后代是低能的、退化的，这对人类生存是个极大威胁。这种自然选择规律的惩罚，以及人们近亲间感情的亲密，使人们不得不控制自己的性行为，并通过一系列道德准则加以限制。最初限制了父母子女间的性行为；之后，限制同血缘兄弟姐妹间的性行为，形成族外婚；最后，实行完全排除血亲杂交的对偶婚。原始人最初产生的道德关系是以风俗习惯的形式出现的，在调整社会成员的关系上有着重要作用，但原始人既没有也不可能意识到个人和整体利益的关系；在氏族内部和部落之中也不可能建立起比较稳定的人们共同遵守的行为准则。

随着社会分工的出现，原始社会的生产力有了提高，个人在生产中的作用得到显现，形成了个人利益；这种个人利益与氏族、部落所表现出来的共同利益之间的矛盾也日益明显。也就是说，氏族共同利益是每个氏族成员的权利（如分享劳动成果）得以实现的根本保证，它使原始人的职务分工、彼此交往和社会管理成为可能。然而，氏族成员的个人利益由于分工不同或地位不同而与氏族共同利益发生一定的矛盾。在这种条件下，一方面在氏族内部，逐渐形成了比较明确的调整个人与整体关系的自觉要求；另一方面，在原始人的内心里，也逐渐产生了维护整体利益的义务感和荣辱观念。这种义务感和荣辱观念的产生，正是当时社会物质生活条件的产物，是社会发展和人们生存发展的需要。原始人的义务观念是人类最早的道德观念，在长时期内，它是与风俗习惯结合在一起的。原始人的一定的道德感情以及关于义务（职责）、善恶、荣辱等观念，成为全体氏族成员共同遵守的行为准则，调整着个人与整体以及氏族成员之间的关系。一切违背风俗习惯的现象，或者逃避应尽义务的行为，都受到群体舆论的制止，有的还要受到氏族全体成员的严厉惩罚。

诚然，人类在集体劳动过程中，产生了与他人有关系和对共同利益有责任的道德意识或义务观念。但是，在人类社会早期，人们的这种认识在开始时，并不是普遍而自觉地存在于所有社会成员的意识中，而是首先在个别或少数人的意识中比较鲜明和完整地表现出来。只有随着人们社会交往和思想交流的增进，人们对个人与整体关系的认识以及个人的道德义务感，才从少数人扩展到多数人，形成为大多数人的共同要求，成为该做什么或不该做什么的行为准则。

综上所述，只有当人类摆脱了动物王国并开始意识到自己是一定集体的成员，即意识到自己对集体对别人的关系时，才会出现道德。在生产力极其低下，社会关系尚未充分发展，个人利益尚未从整体利益中分离出来的时候，道德还没有发展成为独立社会意识形态，尚处于萌芽阶段。只有随着生产力的发展，随着社会分工（主要是脑力劳动和体力劳动的分工）和产品交往的发展，产生了私有制和阶级，这时，社会意识才逐渐分化成为独立的意识形态。与此同时，道德也从一般意识和社会关系中分化出来，成为独立的意识形态，从最简单的风俗习惯发展成为阶级社会的严格而系统的行为准则和行为规范；随之，经过思想家的概括总结，形成了反映一定阶级的经济地位、社会地位和利益的道德理论学说。

（二）道德的历史发展

马克思主义以前的伦理学家，特别是资产阶级伦理学家，总是离开社会物质生活条件，离开一定的社会生产方式，抽象地研究道德问题，杜撰适用于一切时代、一切民族、一切条件的"永恒道德"。

马克思主义伦理学以一定历史时期的社会物质生活条件来说明道德的根源问题，深刻叙述了各种道德原则和规范的客观性质；同时，按照历史唯物主义所揭示的人类社会发展的规律，考察人类道德产生发展的全过程，认为任何道德都是具体的、历史的、发展的，从原始社会开始的各种道德都带有时代的特点，就其本质而言，适用一切时代的、终极的"永恒的道德"是不存在的。

人类社会，按照社会经济发展的状况，可分为原始社会、奴隶社会、封建社会、资本主义社会和共产主义社会五种社会形态。就生产资料所有制形式来看，有原始社会公有制、奴隶社会、封建社会和资本主义社会的私有制，以及共产主义社会低级阶段——社会主义社会和高级阶段——共产主义社会的公有制。与此相适应，人类道德也可以归纳为三种基本类型，即原始社会的统一的人类道德，阶级社会的阶级道德（包括奴隶社会、封建社会和资本主义社会的道德），共产主义社会的全人类道德。通过对道德历史类型的考察，可以加深对道德本质及其发展规律的认识。

1. 原始社会的道德。

原始社会是人类脱离动物界组成社会后的第一个独立的社会形态，是人类道德发展史上的第一个历史类型。原始社会是刀耕火种的时代，生产力水平低，社会关系的基础是土地、资源等生产资料的公有制。那时，人们共同采摘野果、外出打猎、结网打鱼、开荒种地、建造房屋等，劳动成果归集体所有，平均进行分配。人们在社会交往中的关系是平等的、互助合作的。在这样的生产关系基础上，形成了原始社会道德的一些基本特征。

氏族和部落的利益高于一切，是原始社会道德的基本原则。原始社会的氏族是最基本的社会单位。在这样的集体中，个人和家庭的利益，个人和家族的安全必须紧紧依靠氏族的力量；而氏族和部落由于共同生产和抵御外族入侵的需要，也必须依靠它的成员组成一个统一的集体。这种个人利益和整体利益的一致性，使原始社会的人们逐渐形成了一种道德观念，即氏族和部落的共同利益高于一切，氏族成员和家族的最高义务和神圣职责就是无条件地服从和维护共同利益。在氏族和部落的范围内，朴素的集体主义是调整氏族成员和集体之间关系的基本道德原则。

共同劳动，团结互助是原始社会用的调整社会成员之间关系的重要道德规范。原始人只有共同劳动，团结互助，才能抵御自然灾害，获得最低的物质生活资料；才能维护本氏族和部落的安全，确保个人的生存发展。也就是说，生产、生活和生存的需要，使原始人在实践中日益明确地将劳动、团结同氏族的共同利益联系起来，把诚实劳动、团结互助作为大家遵守的基本义务。

维护氏族内部的自由、平等，也是原始社会的一个重要道德规范。原始社会的生产资料和消费资料均属公有，人们共同劳动、平均分配，在氏族内部的成员之间，除能力大小的差异外，在人权上是自由的，人与人之间的关系是平等的。原始社会的平等观念，突出地表现在分配方面。

原始社会没有伦理学，没有道德理论，也没有成文的道德规范。在形式上原始道德表现为风俗习惯、传统力量特别是人们的内心信念。但是原始社会的道德反映了人与人之间的平等、自由的关系，是古代社会表现出来的纯朴而高尚的道德，为人类道德的进步奠定了良好的基础，它比以后任何一个阶级社会的法律和严格的道德规范，都具有更大的效力。原始人类在同大自然的斗争中和与毗邻部落的对抗冲突中，在个人品性上，形成的公正、刚毅、诚实、勇敢等纯朴、淳厚的美德，同样是要肯定的。不过，原始道德还有另一方面的内容，如血缘通婚曾被道德所允许，部落间残酷的复仇被当作道德准则，杀死俘虏和食人之风并不受到道德谴责。这些都是由当时生产力水平低下、人们刚刚脱离动物界、文明尚未发展、物质生活条件贫乏等原因造成的。

2. 奴隶社会的道德。

随着生产力的发展和社会分工的进步，在生产资料私有制的基础上，出现了相互对立的阶级。不同的经济地位，使人们产生了不同的道德观念。原始社会的统一的人类道德不复存在，被新的道德即阶级道德所代替。奴隶主阶级道德是奴隶社会经济关系的产物。在奴隶社会，奴隶主掌握国家政权，占有全部生产资料和奴隶本身；奴隶是被剥削被压迫的对象，被奴隶主视为会说话的工具。这种社会关系，决定了占统治地位的道德是奴隶主阶级的道德，决定了奴隶主阶级道德的特征。

维护奴隶主对奴隶的绝对人身占有关系，是奴隶主阶级道德的基本原则。在奴隶社会，奴隶像牲畜一样被任意买卖、打骂、驱使、杀戮和殉葬。而奴隶对奴隶主的虐待必须绝对地忍受、忠实、顺从。这些都被奴隶主看作是合乎道德的。

厌恶体力劳动，卑视劳动人民，是奴隶主阶级道德的重要特征。奴隶主过着不劳而获的寄生生活，为了满足自己的私欲，把一切繁重的劳动都强加到奴隶身上，视体力劳动为不体面、不光彩的事情，劳动者也被看作是下贱的人。

绝对忠于奴隶制的国家，是奴隶主阶级道德的重要规范。奴隶主为了维护和巩固对奴隶的残酷统治，为了对外进行掠夺战争，要求所有社会成员都要绝对忠诚于奴隶制国家的政治和法律，要求奴隶主各阶层的自由人，在战争中勇敢作战，保卫国家。

重男轻女也是奴隶主阶级道德的重要特征。在奴隶社会，男子在生产中占主导地位，在家庭中决定一切，"妻子除生育子女以外，不过是一个婢女的头领而已。"① 至于男女奴隶之间的婚姻，则是奴隶主出于增加奴隶劳动力的需要，指定男女奴隶配婚。妇女完全丧失独立人格，实际上是奴隶主男子的附属物。

在奴隶社会，奴隶阶级的道德虽然没有系统的理论表现，但他们面对奴隶主阶级的残暴统治，表现了无比强烈的反抗精神，提出了反对虐待、争取人身自由的要求，并在劳动和斗争实践中养成了勇敢、顽强、团结互助的良好品德。但由于受奴隶主阶级道德的影响和欺骗，奴隶阶级在道德观念中也往往带有宗法的意识，以及对首领、权威的盲目崇拜和简单服从等消极因素。

3. 封建社会的道德。

封建地主阶级的道德，是封建主义生产关系的产物。在封建社会里，地主贵族占有绝大部分生产资料和不完全占有生产者（主要是农民或农奴）本身。由于人们所占土地的多少和优劣不同，因而形成了复杂的阶级关系和等级关系，其中最基本的是地主阶级和农民阶级之间的剥削被剥削、压迫被压迫的关系。地主阶级为了在政治上实行专制统治，在经济上维护对农民的地租、高利贷剥削，除了采取暴力统治外，特别制定了一套严整的道德原则、规范和伦理体系，禁锢人们的头脑。地主阶级的道德是封建社会占统治地位的道德。在封建道德中，中国地主阶级的道德更具有典型性。

维护封建等级制和封建宗法制度是地主阶级道德的基本特征。在封建社会，皇帝是地主阶级的总代表，从皇帝开始按照等

---

① 《马克思恩格斯选集》第 4 卷，第 60 页。

级逐级往下分封土地和官职，从而形成了经济上和政治上的一级服从一级的、层层隶属关系，如农民服从地主，小地主服从大地主，大地主服从皇帝。皇帝通过各级官吏对全国实行统治，掌握着生杀予夺大权，具有至高无上的权威。这种封建等级制度表现在家庭关系方面，就是宗族首领和家长拥有大小不等的土地分配权，以及男性家长对自己的妻子、子女的统治权。整个封建道德都是以维护这种等级制度为核心的。

忠君孝亲是地主阶级道德的基本规范。封建社会的君臣关系，实际上是主子与奴才的关系。忠君，在中国的是"三纲五常"中的第一纲："君为臣纲"。地主阶级及其思想家认为，忠君根源于"天理"的"至理"、"至德"，对封建王朝的利益要绝对服从和维护，不能三心二意，要以"君要臣死，臣不得不死"作为自己的道德行为准则。孝亲，就是"三纲五常"中的第二纲："父为子纲"。即要求儿子对父亲要绝对服从、孝敬。地主阶级道德通过"忠孝"等道德规范来约束人们的行为，以便一方面把封建统治神圣化；另一方面，是为了培养人的安分守己、逆来顺受的心理习惯，即为封建社会培养忠臣、孝子、烈女、节妇。

男尊女卑，男主女从，是封建地主阶级道德的又一特点。这是奴隶主阶级的"重男轻女"道德的历史延续。不过，在中国封建社会里，更加从礼教上对妇女进行约束。男尊女卑、男主女从是封建等级制在夫妻、男女关系上的"夫为妻纲"的具体化。"三从"（即"在家从父，出嫁从夫，夫死从子"）、"四德"（即"妇德"、"妇言"、"妇容"、"妇功"等），是封建社会妇女的行为规范或道德标准。

同奴隶主阶级道德一样，地主阶级道德对劳动和劳动人民也极端厌恶和鄙视。然而，后者更加理论化，什么"万般皆下品，唯有读书高"，什么"书中自有黄金屋，书中自有千钟粟，书中自有颜如玉"等，就是这种理论的反映。

在封建社会，农民阶级的道德，也在一定程度上受到地主阶级道德的影响和欺骗，甚至接受地主阶级的某些道德规范。然而，更重要的是，由于农民阶级所处的被剥削、被压迫地位，使他们产生了对封建宗法等级制度和礼教的不满，提出了社会平等的要求。在我国历史上，曾经发生过大小数百次的农民起义，提出过"均贫富，等贵贱"、"抑强扶弱"、"有福同享，有祸同当"的口号，用以调整阶级间和阶级内部的关系。农民阶级在生产斗争实践中，形成了勤劳俭朴、诚实善良、不畏强暴等优良品德。由于农民所处的小生产地位，在他们的道德观念中，也带有某些自私狭隘、保守散漫等消极因素。

4. 资本主义社会的道德。

资产阶级道德是资本主义生产关系的产物。在资本主义社会，资本家占有生产资料，工人被迫出卖劳动力；资本家雇佣工人，榨取剩余价值。在这种以雇佣劳动为特点的资本主义生产方式的基础上，形成了资产阶级道德的一些特点。

个人主义是资产阶级道德的基本原则。个人主义作为一种思想体系和价值观念，是随着资本主义生产关系的形成和发展而不断完善起来的一种资产阶级的经济、政治和道德理论体系。个人主义作为一种道德原则，是资产阶级在反封建斗争中所确立和发展起来的资产阶级的行为准则和人生信条，它建立在资产阶级人性论基础之上。按照个人主义道德原则，人的本性是自私的，个人是真实的，个人利益和个人价值具有不可替代的价值，"个人利益是人们行为价值的唯一而且普遍的鉴定者"，[1] 个人利益是道德的唯一现实基础。个人主义道德原则主张尊重人的尊严，保障人的权利，肯定人追求财富的享乐的合理性。

自由、平等、博爱是资产阶级革命时期的主要道德规范。适

---

① 《十八世纪法国哲学》，第460页。

应资本主义商品经济和个人主义道德原则的要求，在反封建的革命斗争中，资产阶级提出了"自由、平等、博爱"的口号。这既是他们的政治口号，也是其处理人与人之间关系的道德规范。"自由、平等、博爱"的矛头直指封建等级制度和禁欲主义，在反封建斗争中起了积极的思想解放作用，直接推动了资产阶级的政治革命和道德革命。"自由、平等、博爱"也有很大的局限性、欺骗性。

第三，金钱至上是资本主义社会通行的道德观。与资本主义商品经济和个人主义道德原则相联系，拜金主义、金钱万能成为资产阶级道德意识的重要内容，成为资产阶级做人处世、待人接物的主要价值准则。资本家是资本的人格化，资本的灵魂就是资本家的灵魂。在资本家看来，有钱就有一切，"谁有钱，谁就'值得尊敬'，就属于'上等人'，就'有势力'，而且在他那个圈子里各方面都是领头的。"① 资本家的人生目的就是为了赚钱发财，牟取暴利。为了获得利润和超额利润，他们不惜出卖自己的良心、人格与尊严，甚至敢于践踏人间的一切法律，铤而走险。

资产阶级个人主义道德原则以及自由、平等、博爱道德规范的提出，是资产阶级反封建斗争的产物，在人类道德发展史上有历史的进步意义。但是"利己"和"为我"的道德本质，使个人主义道德原则从一开始就含有消极的内容，当资产阶级掌握政权后，这种消极性便充分暴露，给社会带来危害。"自由、平等、博爱"在资产阶级掌握政权后，对广大人民群众来说，也变成了一纸空文，其虚伪性和局限性也越来越明显。金钱万能的道德是腐朽的资产阶级道德，它通行的结果必然引起资产阶级道德的全面堕落。

在资本主义社会，无产阶级同资产阶级处于根本对立的地

---

① 《马克思恩格斯全集》第2卷，第566页。

位。恩格斯曾说过：工人比起资产阶级来，说的是另一种习惯语，有另一套思想和观念，另一套风俗和道德原则，另一种宗教和政治。无产阶级道德是在现代化大生产的基础上，在反对资产阶级的斗争中形成和发展起来的崭新的道德。它在马克思主义指导下，发展为共产主义道德，到共产主义社会将成为全人类道德。

5. 社会主义社会的道德。

无产阶级夺取国家政权，建立社会主义制度以后，人类道德的发展进入了社会主义阶段。在社会主义社会，由于经济、政治、文化等方面的原因，与社会主义道德、共产主义道德并存的还有封建地主阶级道德、资产阶级道德、小生产者的道德等。其中，社会主义道德在社会生活中占主导地位；共产主义道德代表道德发展的方向，是共产党员、先进分子遵循的道德；其他道德只是作为一种残余而不是作为一种完整的形态在社会生活中不同程度地存在着，随着历史的发展，道德的进步，它们最终要失去其存在的基础。

社会主义道德是共产主义道德在社会主义阶段的具体表现形式，是人类道德发展的新境界。在社会主义社会，社会主义道德在整个社会道德生活中占统治地位。

为了更好地把握社会主义道德的本质、特征和作用，我们先要明确共产主义道德与社会主义道德这两个基本概念。"共产主义道德"是 1920 年 10 月列宁在《青年团的任务》这一著名讲演中第一次明确提出的概念。此后，在社会主义国家和许多无产阶级政党的文献和有关道德问题的论著中，都广泛地使用了这个概念。

根据列宁的论述，我们可以这样概括：共产主义道德是无产阶级的道德，是共产主义事业的最终目标和发展过程所要求的人们行为规范的总和。到了共产主义社会，共产主义道德将成为全人类的道德。

所谓社会主义道德，就是在社会主义经济基础之上产生的，反映社会主义的本质特征，在社会主义社会占统治地位的道德体系。社会主义道德是社会主义制度建立后的一种新的道德类型。它是由原来的无产阶级道德发展而成的，是在社会主义历史阶段人们建设社会主义新生活的行为准则。社会主义道德比历史上任何道德都更完善、更有价值。社会主义道德同历史上任何一种道德一样，是一定的社会物质生活条件的反映，是由一定的经济关系决定的。具体地说，社会主义道德是社会主义公有制经济关系在道德上的反映。

社会主义道德、共产主义道德不是人们纯粹理性思维的产物。从总体上看，它是在资本主义条件下，从无产阶级的阶级利益中引申出来，并继承了人类历史上的优秀道德成果，在斗争实践中形成，在社会主义公有制的基础上发展起来的。社会主义道德形成的主要条件有以下三个方面：

首先，无产阶级的经济地位及其反对资产阶级的斗争实践，是社会主义道德形成的重要物质前提。任何道德都是在一定社会的物质基础上产生和发展起来的。这种客观的物质基础，主要是指一定社会的经济关系和物质利益。社会主义道德产生的社会物质基础，主要就是无产阶级在资本主义经济关系中的经济地位以及与之相联系的无产阶级的物质利益。

在资本主义社会中，无产阶级的根本利益与资产阶级的根本利益相对立。在对立中，无产阶级孕育了消灭剥削阶级和剥削制度，建立没有阶级剥削和压迫的新社会的愿望，并在反对剥削和压迫的斗争实践中，逐步培养起强烈的反抗性和战斗品格，形成了无产阶级特有的道德观念和道德行为。如大公无私，目光远大，高度的组织性、纪律性等优良道德品质。从而使自己同其他劳动者之间产生了新的道德关系，形成了无产阶级的革命道德。

其次，马克思主义世界观和科学理论指导是社会主义道德形成的关键。事实说明，无产阶级从自在的阶级提高到自为的阶级，从自发的、朴素的无产阶级道德提高到社会主义、共产主义道德水平，其中的关键条件，就是接受马克思主义科学世界观和革命理论的指导，接受无产阶级政党的领导。正是在马克思主义科学理论的指导下，无产阶级认识到资本主义剥削的本质，认识到社会历史发展的规律，认识到社会主义代替资本主义的必然性，形成了科学的人生观和社会主义、共产主义的理想、信念、道德意识，使无产阶级道德升华到科学的理论体系。

再次，继承人类道德文明的优良成果，是社会主义道德形成的文化条件。社会主义道德不可能离开人类道德发展的大道。社会主义道德继承和吸取了历史上劳动人民在长期的生产和社会斗争中培植起来的优秀道德品质，同时批判地继承了一切传统伦理思想的精华，使其发扬光大。社会主义道德随着无产阶级事业的发展而发展，特别是在社会主义制度下得到全面迅速的发展。

社会主义道德在社会主义制度下得到全面迅速发展的主要原因有两条。其一，无产阶级夺取政权后，建立了生产资料公有制的经济制度，无产阶级和广大人民群众成了国家和生产资料的主人，从而为社会主义道德的发展和普及提供了越来越广阔的社会基础。其二，社会主义国家为无产阶级和广大人民群众创造了学习马克思主义理论，进行社会主义道德建设的条件；通过学习、教育和自我修养，使社会主义道德的基本原则、基本规范深入人心，为广大社会成员所共同遵循。

社会主义道德是一个由不同层次的核心、原则、规范要求构成的完整体系。它们互相联系、互相影响，并根据自身的特点在社会道德生活中占有不同的地位，发挥各自的作用。《中共中央关于加强社会主义精神文明建设若干重要问题的决议》提出："社会主义道德建设要以为人民服务为核心，以集体主义为原则，以爱祖国、爱人民、爱劳动、爱科学、爱社会主义为基本要求，开展社会公德、职业道德、家庭美德教育，在全社会形成团结互助、平等友爱，共同前进的人际关系。"这些内容可以概括为：一个核心、一个原则、五个基本要求（基本规范）、三个道德领域和一个总目的。它们构成我国道德建设的体系结构，也是社会主义道德的体系结构。2001年9月，中共中央印发的《公民道德建设实施纲要》重申了这些道德要求，并强调社会主义道德建设要"以社会公德、职业道德、家庭美德为着力点。"

（三）道德发展的规律性

道德发展有其自身的内在规律。规律是事物本身所固有的本质的联系。任何事物都有其产生、发展、消亡的内在规律。道德作为一种社会现象，不是独立于社会之外的永恒不变的东西，而是在社会历史上产生，并随着社会历史的发展而有规律地发展的。在人类历史上，道德与不同的社会经济形态相适应，相继出现过不同的历史类型，并显现出了自身相对独立的历史过程和规律性的变化。道德的发展规律概括说主要有如下四点：

第一，社会经济关系决定道德的发展。马克思主义伦理学依据历史唯物主义的决定论思想，认为道德作为上层建筑、社会意识形态，是社会物质生活条件的反映，是由社会经济关系决定的。这种决定作用主要表现在：社会经济结构的性质决定各种道德体系的性质；经济关系表现出来的利益直接决定道德体系的基本原则和主要规范；生产关系中的矛盾和冲突决定道德领域内的对立和斗争；经济关系的变化引起道德的变化。

马克思主义伦理学坚持社会经济关系对道德的决定作用的同时，也肯定道德发展具有相对独立性。人类社会道德的发展过程是一个十分复杂的过程，在这样一个复杂的发展过程中，道德往往同社会经济关系呈现出发展的不一致性。这种不一致表现在：一方面，道德的发展变化总体上往往落后于社会物质生活条件的发展变化；另一方面，在旧的经济关系中往往又孕育和萌发着新道德的幼芽。人类社会道德发展过程的复杂性还表现在：道德的发展还要受到许多中间环节的制约，受到上层建筑中其他因素的影响，经济关系对道德的最终支配作用经过一些中间环节表现出了曲折和间接的特点。因而，马克思主义伦理学充分肯定了道德具有相对独立的历史发展过程。

第二，道德演变的总趋势是不断进步。道德作为一种社会现象，同整个社会的发展相适应，也经历了一个由低级到高级的不断进步、不断完善的发展过程。表现在：①人类进入阶级社会以后，道德从一般的社会风俗中分化出来，成为具有特殊规定性和相对独立性的社会上层建筑、社会意识形态，并不断发展成为比较丰富、比较完备的特殊社会关系体系。②道德的社会功能，包括它的认识功能、教育功能和调解功能，运用于社会生活的范围不断扩大，同社会关系的联系日益增多和密切，越来越成为人们掌握社会状况和变化的一种敏感而有效的特殊手段。③道德日益从一种外在的社会法则，转化为每个个人社会交往和精神生活中不可缺少的重要内容，成为每个人实现人格完善和创造人生价值的重要动力和必要条件之一。④在阶级社会中，每种道德都在或长或短的期间、或大或小的范围，程度不同地促进过社会的发展，而且，当一种道德的作用性质走向反面后，便会有一种新型的道德应运而生，继续对社会发展起积极作用。所以，在阶级社会中，道德总的说来也是有过进步作用的，甚至可以说，总的趋势是进步的。

道德的进步是一个曲折的上升过程。道德发展总趋势的进步性，并不是说道德发展的全过程是一帆风顺的。事实上，道德也像一切事物发展一样，内部存在着错综复杂的斗争；各种条件的影响，也决定了道德的发展过程是一个曲折的、波浪式的上升过程。道德发展的这种曲折性主要表现在：①在私有制社会的各个历史形态的更替过程中，某些历史阶段道德的进步倾向明显些，某些历史阶段道德的退步倾向又明显些。②同一个历史时代，这一阶级的道德更多地表现出进步倾向，而另一对立阶级的道德又更多地表现出退步倾向。③在某一阶级道德体系的发展过程中，某些方面可能更丰富、更完善，进入更高的形态，而另一些方面，则可能保持在原来的水平上，或者比原来水平更低下。④某些道德因素，在某一历史阶段削弱了，甚至在社会生活中似乎销声匿迹了，而到另一更高的历史阶段，又在新的基础上被恢复，甚至更强化了。在阶级社会里，人类道德总是在各种进步和退步的对立、反复和曲折斗争中，不断上升到新的更高的形态的。

第三，道德的发展是变革与继承的统一。道德发展的历史表明，人类道德的发展过程是一个新道德战胜旧道德，新的道德类型代替旧的道德类型的不断变革的过程。但是道德发展的历史同时也表明，新道德对旧道德否定的同时也保留了旧道德中那些积极的可供进一步发展的成果。这就使道德的发展成为一个客观的变革和继承相统一的辩证过程。无产阶级不应当摒弃历史上形成的优秀道德成果，也不应当拒绝历史上积累的丰富道德遗产，而应当批判地继承历史上一切积极的道德因素。道德发展的变革与继承，共同构成了道德发展链条上的重要环节。

第四，社会变革是道德发展的动力。社会变革有两种形式，其一是社会革命；其二是社会改革。社会革命，往往是指生产力的发展全面创造新的生产关系，改变旧的生产关系，由经济基础的变革而从根本上改革上层建筑的社会运动。社会改革则是在一定的社会发展阶段中，上层建筑或生产关系中的进步力量意识到强化经济基础与发展生产力的社会需要，自觉地采取政治、经济、文化等方面的措施，调整社会关系，推动社会发展，我国20多年来的改革就是这种情况，是社会主义制度的自我完善。社会变革的这两种形式从根本上说都是社会经济关系的变化，因而必然要推动社会历史的变革，同时也必然推动社会道德的变革。人类社会的历史就是一个不断变革，不断发展的历史，道德作为社会意识形态的重要构成，无疑也是处在不断变革和改革的过程中。道德影响着改革的进程，同时又处在自身的变革中；社会变革需要道德舆论为其鸣锣开道，同样，道德也需要在社会变革中提出新的课题作为自身发展的动力。

【复习思考题】

1. 如何理解道德的本质？
2. 道德的社会作用是什么？
3. 社会主义道德结构的主要内容是什么？
4. 如何理解道德发展的规律性？

【实例评析】

道德的力量

中华民族在几千年发展的风风雨雨中，历经磨难，仍屹立在世界东方，其中重要的原因，就是在每个历史关头，总会有她的优秀儿女、道德楷模挺身而出，力挽狂澜，为社会的进步作出了贡献。

从屈原的忧国忧民，到岳飞的精忠报国；从范仲淹的"先天下之忧而忧，后天下之乐而乐"的精神、到林则徐的"苟利国家生死以，岂因祸福避趋之"的果敢行动；从杨靖宇誓死抗日，到人民子弟兵血洒疆场……这些都是对社会的贡献。

在社会主义建设时期，在改革开放、发展社会主义市场经济的过程中，有的人见利忘义、唯钱至上，而许多人则坚持了正确的价值观，发扬勇于奉献的精神，在精神文明建设方面作出了杰出贡献。

例如，农业科学工作者袁隆平，在党和政府的领导、广大群众的支持下，经过反复试验，长期观察，终于在实践中研究出居世界领先地位的杂交水稻，并在国内和 20 多个国家推广，获得了我国第一个"特等发明奖"和八个国际大奖，被誉为"杂交水稻之父"。我国著名核物理学家邓稼先，放弃在国外优越的工作和生活条件，于解放前回到祖国。解放后，他在极其艰苦的大西北，长期从事核物理研究，是我国核武器理论研究工作的奠基者和开拓者，是我国研究核武器的主要技术领导人之一，为社会主义事业作出了贡献，被尊为"两弹元勋"。再如，大学生为抢救一农民牺牲了生命；海军战士为抢救儿童失去了右手；女营业员在身受 30 多处严重刀伤、右眼被刺瞎的情况下，仍然坚持与歹徒搏斗，守护金库钥匙；生活本来就很拮据的两位老人，含辛茹苦地养育着数十个举目无亲的孤儿；一位聋哑妈妈将三个流浪儿从上小学培养到大学；一位靠蹬三轮车为生的老工人，一次又一次地为贫困地区的教育捐款；几位解放军战士，长年累月地照顾非亲非故的孤寡老人……在这举不胜举的普通人不平凡的事迹中，我们清楚地看到他们的高尚品质，看到他们闪光的道德价值！

【提示】

1. 中华民族几千年的文明是中华各族人民共同创造的，而无数杰出人物作出了特殊的贡献，在他们的身上体现着高尚的道德品质。

2. 一个人对社会的贡献或表现在物质上或表现在精神上或二者兼而有之，而精神上、道德上的贡献则具有特殊的力量。

3. 社会的道德归根到底是由一定的社会经济基础所决定的，而它又反作用于一定的社会经济基础。"道德无用论"或"道德万能论"都是不对的。

第二章　人民教师应有高尚的职业道德

从人类社会发展进步的历史看，教育是新一代的成长和社会生活的存在与发展所不可缺少的手段，为一切社会所必需。教育的实质是把人类认识世界和改造世界所积累起来的知识、经验和技能一代一代地传下去，并不断地丰富发展，使人类的认识和实践的广度和深度不断推向前进。这就决定了教育在整个社会中的地位，对于人类社会发展的方向和速度是至关重要的。百年大计，教育为本。可以说，教育是人类社会的永恒主题，教育本身具有深刻的伦理道德价值。

教育的主要承担者是教师。教育目标的实现，教育内容的操作，都离不开教师的辛勤工作。然而，教师作用的发挥，教学任务的完成，固然需要很高的科学文化素质和教学技巧，尤其需要高尚的职业道德素质。高等学校是培养社会主义现代化建设高级人才的阵地，高校教师努力提高自己的师德水准，更有其特殊意义。本章主要是论述人民教师的职业道德素质的意义，同时论述与此相关的职业、职业道德等理论问题。

一、职业与职业道德

人的社会生活可以分为三大领域，即家庭生活、职业生活和公共生活。职业生活是社会生活不断向前发展的生命线。人的一生有近半时间是在职业生活中度过的，职业生活是人的最基本的实践活动。因此，职业道德是构成整个社会道德的重要组成部分，也是个人道德的重要内容。

（一）职业的产生与含义

人类社会的生存和发展，必须解决衣食住行等问题，满足社会成员的物质生活和文化生活的种种需要。为此，就需要人们从事各种各样的工作，从事专门的业务。例如，有的当工人，有的当农民，有的当教师，有的经商，有的行医，有的搞精神文化创作，有的从事行业管理工作等等。马克思、恩格斯指出："人们为了能够'创造历史'，必须能够生活。但是为了生活，首先就需要衣、食、住以及其他东西。因此第一个历史活动就是生产满足这些需要的资料，即生产物质生活本身。"① 这里讲的"生产物质生活本身"的活动，随着社会的发展成为人们的职业活动。所谓职业，就是人们在社会生活中，对社会所承担的一定的职责和所从事的专门业务。每种职业一经产生，社会就赋予它一定的社会责任。从社会的角度看，每一种职业对于社会的存在和发展具有特殊的意义和作用；从个体的角度看，每一个职业劳动者不但要参加一定的职业活动，以维持自身的存在，又要履行个人对社会的职责。总之，职业生活既是人类社会存在和发展的最基本的社会组织形式，又是个体存在和发展的基本条件，或者说是个人价值的实现。职业作为一种社会现象，它是与社会分工和生产内部的劳动分工相联系的。由于社会分工越来越细，所以，社会生活中的各种职业也就越来越多。

（二）职业道德的含义及特点

职业道德与人们的职业生活紧密地联系在一起，它是从职业活动中引申出来的。所谓职业道德，就是指从事一定职业的人们在职业生活中所应遵循的道德规范以及与之相适应的道德观念、情操和品质。职业道德是同人们的职业活动紧密联系的。由于从事某种特定职业的人们，有着共同的劳动方式，受到共同的职业

---

① 《马克思恩格斯选集》第 1 卷，第 32 页。

训练，因而，往往具有共同的职业理想、兴趣、爱好、习惯和心理特征，结成某种特殊的关系，形成特殊的职业责任和职业纪律，从而产生特殊的行为规范和道德要求。正如恩格斯指出的，在社会生活中，"实际上，每一个阶级，甚至每一个行业，都各有各的道德"。① 职业道德亦称为行业道德。

职业道德是一般社会道德或阶级道德在职业生活中的特殊要求，又带有具体职业或行业的特征。职业道德的特点有以下几点：一是范围上的有限性。职业道德表现在走上社会开始工作的成年人的意识与行为中，而不表现在儿童和未走上社会的青少年中；它往往只对从事本职业的人们适用，而对从事其他职业的人们不适用，从事其他职业的人们遵守的是他们所属行业的职业道德。二是内容上的稳定性和连续性。由于职业分工有相对稳定性，与其相适应的职业道德也就有相对的稳定性和连续性，它往往表现为世代相袭的职业传统，形成人的比较稳定的职业心理和职业习惯。三是形式上的多样性。职业道德的形式，因行业而异。由于多种多样的表现形式，与不同职业的具体条件和从业者的接受能力相适应，因此容易实行，有助于人们养成良好的道德习惯。

（三）职业道德的形成与发展

职业道德形成和发展的客观基础是社会的分工和生产的分工。它随着分工的出现而逐步形成，随着分工的发展而不断发展。

1. 职业道德在原始社会萌芽。

按照恩格斯所肯定的摩尔根分期法，人类最早的社会形态——原始社会分为蒙昧时代和野蛮时代。在蒙昧时代，原始人类刚刚脱离动物界，以原始群的形式共同采集和狩猎，尚无明显

---

① 《马克思恩格斯选集》第4卷，第236页。

分工。到了野蛮时代的低级阶段，产生了自然分工，男子作战、打猎、捕鱼，制作简单的工具；妇女管家、制作食物和衣服。在野蛮时代的中级阶段，随着弓箭、木犁的发明，一些最先进的部落里首先出现了驯兽、繁殖和看管牲畜的劳动部门，以及作为农田耕作先驱的园圃种植业。最后，终于从原始人群中分离出游牧部落，从而在人类历史上引起了第一次社会大分工，即畜牧业和农业的分离，促进了劳动生产率的不断提高，生产场所逐步扩大。到了野蛮时代的高级阶段，原始的纺织业、金属工具制造业、制陶业等手工业有了发展。生产日益多样化，生产技术也日益改进。于是出现了第二次社会大分工，即手工业和农业的分离。这样，在原始社会，随着社会分工的发展，相应出现了以畜牧业为主的游牧部落，以种植业为主的农业部落，以及以手工业为主要经济活动的原始城市。它们之间也就出现了日益频繁的交换劳动产品的活动，如用谷物换牲畜，用谷物或牲畜换劳动工具等。原始人的这些活动，实际上已经是职业性活动的萌芽。与之相适应，在不同部落和原始城市中生活的人们，由于长期过着不同的职业生活，从事着不同的职业实践，承担着不同的职业责任，从而使不同部落和原始城市的风俗、习惯形成了某些差异，同时也形成了它们之间相互交往中的行为惯例。这些风俗、习惯上的差异以及相互交往中的所谓惯例，实际上就包含了职业道德的萌芽。

2. 职业道德在奴隶社会形成。

奴隶社会是人类历史上第一个以私有制为基础的阶级社会。在这个历史阶段，原始社会两次社会大分工所形成的职业活动得到了进一步巩固和发展，并且发生了第三次具有决定意义的社会大分工，就是出现了专门从事产品交换的商业。同时，由于脑力劳动和体力劳动的分离，以及不可调和的阶级对立和斗争，在社会上层建筑领域，也出现了明显的分工。当时，行业和职业多种多样。据我国先秦古籍《周礼·考工记》记载，当时的职业分工有六种，即"国有六职"：王公、士大夫、百工、商旅、农夫、妇功。王公（高级统治集团）之职是"坐而论道"；士大夫（官僚和小贵族）之职是"作而行之"；百工（手工业者）之职是"审曲而势，以饬五材，以辨民器"；商旅（商贩）之职是"通四方之珍异以资之"；农夫之职是"饬力以长地材"；妇功（家庭女工）之职是"治丝麻以成之"。《考工记》所描述的这些不同职责，虽然反映的是人们在社会职责上的阶级界限，但也反映了人们在职责上的区别。正是人们的不同社会实践活动，既有明显的阶级之分，又带有职业的特征，因而不同职业或行业逐步形成了自己特殊的共同利益和共同义务，形成了共同的职业兴趣、爱好、习惯和心理传统。正是在这种情况下，各行各业为了维护自己的利益、履行自己的义务和巩固行业的秩序，产生了各自特殊的道德要求。孔子说过："百工居肆以成其事，君子学以致其道。"① 即是说，不同的职业有着不同的职责和不同的职业道德要求。这些特殊道德要求，或者是由当时的统治集团及其思想家们归纳、总结而成，或者是由当时的各种职业团体、集体以守则、誓言等形式共同约定俗成的，或是通过一些被认为是有道德的人们的身体力行而体现出来的。例如，我国最早的史书《尚书》中强调从政为官者必须"敬德保民"。古代军事家孙子提出将帅应具备"智、信、仁、勇、严"② 的品德。古希腊奴隶主思想家柏拉图在《理想国》中提出，哲学家和统治者的道德是"智慧"，武士的道德是"勇敢"，自由民的道德是"节制"。柏拉图所说的"智慧"、"勇敢"、"节制"，既是阶级道德，又是职业道德。

应该看到，在奴隶社会，统治者更为重视上层社会人们的职

① 《论语·子张》。
② 《孙子·计篇》。

业道德，而对直接从事物质资料生产的体力劳动者的职业道德则不太重视。至于广大奴隶，在奴隶主阶级看来，只不过是"会说话的工具"，奴隶所从事的工作，只是某种工具或物体在不同场合的使用，他们是不配有什么职业道德的。所以，在奴隶社会，职业道德只是奴隶主和自由民的职业道德。那时，职业道德的发展受到极大的限制。

3. 职业道德在封建社会发展。

在封建社会，随着自然经济的缓慢发展，手工业、医疗、教育、军事、政治都有很大进步，形成了几种比较稳定的职业。例如，政府官吏、军人、教师、农民、手工业者、商人、医生等。与此同时，职业道德也得到了相应发展。在欧洲中世纪的城堡中，各种不同行会制定了各种不同的章程，规定了商品的价格、学徒数目和工作时间等等，成为大家共同遵守的条规，以便调整手工业者之间的关系，这其中包含了职业道德的内容。在我国漫长的封建社会，各种职业道德都有较大的发展。以医德为例，成书于春秋战国之际的《黄帝内经》、南齐的《诸氏遗书》、唐代的《大医精诚》等医学文献里，对医德都作了精辟论述，提出了医生职业的道德要求。扁鹊、华佗、张仲景、孙思邈、李时珍等名医，不但医术精湛，而且医德高尚。孙思邈在《千金方·大医精诚篇》中，精辟地论述了医生道德的要求。他认为，医生应有高度的责任感，认识到"人命至重，有贵千金，一方济之，德逾于此"；医生的职责是治病救人，因此，"若有疾厄者来求救者，不得问其贵贱贫富，长幼，怨亲善友，华夷愚智，普同一等，皆如亲亲想"；在诊治疾病时，要专心致志，"纵有绮罗满目，勿左右顾盼；丝竹凑目，无得似有所娱；珍馐迭荐，食如无味，兼陈看有若无"；"医人不得恃己所长，专心经略财物"等等。医德如此，其他官吏道德、军人道德、商人道德、教师道德等，也发展到了比较完备的程度。

不过，在封建社会中，由于自然经济的束缚和封建等级专制的压迫，职业分工和职业道德未能得到充分发展，而且不可避免地带有封建的色彩。首先表现在家长统治对职业道德的影响。由于职业是世袭的，特殊的技术是"父子相传"的，而且职业道德也以"子受父训"的方式世代相传，从而形成职业传统道德。封建社会的自给自足经济，使许多职业活动都在封建地主庄园里进行，直接为封建地主阶级服务，限制职业的分工和职业道德的发展。其次，职业道德受等级观念的影响很大。封建社会的一些职业社会地位低下，从业者既被社会所轻视，而从业者本人也往往看不起自己的职业。韩愈在《师说》一文中说："巫医乐师百工之人，君子不齿。"至于商业的地位更是低下，商人被列入奸人之列。司马迁在《史记·货殖列传》中说："行贾，丈夫贱行也。"当然，封建社会职业道德中还是包含了许多合理因素，它作为一种优秀道德传统，至今仍有借鉴意义。

4. 职业道德在资本主义社会大发展。

随着生产力的发展，到了资本主义社会，社会的分工和生产机构内部的分工越来越细，社会上出现了数以百计甚至上千种的职业行业。人们通过各种职业而产生的交往和联系，也日益频繁，因而作为人们职业行为规范的职业道德，便有了普遍的空前的发展。资本主义社会的职业道德，不仅保留和发展了以往社会的工、农、医、商、军、教等具有悠久历史的职业道德规范，而且出现了许多与新职业相适应的新的职业道德，如律师、工程师、科学家、新闻记者、艺术家等新职业的职业道德规范。另外，在同一职业活动过程中的不同人们，如同一企业中的管理人员、技术人员和生产人员等等，也有各自应该遵守的道德要求。同时，也相应地出现了以职业道德为研究对象的职业伦理学，如律师伦理学、工程师伦理学、科技工作者伦理学、新闻记者伦理学、体育工作者伦理学，还有环境（生态）伦理学、宇航伦理学等等。

无疑，在资本主义私有制度下，各种职业道德不可避免地带有鲜明的阶级特点，受到资产阶级个人主义、功利主义道德原则的影响，带有很大的局限性。然而，资本主义制度下的职业道德也包含着不少合理因素。例如，对新闻记者的职业道德要求，根据国际大多数新闻机构的协商，确认新闻职业道德规范最重要的是要"客观"、"公正"、"真实"，要"向读者负责"、"保持正直和独立"、"尊重职业秘密"等。又如，律师职业道德要求律师忠于法律，不能营私舞弊；不能做假证据等。再比如，资本主义商业道德中的"文明经商，注重社会效益"的原则，以及"宾至如归，见客面带三分笑"的服务态度等等。所有这些职业道德，尽管在对它们的理解和遵守程度上存在差别，但作为一种规范则必须作具体分析，可以借鉴、吸取其中的合理成分。

（四）社会主义职业道德的形成、特征及其社会作用

社会主义职业道德是人类社会职业道德发展的崭新阶段，是社会主义道德体系的重要组成部分。

1. 社会主义职业道德的形成和发展。

首先，社会主义职业道德是适应社会主义经济关系和建设事业的客观要求产生的。在社会主义制度下，从根本上消灭了某些旧的社会分工，取消了某些旧的职业，但是在生产领域、政治领域、文化领域，职业或行业的分工，不同劳动者在社会活动方面的职业差别仍然存在。为了保障各社会领域中各种职业、行业和部门的事业顺利发展，维护这些职业集体内部正常的生产秩序、工作秩序和生活秩序，保持个人利益、职业集体利益和社会整体利益的基本一致，统一、协调、平衡各职业集体之间的关系，就必须在采取法律、政治、经济、行政等措施的同时，对不同职业或行业中的劳动者，提出职业道德方面的要求。加强社会主义职业道德建设，有助于提高广大劳动者的职业认识，培养职业感

情，磨炼职业意志，树立职业理想，做好本职工作。

其次，社会主义职业道德是在社会主义道德原则、规范指导下形成和发展起来的。社会主义道德的基本原则（特别是集体主义原则）和基本规范（如"五爱"：爱祖国、爱人民、爱劳动、爱科学、爱社会主义），对于调整从业者个人、职业集体和整个社会之间的关系具有普遍指导意义。但是社会主义道德的基本原则和规范还必须结合职业活动的特点，提出一些具体的职业行为准则，作为它的必要补充，才能落到实处，发挥作用。也就是说，社会主义职业道德是社会主义道德原则和规范在职业活动中的体现或具体化，它在社会主义道德指导下形成，并随着社会主义道德的发展而发展。

第三，社会主义职业道德是在批判继承历史上优秀的职业道德传统的基础上发展起来的。职业道德是人们职业生活中道德关系的反映。从事一定职业的人们，在长期的职业生活和职业活动中，形成了相对稳定的职业心理、职业习惯和职业传统。这种心理、习惯、传统，世代相传。社会主义职业道德不能离开历史上职业道德发展的大道，它是在批判继承历史上优良职业道德传统的基础上建立和发展起来的。例如，我国医德中的人道主义传统，作风正派，不计功名，对医术精益求精等，就是对古代医德的继承。可以说，社会主义职业道德是人类职业道德在新的历史条件下的发展。

2. 社会主义职业道德有着历史上职业道德所不曾有的特征。

第一，社会主义职业道德是建立在以公有制为主体、多种所有制经济共同发展基础之上的。社会主义以前的社会形态，除原始社会外，都是以生产资料私有制为基础的社会，在那里，社会职业道德既是对生产资料私有制、对私有制的职业关系的反映，也是由私有制的生产关系、职业关系所制约和决定的，职业生活不可避免地带有自私自利的色彩，职业道德原则是利己主义、个人主义原则。在社会主义社会，由于生产资料公有制在所有制关系中占主体地位，社会主义职业活动的根本目的是为了满足人民群众日益增长的物质和文化生活需要，因而国家利益、职业集体的利益和个人的利益是一致的。社会各行业之间以及人与人之间的关系是平等竞争关系，也是相互协作、相互服务的关系，这就决定了社会主义职业道德的根本原则是集体主义原则，是全心全意为人民服务。

第二，社会主义职业道德是社会主义道德的组成部分，是社会主义道德在职业生活中的具体体现。社会主义道德是一个完整的规范体系。从纵的方面来看，它包括社会主义道德的基本原则、社会主义道德规范和社会主义道德范畴等。从横的方面看，它包括社会生活的三大领域，即婚姻家庭美德、职业道德和社会公德。可见，社会主义职业道德是社会主义道德的一个组成部分。尽管社会主义职业道德是在职业活动中形成的，但它没有离开社会道德而单独存在。再说，社会主义职业道德也是社会主义道德原则和规范在职业生活中的具体体现。例如，社会主义商业道德要求商业工作人员对顾客热情主动，服务周到，诚实守信，买卖公平，童叟无欺等就是"爱人民"这一社会主义道德规范的具体体现。此外，无论是党和国家机关的职业道德，或者是医务人员道德、教师道德等等，无一不是社会主义道德规范在这些职业领域的具体化。

第三，社会主义职业道德达到了道德理论与道德实践相结合的高度自觉性。在私有制社会里，由于职业活动中占主导地位的是剥削与被剥削、雇佣与被雇佣的关系，被剥削者与被雇佣者在履行职业道德要求时，往往是被迫践行，难以出于自觉。不同行业之间也往往互相利用、互相倾轧。在社会主义职业生活中，每一职业内部和不同行业之间尽管存在着竞争关系，但人们有着共同的利益、共同的理想和共同的目标。为了维护个人利益、社会集体利益，人们必须履行职业道德规范，从而使社会主义职业道德的践行具有高度的自觉性。

通过以上对历史上各种职业道德的考察，我们可以看到，职业道德是一个历史范畴，它随着社会分工的出现和发展，经历了从无到有、从简到繁的过程，其发展趋势是向上的不断丰富、完善的。历史上形成的各种职业道德是人类精神文明的重要成果。职业道德在调整个人与他人、个人与社会集体之间的职业道德关系中，有着特殊的积极的社会作用。

3. 社会主义职业道德的社会作用。

第一，社会主义职业道德是推动社会主义现代化建设的重要精神力量。社会主义现代化是亿万人民共同努力完成的事业，需要各行各业分工协作。社会主义职业道德规定了各种不同职业的人们在现代化建设中所应承担的道德责任，遵守职业道德纪律，维护职业荣誉，树立职业理想。一个劳动者一旦形成了相应的职业道德观念，增强了职业义务感、良心感、荣誉感，就能努力钻研业务，提高工作能力和工作效率，从而发挥自己的社会主义积极性、创造性，自觉地为社会主义现代化建设贡献力量。

第二，社会主义职业道德能够促进社会生活的稳定。社会主义社会就像一架庞大的"机器"，各行各业构成它的有机整体。每一种职业，每一项工作，都和社会的其他职业发生直接或间接的关系，同整个社会生活相联系。从事各种职业的人，如果都讲职业道德，自觉地按照道德的要求去处理各种职业关系，正确行使职业权利，努力履行职业义务，也就有利于形成良好的社会风气，有利于社会的稳定发展。在一个行业复杂、关系密切的社会集体中，特别是与他人发生直接交往的过程中，大家都遵守职业道德规范，讲文明礼貌，待人诚实，守信用，办事认真负责而不敷衍塞责，就会使大家的生活和工作得到可靠保障，创造有利条件。实际上，遵守职业道德不是单方面的义务，而是互相尽义务，是"我为人人，人人为我"的新型人际关系。因此，社会各行各业的人们普遍地遵守职业道德，也就有利于社会的和谐发展。

第三，社会主义职业道德是促进劳动者自我完善，培养社会主义新人的重要途径。社会主义新人是有理想、有道德、有文化、有纪律的全面发展的人。这种新人的造就固然需要家庭、学校的教育，但主要还是在职业生活实践中培养。职业道德是人们职业生活的指南，是促进人们自我完善的必要条件。一个人的能力有大小，但只要遵循职业道德要求，全心全意为人民服务，就可以使自己成为有价值的人。总之，职业道德指导人们在职业实践中逐步形成高尚的品质，是培养社会主义新人的重要途径。

随着现代社会分工的发展和专业化程度的增强，市场经济的竞争日趋激烈，整个社会对从业人员的职业观念、职业态度、职业技能、职业纪律和职业作风的要求越来越高。因此，在我们的社会主义社会里，要大力倡导爱岗敬业、诚实守信、办事公道、服务群众、奉献社会、礼貌待人为主要内容的职业道德，鼓励人们在工作中做一个合格的建设者。

二、教师职业与教师职业道德

历史发展到现代社会，各种职业丰富多彩，其中，教师职业是历史悠久而又永远充满青春活力的职业。加强教师职业道德修养，具有重要意义。

（一）教师职业是人类最古老的职业之一

据摩尔根的《古代社会》一书记载，在印第安人的原始部落中，各氏族选出了新的酋长，在举行就职的会议上，有专人向就职者讲述、传授以往的事情，历数前任的酋长们为集体立功办事的情况。此种仪式世代相传，教育后辈。这种在就职大会上教育新酋长的人，就是人类最初的教师。在我国，教师职业的出现可以追溯到殷商之前。《礼记·明堂位》说："米廪，有虞氏之庠也。""庠"是舜帝时代的学校名称。"庠"的意思是"养"，即把有经验的老人供养在那里，让他们从事教育学生的工作。这里被供养的老人，有的学者认为就是我国最早的教师。值得注意的是，在生产力水平低下，脑力劳动与体力劳动尚未分化，社会职业分工也不发达的情况下，显然教师也就不可能成为独立职业，他所承担的教育任务仍然是与他所从事的具体生产劳动、社会活动、宗教活动等紧密地联系在一起的。在中国奴隶社会的很长一段时期内，还存在着"政教合一"、"以吏为师"的情况；在西欧的一些国家，多数教师是由僧侣充任，或其他劳动者兼任。因此，从严格意义上说，这些教育者还不是专门以从事教育活动为职业的职业教师，那时的教师职业只是处在萌芽阶段。

教师作为一种独立的职业，是随着社会生产力的发展而出现的社会分工逐步实现的。我国春秋战国时期是从奴隶社会向封建社会过渡的历史时期，这时期的经济、文化教育都有很大发展。春秋时期，打破了官守学业的桎梏，形成了私学的兴盛和百家争鸣的学术繁荣。教育不再为官府所垄断，教师不再是官职而成为一种独立的职业，是专门从事教育的职业工作者。孔子是私学的创始人，又是一代宗师。他首先提出了"有教无类"的民主平等的教育对象论，认为教育应为大多数人服务，不应受到贫富、贵贱、年龄、地区的限制，孔子十分注重教师职业道德修养，提出了很有价值的师德思想，积累了丰富的师德教育和修养经验，并身体力行，是我国历史上伟大的思想家、教育家。此后，在漫长的封建社会里，私塾公学并行，皇宫太学中有达官显贵讲学，社会上也有名流儒士授业，讲学授业者即为教师。

（二）教师职业是一种崇高而神圣的职业

在历史上，一切有作为的政治家、思想家、教育家无不重视教育，尊重教师，对教师的作用和品格给予高度的评价。杰出的唯物主义者荀子十分重视教师的地位和作用，把天、地、君、亲、师并列在一起。他指出："天地者，生之本也；先祖者，类之本也；君师者，治之本也。无天地恶生？无先祖恶公？无君师恶治？"① 天地君亲师为之根本。荀子进一步指出，一个社会是否尊重教师，是国家兴亡的一个标志。他说："国将兴，必贵师而重傅；贵师而重傅，则法度存。国将衰，必贱师而轻傅，贱师而轻傅，则人有快（放纵性情），人有快则法度坏。"② 汉代思想家扬雄把教师看作是人们的楷模，他说："师者，人之模范也。"③古往今来，多少人用诗一般的语言来赞美教师，赋予教师以崇高的荣誉。有人说，教师是铸造人类灵魂的工程师；有人把教师比喻为人类百花园中的辛勤园丁；有人说，教师是向野蛮和无知发动进攻的统帅，是人类文明的传播者和建设者等等。教师对自然科学知识和社会科学知识的传递、发展至关重要。教师劳动之艰辛，作用之重要，决定了"教师"是个极其光荣的称号。道理很清楚，一个社会，一个国家，一个民族如果没有广大教师的辛勤而有效的劳动，那么这个社会、国家、民族的文明进程必将中断，人类将永远处于愚昧无知的状态之中。因此，一部人类文明史离开教师的劳动，是无法想象的。社会主义制度的建立和现代化建设事业的发展，赋予了教师职业以崭新的意义。我国《教师法》规定："教师是履行教育教学职责的专门人员，承担教书育人，培养社会主义建设者和接班人、提高民族素质的使命。"振兴民族的希望在教育，振兴教育的希望在教师。教师的职业无上光荣，教师理应受到社会的崇敬和尊重。

---

① 《荀子·礼论》。
② 《荀子·大略》。
③ 《法家》。

教师职业之所以崇高，不仅因为它的光荣，还在于它的无私奉献精神。教师的劳动是平凡的，同时又是十分艰苦的。人们常常形象地把教师比作春蚕、蜡烛、粉笔和犁铧，这是因为教师的劳动在一点一点地磨损着自己，在开垦着蒙昧的荒原，播种着知识、文明的种子。他们的工作既没有轰轰烈烈的场面，又没有惊天动地的业绩，有的只是勤勤恳恳的工作，默默无闻的奉献，琐琐碎碎的辛劳，年复一年的开拓。诗人赵朴初在一首《金缕曲》的词中赞扬教师："幼苗茁壮园丁喜。几人知，平时辛苦，晚眠早起！燥湿寒温荣与，都在心头眼底。费尽了千方百计。他日良材承大厦，赖今朝血汗番番滴。光和热，无穷际。"[1]

教师职业之所以崇高，还在于它是充满人生乐趣的职业。孟子把教育与人生理想结合起来，认为教育和培养人才是一项崇高的事业，"得天下英才而教育之"是人生的最大幸福，是教师最高的人生价值观。如果一个教师能够尽心尽力地教育和培养学生，并以自己的高尚道德品质言行一致地做学生的表率，使学生深受教育，那么学生就会敬重他，永远感激他。当一个教师亲眼看到自己教育的学生成为对社会、对国家、对人民的有用之才，他就会感到欣慰，体验到人生的真正乐趣。

（三）教师职业的社会意义

教师的劳动，从宏观上看，同社会全面进步，同国家的兴衰与人类文明紧密联系；从微观上看（或从个人的角度看），它对个人的成长和发展，有着特别重要的作用。教师职业的社会意义主要表现在以下几个方面：

1. 教师的劳动对社会精神文明建设起着直接而重要的作用。

第一，教师是人类文化的积极传播者，对人类社会的延续和发展贡献巨大。人类在长期的社会实践中，积累了丰富的经验，

---

[1] 《优秀班主任经验谈》第 3 页，《教育研究》编辑部编。

创造了灿烂的科学文化，留下了极为宝贵的精神财富。社会要发展、进步，人类要走向更高文明，必须首先继承前人创造的优秀文化成果，要使人类长期积累的宝贵精神财富世代相传，光靠劳教合一、口耳相传是远远不够的，根本的途径是通过专门从事教育活动的教师来实现。教师将前代遗留的精神财富传播给年轻一代，使他们在较短的时间内适应现存社会的实践活动，接替老一辈的工作，推动社会的发展。因此，教育是人类社会延续和发展的关键因素，而教师则"是过去和未来之间的一个活的环节"，对整个人类社会发展起着承前启后的作用，对人类文化成果的继承和发展起着桥梁和纽带作用。如果没有教师，社会文明的传递和发展就会中断，社会进步是不可想象的。

　　还应指出的是，现代教育已打破了传统社会相继出现的父传子、子传孙、传男不传女、传贵不传贱、师傅带徒弟等封闭式教学，克服了传统教学中的保守性弊端。这样，现代教师的教育活动对象就成为整个社会的新生一代。现代教师除了采取课堂教学形式外，还可以通过函授教学、广播教学以及电视教学等多种形式进行工作，使教育覆盖面急剧扩大，受教育人数迅速增加，进而使科学文化知识得到更为广泛的传播。同时，由于教师都是先于学生受教育的人，不仅掌握一门或几门专业知识，而且还懂得教育科学，了解学生的心理特点。这使他们有条件、有能力把人类浩如烟海、包罗万象的知识加以选择和概括，并以最快的时间、最有效的方法直接传播给学生。这就使得新生一代能在较短时间内吸收人类长期积累的大量间接经验，并迅速获得最新的科学知识，从而大大地提高了传播人类文明的效率。实践证明，通过教师把前人积累的知识和人们的间接经验直接传播给年轻一代，是发展社会生产力，推动社会进步的一种最佳捷径。一个国家、一个民族对人类优秀文化遗产继承得多与少、快与慢，既取决于生产力的发展水平，也取决于教师的劳动。教师在继承和传播人类文化成果方面贡献巨大。

第二，教师是人类智能的积极开发者，对人类科学文化事业的进步和发展起重要作用。向学生传播人类已获得的间接经验，固然是教师教学中的一个主要任务，但并不是唯一的任务。从现代教育观点来看，衡量教师的教学质量，主要的不是看一个教师教给了学生多少现成的知识，而主要是看其在教学中是否教会学生主动去获取知识和运用知识，即认识能力和解决问题的能力。教师在教育和教学中发展学生的智力，培养学生的能力、特别是创新能力，已成为教师主要的、艰巨的任务。这主要是因为随着生产力的发展和科学技术水平的提高，新的科学技术日益激增，人类已有的知识和科学技术不断得到更新，而且这种更新速度越来越快。如果一个学生在学校期间只是学到了一点书本知识、间接经验，而没有主动获取知识的能力，那么在将来的工作中就很难适应不断发展和迅速提高的新科学技术的需要。为此，当今世界普遍重视发展人的智力。要造就一大批与当代社会政治经济、科学技术发展相适应的具有较高智力水平的人才，教师在教育和教学中，就必须把开发学生智力放在重要地位。

所谓智力开发，就是指对人的智慧的挖掘，以及对吸收知识、创造知识能力的启发与培养，即对人们认识客观事物并运用知识解决实际问题能力的培养和提高。教师在对人类智力开发上的作用，是其他任何职业人员都无法代替的。首先，教师可以向学生系统地传授科学文化知识，这是培养学生创造性思维能力的基础。智力的核心因素是一个人的创造性思维能力，而创造性思维能力的培养则是建立在系统的科学文化知识基础之上。其次，教师通过揭示新思想、新知识的科学性、真理性，来点燃学生的学习热情，激发和培养学生对科学与真理的炽热追求和钻研精神，这种强烈的学习欲望和探求真理的热情，是学生各种潜力得到最大限度挖掘的重要条件。再次，教师在发展学生智力过程中具有重要的组织作用。组织学生参加各种有益活动，包括科技活动、社会调查、参观实际操作、专题讲座和演讲等，是培养学生运用知识解决问题的实际能力，尽快发展学生智力的一个重要方面。在学校里，这些活动主要是由教师来组织的。教师通过自己的劳动开发了学生的智力，提高了学生的智力水平，这不仅适应现代社会发展的需要，而且必将大大促进人类科学文化事业的发展。科学的发展实际就是一种思维创造过程。可以说，没有智力的发展，就没有科学的发展，也就没有人类社会的进步。而教师在人类智力资源开发中起着重要的作用。

第三，教师是一代新人的精心培育者，对提高新的一代及社会全体成员的思想道德素质起着特殊重要的作用。教师在学校里既应是教书的老师，也应是育人的导师；既要向学生传授知识，用人类创造的科学文化知识武装学生的头脑，开发学生智力，提高学生各方面的能力，又要帮助学生形成科学的世界观和正确的人生观。用人类崇高的思想、高尚的道德去塑造学生的灵魂，引导学生养成良好的行为习惯。从而，使新的一代成为既有较丰富的科学文化知识，能掌握一定的现代化劳动工作技能，又有高尚的灵魂、良好的品德、正直的个性的德才兼备的人才。只有这样，教师才能真正达到并完成其为社会培养人才的劳动目的。只有既教好书，又育好人的教师才算是一个合格的教师。教师的引导和教育，对学生思想品德的形成起着十分重要的作用。"一个学校能不能为社会主义建设培养合格人才，培养德智体全面发展、有社会主义觉悟的有文化的劳动者，关键在教师。"① 因此，教师对提高一代新人的思想道德素质起着特殊重要的作用。不仅如此，新一代良好的道德风貌将对整个社会的风气产生广泛而深刻的影响，从而促进社会全体成员思想道德素质的提高。高等教

① 《邓小平文选》，人民出版社 1993 年版，第 105 页。

育是为全社会培养高级人才的教育，大学教师的劳动，对全社会的文明水准、道德风貌起着重要的作用。可以说，教师不仅是学生道德品质的塑造者，也是全民族道德的促进者。再次，社会需要一大批直接从事科学文化建设和思想道德建设的专门人才，以便在精神财富的生产中发挥作用，为社会创造出更多更好的精神产品，不断改善人们的精神面貌，推动社会精神生活的健康发展。这些社会精神财富的创造者、发明者、生产者的培养，同样不能离开教师的劳动。

第四，教师是新知识、新技术的创造者，直接丰富人类文化宝库。在有些人眼里，教师的工作仿佛是最简单不过的重复性劳动。这是一种误解。教师的劳动并不是对人类已有认识成果的简单复制和再现，也不是一成不变地始终从事着重复性的劳动。一方面，他们要根据教育对象的特点以及科学的发展，不断对所讲授的教材进行科学的加工和处理，这里面就已经包含了教师的创造性劳动。另一方面，他们还有责任、义务去参与新知识、新技术的开发和创造。尤其是现代社会中的许多高等院校，既是教学中心，又是科研中心，许多教师集教学、科研于一身，是科研领域中的一支重要力量。他们的科研成果直接丰富着人类科学文化宝库。

2. 教师的劳动对社会物质文明建设起着间接而巨大的作用。

教育部门虽然不是物质生产部门，却同物质生产紧密相关。教师的劳动虽然不直接以生产物质产品的形式投入整个社会生产，但是却以培养生产力当中的主要因素——劳动者的形式而有力地作用于物质生产过程。教育事业和教师的劳动是经济发展和社会发展的强大推动力量。随着现代化大生产的发展，科学技术的进步，其作用越来越大。在现代社会中，生产的竞争，就是科技的竞争，而科技的竞争，就是人才的竞争，归根结底是教育的竞争。今天的教育，就是明天的科技，就是后天的生产。这是当前国际上普遍的看法。在现代社会中,社会物质财富的多寡与科学技术的发展成正比;劳动生产率同劳动者的受教育程度成正比。而科学技术的发展,劳动者教育程度的提高,都直接连接着教师的劳动。

通过教师的劳动,为社会培养出一批具有科学技术知识和创新意识的科技专家队伍,为社会源源不断地提供各行各业的合格劳动者,为社会培养出一支具有现代科学技术和经营管理知识的经济管理人员队伍。所有这些队伍,都为提高社会劳动生产率,提高经济效益发挥着重要作用。通过教师的劳动,提高了一代新人的思想觉悟和道德水准。理想、纪律、良好的人际关系等精神因素,能够转化为物质因素,也是促进生产力发展的巨大动力。在这些意义上,教师的劳动为物质文明的发展提供了精神动力和智力支持。

3. 教师的劳动对一个人的成长发展起着主导作用。

影响一个人成长发展的因素是多方面的,有遗传和环境的影响,有家庭教育和社会教育的影响。教师在这些影响中起着主导作用。教师按照预定的教育目的和严密的计划,遵循教育的规律,通过一定的组织,对学生进行系统的影响和引导,促进学生的全面发展。

教师的劳动能影响学生的一生,甚至可能决定或者改变他将来的发展方向。一个人从儿童时代开始,他的知识领域的开拓,智力的发展,正确人生观、道德观的树立,文明习惯的养成,总之,人的个性的形成,教师起着重要的作用。教师的作用是任何其他作用所不能代替的。因为学生的心灵需要教师的心灵去塑造。现代科学技术的发展,产生了先进的教学机器,有的教育家就宣扬,机器将要代替教师,学校要逐渐消亡,这种看法是错误的。机器教学永远代替不了教师的作用,不仅因为教学机器的设计和内容程序的编制需要懂得教育规律的教师,更重要的是学生心灵的塑造是不能用机器加工的，只有用教师的思想感情、意志和智慧去感染与熏陶。教师丰富的学识，高超的教艺，会成为吸引学生去攀登科学高峰的"磁石"；教师高尚的品德，不倦的教诲，往往能使误入迷途的"学生"重新走上正路，成为有用之才；教师的辛勤劳动，顽强的意志，会给那些心灵上有伤残的学生带来信心和毅力。这些是任何先进的教学机器都无法做到的。教师对一个人的成长发展的作用是肯定无疑的。

（四）加强教师职业道德修养的必要性

加强教师职业道德修养，提高教师职业道德素质，既是人民教师的崇高职责和时代赋予的使命，也是教师自我完善的要求，它对于建设高素质的教师队伍，把青少年培养成为合格的建设者和接班人具有深远的意义。

1. 加强教师职业道德修养，是完成教师的崇高职责和历史使命的需要。

教师总是根据一定社会或阶级的要求，有目的、有计划、有组织地对受教育者——学生进行文化科学知识的传授、技能的培养和思想道德的教育，把他们培养成为一定社会或阶级所需要的人才。由于教师在社会生活中所处的特殊地位和作用，形成了教师职业劳动的特殊性和教师职业道德要求的特点，由此也决定了教师所特有的崇高职责和历史使命——教书育人。

一般说来，教书育人是指教师在教学过程中，有目的、有计划地使学生在获得知识能力的同时，树立正确的世界观、人生观、价值观和道德观的过程。教书与育人是一个有机整体，教师不仅要向学生传授文化科学知识，而且要自觉地负起育人的任务。换言之，教师在向学生传授文化科学知识的同时，还要对学生进行思想道德教育和心理健康教育。教书与育人是辩证统一的关系。教书是育人的手段，而育人是教书的目的。

我们是社会主义国家，我们所要培养的是：有理想、有道德、有文化、有纪律，热爱社会主义祖国，拥护中国共产党领导，坚持走社会主义道路，努力学习马列主义、毛泽东思想、邓小平理论，具有全心全意为人民服务和集体主义精神，掌握现代科学文化知识，身体健康，能适应社会主义现代化建设需要的各类专门人才。教师在人才培养中的作用是毋庸置疑的。

教书育人是教师的崇高职责，也是教师对社会应尽的道德义务，能否自觉地做到教书育人，是衡量教师道德水平高低的重要标志。古人说："经师易遇，人师难遭。"教师要做传授知识的"经师"，更要做善于育人的"人师"，以自己良好的思想和道德风范去影响和培养学生。不难想象，如果我们的教师对本职工作三心二意，半心半意，甚至毫无兴趣，把主要精力用到同教书育人毫不相干的事情上去，那么，教师要完成自己的职责、使命，也就成为一句空话。为了完成时代赋予的历史使命，我们的教师必须忠诚于社会主义教育事业，具有崇高的教师职业道德责任感，热爱教育，献身教育。为此，教师必须努力加强职业道德修养。

2. 加强教师职业道德修养，是教育迎接 21 世纪挑战的需要。

当今的世界正在发生深刻变化。和平与发展仍然是时代的主题，世界格局进一步朝着多极化方向发展。许多国家都把发展经济、改善生活、增强国力作为主要任务。经济全球化趋势日益明显，国际合作与竞争空前广泛激烈。各国之间的竞争，说到底，是人才的竞争，是民族创新能力的竞争。教育是培养人才和增强民族创新能力的基础，必须放在全局性战略性的重要位置。新技术革命席卷全球，知识经济对人类社会各方面产生着难以估量的影响。人口、资源、环境等全球性的问题愈趋突出，可持续发展已成为各国现代化中必须认真对待的问题。总而言之，21 世纪将是人类更大发展和进步的世纪，也是竞争更加激烈的世纪。人类面临的挑战是多方面的，就教育而言，需要面对以下挑战。

首先，信息化社会将导致新的教育技术革命。在信息化社会，学校教育将采用电子计算机，各种学科的教育教学软件系统将会被广泛开发与采用，学校教育、家庭教育、社会教育三个系统有可能通过计算机联网相联结。与此相适应，信息处理教育在各个学习阶段将进一步得到加强，教师将积极并灵活地运用各种信息媒介与教材，帮助和指导学生进行学习。多媒体计算机的普及更加强了自学的魅力，"开放型学校"的尝试有可能出现。

其次，国际化社会将产生新的国际理解教育景观。随着现代交通、通讯技术的高度发展和经济、科技、文化、教育等交流的扩大，各国之间的联系愈来愈紧密了。任何一个国家都不能完全被孤立于国际社会之外而长期生存和发展，各国向国际社会开放并主动融入国际社会，已成为新世纪的重要特征。在新世纪的国际文化社会，新的国际理解教育景观将会出现，由经济往来为龙头的文化教育往来将日益频繁，教育将在目标、内容、方法、手段等各方面适应国际化的要求。

再次，成熟化社会将构筑终身教育的新体系。成熟化社会的重要特征就是闲暇时间的增多和对精神生活追求的强化，而充实人们的闲暇时间和满足人们的精神需要，自然是教育责无旁贷的任务。新世纪的成熟化社会，教育将是学习社会化、社会学习化的教育，教育将贯穿于人的一生，各种教育设施将在终身教育中发挥重要作用。

第四，科技化社会将呼唤"学会关心"的主题教育。21世纪将是科学技术向更高、更新、更尖、更精方向发展的时代，它将给人类带来更丰富的物质财富，给人们的生活带来更大的便利。但人们也会面临前所未有的挑战，例如，生态环境的恶化严重威胁人类的生存和发展。科技化的社会，将呼唤人们从关心自我的小圈子中跳出来，教育学生学会关心超越自我的世界；教育将更注重人类的生存与发展主题，道德教育和环境教育课程将普遍开设并得到强化，以培养学生的人文精神、道德精神和国际精神。①

总之，21世纪的发展既向教育和教师的素质提出严峻挑战，又为教育的发展和教师的素质提高提供了前所未有的机遇。也就是说，无论新世纪的科学技术发展到多么高的程度，教育或学校总是不会取消的。随着学校教育的现代化社会功能的发挥，作为学校主体的教师，与社会的接触是不会削弱的，其道德素质对学生、对社会的影响是不会消失的。1983年邓小平为北京景山学校题词："教育要面向现代化，面向世界，面向未来。""三个面向"提出了新历史时期我国教育发展的战略方针，指明了我国教育改革的方向，也是对教师的素质，包括教师职业道德素质提出了更高的要求。

3. 加强教师职业道德修养，是实现从"应试教育"向素质教育转变的要求。

21世纪，中国的基础教育向何处去？一项迫切的任务是从"应试教育"走向素质教育，或者说摆脱应试教育模式的影响，建立和完善素质教育体系。应试教育的主要弊端是：一是驱赶全体学生去挤"独木桥"，由此导致学校教育往往重视少数升学有望的学生，而忽视大多数学生。二是把整个中学教育纳入与高等学校招生考试对口的系列，在这个系列中，中小学成了大学的预备班，这样一来，普及教育的性质和任务被忽略了，"有理想、有道德、有文化、有纪律"以及德、智、体、美、劳全面发展的要求被忽略了，作为一个合格公民必须具备的文化和道德基础被忽略了。三是以单纯的分数标准来评价学生，容易导致一些学生高分低能，片面发展，被动发展。四是应试教育不仅束缚了学生

---

① 参见《教育时报》1996年2月7日。

个性的充分发展，也制约了教师素质（包括思想道德素质）的提高和能力的发挥。应试教育违背教育规律，导致片面追求升学率愈演愈烈，严重束缚了学生身心的发展，制约着教育质量的提高，给社会主义建设事业造成极大的损害，引起了社会各界人士的深深忧虑。

我国基础教育由"应试教育"转向全面提高国民素质的轨道，势在必行。它将克服"应试教育"的种种弊端，对我国经济社会的发展和人的发展，都具有深远的意义。进行素质教育，归根到底要依靠广大教师，提高师资水平，这是实现素质教育的基本保证。它要求教师具有正确的教育思想，高尚的道德品质，渊博的专业知识和科学的教育方法。换言之，学校要发展，要全面提高学生的素质，必须要建设好一支高素质的教师队伍，而建设好这支教师队伍，不仅要重视教师业务水平的提高，更要重视教师的师德水平的提高。教师在传播知识的同时，还要对学生进行思想道德、意志品格等方面的教育。在教育过程中，教师的一言一行，一举一动，自然会对学生的思想感情、意志品质、道德情感等方面产生潜移默化的影响。由此可见，教师职业道德水平既是教师教育学生的重要手段，是教师素质的重要内容，又是促进教师其他素质提高的重要动力。因此，努力提高教师道德修养，就显得十分迫切和需要。

（五）弘扬古代重视师德修养的优良传统

重视教师道德修养，是我国古代教育的优良传统。李觏曾指出："师者，虽非人君之位，必有人君之德也。"① 黄宗羲指出："苟无其德，宁虚其位，以待后之学者，不可使师道自我而坏也。"②

---

① 《李觏集·安民策》。
② 《续师说》。

上述所说，都是关于为人师的标准问题。对于教师的要求，《吕氏春秋》也条分缕析地指出，坚持正确的理与义应是教师的第一素质："为师之务，在于胜理，在于行义。理胜义立则使尊矣"；否则，"遗理释义，……而教人之尊之也，不亦难乎？"该书还从反面指出师德不佳、不善为师的主要表现：一是"志气不和，取舍数变，喜怒无常"。二是"失之在己，不肯自非，刚愎自用，不可证移"，即对自己的错误不肯做自我批评，文过饰非，刚愎自用，固执己见。三是"见权亲势及有富厚者，不论其材，不察其行，欧而教之，阿而谄之，若恐弗及"，即为人势利，对有钱有势者，不论其资质德行如何，都阿谀奉承，趋之若鹜，唯恐不周。四是"弟子居处修洁，身壮出伦，闻识疏达，就学敏疾，本业几终者，则从而抑之，难而悬之，妒而恶之"，即对德、智、体全面发展的出类拔萃的学生，千方百计予以压制、刁难、嫉妒，使学生学业荒废难以成才。所以，为师者必须有高尚的师德、完善的人格，才能胜任教师之职。

孔子不仅是崇高师德的标举者，而且也是力行的典范，被人尊为"至圣先师"，"万世师表"。他热爱学生，任劳任怨，忠于师职。孔子说："爱之，能勿劳乎？忠焉，能勿诲乎？"他认为作为具有高尚师德的教师应不"隐其学"，无私地将自己的知识教给求学者，而孔子则向自己的学生由衷地表白："二三子以我为隐乎？吾无隐乎尔。"他认为自己是尽己所知、毫无保留地教给了学生；而且对待自己的儿子孔鲤与对待其他学生一样，不独厚其子，不额外教以"异闻"，充分表现了孔子宽广坦荡的胸怀。

孔子诲人不倦的师德受到许多后来者的尊崇。西汉文学家、思想家、教育家扬雄完全继承了孔子的精神，认为为师者要乐教、忠诲、教不倦。他说："圣人乐陶成天下之化，使人有士君子之器者也"。作为人师，要"事不厌，教不倦"。东汉经学大师和教育家郑玄继承孔子不"隐其学"的无私精神，认为教师应把自己的所有看家本领都教给学生，"师有所隐"是不应当的；"学者既开其端意，进而复问，及极说之"。这种"极说之"，自然不是指照本宣科、和盘托出的灌输式教学，而是将问题的内在实质或核心、要害的内容无隐瞒地教授给学生。

南宋理学家、教育家朱熹非常强调教师的德行，因为认为教育的基本指导思想和任务是以"明人伦为本"，是"讲明义理，以修其身，然后推己及人"。他极其强调教师应有"德行道德之实"，反对"钓声名、干利禄"、只会为科举应试服务的教师。为了使学校教育具有"道德理政之实"、明确"政事之本"，"道德之归"的目标，他主张要认真挑选有道德之人，"使为学官"，"访求名士以为表率"。朱熹同时也充分发扬"诲人不倦"的崇高师德，一日不讲学，一日不快乐。他晚年被贬后，仍然顶着强大的政治压力讲学不休，学生黄勉斋非常敬佩朱熹的这种诲人不倦的精神。"从游之士，迭诵所习，则反复戒之，而未尝隐。务学笃则喜见于言，进学难则忧形于色。讲论经典、商略古今，率至夜毕，虽疾病支离，至诸生问辩，则脱然沉疴之去体。一日不讲学，则惕然常以为忧。"

继承孔子"诲人不倦"的师德，王夫之认为教师要"恒其教事"：要像辛勤的园丁和农夫一样不断浇灌，而不要等待老天降下雨水，教事应永远不倦于"教事"。[①]

三、社会主义市场经济与教师职业道德修养

建立社会主义市场经济体制，发展社会主义市场经济，是我国经济振兴和社会进步的必由之路，是一项前无古人的伟大创举。社会主义市场经济是市场经济的特殊形式，与资本主义市场

---

① 王彩霞、张君：《人之师》，南开大学出版社 2000 年版，第 21～22 页。

经济存在本质区别。然而，社会主义市场经济作为市场经济的一种类型，它必然存在市场经济的特点，二者是个性与共性的关系。在社会主义市场经济条件下，如何加强教师职业道德修养，这是广大教师需要解决的重要问题。

（一）社会主义市场经济对教师职业道德修养的双重效应

社会主义市场经济体制的建立，给我国社会生活带来了巨大进步，为教育事业的发展提供越来越多的有利条件，对教师素质的提高带来积极的影响。同时，由于市场经济本身的特点，也带来了一些消极作用，对教师职业道德修养提出了一些新情况、新问题，产生了积极的、消极的或正面的、负面的双重效应。

1. 市场经济的直接目的是为了取得价值的特点，对教师人生价值观的影响。

商品是价值和使用价值的统一，而商品的本质在于它的价值，使用价值只是价值的物质承担者。商品生产者所关心的是在市场上实现自己商品的价值，即把商品变成货币。社会主义市场经济要求商品生产者不能牺牲使用价值去追求价值，不能把价值作为唯一追求的目标。商品生产的求利特点，有利于企业采用新技术，改善经营管理，降低产品成本，提高劳动生产率；有利于培养人们（包括教师）独立自主地选择人生价值的自觉性，摆正个人在社会生活中的位置。但是，市场经济对价值的追求，又潜伏着为价值而牺牲使用价值的可能。因为商品价值的生产与实现，是两个不同的过程。当市场上商品供不应求时，人们面对的是卖方市场，一些抱有利己主义人生价值观的人，就可能乘机把各种劣货、假货抛售到市场上去，顺利地实现了商品的价值；出现了以"坑、蒙、拐、骗、假"的手段去追求价值的违法乱纪、不道德的行为；造成商品拜物教、拜金主义思潮的蔓延。教师不可能游离于市场经济潮流之外，有的人正是在市场经济的这种负面影响下，染上了弄虚作假、诚信缺失、追逐个人名利的坏思想、坏作风，出现了人格的扭曲。

2. 商品都必须在交换中通过私人（个别）劳动的转移，即通过等价交换来实现商品价值的特点对教师职业道德的影响。

市场经济中的等价交换原则，有利于提高社会经济效益，有利于培养人们的效率、效益观念，促进人民更好地提高自己的素质。但有的人把等价交换原则不适当地运用到人际交往、党政工作中，助长了权钱交易腐败之风的蔓延。教育领域虽不是重灾区，但在一些教师中也出现了按酬付劳，"钱多多干，钱少少干，无钱不干"的单纯雇佣思想，缺少奉献精神。有的人在工作中斤斤计较个人利益，有了一些本领就摆资格、索高价，亵渎了教师这个神圣职业。

3. 商品生产者和经营者的特殊利益是经济活动的出发点和归宿的特点，对教师职业道德的影响。

在市场上，无论是商品生产者还是商品经营者，总是自发地倾向于追求自身的特殊利益（个人的或小团体利益）为目的，即为了赚钱。由于个人利益的驱动，激励着商品生产者和经营者的积极性和创造性，推动社会进步。市场经济的特点辐射到学校，有利于教师维护自己的正当利益，激励广大教师特别是青年教师努力提高自己的业务水平和教学技巧。但是，市场经济的利益驱动特点，又可以诱使一些人为了满足个人私欲而"重利轻义"乃至"见利忘义"，置国家、人民的利益于不顾。有的商业部门，把学校当作市场推销商品，或以教育为幌子推销商品，或与教育行政部门挂钩推销商品，有的在学校门口乱摆摊点等，既干扰了学校的教学秩序，对教师和学生还带来消极影响。在社会上拜金主义思潮的影响下，少数学校乱收费，乱推销参考书；有的教师重金钱、轻事业，敬业精神下降；有的热衷于炒股票、把主要精力放在第二职业上，增加"灰色收入"；有的师范生为跳出相对清贫的"师门"，轻视或荒废学业，如此等等。这些现象不仅严重地干扰了正常的教学秩序，降低了教学质量，而且对学生的纯洁心灵起到了很坏的作用。

4. 市场经济的竞争特点对教师职业道德的影响。

在竞争中求生存，在竞争中求发展，是市场经济的普遍规律之一。商品生产者和经营者，为了在竞争中实现商品的价值，即把商品销售出去，不得不想方设法改善生产条件，改善经营状况，并在竞争中增强个人的独立自主意识。正是在市场经济竞争中，广大教师的自主、自强、自立意识和创新精神有了一定的增强，使学校教学工作充满了生机。但是，有的教师却过分强调个人本位，纪律松懈，自由散漫，在学生中造成不良影响。由于竞争难免带有盲目性，并且由于市场供求关系经常出现平衡与波动的更替，出现种种市场利益的选择机会，即有利可图，从而使一些善于捕捉市场机会的人，特别是那些极端利己主义者把谋取盈利作为自己追求的唯一目标。为了在竞争中取胜，而不惜损害他人及社会整体利益，乃至不惜用重金贿赂政府部门的有关官员，一些意志薄弱者被拉下水，这也是产生腐败现象的原因之一。现在有的人不适当地把市场竞争原则运用到社会生活之中，扭曲市场竞争原则的作用。在教育领域，在教师队伍中也存在这种现象。

综上所述，社会主义市场经济对教师职业道德修养产生的正面和负面影响，是一种客观现实。就负面影响而言，市场经济的作用能否变成现实，要受多种因素的制约，前面列举的市场经济的一般特点，只是导致消极现象发生的诸多因素中的几个，其他因素，例如经济环境（买方和卖方市场）、消费者对商品生产者和经营者的社会监督、国家对经济活动的管理等，在教育领域加强教师的职业道德教育和职业道德修养，都对市场经济可能在导致道德上发生消极影响起到一定的限制作用。换句话说，市场经济的一般特点只是给消极作用的发生提供根据与可能，而这种可能转化为现实，则是多种因素共同作用的结果。如果我们认识正确，措施得力（特别是提高教师职业道德修养的自觉性），而不是放任自流乃至推波助澜，那就可以把市场经济对教师职业道德的消极影响减少到最低限度。在这个问题上，那种认为社会主义市场经济必然导致教师职业道德素质下降的所谓"代价论"，是十分片面的，错误的。

（二）加强社会主义经济条件下的教师职业道德修养

社会主义市场经济体制的逐步建立，为教育事业提供了越来越坚实的物质保证，也对教育事业和广大教师提出了新的更高要求。教育虽然不是社会主义经济中的生产、经济活动，但它与市场经济仍然存在这样或那样的关系和联系。因此，在社会主义市场经济条件下，进一步加强教师的职业道德修养，这是需要从理论和实践的结合上认真研究和解决的问题。其中，树立与社会主义市场经济相适应的价值观念尤为重要。

1. 自主创新观念。

创新是一个民族进步的灵魂，是国家兴旺发达的不竭动力。

发展社会主义市场经济，既要对传统的计划经济体制进行根本性的改革，又要在新的实践中不断探索和创造。教育是为提高科学文化水平和国民素质服务的部门，即属于第三产业。因此，教育应该适应市场经济的需要，同时，保持自身的独立性，坚持按教育规律办事，不能把教育等同于一般产业或企业而推向市场。教师总是免不了要生活在社会主义市场经济的氛围中，因而必须树立和强化自主创新的观念。教师之所以要树立自主创新观念，还与时代的要求和教育工作的特点相关。一方面，要建设有中国特色的社会主义，迎接世界新科技革命的挑战，就需要有大批富有创新精神和勇于开拓的人才，因此，培养创造型、开拓型人才，就成为教师的重要任务；另一方面，教育事业是富于创造性的工作之一，教学工作是一门艺术，因此，教师不仅要勤勤恳恳、勇于奉献，而且要成为教育事业的创造者，成为工程师兼艺术家，具有创新和开拓精神。

自主创新，就要解放思想。在中国这样一个世界大国中建设有中国特色的社会主义，这是前无古人的空前伟大、空前壮丽的事业。因此，需要解放思想，实事求是。就发展社会主义市场经济而言，它的提出本身就是解放思想的结果，它的每一步发展，同样是解放思想的结晶。教育工作者在思想方法上，要解放思想，反对墨守成规、故步自封；破除陈腐思想观念和作风，如鄙视科学技术的封建等级观念，保守狭隘的人才观念，师道尊严的家长式专制作风，等等。要善于及时发现和正确对待教育领域中出现的新人、新事，按已经变化了的情况，处理教育过程中的问题。

自主创新，就要勇于改革。市场经济的发展大大增加了对人才的需求，有力地促进了教育事业的改革和发展的步伐。然而，教育领域原有的一些东西又与时代的发展（包括市场经济的要求）相去甚远，必须改革。例如，原来的教育结构、专业设置、课程设置和教学内容等需要调整和优化；还有教育在办学体制、管理体制、投资体制、学校内部管理以及招生、毕业生就业制度等都需要适应时代发展的需要进行改革。教师的教育对象——学生也有新的变化，例如，他们的世界观、人生观、价值观、道德观、审美观等发生了变化，表现出价值取向的功利性，行为特征的自主性，生活方式的多样性。这些情况，都对教师的素质包括思想道德素质提出了新的要求。为此，教师既不能一成不变地用传统的道德规范和保守狭隘的观念去看待和要求学生，一味横加指责；也不能一味迁就，放任自流。而必须抱着对社会主义事业负责，对学生成才负责的态度，关心理解学生，及时进行疏导教育。

自主创新，在教育领域总的说来就是要不断推进教育创新。

为此，就要坚持和发展适应国家和社会发展要求的教育思想；通过深化改革不断健全和完善与社会主义现代化建设要求相适应的教育体制；要推进素质教育，全面提高教育质量；要充分利用现代科学技术，大力提高教育的现代化水平；要坚持面向现代化、面向世界、面向未来，加大教育对外开放的力度；等等。显然，教育创新要以人为本，需要广大教师的辛勤工作，提高自身的素质（包括师德素质）。

2. 义与利统一观念。

义利关系是中国传统道德着力探讨的重大问题之一。近年来，重义轻利还是重利轻义或者义利并重，义利对立还是义利统一，见利思义还是见利忘义，又成为普遍关注的问题。人民教师应该树立正确的义利观念。

义利关系是一个重要的道德问题。一般说来，义指正义、应该，是高尚的道德原则，有时又指道德情感、道德境界以及义无反顾的高尚行为。利则指利益或功利。在社会主义社会，义指社会主义、共产主义的道德原则，是国家、民族、人民之大义；利则指利益，既指正当的个人利益，也指国家、民族、人民之大利。义利关系也是发展社会主义商品经济中必须处理的一个重大问题。

在中国伦理思想史上，对义利关系的争论形成了延续几千年的"义利之辨"，实质上是道德与利益的关系之争。先秦时代，儒家既重视道义，也不否认利益，但有重义轻利的倾向；墨家主张义利并重，把义归结为利，后期墨家更强调义利合一；道家主张超越义利、清静寡欲，把私欲看成导致道德败坏的重要原因；法家则重利贱义，否认道德的作用，主张功利主义。汉代的董仲舒把儒家重义轻利的倾向进一步发展为"正其谊（义）不谋其利"①，片面强调道义而不讲功利。宋明时期重视义利之辨，并把它发展、深化成理欲之辨。这时的理学家们，实际上是把封建道德原则视为至高无上的价值，把个人的欲望或利益要求看成必须革除的东西，主张"存天理，灭人欲"。他们把道德与利益对立起来，受到当时和后世许多进步思想家的驳斥。

在西方，近代许多资产阶级思想家，把利益作为行为的出发点。18世纪法国唯物主义者爱尔维修、霍尔巴赫等人，从抽象的人性论出发，适应资产阶级的要求，并针对封建教会鼓吹的禁欲主义，强调追求个人利益是人的本性。资产阶级在强调个人利益的同时，又在一定程度上承认，个人的利益和幸福都离不开社会和他人，社会需要有一种道德来协调彼此间的利益。但是，由于历史的阶级的局限，他们片面地强调个人利益，即资产阶级的利益，并且把个人物质享受的满足看作人生的唯一目的和幸福，因此最终不能科学地解答物质利益和道德的关系问题。

"重义轻利"和"重利轻义"，都是割裂了义与利的辩证统一关系。历史的发展，要求社会主义社会的人们，正确认识和处理义与利的关系，树立社会主义义利统一观。《中共中央关于加强社会主义精神文明建设若干重要问题的决议》中提出，要"形成把国家和人民利益放在首位，而又充分尊重公民个人合法利益的社会主义义利观。"这里讲的"义"，主要是指社会主义的思想道德要求和国家人民利益；"利"主要是指合法正当的个人物质利益和单位、地区的利益。这种义利辩证统一观，既是对我国社会主义条件下义利观的科学概括，又是对历史上义利观中合理因素的批判继承。社会主义义利观是社会主义经济关系的要求，是有坚实的社会经济基础的。

我国社会主义初级阶段的所有制结构，是以公有制为主体，

---

① 《汉书·董仲舒传》。

多种所有制经济共同发展的基本经济制度。与此相适应，在分配结构、分配方式上，坚持按劳分配为主体、多种分配方式并存的分配制度。无疑，这种经济制度和分配制度带来了利益主体和道德主体的多元化以及价值取向的多样化。就经济结构而言，历史上的各种社会形态中的经济结构一般都有多种成分的所有制关系存在。而其中只有一种所有制关系占统治地位，它决定着该社会的本质和特征。正如马克思指出的："在一切社会形式中都有一种一定的生产决定其他一切生产的地位和影响，因而它的关系也决定其他一切关系的地位和影响。"① 社会存在决定社会意识。与社会经济结构中经济成分相适应，在社会意识形态领域，也必然存在多种性质的思想观念，它们各自从不同侧面反映社会生活，它们之间相互联系相互制约。然而，它们当中却有一种思想观念或意识形式占主导地位，决定着该社会意识形态的本质和特征，影响着其他社会意识形式。在我国的条件下，虽然存在着多种经济成分和多种分配形式，但社会主义公有制和按劳分配，在社会经济生活中的主体地位是客观存在的。正如邓小平指出的："我们坚持了社会主义公有制和按劳分配的原则。……，也就是说，我们坚持了科学社会主义。"② 由此决定在社会意识形态领域，必然要求确立与其相适应的指导思想和价值导向，这就是以马克思主义、毛泽东思想和邓小平理论以及"三个代表"重要思想为指导，以社会主义义利统一观为价值导向。

从义利分离到义利统一，反映了人类社会经济、文化发展的必然趋势，也是人类对义利关系的认识从片面到全面，不断深化的结果。然而，这种统一又是一个逐步形成和实现的过程。随着生产资料私有制的消灭，义利分离物质根源的消失，人类将彻底

---

① 《马克思恩格斯选集》第 2 卷，第 24 页。
② 《邓小平文选》第 2 卷，第 165 页。

消除义利分离的现象，最终真正实现义利辩证统一。在我国现阶段，由经济发展水平和人们思想状况所决定，还不可能在所有人的思想中普遍树立社会主义义利观，仍存在着理想与现实的差距。同时，在社会主义初级阶段，不同利益主体还不可能完全一致地按照社会主义义利统一的标准、为人民服务的要求去指导自己的行为，因而表现为义利观上的层次性。因此，我们还有许多工作要做。但我们有理由确信，从义利分离到义利统一毕竟是人们价值取向的必然选择，它正在日益成为越来越多的人们的自觉实践。广大教师应该努力坚持社会主义义利统一观。

与义利问题相联系，还有一个如何对待人生与金钱的关系问题。

人生与金钱或人生价值与金钱的关系，是自有商品交换以来人们普遍涉及的问题，也是中外许多思想家、教育家探讨的问题。在我国社会主义市场经济条件下，社会生活中出现的拜金主义思潮对教育领域中的冲击是很大的。因此，如何正确看待人生与金钱的关系，树立正确的金钱观，是广大教师需要解决的重要课题之一。

首先，要看到人生与金钱确有密切关系，对人生价值产生重要影响。金钱是商品生产和商品交换发展到一定阶段的产物。随着商品经济的发展，金钱的作用越来越大，对人生价值带来一定影响。在资本主义社会，由于实行的是以资本家占有制为基础的市场经济，一切都可以成为等价交换的商品，因而作为一般等价物的金钱，便成为主宰一切、高于一切的"怪物"。这种金钱拜物教，使人的思想、情感、志向、荣誉、地位等都可以与金钱相联系；一切是非、善恶、荣誉兴衰，也都以能否获得金钱或获得金钱的多少为标准。资产阶级把金钱作为衡量人生价值的唯一尺度。对资产者来说，金钱就是幸福，金钱就是人生目的，金钱就是人生价值。

在社会主义社会，金钱仍然充当着商品交换的媒介，具有同一切商品进行交换的职能。一个人掌握了一定数量的金钱，他就可以从市场上买到衣、食、住、行、用所必需的物品。因此，金钱是人们生存和发展的重要条件，是实现人生价值的重要物质保证。再说，人们的劳动成果、对社会的贡献，往往是以商品的形式表现出来的，所以，货币仍然成为衡量他们人生价值的尺度之一。或者说，货币仍然与人生价值相联系。

其次，金钱不是人生的全部内容，不是人生价值的唯一标志。人生的追求是丰富多彩的，物质生活的满足固然必不可少，而崇高的理想、成功的事业、幸福的家庭、真挚的友谊以及健康的体魄等等，也都是人生的追求。其中的不少内容虽与金钱有关，但却不是金钱所能买到的。在我国近现代史上，不少革命战士断然放弃原有的或将要得到的优厚物质条件，义无反顾地投身革命，在艰难困苦的斗争中实现自己的人生价值。在社会主义时期，华罗庚、钱学森、钱三强等一大批爱国知识分子毅然放弃在国外的优裕生活，回到祖国怀抱，把自己的知识、才能献给祖国和人民，发扬了高度的爱国主义精神和献身科学的高尚品格，表现了正确的金钱观。他们的行动表明，金钱并非人生第一要义，并非人生价值的唯一标志；金钱本身并没有什么特殊的"神通"，而人的崇高理想、高尚人格、良好的声誉比金钱更珍贵。值得欣慰的是，就是在少数人奉行"金钱万能"的情况下，我们广大教师即使在待遇、地位并不很如意，甚至有的被拖欠工资，基本生活得不到保障的处境中，仍然忠于职守、辛勤耕耘，这是非常难能可贵的高尚品格。

再次，获得金钱的手段应该是正当合法的。人们获得金钱的手段或途径很多，但归纳起来不外乎是正当的、合法的和不正当的、非法的两种。根据社会主义按劳分配原则，通过自己的辛勤劳动所得的报酬，个体户、专业户、企业家的正当利润，合法继承的遗产，银行存款的利息等，都属于正当合法的范围。反之，贪污盗窃、投机倒把、损公肥私、损人利己、行贿受贿、走私贩私、偷税漏税等所得的金钱，则是不正当的、非法的、不道德的。

在我们今天的社会里，金钱仍然是考验人们思想境界和道德品质的试金石，对人生价值观产生着不可忽视的影响。近些年来，随着市场经济的发展，一些人中拜金主义盛行，他们当中有的人搞权钱交易，见利忘义，违法乱纪而不能自拔；有的人以金钱作为评价事物、评价人生价值的唯一尺度，把羡慕的眼光投向了所谓"大款"、"大腕"身上，而不管其金钱来源是否正当，而对金钱之外的更高层次的精神追求却漠然视之。这股拜金主义思潮对我们教育领域产生了很坏的腐蚀作用，不可掉以轻心。在这里，我们有必要对拜金主义的实质作简要评析。

拜金主义亦称金钱拜物教、货币拜物教。它是一种金钱至上的道德观念，认为金钱不仅万能，而且是衡量一切事物的标准。拜金主义在资本主义前就存在，而资本主义社会则成为资产阶级普遍奉行的道德准则或人生信条。生活在 14 世纪的英国作家杰弗利·乔叟在其《怨诗致钱囊》中，以一个拜金主义者的口吻写道："我的钱囊，我要向你单独的苦求，……你是我的生命，惟你能驾驭我心，你是慰藉之母，似应与我为友。赶紧加重分量，否则我就完了！"刻画出拜金主义者公开向金钱的"膜拜"，他把自己的钱袋当成生命的主宰，把自己的追求和信念全都维系在钱袋上。近代法国作家巴尔扎克在其长篇小说《欧也妮·葛朗台》中，描写箍桶匠葛朗台依靠控制市场、哄抬物价、投机倒把、囤积居奇，成为富翁后，视金钱如命，竟眼看兄弟自杀而不救，并逼走侄儿、折磨死妻子、断送女儿青春，最后两眼直盯着搜刮来的金钱死去。英国戏剧家莎士比亚在剧作《雅典的泰门》中对拜金主义作了更为深刻的揭露："金子！黄黄的、发光的、宝贵的金子！……这东西，只一点点儿，就可以使黑的变成白的，丑的变成美的，错的变成对的，卑微的变成尊贵的，老人变成少年，懦夫变成勇士。"中国西晋时期的鲁褒在《钱神论》中也深刻揭露了当时社会的拜金主义及其造成的道德沦丧的社会问题。

马克思主义科学地揭示了金钱（货币）的本质及其重要的社会功能，但反对任何形式的拜金主义。马克思在《1844年经济学——哲学手稿》中指出，在私有制社会特别是资本主义社会里，它是"个性的普遍颠倒；它把个性变成它们的对立物，赋予个性与它们的特性相矛盾的特性"，它"也是作为这种颠倒黑白的力量出现的"，"它是一切事物的普遍混淆和替换，从而是颠倒的世界，是一切自然的性质和人的性质的混淆和替换。"在这里，马克思主义对拜金主义、货币拜物教的本质和危害作了深刻的揭露和批判。

在社会主义条件下，广大教师应该正确认识和处理人生与金钱的关系，树立科学的金钱观，自觉抵制拜金主义、金钱万能思潮的毒害，使自己的人生价值在为社会主义教育事业发展的奋斗中充分展现。

3. 竞争与协作统一观念。

竞争，即互相争强好胜。它作为主体能动性的一个重要标志，是人对社会作用的突出表现；协作（或合作）是两个或两个以上的个人或群体为达到共同目的而进行的协调合作活动。坚持竞争与协作的统一，也是社会主义市场经济条件下应培养的一种道德观念。

竞争不是孤立的个人行为，而是在群体中实现的，而群体的出现，又只能在劳动的基础上才成为可能。人类历史上的活动最初表现为物质资料的生产，但人们不以一定的协作方式结合起来进行共同的活动以及相互交换自己的活动，生产就无法进行。在这种劳动结构过程中，当许多人彼此作用并有计划地工作的时候，社会接触也就应运而生。

为什么仅仅社会接触就引起竞争呢？这是因为，人总是在社会中进行生产和生活的，他的本质是由各种社会关系决定的，因而人的本质力量不能自行表现，必须在社会生产（或工作）中体现出来，并且通过具体的劳动成果得到证明。这样，人们在社会生产的相互接触过程中，便产生了以自己活动的对象来表现自己的社会本质的意图（动机），产生了通过比别人好的劳动成果表现和自我确认的意图；然后将这种意图具体付诸于行动，于是产生了实际的竞争。可见竞争是社会接触的产物。无论是个人的动机还是竞争的行为，都产生于社会接触，有接触才会有比较，有比较才会显示出谁干得好些，谁干得差些，才会引起竞争心和特有的精神振奋，才不甘示弱，想把对手压倒。我们肯定竞争是社会接触的产物，而社会接触又由协作产生并始终是人类社会的劳动形式。不管是刀耕火种的原始劳动，还是使用电子计算机的现代化劳动，都离不开协作。这是因为，任何社会生产都不能由个人孤立地进行，就某工矿企业而言，它的原料要靠别的部门提供，生产出来的产品也要同别的部门通过市场机制进行交换，亦即同其他部门协作。正是在协作中进行劳动成果的比较（从质量上和数量上的比较），从比较中显示出好坏优劣。就劳动者个人来说，也在比较中显示出自己能力的大小，劳动效率的高低，从而激发个人的竞争心理，带来彼此劳动的激励。由此可见，归根到底，竞争是从劳动协作中产生的。

竞争是社会发展的加速器。虽然在不同的社会制度下，竞争具有不同的性质和后果，但它始终都没有改变社会发展加速器的作用。竞争促使资本家改进技术，改善管理，提高劳动生产率，从而促进了生产力的发展。当然，这种发展是以牺牲多数的无产者的利益为代价的。就社会发展而言，只有竞争，人类文明的发展才可能达到今天的高度。就个人而言，竞争激发了人的积极性和进取心，培养了人的坚韧性和创新意识。社会主义社会不仅无法取消竞争，而且普遍存在着竞争。这是由于社会主义初级阶段，各种所有制经济共同发展，社会主义市场经济体制的建立都不可避免地存在竞争。在竞争中求生存，在竞争中求发展，仍然是不以人们的意志为转移的客观规律。

协作（或合作）同样是社会发展和个人成功的重要条件。无论是在生产力低下、分工不发达的远古时代，还是在生产力高度发达、分工极其精细的现代，都需要协作。在生产领域，协作促进了生产的现代化；在科技领域，协作能集思广益，集百家之长，汇众人之力，攻克科学难关。事实说明，个人的作用和贡献总是有限的，真正的力量在于集体，任何人要真正施展才干总是离不开协作的。

竞争与协作既相互区别又相互联系。首先，竞争与协作相互区别。竞争是主体之间的争胜比强，互争胜利；协作是主体之间的相互配合，携手共进，达到共同目的，二者是不能等同的。其次，竞争促进协作的加强。协作并非把主体拼凑在一起，协作者也必须有竞争精神，在共同目标下，看谁更能顺利地达到目的，具有积极性和创造性。再次，协作为在竞争中取胜提供了重要保证。协作把分散的力量汇集起来，各种力量互相补充，彼此配合，形成一种整体的力量。这样，作为一个协作整体就会增强竞争力量，使其在竞争中处于有利地位。此外，协作还在一定程度上保证了竞争的方向，有利于消除竞争中的消极因素。我们提倡竞争，同时又提倡协作，不能因竞争而排斥协作。反之，我们应该互相关心、互相爱护、互相帮助。不仅人与人之间的关系上要讲团结协作，而且各行各业之间及其内部也应在竞争中讲求团结协作，以便推动社会主义社会的全面进步。

以上我们从一般意义上论述了竞争与协作的有关问题。具体到教育领域，在高等学校中，无疑也广泛存在着竞争与协作的关系，需要正确处理。在这里，我们着重对优胜劣汰的观念问题进行探讨。

优胜劣汰是自然界和人类社会的普遍现象。优胜劣汰，才能促进事物的发展，推动社会的进步。在市场经济运行中，优胜劣汰，才会有良好的经济效益和社会效益，社会资源才能优化配置，经济的发展才能充满生机活力。过去高度集中的计划经济体制下，社会的各个领域（包括教育领域）活力较少，一个重要原因，就是我们不承认优胜劣汰的合理性。现在，我们承认优胜劣汰的合理性，广泛地运用竞争机制，无疑是思想认识和领导工作的一个大飞跃。在当今的世界里，经济、政治、科学技术、教育、思想文化等各个领域都充满竞争。竞争是社会发展的加速器，当然也是社会主义社会发展的加速器。竞争，优胜劣汰是不以人们的意志为转移的客观规律。

在社会主义社会，人民教师要充分认识优胜劣汰的价值，积极热情地对待优胜劣汰。其一，在优胜劣汰中求上进，图发展。优胜劣汰中的"优"和"劣"，表现了事物特质的高低两极。就个人素质来说，"优"表明个人在素质和能力上的高水平，"劣"则表明个人素质和能力的低下。因此，我们就应该争优避劣，在学习、工作中上一流水平，创一流效益；在优胜劣汰中实现自己的价值追求，体现个人价值。其二，在待人处事上，扬优贬劣。要按良好的教学效果去评价教师的功过，既要打破论资排辈和"无过就是功"的旧观念，又要克服单纯以年纪轻、文化高去使用教师的片面性，在学校中形成真干、实干、巧干的新风尚，在思想认识上树立起能力、业绩、积极性和创造性的素质观念。其三，树立竞争意识。竞争，就是表明自己比别人高明、能干、强而有力；竞争，就是要使自己先于别人获得成功，获得社会的承认；竞争的最终目的是为了获得高速度、高效率、高利益。竞争的主体既可以是个人的，也可以是集体的（单位的，群体的，乃至国家、民族的)。竞争是一种社会现象。社会的各个方面各个层次上都有竞争。在现代社会,国力的竞争,无论是经济的、政治的、军事的较量还是科学技术的、思想文化的较量,归根到底是教育的竞争,人才的竞争。而且,教育体制的改革,必然要消除"大锅饭"、"铁饭碗"的不良现象,学校中的优胜劣汰选择将普遍推行。因此,广大教师有必要树立竞争意识。当然,我们既要树立竞争意识,又要发扬协作精神,使二者统一起来,不应片面强调一面而否定另一面,这样,才能适应现代社会竞争环境的要求,也有利于个人智慧和能力的发挥,更好地实现教师义务和权利的统一。其四,树立自主自强意识。竞争,是不同主体之间的在质、量上的比较,因此,自主自强意识的强弱,是竞争中能否取得优势的重要条件。在市场经济活动中,独立自主地进行决策,自己承担市场风险,这是市场经济主体的共性。人们在市场竞争中要避免被淘汰,并不断发展自己,十分重要的,是要在自主的基础上具有自强精神。可以说,把自主自强统一起来,是在市场经济中发展自己,实现价值追求的重要途径。自主自强的要求是:①自主性与自控性相结合。作为市场经济活动的主体,必须以主人翁的姿态出现。要熟悉市场经济供求关系,按照市场规律进行决策,遵照市场运行的规则进行活动,在国家法律范围内发展自己。②奋发向上。商品的生产者和经营者面对市场竞争的挑战,任何墨守成规、亦步亦趋,都可能导致失败或破产。因此,必须经常保持清醒头脑,振作精神,敢于创新,善于捕捉良机,不断向新的目标奋进。③从实际出发,走适合自己情况的道路。要广开思路,虚心学习别人的成功经验,并结合自己的情况加以运用发展。

诚然,教师的任务是培养社会主义现代化建设的人才,但仍然需要适应市场经济环境的要求,树立自主自强的观念,做到自强不息,奋发向上,艰苦奋斗,勇往直前。

4. 公平与效率统一观念。

公平，作为道德范畴，同正义、公道、公正等含义相近。一般说来，公平着重指待人处事中合乎人的正当感情和道义之理，它是调节人们相互关系的一种行为准则，是分配社会权利和义务时必须遵守的价值尺度。在市场经济中，公平是体现商品等价交换原则的一条基本准则。处于不同社会、不同阶级地位的人们对公平的理解不同，形成了不同的公正观。效率是指劳动、工作中所耗费的劳动量与所获得的劳动效果的比率，有时也指资源（物力和人力）的使用率。

公平和效率是紧密联系在一起的，二者之间是一种辩证统一关系。提高经济效率，就能增加社会财富，为实现社会公平提供物质条件。社会主义的公平意味着劳动人民享有平等的经济权利和政治权利，使他们在经济上和政治上以主人翁的态度投身到自己所从事的社会事业之中，施展才干，开拓创新，建设社会主义的物质文明和精神文明。同样，实现了公平、合理，就可以提高劳动者的积极性和消费要求，从而有利于产业结构的合理化，促进效率的提高。如果收入差距悬殊，很不公平，必然引起部分社会成员的不满情绪和社会心理的障碍，甚至引起社会的动荡，反过来阻碍效率的提高。实际生活中存在的不公平现象，如以权谋私、任人唯亲、机会不均等、平均主义"大锅饭"等，引起了人们的不满，成为社会效率低下的原因之一。

总之，公平与效率是互为条件、互相促进的。那么，如何实现公平与效率呢？

首先，在公平与效率的两难选择中，坚持效率优先，兼顾公平。公平与效率是社会发展所追求的双重目标。一个社会在任何情况下都能取得两全效果，不是容易的事情，因而往往需要有所侧重，或有所取舍。一般说来，没有效率，社会生产率就不能大幅度地提高。在生产力发展水平很低、社会财富贫乏的情况下，一味地维持公平，它所带来的社会问题是显而易见的。在这种情况下，越是维持公平，越没有效率，生产力水平便越是低下，由此形成恶性循环。

在过去一段较长的时间里，我们错把社会公平当成绝对平均，采取"一平二调"、"抑富济贫"的行政手段，否定等价交换原则和按劳分配原则，以牺牲效率为代价来维持公平。这种强制性的干预方式，助长了小农平均主义的社会意识，其结果不但没有达到共同富裕的目标，反而导致了"共同贫困"。其实，在社会主义市场经济条件下，效率的提高是竞争的结果。劳动者物质利益的差别，是竞争的前提，应该在促进效率提高的前提下体现社会公平。我国正处于社会主义初级阶段，面临着实现社会主义现代化的艰巨任务。在这样一个经济发展时期，提高经济效率更应列为首要战略。让一部分人先富起来，达到共同富裕的目的，则是我们的分配政策改革的核心。为此，在处理公平与效率的关系中，应当改变以往那种"公平优先"的传统目标，把效率放在首位，同时必须兼顾社会公平，也就是要坚持公平与效率的相对统一。

其次，解决公平问题，从根本上说，是要在改革中创造一种机会均等的环境，使每个人能有发挥才能的大致相同的机会，即在相同的条件下展开公平的竞争。生产资料社会主义公有制的建立，虽然保证了大家都有平等劳动的权利，平等受教育的权利，平等竞争的机会，但我国目前经济、政治体制还存在不少弊端，平等的权利还不能完全体现出来，机会均等还受到很大限制。因此，实现社会公平首先要解决的问题，是创造平等竞争的环境，实现机会均等。为此，社会体制应确立一套程序来公正地调节必要的竞争与交换，尽力为劳动者提供自我发展的均等机会。事实上，我们的社会是充分肯定"机会均等"的合理性，并努力创造条件使之名符其实的。几年来，我们国家关于劳动用工制度的改革，关于人才流动的措施，关于建立公务员制度的做法等，都是在朝着创造"机会均等"的环境而努力的。还有，逐步清除封建特权的残余，开发落后地区，对少数民族地区实行特殊政策，对教育普及所作的努力，等等，都是有利于实施"机会均等"的措施。人们对社会上收入分配不公的抱怨、牢骚，其实更多的是集中在机会不均等上。许多人收入低下并不是因为干得不好或能力不行，而是因为没有平等的机会。如果大家都在平等的条件下开展竞争，按照贡献大小而保持合理的收入差距，社会矛盾也就会大大减少。

实现公平与效率的相对统一，必须根据我国的国情和建立社会主义市场经济体制的要求，进行个人收入分配体制的改革，当然也要有社会主义道德和法律的调节。

在教育领域，也存在公平与效率的问题。教育公平是教育发展的主要目标之一，是教育现代化的一项基本原则。

现代人对教育所持的一个基本观念就是，每个人、每个阶层都有公正、平等地接受教育的权利，以一部分人享受教育而牺牲另一部分人的基本教育机会，是对教育目标的最大歪曲，或者说是一种不平等、不公正。在我国，对平等或公平教育的挑战，不是来自种族的和性别的不平等，而是来自经济发展的不平衡和人们对达到教育目标的错误理解。

第一，地区间的经济发展不平衡所导致的教育不公平、不平等。我国是个经济还比较落后的大国，国家对教育事业的拨款有限，教育的发展主要靠地方上的扶持。农村与城市、农村与农村、城市与城市之间的经济水平、财政收入状况等差别很大，因而在师资、校舍、教学设备和教育手段等方面的差距也显而易见，因而直接妨碍着公平、平等教育的实现。我国广大农村和经济不发达地区由于教育经费不足、师资缺乏，青少年所受教育的机会和所能达到的水平，很难与其他地区相提并论。这样一来，造成了不发达的教育与落后的经济的恶性循环，这些地区与发达地区的差距越拉越大。尽管这种形式的教育不公平、不平等是经济发展到一定阶段上难以避免，但却对我国教育目标的实现带来了严重挑战，且从伦理道德上作评价，又是不公平的。对此，我们应给予高度重视，采取坚决措施。这是由于，这种情况意味着教育正在发生倾斜，正在造就着新一代人的不平等和新的社会不公正。

第二，席卷全国的"重点学校"热，扩大了人与人之间的教育不公平、不平等。20世纪80年代以来，如何看待和处理重点教育与普遍教育的关系，成了我国教育事业、乃至全社会的难题之一。社会主义现代化建设需要一批批拔尖的人才，而在现实中却不可能做到使每一个受教育者都成长为这样的人才，于是与经济领域中"使一部分人先富起来"的政策相一致，教育中也形成了保重点的倾向：既然在现阶段无法保证每一个受教育者都能受到良好的教育，那么为什么不让一部分人优先受到这种教育呢？从某种意义上说，这种政策在一定阶段不失为一种解决教育困难的方法，但其中所隐藏的问题也足以让人们担忧，并已经产生了严重恶果。教育与经济不同。在经济生活中由于各个人的能力、才智、劳动质量的差异而产生的收入差别是正常的，也是可以改变的。但教育却关系到整整一代人的成长，一旦失误很难补救。重点学校的做法进一步扩大了原已存在的教育不平等，使教育的长期目标受到了无可弥补的损害。学生为使自己挤进那"一部分人"的行列，或者超长时间、超大强度地死记硬背，妨碍了学生身心的健康成长，或者挖空心思开后门托关系，使教育中刮起了不正之风。学校的宗旨也不再是提高受教育者的知识、能力素质和品德，而变成单纯为升学而教，升学、尤其是升入重点学校成了一些教师压倒一切的任务。千万学生争过"独木桥"，过去者自可受到种种教育上的优惠，而过不去者或从桥上被挤下来者，则带着沮丧的情绪进入不受重视的行列或走向社会，成为教育不平等的牺牲品。我们所致力的教育难道就是为了达到这样的结果吗？

第三，现代社会要求每一个人最大限度发挥其潜能，这对教育平等提出了新的挑战。我们所说的上述两方面问题，实际在很大程度上是学习条件的差别，因此，即使我们有可能消除这些差别，为每一个受教育者提供大致相同的条件，还不能说他们具有平等的教育机会。由于学生的家庭背景、环境条件、个人能力的差异，使得他们在大致相同的条件下所得到的教育机会却是不同的，这对于个人和整个社会来说是自然的，但对于教育工作者来说，却是自己努力的失败。古人们早就说过，必须"因材施教"，即根据每个人的天赋、能力来进行教育，使其能够达到自己的最佳状态。现代教育也同样不能满足于仅仅向学生提供大致相同的学习条件，而且要根据各个学生的特点为他提供最大的发展机会。对于那些天资高和具有高度创造力的人固然应该进行强化教育，因势利导，使其将来对社会的贡献达到最大限度；对于那些天资平平者同样应该给予恰当的教育；对于那些有各种缺陷的学生不仅要具有人道主义的同情，而且还要设计必要的补救教育方法，增加他们的发展可能性，减少他们给社会造成的负担。所谓"人尽其才，才尽其用"，应是教育平等的真正含义。当然，我国今天的教育发展由于种种条件的限制还不能实现这种平等的教育，但它作为教育目标的重要内容，必须受到社会的重视，并在条件允许的时候，尽可能给予现实的保证。

教育领域（包括教师），同样存在效率问题。就教育体制而言，教育机构重叠、人员超编，既没有效率，又阻碍教师收入的增加。我国的学校尤其是高等学校，人浮于事的现象普遍，每个教工拥有的学生数大大低于世界平均水平。原因有二：一是各国都是社会办教育，而我国是教育办社会。每个学校必须负责自己的师生员工的生老病死、吃住用行，加上各种手续繁琐、上下层层对口，从而学校不仅需要教师，而且必须建立起人数众多的行政系统和后勤系统。学校的运行是通过行政系统的指挥、调派实现的，学校的服务和福利是由后勤系统提供的。他们挤占了教育部门的编制，也用去了大量的教育经费。试想，如果每个"教师"只能为1～2个学生提供教育，那么，哪个国家愿意出更多的教育经费，又有什么理由给这些"教师"以较高的收入呢？正像前法国总理米歇尔·罗卡尔所说的那样，"如果在要求纳税人拿出许多钱来以改善教师的待遇的同时仍保持学校教学的低水平，那么就不会有任何人理解这种做法"。二是教育内部缺乏竞争和人才流动机制。学校收入分配上的"大锅饭"、平均主义并没有得到根本的改变。由于缺乏竞争机制，不少教师宁愿挤在一起拿低工资，也不愿为改变学校现状多做贡献，同时也压制了那些有才华、有能力并有志于为教育事业献身的教师，使教师队伍只能以萎缩的方式再生产。缺乏竞争是和缺乏人才流动相一致的。如果竞争仅在封闭的环境中进行，其效益很难显现出来，只有允许人才流动，让那些最适宜于这种工作的人得到这一职位，才会使教师中人才脱颖而出，改变教育界人浮于事效率低下的状态。在没有竞争、不能自由流动的条件下，广大教师的职称、工资、住房等只能实行论资排辈。论资排辈的出发点是尊重劳动，因为一般来说那些教龄较长的教师教学效果也比较好，应该给予较高的收入和其他待遇。但如果绝对化，就会使教师中那些知识更新较快、知识结构较合理、较努力勤奋、较有才气的中青年教师受到压制，泯灭他们的积极性或迫使其转出教育系统。这既是个不公平的问题，又是个影响效率提高的大问题。[①]

教育不公平问题存在于教育领域的诸多环节，解决的途径可

---

① 参见《困惑》，中国城市经济社会出版社，第五章。

以多种多样。例如通过税收和政策调节增加教育经费，鼓励民间投入；增加教育资源分配的宏观调控，开发多种办学形式，特别是民办教育；开展城乡和贫困地区之间的对口支援，组织城市教师下乡支教；少办贵族学校；通过电视、网络等远程方式实现教育资源共享等让更多的孩子上学。

四、以人为本，加强教师职业道德建设

加强教师职业道德建设，提高教师职业道德素质，一靠内在的教师个人职业道德修养，二靠外部的职业道德教育。换言之，职业道德修养与职业道德教育是加强教师职业道德建设中的两个相互联系相互促进的有机组成部分。教师职业道德建设必须坚持"以人为本"的原则。

（一）教师职业道德建设坚持"以人为本"的依据

首先，以人为本，符合人类社会道德文化发展的趋势。

道德文化发展史在一定意义上是以人为本的历史。原始社会，人与人是平等的。但这种平等关系不是自觉建立起来的，是由延续种属活动盲目建立起来的，人还没有完全从自然中脱离出来，没有肯定人的明确含义。奴隶社会不再杀死战俘，把战俘转变成为奴隶。虽然奴隶失去了平等地位，但这却是人类首次对自身最野蛮、最朴素的肯定，它意味着人类超越种的延续，人类的发展意识到了生命的价值。封建社会虽然等级森严，但人在一定程度上获得了独立的地位和尊严。中国传统文化中，把人视为上顶天、下立地、"最为天下贵"的人文思想是一贯的。资本主义社会进步的思想家针对中世纪神统治人，神性对人性的压抑提出了"自由、平等、博爱"的口号。《人权宣言》第一条就指出："在权利方面人们生来是而且始终是自由平等的"，肯定了人的尊严、人的价值。

人类道德的发展并不是直线前进的，它是前进中夹杂着退步，退步中夹杂着进步曲折前进的。奴隶社会的道德代替原始社会的道德，虽然吃人成为了不道德，但人与人之间却丧失了原始的平等。资产阶级道德取代封建道德，无情地斩断了形形色色的封建羁绊，把人从神的奴役下解放出来，却使人和人之间除了赤裸裸的利害关系，除了冷酷无情的现金交易，就再没有任何别的关系了。资本主义反人类反人性的道德终被历史前进的洪流所荡涤。社会主义代替资本主义是人类社会发展的必然规律，共产主义要实现人的全面自由的发展。而社会主义是实现人的全面自由发展的新起点，中国特色的社会主义道德建设以人为本"促进人的全面发展"。然而目前的社会道德建设包括教师职业道德建设都存在许多不尽如人意的地方，"百年大计，教育为本；教育大计，教师为本"。江泽民同志在庆祝北京师范大学建校一百周年的讲话中，对教师给予高度评价。《公民道德建设实施纲要》指出，要发挥教师为人师表的作用，把道德建设渗透到学校教育的各个环节。我们要批判继承千百年来的道德文化观念，把以人为本的道德精神推进到一个新的高度，以此为契机，加强教师职业道德建设。

其次，以人为本，是道德的主体性和教师职业道德建设目标的要求。

道德的主体性，作为人在道德活动中使人成为主体的性质，是指人在一定道德情境中对待所面临的道德客体即以社会或他人的活动为载体的道德准则、行为规范的自主性、积极性和创造性。具体表现为三个方面：第一，主体具有自我道德意识。主体对自身所负的义务、职责、使命的意识，是主体自主地从事道德活动的内在动力。第二，主体具有选择自由。道德选择的自由就隐藏在道德活动主体的必然性之中。主体的自我意识必然要求主体在各种可能性中进行选择，使选择成为自我的属性。第三，主体具有自我调节性。在道德选择中，调节主体自身的需要和情感、活动的方法和手段、活动的过程和结果，从而使活动始终是主体"我"的活动。正因为道德的主体性是人对道德准则行为规范的这种自主的、积极能动的、创造的关系，所以作为道德主体的人能够把外在的道德准则转化为内在的要求，把抽象的行为规范转化为具体的行为指令。

从教师职业道德建设的目标看，它既包含使教师这个群体的整体道德素质得以提高，促进其全面发展；又包含着以此为基础，去培养一代又一代有理想、有道德、有文化、有纪律的全面发展的社会主义新人的目标。公民道德建设强调以人为本，重在建设；科学发展观更是从世界观和方法论上把以人为本作为首要要求。因此，教师道德建设必须充分体现主体的自我完善和自我发展；要尊重人、理解人、关心人；发挥教师主体的积极性、能动性和创造性。

再次，以人为本，是发挥道德教育功能的需要。

道德的总功能集中表现为它是一种社会调控的特殊方式，道德的这种社会调控功能是通过它的调节功能和导向功能、教育功能、辩护功能等相互联系、相互作用而实现的。

道德规范是由社会经济关系所表现出来的利益所直接决定的，它以规范的形式明确告诉人们什么是对的、什么是错的，可以怎么做，不可以怎么做，以调整人与人、人与社会以及人与自然的关系，对人当然有约束作用。但这种约束作用不带强制性，道德要发挥其调控社会的特殊力量，更重要的在于它的导向功能、教育功能的发挥。

道德的导向功能，指道德具有通过评价等方式，启迪人们的道德觉悟，使人认清自己同现实世界的价值关系的方向，因而改变旧的行为方式，确立行为选择的正确价值方针的能力。道德的导向功能突出人们思想和行为的善恶、荣辱的价值追求，以特有的感召力引导人们扬善抑恶、趋荣避辱。

而道德教育的功能是指道德具有这样一种能力：它能够通过批评等方式，造成社会舆论，形成社会风尚，树立道德榜样，塑造理想人格，以感化和培养人们的道德观念、道德境界、道德行为和道德品质。道德和教育功能的重大意义就在于，它能唤起人们道德上的自觉性和积极性，从而推动人们自觉主动地按照社会倡导的道德准则和价值观念去行事。

高校教师职业道德属于整个社会道德的有机组成部分。同样，教师职业道德的功能不仅仅在于调节教师的各种社会关系和社会活动，规范教师行为；更在于教师能够通过道德教育、教育修养等方式将社会主义的教师道德原则、规范、要求内化为教师的情感、意志、理想，形成职业良心，达到"慎独"的境界，从而使教育过程顺利进行，以自己的知识、高尚的人格积极影响学生、影响社会。

第四，以人为本，是学校人才培养质量的保证。

人才培养工作的参与者是人，人才培养质量的对象也是人，大学的主要任务是提高学生的综合素质，着重点是教育人、培养人、引导人，不断提高学生的素质，所以人才质量培养必须以人为本。

以人为本体现了教育的内在规律。适应经济全球化和高新科技发展以及社会主义现代化建设的需要，培养有理想、有道德、有文化、有纪律的合格人才，是高等教育的任务。由于人的素质是历史的产物，提高人的素质是个长期积累的过程，所以只有坚持重在建设、重在落实的方针，才能逐步提高学生的素质。学校管理关键是要做好人（行政人员、教师、学生、后勤人员等）的工作，这和其他事业一样，也是在不断建设、完善中发展起来，要着眼于建设，落到实处。

以人为本，是当今时代人才培养长期性、艰巨性的要求。现在我国正处在由计划经济体制向完善社会主义市场经济体制转变的时期，经济生活和社会生活必然会发生许多重大的变动，而体制、政策、机制、法律、法规和管理的完善需要一个长期的过程（包括教育领域）；由于我国正处在社会主义初级阶段，封建主义、资本主义的腐朽思想和小生产的习惯势力还有相当的影响，彻底消除这些思想和习惯势力的影响将是一个长期的过程。这些都决定了做人的工作，作培养人才的工作不是一件轻而易举的事情，它会遇到种种阻力，需要做出艰苦的努力。

应该看到，我们处于知识经济时代，学校人才培养质量离不开知识因素，但并不意味着要以知识为本，否定以人为本。实际上，尊重知识、尊重人才并不等于尊重人。仅仅尊重人才，不利于人的聪明才智的发挥，越是将人当作处于一定社会关系之中的自由的、自立的个人加以尊重，人就越能发挥自己的聪明才智。

（二）教师道德建设"以人为本"的基本内涵

要以学生为本。

教育工作的本质是培养人才，育人是高校各项任务的核心，也是教师最重要的职责。那么，教师与学生的关系是什么？教师应当怎样对待学生呢？这是师德建设首先面对的问题。过去的中国一直是强调"师道尊严"的国家，我们往往将本来对"师道"的尊重片面理解成师生之间服从与被服从的等级关系，教师的"尊严"、"权威"至上，学生必须绝对服从。其结果往往是使得教育在许多方面成为一种压抑人的全面发展和创造精神的活动。因此，形成民主、平等的师生关系实质上是教育现代化的重要组成部分。以学生为本，建设新型的师生关系是现代教育的根本要求，是师德建设的核心内涵。这里需要说明的是，师生关系的民主、平等并不是要否定教师的主导地位，而最重要的体现应当是对学生的理解、帮助、关爱和尊重。

作为人民教师，要尊重学生，要对学生倾注无限的爱。爱心是打开学生心灵的钥匙；尊重是与学生心灵沟通的桥梁。教师要用纯真的爱去培养并严格要求学生；教师也要用对学生的民主、平等去激发学生的自尊、自强与自重。只有如此，才能培养德智体美全面发展的，富有创新精神和实践能力的一代代新人。这是以人为本师德建设的核心要求。

要以教师为本。

师德建设上的以"教师"为本，首先表现在教师自身要自爱、自尊、自重、自律，做到"学为人师、行为世范"，"为人师表"。但教师在塑造自身高尚品格与情操的同时，又应受到国家和社会的关爱。让人民教师很好地展示"德福一致"的道德情操，展示积极和优雅的美好人生。让道德生活的美好、道德智慧的绚丽去以身立教。中国的文化传统和社会心理往往对教师有很高的期待与要求，将教师比喻为燃烧的蜡烛，燃尽自己、照亮别人。这当然是人民教师的无上光荣。但以人为本的师德建设，还应包含对教师的尊重与关爱。我们不应当脱离教师的职业和从事这一职业者生活的幸福去片面地理解师德。教师应当在教书育人，完成崇高使命的愉悦中升华道德；教师也应当以维护自身合法权益的自觉意识，做积极师德的践行者。[①]

（三）如何"以人为本"加强教师职业道德建设

要把"以人为本"这一比较抽象的理念贯彻落实到教师职业道德建设的工作中去，需要作出各种努力。

首先，形成以人为中心的管理理论体系。人是生产力诸要素中最核心、最活跃的因素。"以人为本"，重在建设，就必须紧紧围绕着如何尊重人、关心人、激励人和塑造人去进行。为此，高校领导者就要多方地对师生保持尊重和理解，注重感情投资，提倡激励上进，鼓励民主参与，积极沟通意见，以便建立和谐的校

---

① 陈文博：以人为本与师德建设，《中国教育报》2004 年 9 月 12 日。

园人际关系。学校的管理、教学、后勤人员，尽管各自的具体职责不同，但集中起来就是"管理育人、教书育人、服务育人"，都是为了"育人"。这个教育价值目标，是我们学校工作的出发点和归宿，大家都是在这个目标下完成自己的具体任务的。明确这一点，才能心往一处想，劲往一处使。

其次，注重学术和学风建设。

高尚师德的养成，既决定于教师自律的觉悟，又受环境的影响。大学既是培养人才的地方，又是科学研究的重要基地，注重学术与学风建设是影响大学以及整个高等教育发展进步的重要问题，又是影响教师道德建设的重要问题。而当前受市场经济中的一些负面影响，高等教育的某些方面已经出现了比较严重的道德失范现象。一些学校在管理理念和制度上出现了偏差；一些教师忘记了学术至上、真理神圣的真谛。这种制度的缺陷和心态的浮躁催生了学术泡沫与腐败，健康进步的大学精神面临严峻考验。

高等学府是学术的圣地，不谈学术，无以办大学；不讲学术标准和操守，则无法建设高素质教师队伍，培养高质量人才和办高水平大学就无从谈起。所以，以人为本的师德建设对学校要求的是要营造"严谨笃学"氛围，注重学术与学风建设。为此，我们有必要对目前存在于教育的一些浮躁与混乱现象作出反思和治理。要让严谨、科学、进步的学风成为学校的主流，让教育成为社会大众敬重与向往的事业。

以优良传统和校风对师生进行教育。实践证明，在当今社会条件下，学校的生存和发展，绝不能仅仅依赖于规章制度，而要使全校人员的积极性得到提高，创新精神得以发扬，必须在全校上下形成良好的校风和学风。这是因为一个人要有一种精神，一个民族要有一种民族精神，一个学校也要有自己的精神，即良好的校风和学风。学校如果没有一种求生存、求发展、蓬勃向上、奋发进取、自主创新、团结协作的校风、学风，作为全体教职员工的精神支柱，这个学校就会缺乏生机活力，就会缺乏凝聚力和向心力。因而也就无法营造"以人为本"、提高师德素质的良好氛围。

再次，提高教师个人加强师德修养的自觉性。以人为本，对教师个人而言，就是把外在的教师道德要求转化为个人的道德素质，并落实到行动上，即把他律与自律相结合。这里的关键是教师个人的高度自觉能动性。

【复习思考题】

1. 职业道德有哪些特点？
2. 如何理解教师职业道德社会价值？
3. 树立自主创新观念有什么意义？

【实例评析】

毛泽东尊师传佳话

我国近现代尊师重教的好风气得到进一步发扬。其中许多尊师的事例是非常感人的。毛泽东年轻的时候，在湖南第一师范读书，是徐特立的学生。他最尊敬徐老。1937 年 2 月 1 日，延安各界为徐老的六十寿诞举行庆祝大会。他在前一天写信给徐老，怀着敬佩的感情，高度赞扬徐老。信中指出："你是我二十年前的先生，你现在仍然是我的先生，你将来必定还是我的先生。"信中赞扬徐老是"革命第一，工作第一，他人第一"，在信的最后表示"所有这些方面我都是佩服你的，愿意继续地学习你的，也愿意全党同志学习你"。在庆祝会上，毛泽东还讲了话。他说，我在湖南第一师范求学时，最敬佩的两位老师，一位是杨怀中先生，一位是徐老。十年后徐老七十大寿，毛泽东亲笔写了"坚强的老战士"六个大字送给徐老。在几十年的革命岁月里，毛泽东对徐老是关怀备至的。他住在延安枣园时，徐老每次去，他总是在门前迎接；走的时候，总是叫警卫护送，并且嘱咐路上要照顾老人慢慢走。1947年春，胡宗南进攻延安。在撤离的前几天，毛泽东来到杨家岭徐老住的窑洞，叫徐老早一点走，问徐老需要什么东西。徐老的秘书（儿媳）徐乾想着为照顾老人在路上喝点热水，就脱口而出要一个热水瓶。毛泽东笑着点点头。他走后，徐老很生气，批评徐乾说："毛主席很辛苦，又在斗争最前线，更加需要，我要什么热水瓶呢？"徐乾是头一次挨徐老这么严厉的批评，感到既后悔又有点委屈。不一会儿，毛泽东亲自捧着一个热水瓶来了。徐乾忙说："我不要这个热水瓶了，我不懂事，老人家批评我了。"毛泽东一听，笑了，说："你对嘛，应该很好地照顾老人。"他怕徐老不接受，又进窑洞对徐老说："你批评她，我还要表扬表扬她哩！"毛泽东知道在长征时，徐老总是把马让给体弱多病的同志骑，自己走路，还特别嘱咐徐老："年纪大了，沿途要骑牲口，少走点路。"这是领袖对老干部的爱护，是革命同志间的互相关怀，也是学生对老师的感情体现。

【提示】

1. 教师职业是历史久远、崇高而伟大的职业，历代优秀的教师用自己的模范行动做了令人信服的说明。

2. 个人的成长离不开教师的谆谆诱导，为此，大家都要尊敬老师，"师恩难忘"。

3. 从个人经历中列举若干事例，说明尊师重教的重要意义。

第三章 教师职业道德的本质与基本构成

教师职业道德的本质与构成是教师职业道德的核心内容，在教师职业道德中占有重要地位。只有弄清这一问题，才能使广大教育工作者更好地理解和掌握教师职业道德的原则和规范，从而自觉地遵循教师职业道德的各项具体规范要求。

一、教师职业道德的一般本质

职业道德是社会道德的重要组成部分，是社会道德在职业生活中的具体体现和应用，成为一般道德原则和道德规范的重要补充，其性质、类型、价值取向从属于社会道德，同时又有着不同于一般社会道德的特点。教师职业道德是职业道德的一种表现形式，它是有了教师职业劳动之后，由一些教育家、思想家总结概括而成，并在他们的著作中表达出来的。例如我国古代的著名的《学记》、《师说》等论著中，就有丰富的教师职业道德内容。在一般意义上讲，教师职业道德是指教师在从事教育劳动过程中形成的比较稳定的道德观念、行为规范和道德品质的总和，它是调节教师劳动中各种关系的行为准则，是一定社会或阶级对教师职业行为的基本要求。教师职业道德，作为教师在教育活动中应当遵循的道德观念与道德品质，属于社会的上层建筑的意识形态形式。它既根源于社会经济关系，又受制于教育劳动的本质和职能，还决定于教育活动中的特殊利益关系。

（一）教师职业道德由社会经济关系决定

由于一般社会道德或阶级道德是由社会经济关系决定的，教育也是由社会经济关系以及相应的政治关系决定的，而在教师职业活动范围内发挥调节职业关系功能的教师职业道德，则是一般社会道德或阶级道德的组成部分和特殊表现，所以，教师职业道德就不能不受社会经济关系的制约。不过这种制约作用不是直接的，而是经过许多中间环节曲折地表现出来的。一定的社会经济关系，主要是通过它决定的政治上层建筑向教育提出对某类人才的需求，并规定教育活动的目的、性质、任务、内容以及教师的社会地位，以此来制约教师在教育过程中的职业行为，从而决定教师职业道德的性质和内容。教师职业道德发展史也充分说明了这一点。

社会经济关系对教师职业道德的决定作用在以下三个方面：

第一，社会经济关系是教师职业道德的客观物质基础。春秋时的管仲说过："仓廪实则知礼节，衣食足则知荣辱。"[①] 德国的哲学家费尔巴哈也曾说："德性也和身体一样，需要饮食、衣服、阳光、空气和住居……如果缺乏生活上的必需品，那么也就缺乏道德上的必要性。生活的基础也就是道德的基础。"[②] 这就在一定程度上说明了道德的形成要依赖于社会的物质生活条件，教师职业道德作为职业道德的一种表现形式，自然不能不受到社会经济关系的制约。在教育过程中，教师是以自己的知识、品德和才能去影响学生的，但不同的社会经济条件下，教师的知识、品德、才能也不相同。例如在原始社会，生产的不发达、社会分工的局限，还不可能出现专门从事教育活动的职业，更不用说对教师作出职业道德要求。又如封建社会的生产力已相应发展了，但任何一个教师都还不可能有关于计算机的知识，人们所延续的最多不过是关于珠算的口诀与使用。教师的职业道德水平必然与其

---

① 《管子·牧民》。
② 《费尔巴哈哲学著作选集》上卷，三联书店 1959 年版，第 569 页。

所处的社会经济生活状况、社会的经济结构状况相适应。所以，教育劳动作为社会活动的一个特殊领域，其过程与内容不是自古不变的，与之相应的教师对教育行为的选择也不是随心所欲、自由决定的，而是必然要依据社会的物质生产关系来指导自己的行为准则。

第二，社会经济关系对教育的目的和人才模式的影响，必然要求教师具备相应的道德素质。社会经济结构即社会生产关系，包括生产资料的所有制形式，人们在生产过程中的地位，以及劳动产品（消费资料）的分配方式，其中生产资料所有制是社会经济结构诸要素的基础条件。体现在教育活动中，在阶级社会里，教育本身就是统治阶级巩固本阶级利益的一个重要手段，为了稳定和发展其生产资料所有制形式，维护自身利益，他们往往通过在经济生活中取得的政治地位提出教育制度、教育目的和教育内容等等来直接影响教师的地位和行为，从而决定教师职业道德的性质、内容和实践活动的形式。奴隶社会的生产关系决定了学校教育的目的，是把少数贵族子弟培养成能够镇压奴隶、奴役人民的统治者，教师对学生进行严酷的训练，打骂学生自然是合乎其职业道德的正确行为；封建社会地主阶级一方面要培养自己的统治人才；另一方面又需要人民效忠，于是"有教无类"、"学而不厌，诲人不倦"成为师德规范；资产阶级教育家则为巩固资本主义的生产关系，要求教师放弃对学生的体罚，而"仁慈"、"和善"地对待学生；社会主义社会的教育目的，则是为培养建设事业的合格人才，所以要求教师要热爱教育事业，教书育人，为人师表。由此看来，我们可以说，教师职业道德与生产资料的所有制形式有着极为密切的关系，社会的经济关系是教师职业道德的根源所在，教师职业道德的性质是由社会经济条件，由其经济关系、经济结构中生产资料所有制形式决定的。

第三，社会经济关系的发展变化，引起教师职业道德的发展与变化。我们知道，不同的社会经济关系形成不同的社会形态，不同的社会形态中，人们对各种事物所持的态度、观念不尽相同。社会经济关系的变革与发展，必然推动整个社会生活的变革与发展，在这一过程中，人们的价值观、审美观、伦理道德观念也会发生一系列的变化。教师职业道德作为一定的社会经济基础、经济关系的反映，自然也会发生相应的变化。新的经济关系的形成与变革，必然要求改变一切同这种新的经济状况不相适应的教师职业道德观念、道德价值，必然要求人们根据社会经济关系的发展，对教师职业道德提出新的课题，新的要求。

（二）教师职业道德的基本原则由教育劳动的本质和目的决定

教育劳动是一种传播文化知识、开发人的智力、发展人的体力、增强人的本质、培养人的品德、塑造人的心灵的特殊社会实践活动。其目的是培养社会所需要的人才。教育劳动的这种特殊本质和目的，决定了教师职业道德基本原则的价值取向。教师职业道德作为社会经济关系在上层建筑的体现，是在教师从事教育劳动的过程中产生和发展起来的。教师职业道德与教育劳动之间有着密切的关系，教师职业道德的本质自然也与教育劳动的本质密切相联。

一方面，教育劳动是一种特殊的生产劳动，是教师职业道德赖以产生和存在的物质基础。较之其他职业道德来说，教师职业道德具有更高更全面的道德意识水平，这是由教育劳动的特殊性决定的。教育劳动的目的在于把青少年一代培养成具有一定的科学文化知识、基本劳动技能和高尚思想品德的劳动者；教育劳动的对象是活生生、有思想、有感情、有理性、有个性的人；教育劳动的工具除了教材、教学设备等辅助品外，主要的是教师自身的个性，包括教师的知识水平、思维能力、思想觉悟、道德品质和情感意志，即教师本身是最主要的教育劳动工具；教育劳动在时空上具有灵活性特征，上班下班，课上课下，校内校外，只要有学生活动的地方，都有教师劳动的足迹，教育劳动是"全天候"的；教育劳动的结果，即劳动"产品"，是掌握了一定文化科学知识和形成了一定思想品德的人；另外，教育劳动的过程自始至终是人们相互影响、相互作用的过程，人际关系在教育劳动中占有特别重要的位置，教师与学生、教师与学生家长、教师与教师、教师与学校领导之间等等，都是教师在教育劳动中所要面临的人际关系。所以，教师在教育劳动中既要传授科学文化知识，又要对学生进行思想品德教育；要求教师在道德行为上具有强烈的典范性，既"为人师表"，为学生作出榜样，又接受学生和社会的监督；在道德影响上，则要求教师职业道德具有崇高、典范和深远的特点。

由于教育劳动的目的是培养人，劳动的对象是人，工具是人，产品是人，在这一劳动过程中所要处理的各种矛盾，也主要是表现为人与人之间的关系，而社会生活中，人们的群体为达到发展与进步的目的，为保证一定的社会秩序，必然要遵循一定的行为准则，遵守一定的道德要求。在教育活动中，教师职业道德就是这样产生于教育劳动的基础之上的，没有教育劳动，教师职业道德也就无从谈起。

另一方面，教师职业道德作为相对独立的道德意识，反过来对教育活动以至整个社会生活又具有能动的反作用。没有一定的教师职业道德，就不可能有有效的教育劳动。为了有效而顺利地进行教育劳动，需要调节各种利益矛盾，诸如教师个人利益、学生的个人利益、教师集体的利益、社会教育事业利益等等，教育行政制度、教学计划、教学课程安排以及各种奖罚措施在调节这些利益矛盾、指导教师行为方面确实起着重要作用，但它们毕竟只是对教师行为提出的一般的基本要求，对于教师的劳动态度、具体行为方式不可能作出详尽的规定或评价，这就需要有教师职业道德这样一种灵活、有效、时时起作用的监督和调节机制。只有这样，整个教育劳动的各个环节才能真正得到落实，教育劳动才能真正收到实效。所以，教师职业道德是由于调节教师劳动中的各种利益关系，保证教育劳动顺利开展的需要而产生的，它可以调节教育劳动中教师的行为，从而影响学生道德品质的形成，以至促进全民道德水平的提高。

二、教师职业道德的特殊本质

教师职业道德的一般本质由社会经济状况所决定，这一点已被无数历史发展的事实所验证。然而，我们的认识绝不可以浅尝辄止。因为一定社会的经济状况不仅决定道德和教师职业道德，而且决定政治、哲学、宗教、艺术、法律等意识形态和上层建筑。道德实践还告诉我们，社会经济状况对教师职业道德的决定作用往往不是最直接的、一目了然的，而是经过许多中间环节，曲折地表现出来的。所以，要揭示教师职业道德的本质，还必须进一步深化认识，即了解它的特殊本质。

（一）教师职业道德是一种特殊的社会上层建筑

上层建筑，是指建立在经济基础之上的政治、法律、道德、哲学、艺术等意识形态及同这些意识形态相适应的政治、法律等制度及其他设施的总和。它可区分为政治上层建筑和思想上层建筑两部分。政治上层建筑包括政治、法律制度以及军队、警察、法庭、监狱、其他政府部门等设施。思想上层建筑是政治、法律、道德、哲学、艺术等各种观点组成的观念体系。

上层建筑是建立在经济基础之上并为经济基础服务的。在这个问题上，教师职业道德与上层建筑的其他形态不一样，有自己的特殊性。政治、法律制度及各种设施可以直接为经济基础服务，而教师职业道德则主要是通过培养大量人才为经济基础服务。所以，它要求教师要以为社会主义建设培养合格人才为根本目的，正确处理好教育过程中的各种道德关系，自觉加强道德修养。

人民教师是人类灵魂的工程师，教师从事教育事业和教书育人工作的根本目的，是为社会主义建设培养大量的合格人才，通过他们巩固社会主义的经济基础。教师要达到为社会主义培养人才的根本目的，就必须正确处理好教育过程中的各种道德关系，包括教师与学生的关系、教师与学生集体的关系、教师与教师的关系、教师与学校领导的关系、教师与学生家长的关系、教师与社会的关系等。其中教师与学生的道德关系是教育过程中最主要、最基本的一对关系，其他关系都要服从于这一对关系。教师与学生的关系在教育过程中起决定性作用。在教师与学生的矛盾中，教师是矛盾的主要方面。教师不仅要向学生传授科学文化知识，而且要把建立良好的师生关系作为自己劳动的主要内容。如果教师与学生之间，或者教师与学生集体之间出现了不符合职业道德的行为，教师应承担主要责任。为此，一个好教师就应具有高尚的人格，有对学生正确的看法和态度，有对学生敏锐的观察力和随机应变、恰当处理好问题的能力，有良好的性格和行为习惯，有让学生正确理解和接受自己意见的方法，有把学生培养成什么样的人的科学化、形象化的构思，有热爱每一个学生的思想感情等。教师在教育过程中这种"做人师"，教学生以良好行为的身教言教劳动，在一定程度上体现了教师职业道德的特殊性。

教师要正确处理好教育过程中的各种道德关系，关键是教师本人要自觉地加强道德修养。首先要求教师要注重理论学习，提高理论水平。既要学习马列主义、毛泽东思想、邓小平理论以及"三个代表"重要思想，又要学习各种道德理论，特别是教师职业道德的理论，明确教师职业道德的原则、规范及各项要求。其次，要积极参加教育实践，把理论与实践结合起来。实践是认识的基础，也是教师职业道德的基础，教师职业道德离不开实践。教育和教学活动是教师最基本的实践活动。教师只有积极地投身于这样的实践活动，才能锻炼自己，陶冶自己，提高自己。再次，加强道德修养，要求教师要敢于和善于严格解剖自己，认真严肃地进行自我批评。努力坚持好的，改正错的。哪怕是一句粗话、一个不好的习惯也要坚决改正，这样才能使教师职业道德落到实处。

（二）教师职业道德是一种特殊的社会意识形态

意识形态，又称观念形态，指建立在经济基础之上的政治、法律、道德、哲学、艺术等各种社会意识的总和。它是上层建筑的组成部分。教师职业道德对教师的要求与政治、法律、哲学、艺术等意识形式不一样，有自己的特殊性。

政治主要是要求教师要有正确的政治观点，坚定正确的政治方向；法律主要是要求教师要有法制观念、遵纪守法；哲学主要是要求教师要树立正确的世界观，要用辩证唯物主义和历史唯物主义的观点和方法去观察社会、分析问题和解决问题；艺术主要是要求教师有正确的审美观等；而教师职业道德则主要是要求教师树立正确的教育观，具有忠诚于人民教育的事业心和全心全意为培养、教育学生服务的道德责任感以及良好的道德品质。

树立正确的教育观，关键是对教育和教师职业的地位和作用有一个深刻的认识。要认识到，教育是国家建设的战略重点，科技的发展，经济的振兴，乃至整个社会的进步，都取决于劳动者素质的提高和大量合格人才的培养。科教兴国战略的实施，在一定程度上对教师职业道德提出了更高的要求。百年大计，教育为本。而要办好教育，关键在教师，教师肩负着为社会培养千百万合格人才的重任，教师的职业是光荣的、高尚的。

教师有了这样的认识，就会坚定地忠诚于人民的教育事业，就会感到教师职业的光荣与自豪。有了这样的认识，教师就会全身心地投入到教育和培养学生的工作中去；用自己的生命之火点燃学生的生命之火，用自己赤诚的心赢得学生的心，用自己对学生的真挚的爱唤起学生对祖国、对人民、对生活的爱；用无私奉献精神去发展社会主义的教育事业，促进社会主义祖国繁荣富强。有了这样的认识教师就会认真探讨教书育人的规律，千方百计提高自己的教育水平，就会在众多的矛盾面前，识大体、顾大局，为教育好学生而不顾一时一事的蝇头小利，甚至不惜牺牲自己的个人利益，乃至生命。

（三）教师职业道德是从教育活动的特殊利益关系中引申出来的

利益是道德的基础，任何道德都是特定利益或利益关系的反映。马克思主义认为："一切以往的道德归根到底都是当时的社会经济状况的产物。"[①] 我国当代著名教育家叶圣陶先生曾经指出："师德的实质就是教师怎样使自己在教育活动中的行为，有益于学校教学质量的提高，有利于学生德、智、体全面发展，使学生得到实际的益处。"他还说："党和国家对一个人民教师的职业道德具体要求很多，其中要求教师教书育人是根本的。教师既要教书，又要育人，才会使学生真正受益。"[②] 简而言之，教师在教学活动中给学生以实际教益是教师职业道德形成的基础。

当然，教师职业道德的特殊本质是同教育劳动的本质紧密联系在一起的。教师职业道德是教育劳动过程中人与人之间关系的反映，是通过教育劳动表现出来的。要求教师提高道德水平是要求教师搞好教育劳动、提高教育劳动的效果，而不是要求教师在完成教育劳动之后，或者说在教育劳动之外再去完成另一种职业道德的任务。教育劳动不仅与教师职业道德有内在联系，而且是

---

① 《马克思恩格斯选集》第 3 卷，第 133 页。
② 《听叶圣陶谈师德》，载《上海教育》1983 年第 11 期。

社会经济状况与教师职业道德联系的中间环节，社会经济状况对教师职业道德的要求，往往通过教育劳动的目的、任务、内容、方法、制度等表现出来，所以认识教师职业道德的本质，有必要从分析教育劳动的本质入手。

对于教育劳动的本质，马克思曾经指出，教育会生产劳动能力，教师劳动物化在劳动能力之中。马克思在分析人的劳动结果时进一步指出，劳动与劳动对象结合在一起，劳动物化了，对象被加工了。教师的教育劳动的不断消耗，形成学生知识的不断积累和能力的不断增长。劳动者的知识和能力反映着劳动者的质量。开发人的智慧，生产人的劳动能力，提高劳动者的质量，发展知识形态上的生产力，这就是教育劳动的本质。教育劳动和其他劳动不同的显著特点是这种劳动的目的是培养人、改造人，即把一个自然的人培养成为一个社会的人的过程。

作为教育劳动对象的人，不仅是个别学生，而且是学生集体。学生和学生集体不仅处于个别教师的教育影响下，而且处在许多教师的教育影响下，还处在学生家长、学校领导和社会环境的教育影响下。教师的教育劳动既要直接培养、教育学生，又要组织家长、领导以及各种教育的主体合作共事、共同教育培养学生。教师在教育劳动过程中的各种组织工作，同劳动管理不一样，劳动管理有行政支配权，而教师则没有行政支配权，教师的组织管理只能用道德手段来实现。这就是说，对于教师的教育劳动来说，采用道德手段、建立道德关系、提高自己的道德水平、改善自己的道德面貌，是改善教育劳动的必要条件，是教育劳动的重要组成部分。这样，教师教育劳动的本质对教师职业道德就不能不发生决定性的影响。

教育劳动的社会职能决定教师必须树立起为社会培养德、智、体、美、劳全面发展人才的道德责任感。教育劳动的社会职能同工业劳动、农业劳动、商业劳动的社会职能不一样，主要是通过培养、教育出具有良好思想品德、掌握一定文化科学知识、体魄健全的人才来为社会发展和人民的利益服务。教育劳动的社会职能要求教师必须爱护学生，诲人不倦。一名好的教师，必须了解学生，熟悉学生，不只是"知其人"，而且"知其心"。作为教师，以身作则，为人师表是最起码的要求，也是教师职业者所必须具备的德行。教学是教师的主要职责，勤奋学习、精通业务，是教师必须具备的优秀品质。俗话说，要给学生"一杯水"，教师本身应该有"一桶水"。当然，团结协作、互相学习以及文明礼貌的风度，对于一名好的教师，也是必不可少的。

教育劳动中人与人的基本关系——教师与学生的关系决定了教师职业道德中基本的道德关系是教师与学生的道德关系。教师这个名称本身就包含学问的教师与道德的教师两义。正因为教师有关心学生做人的义务，有促进教师与学生道德关系发展的义务，所以教师在教师与学生的道德关系中要起主导作用。如果教师与学生之间或者教师和学生集体之间出现了不符合道德规范的关系，教师应该承担主要责任，应该自觉地组织起学生与教师的良好道德关系。为此，一个好教师就应该具有高尚的人格，有对学生正确的看法和态度，有对学生敏锐的观察力和随机应变恰当处理问题的能力，有良好的性格和行为习惯，有让学生正确理解和接受自己意见的方法，有把学生培养成什么样的人的科学化、形象化的构思，有热爱学生包括比较愚笨、调皮和学习差的学生的思想感情，等等。教师在教育劳动过程中的这种"为人师"，教学生以良好行为的身教言教劳动，在一定程度上体现了教师职业道德的特殊本质。

学生是教师存在的前提，没有学生也就失去了教师存在的意义，不教育好学生也就谈不上当一个好教师。教师职业道德的特殊本质就是造就一代新人，这使教师职业道德区别于其他职业道德。肯定造就一代新人是教师职业道德的特殊本质，在客观上使

116

教师职业道德成为必要、可能和现实性的东西。如果不讲造就一代新人，只讲教师职业道德决定于社会经济状况，教师的一切行为均由必然性决定，那样不仅不符合实际，而且教师就不会对自己的行为负责，外界也无法评价教师的行为是道德的还是不道德的，那就无道德问题可言了。实际上，教师职业道德作为一种意识形态，总是同教师的主观因素联系着，教师依据一定的道德观念，在教育活动中可以相对自由地选择自己的行为，别人可以、能够也应该对他的行为是道德的还是不道德的作出评价。所以，能否把学生培养造就成为一代新人，也就成为检验教师职业道德水平的客观依据。

教师要把学生培养造就成为一代新人，就必须按照党和国家规定的培养目标，引导学生健康成长，迅速成才，而不能凭教师自己的主观意志，随心所欲地去培养和造就学生。中共中央《关于教育体制改革的决定》指出："所有这些人才，都应该有理想、有道德、有文化、有纪律，热爱社会主义祖国和社会主义事业，具有为国家富强和人民富裕而艰苦奋斗的精神，都应该不断追求新知，具有实事求是、独立思考、勇于创造的科学精神。"这就是社会主义时代新型人才的规格。教师把学生培养成为社会主义新型人才的过程，就是为社会服务的过程，但教师为社会服务是通过传授科学文化知识，进行思想教育、培养出高质量的人才来实现的，所以造就一代新人是教师职业道德的特殊本质。

综上所述，教师职业道德的本质可以这样表述：教师职业道德作为一种特殊的社会意识形态，要求教师忠诚于人民的教育事业，全心全意为培养、教育学生服务，自觉地遵守各项道德规范；教师职业道德作为一种特殊的社会上层建筑，要求教师明确为社会主义建设培养人才的目的，正确处理教育劳动过程中各种道德关系，自觉地加强道德修养。教师职业道德最核心的本质是给学生以实际教益，具有全心全意为学生服务的思想、态度和行为，努力把学生培养成为符合社会发展需要的人才。换句话也可以说，教师职业道德最核心的本质是造就一代新人。

三、教师职业道德的基本构成

教师职业道德主要由教师职业理想、教师职业责任、教师职业态度、教师职业纪律、教师职业技能、教师职业良心、教师职业作风和教师职业荣誉八个因素构成，这些因素从不同方面反映出教师职业道德的特定本质和规律，同时又互相配合，构成一个严谨的教师职业道德结构模式。

（一）教师职业理想

所谓职业理想，就是指人们对于未来工作类别的选择以及在工作上达到何种成就的向往和追求。职业理想是职业道德的重要组成部分，有了崇高的职业理想才能产生模范遵守职业道德的行为。职业理想也是社会理想在职业选择和实践中的具体体现，在人们的社会生活中占有重要位置，对一个人未来的发展前途有着重要影响。

职业理想与职业选择紧密联系在一起，要实现职业理想，就必须正确对待职业选择问题。革命导师马克思在对待职业选择的问题上，为我们树立了光辉榜样。1835年，17岁的马克思就曾经谴责过那种只为个人私利选择职业的做法，并提出了自己选择职业的标准，他在中学毕业论文《青年在选择职业时的考虑》一文中写道："在选择职业时，我们应该遵循的主要指针是人类的幸福和我们自身的完美……人类的天性本来就是这样的：人们只有为同时代的人的完美、为他们的幸福而工作，才能使自己达到完美，""如果我们选择了最能为人类福利而劳动的职业，那么，重担就不能把我们压倒。因为这是为大家而献身，那时我们所感到的就不是可怜的、有限的、自私的乐趣。我们的幸福将属于千百万人，我们的事业将默默地，但是永恒发挥作用地存在下去，而面对我们的骨灰，高尚的人们挥洒下热泪。"① 马克思的一生，就是为人类福利而奋斗的一生。教师职业也是"最能为人类福利而劳动的职业"，因而是崇高的职业。人民教师肩负着崇高的历史使命，在人类社会发展和青少年的成才中，起着巨大的作用，选择教师职业是非常光荣的。当前，我们在教师职业的选择问题上，主要应处理好以下几个问题。

一是要把个人志愿与社会需要结合起来。我们不否认个人志愿在职业选择中的重要作用，只是强调要把个人志愿与社会需要结合起来，统一起来，如果二者发生矛盾时，应以社会需要为重，因为社会需要是社会发展的客观要求，反映着整个社会的愿望，如果个人志愿不与社会需要结合，那么，在事业上也就不可能有所建树。当前，我国的社会主义现代化事业正在突飞猛进地发展，客观上要求教育有一个大的发展，这样就急需大批高质量的人才从事教育工作。因此，我们在选择职业时，不能不考虑这个社会需要，特别是师范生，应及早做好从事教育事业的准备。

二是要正确处理教师职业选择与教育才能的关系。教育是一门科学，是一门艺术，不是随便什么人想当教师就能当的，正像有人所说："我愿意当教师，可惜不是那块料。"这就是说，要当教师，必须具备一定的教育才能。但是，众所周知，人的教育才能是在教育实践中逐步积累和提高的。没有特殊情况，不经过实践，就认为自己不能当教师，恐怕是另有原因。特别是师范生，在校期间受过专门训练，不仅具有专业知识，还具有教育学、心理学、伦理学等方面的知识。只要勇于实践，刻苦锻炼，他们中的绝大多数人都能做一名合格的教师，甚至是一名优秀教师。

三是要正确对待教师的社会地位和待遇。教师的社会地位和

---

① 《马克思恩格斯全集》第40卷，第7页。

待遇问题直接关系到人们对教师职业的选择，具有导向作用。应当说，新中国成立后，人民教师的地位发生了很大变化，特别是教师的政治地位不断提高，社会上尊师重教的风气越来越好，教师的生活也有了很大的改善。在改革开放的条件下，人们对教师的地位和作用的认识越来越高，教师的工资、住房等条件也逐步得到改善，一些优秀教师还享受政府的特殊津贴，学校也办起了自己的产业，千方百计提高教师的生活水平，改善办学条件。但总的来说，还有许多不尽如人意的地方，社会上存在着轻视教育，看不起教师的倾向，尊师重教还需在全社会进一步形成风气，广大教师的物质生活还不太富裕。因此，有些人就不愿意选择教师职业，甚至一部分师范生也不愿当教师。在市场经济的冲击下，一些干部和知识分子"下海"，弃教经商的现象也时有发生。但是，随着科教兴国战略的实施，国家在九届全国人大一次会议后，成立了科教兴国领导小组，这表明我们国家已经认识到教育的战略重要性，已着手解决教师社会地位不高、待遇不高等具体问题。正是在这种大好形势鼓舞下，教师坚持在教学第一线，承担起为社会主义现代化建设事业培养人才的重任。我们相信，随着尊师重教的蔚然成风，会有更多高素质的优秀人才加入教师队伍，为祖国的教育事业而辛勤耕耘。

四是要正确看待教师的苦与乐。教师工作的辛苦是人所共知的，教师每天要备课、讲课、辅导、批改作业、找学生谈心，还要抽时间搞科学研究，从早到晚，忙忙碌碌。不仅身心俱疲，而且要全身心投入。教师的劳动既是体力劳动，又是脑力劳动，是脑力、体力的双支出。中央一位领导人曾语重心长地说："老师就是在困难中奋斗中的人，你身居斗室，想着替国家分忧；你两袖清风，时时为学生操劳；讲学谈心、家访辅导，老师的工作是辛苦的，从来闲不住自己的脚步，每当日沉星移，你们仍然在灯光下仔细批改作业，为了培养后代，你们含辛茹苦，整日操劳。"

的确，老师"吃的是草，吐出来的是牛奶"，老师是"中华民族的脊梁"。但是，有些人只看到了老师辛苦的一面，在选择教师职业时，他们望而却步了。其实，教师职业有的不只是辛苦，更充满快乐和幸福。一个献身于教育事业的人，能得到其他职业无法享受的人生的欢愉。如，当教师看到自己亲手培养起来的学生成为国家栋梁之材时，会感到无比的幸福与自豪；当教师与学生之间建立了美好的、深厚的情谊时，教师的内心就充满了欢乐；当教师的劳动成果得到社会的肯定时，教师就会无比的兴奋与快乐。"桃李不言，下自成蹊"，教师以自己的言传身教感召着自己身边的学生；桃李满天下，是每位教师最感欣慰的。总之，教师的工作平凡中带着伟大，辛苦中带着欢乐。只要我们全面地、高瞻远瞩地看待教师这个职业，每个有志青年都会作出正确的选择。

忠于人民的教育事业，努力做一名优秀教师，是社会主义市场经济条件下教师的崇高职业理想，它体现了教师职业道德的本质。要实现这个理想，必须做到以下几点。

第一，热爱教育事业。忠于人民的教育事业，首先要热爱教育事业，不热爱教育事业，就谈不上忠于教育事业。对教育的热爱，主要来自于教师对教育在中华民族振兴道路上地位与作用的认识。只有把教育与国家的兴亡、民族的振兴、现代化建设的成败联系起来，才算是对教育事业有了深刻的认识。有了深刻的认识，还要把这种认识转化到日常的行动中，才能产生对教育事业的真爱。

第二，热爱学生。忠于人民的教育事业与热爱学生是一致的。学生是祖国的未来，教育的主体，只有把学生培养好，复兴中华才不会成为一句空话。未来的竞争是人才的竞争，学生是祖国未来的建设人才。要培养好学生，就离不开对学生真挚的爱。爱可以激发学生的学习热情，使学生树立远大目标。要热爱学生，首先要关心和爱护他们，其次要循循善诱、谆谆教诲，最后要和学生平等相处，不凌驾于他们之上。只有这样，学生才能尊敬教师，才能成为德、智、体、美、劳全面发展的社会主义新人。

第三，献身教育事业。忠于人民的教育事业，就要有献身教育的精神。教师被誉为"蜡烛"，点燃了自己，照亮了别人，这是教师献身精神的真实写照。教师要不辞劳苦、辛勤耕耘，时时刻刻把教育事业的利益放在首位。要识大体，顾大局，不为权力、地位、名誉、金钱和其他物质利益所动摇，"俯首甘为孺子牛"。

第四，勇于同一切危害教育事业的行为进行坚决的斗争。忠于人民的教育事业，就是要维护教育事业的尊严和地位。一切危害教师、危害学生、危害学校、有损师德的行为，必须予以坚决斗争。教师，作为人类灵魂的工程师，要不惜一切代价维护教育事业的尊严，保证其不受侵犯，为教育事业的顺利发展创造和谐的外部环境。

第五，不断提高自身素质。努力做一名优秀教师，关键在于要有较高的素质。俗话说，打铁先要自身硬。教师，作为传道、授业、解惑的人类灵魂工程师，必须具备扎实的政治素质、业务素质、品德素质、心理素质和能力素质。现代社会科学技术日新月异，竞争日趋激烈，知识更新换代频繁，要跟上时代步伐，教师必须不断充实完善自己。现在世界各国都在倡导"终生教育"，所谓"活到老，学到老"，"学海无涯"。作为传播知识的教师，要想教好学生，不断提高自身素质显得尤为关键。要知道，"不进则退"，不紧跟时代步伐，必将被历史所淘汰。

（二）教师职业责任

职业责任，就是指从事职业活动的人必须承担的职责和任务，它往往是通过具有法律和行政效力的职业章程或职业合同来规定的。一个人能否履行其职业责任，是一个职业工作者是否称职、能否胜任的问题。职业责任决定了职业工作者的职责和任务，规定了职业工作者行为的是非标准。

所谓教师职业责任，就是教师必须承担的职责和任务。在社会主义条件下，人民教师的根本职责，就是培养社会主义新人，换句话也可以说，人民教师的职责，是培养社会主义现代化事业的建设者和接班人。

一般地说，责任就是义务，职业责任就是职业义务，这两个概念是相同的。但职业责任、职业义务与道德义务并不完全相同，它们之间既有联系，又有区别。它们的联系，表现为它们都是要求从事一定职业活动的人们必须敬业、乐业、积极工作。努力完成自身职业所赋予的各项任务。它们的区别主要表现为以下两点。

第一，职业责任、职业义务是靠外在的强制力量推动人们的职业行为。如果一个人不履行职业责任或不认真履行职业责任，就要受到政治的、经济的或法律的制裁。而道德义务是在人们的内心信念的推动下自觉履行的，虽然有时候强大的社会舆论也会对人的行为产生重大作用，这也可以说是一种外在的强制，但这和政治、经济、法律的强制有着不同的性质。如果一个人的行为完全是受经济强制去做的，内心是被迫的，这就不是一种道德行为。因为道德义务一方面是客观的要求，是一种使命、职责或任务；另一方面又是人们在自觉地认识客观的要求和自己的使命、职责或任务的基础上形成的内心信念和意志。

第二，履行职业责任和职业义务与得到某种权利或报偿紧密联系，而履行道德义务，则不是为了得到权利和报偿。在道德上尽义务，就是要自觉地做出有利于他人和社会的行为，当个人利益与他人或社会利益发生冲突时，就要牺牲个人利益以实现他人或社会的利益，因为它本身绝不是为个人捞取权利或报偿，相反，总是以或多或少的自我牺牲为前提的。当然，一个人在履行了道德义务以后，也可以得到舆论的赞扬，社会给予的权利，或他人的感激或报偿。但是，从行为者本人来说，不但在行为过程中不应该以某种权利或报偿为前提，而且在行为前提的动机和目的上，也不应该企图得到某种权利和报偿，许多人做好事不留名，甘作无名英雄，在某种意义上说，就是履行道德义务的生动表现。相反职业责任对应职业权利，履行了一定义务，便要享受一定权利，这是天经地义的。

从以上论述中可以看出，所谓道德义务，就是人们自觉认识到的并自觉履行的道德责任，它高于职业责任与职业义务。自觉履行教师职业责任，就是要求教师把职业责任变成自觉的道德义务，为培养和造就社会主义新人而无私奉献。那么，教师怎样才能做到这一条呢？

第一，教师必须自觉地做到对学生负责。在教育过程中，教师是教育者，学生是受教育者，教师要把学生培养成为社会主义新人，就要按照党的教育方针，从德、智、体、美、劳各个方面去塑造学生，引导学生沿着又红又专的方向前进，这是对学生负责的重要表现。对学生负责，落实到具体行动上，就是要求教师认真做好教书育人的工作。人民教师肩负着教书与育人两副重担，在教育过程中，教师既要向学生传授科学文化知识，又要用人类崇高的思想品德塑造学生的灵魂，教书与育人两者互相促进、相辅相成，不可分割。做好教书育人工作需要教师付出大量的时间和精力，没有崇高的道德义务感和一定的牺牲精神是不行的。每个教师都应该做到像陶行知说的那样："捧着一颗心来，不带半根草去。"对学生负责，还要求教师主动自觉地建立良好的师生关系。良好的师生关系是教师顺利进行教书育人活动的基础，也是激励学生奋发向上，朝着教育目标不断前进的动力。建立良好的师生关系，要求教师热爱学生、关心学生、尊重学生，时时处处为学生着想。教师的爱，是建立良好师生关系的前提。人民教师与学生的关系应当是民主、平等的关系，而不是上下隶属关系。

第二，对学生家长负责。学生家长把自己的孩子托付给学校和老师，是出于对学校和老师的信任，希望教师能把他们培育成才，因此，教师也要对家长负责。当然，教育下一代是全社会的共同任务，作为学生家长，当然不能例外。这样就需要教师主动自觉地与学生家长保持密切的联系，经常通过各种形式向家长汇报学生在校表现，针对学生的问题与家长磋商，齐心协力，把学生培养好。

第三，对教师集体负责。学生的成长与成才不是教师个别劳动的结果，而是教师集体共同劳动的结果，学生是在不同教师的共同培养下进步成长的。所以，教师之间要互相配合，教师个人要服从教师集体，对教师集体负责，按照教师集体制定的培养方案和具体要求去教育学生、培养学生，绝不允许教师各行其事，互相拆台，那样会使学生无所适从，使教师集体制定的培养方案落空，学生也就不可能按照培养目标的要求健康成长。对教师集体负责，就是对学生负责，任何一名教师都要牢记在心。

第四，对社会负责。对社会负责，归根到底，就是要求教师为社会培养出高质量的人才。如果教师培养出来的学生是合格的、高质量的，就会对社会的发展和进步起巨大的推动作用，相反，教师培养出来的学生不合格，甚至是危险品，就会给社会带来消极影响甚至危害社会。所以，教师对社会负责的关键，就在于努力为社会培养合格的、高质量的人才。教育事关民族振兴，经济腾飞，教师要对教育事业负责，自然离不开对社会负责。

（三）教师职业态度

所谓职业态度，不是指人们对于某一职业本身的看法，而是指人们对自身职业劳动的看法和采取的行为。至于教师职业态度，则是指教师对自身职业劳动的看法和采取的行为，简而言之，就是指教育劳动态度或教师劳动态度。

教师职业道德是在教育劳动中逐渐形成的，而教师职业道德一旦形成，又必然反作用于教育劳动态度。教师正确的劳动态度是教师职业道德的反映，教师职业道德又能够不断端正教师的劳动态度。刘少奇在《用新的态度对待新的劳动》一文中说："国有企业与合作社企业中的工人、职员们！你们该记着，你们再也不是为地主资本家而劳动了，而是为工人阶级自己，为人类的最后解放而劳动着。这种劳动性质的变换，是我们历史未曾有过的最大的变换，你们应该用新的态度对待新的劳动。"[①] 从刘少奇的这段话里，我们可以看出，新、旧两种不同的劳动和劳动态度，在性质上也是根本不同的。在私有制占统治地位的旧中国，劳动人民是为地主、资本家劳动，因而把劳动看成是一种沉重的负担，对劳动产生了厌恶心理，所以不断出现故意毁坏生产工具，消极怠工等行为。在社会主义公有制占统治地位的新中国，劳动人民成了国家的主人，劳动者是为社会、为自己劳动，虽然还有脑力劳动与体力劳动的分工，但没有高低贵贱之分，劳动是一种光荣而豪迈的事业。尤其是党的十五大提出"公有制的实现形式可以而且应当多样化"，更是极大地调动了广大社会主义劳动者的积极性。因此，劳动的态度也就发生了根本性的变化。"劳动光荣，不劳动可耻"已扎根于每个公民心目中，劳动成了每个有劳动能力的公民应尽的义务和责任，决定每个公民在社会上地位的，不再是私人占据财产的多寡、民族出身、传统门第、性别职业，而是个人的劳动能力及对社会所做出的贡献；劳动成了社会生活中共同的道德要求，成了衡量公民道德品质好坏的标准。无论你从事哪种职业劳动，都要受到那种职业道德的约束，

---

① 《刘少奇选集》上卷，第20页。

正确的劳动态度受到褒奖，错误的劳动态度受到谴责，新的劳动态度也因此而培养和发展起来。

教师的劳动和劳动态度在不同社会里也是截然不同的。在旧中国，教师处于社会底层，被称为"穷秀才"、"穷教书匠"，所谓"家有三斗粮，不当孩子王"是对教师悲惨境遇的写照。所以，对于绝大多数教师来说，他们的劳动只不过是谋生的手段，积极性得不到充分发挥。在社会主义新中国，教师与广大工人、农民一样，翻身做了主人，他们的劳动是为社会主义建设培养人才，因此，教师的劳动态度也就焕然一新了。他们深感肩负责任重大，废寝忘食地投入到社会主义教育事业中去。

在社会主义社会，教师职业态度的基本要求，就是树立积极主动的劳动态度，努力培养社会主义新人。人民教师是国家的主人、社会的主人，教师这种主人翁的地位，决定了教师的劳动态度必然是积极主动的，而不是消极被动的。教师积极主动的劳动态度，落实到具体行动上，就是努力培养社会主义新人。那么，教师怎样才能做到树立积极主动的劳动态度，努力培养社会主义新人呢？

首先，教师必须有主人翁的责任感。教师的主人翁责任感，就是指教师要把人民的教育事业看成是自己的事业，把为社会主义建设培养人才看成是自己神圣的义务和职责，以积极主动的态度对待自己的工作。教师的这种主人翁责任感来自于教师对社会主义祖国的无限热爱。热爱祖国是一种高尚的道德情感，教师的这种道德情感是教师积极投身于教育事业，努力培养社会主义新人的强大的动力和基础。有了这种高尚的道德情感，教师就会以积极主动的态度对待自己的劳动，全心全意为学生服务，就会像蜡烛那样，宁肯燃烧自己，也要照亮别人；有了这样高尚的道德情感，教师就是再苦再累，也心甘情愿；有了这样高尚的道德情感，教师就会扎根边疆和老少边穷地区，为发展这些地区的教育事业而努力奋斗；有了这样高尚的道德情感，教师就会抛弃国外优厚的物质待遇，飞回祖国，尽赤子之心。"人总是需要有一点精神的"，作为教师，绝不能贪一时之利而耽误千秋大业。

第二，具有从事教育劳动的光荣感与自豪感。古往今来，多少伟大的教育家、思想家、政治家，都给予教师及其劳动以很高的评价，赞颂教师是"人类灵魂的工程师"、"培育鲜花的园丁"、"通向科学高峰的人梯"。17世纪捷克教育家夸美纽斯说："我们对于祖国的贡献，哪里还有比教导青年教育青年更好、更伟大的呢？""太阳底下再也没有比教师这个职业更高尚的了。"① 中国教育家徐特立也说过："教师工作不仅是一个光荣重要的岗位，而且是一种崇高而愉快的事业。"② 对于从事崇高的职业劳动的教师来说，具有光荣感与自豪感是不言而喻的，教师这种光荣感与自豪感是教师搞好教育工作的强大动力。当然，从实际情况看，并不是每一个教师都有这种光荣感与自豪感，如有的中小学教师觉得没有当大学教师体面，低人一等，以至于在别人面前讳言自己的职业。有的大学教师觉得自己不如从政的、经商当公司老板的，既无钱，又无权，为此牢骚满腹，抱怨教师穷，有的干脆弃教从政或弃教经商。这些人当然是少数，为眼前浮利所诱惑，不能甘守教师的清贫。要求他们对教师职业有光荣感与自豪感，实在是奢求，之所以会出现这样的现象，除客观原因，如教师工资低、生活条件相对较差以外，从主观原因上看，就是由于他们的人生观和价值观的倾斜，导致了对教育劳动态度的错误。如果树立了无产阶级的人生观和价值观，就必然具有奉献精神，不计较个人的名利与得失，再苦再累心也甜，许多模范教师的事迹充分说明了这一点。如果把金钱、地位、个人名利看成是人生

---

① 《大教学论》，人民教育出版社1957年版，第4页。
② 《徐特立教育文集》，人民教育出版社1986年版，第318页。

最大价值，就必然对教师职业劳动产生厌恶感。可见，树立正确的人生观和价值观对教师来说是非常必要的。

第三，要有肯于吃苦的精神。教育劳动是一项艰苦的劳动，人才的培养是一个复杂的系统工程，没有肯于吃苦的精神，不愿付出辛勤的汗水，也就不会有积极主动的劳动态度。有这样一个例子，某人托朋友介绍他去一所大学任教，问及原因，答曰："教师工作轻松、悠闲，每年还有寒暑假，我图的就是这个"，可见，此人对教师劳动的特点一无所知。教师绝非一般人所认为的那样"轻松"、"悠闲"，甚至被人谑称为"三清"（清闲、清贫、清高）工作。实际上，教师工作专业性非常强，对教师个人能力要求也非常严。教师劳动不仅不轻松，反而很辛苦。没有吃苦耐劳的精神，缺乏应有的积极主动的态度，是当不了一名好教师的。

（四）教师职业纪律

职业纪律是职业劳动者必须遵守的行为规范。俗话说："没有规矩不成方圆"。职业纪律是维持职业活动的正常秩序，保证职业责任得以实现的重要措施。它又常常表现为规章、制度等形式，如商业的"柜台纪律"，外事人员的"外事纪律"，部队的军人条例，学校的"教师守则"等，都是职业纪律。职业纪律一经形成，就有很大权威性。如果违反纪律，就要受到处罚，因此，这种纪律具有强制作用。

职业纪律与职业道德是辩证统一的关系，我们既要看到它们之间的差异性，又要看到二者的统一性。一个自觉用职业道德约束自己的人，也必然是一个严格遵守职业纪律的人。这就是说，职业纪律与职业道德是对职业活动的共同要求，二者密切联系，相互补充，相互促进。同时，它们之间又有差异性。职业道德是用榜样的力量来倡导某种行为，而职业纪律则以强制手段去禁止和惩处某种行为。纪律的执行和检查往往有专门机构来保证，而职业道德是靠社会舆论和内心信念的手段来实现的，其目的在于提高人们的思想境界和情操。

社会主义职业纪律是广大劳动者在利益、信念、目标完全一致的基础上所形成的高度的自觉的新型纪律，这种自觉的纪律是社会主义法规性与纪律性的统一，违反纪律当然要受到制裁，但维护社会主义职业纪律要靠绝大多数劳动者对纪律的自觉认识。社会主义职业纪律的本质特征，就在于它有高度的自觉性和深刻的道德意义，成为职业道德的重要方面。

总之，社会主义职业纪律是建立在人民群众利益根本一致的基础上，同全体职工对社会主义事业心相联系的纪律，是互相尊重的同志式纪律，是和自由相联系的在社会实践中充分发挥个人独创性和主动性的纪律。当人们把纪律变成内心信念并指导行为时，就有了更大的自由，个人的正当利益也就有了保障。因此，社会主义职业纪律虽然有强制性的一面，但更有为劳动者的内心信念所支持、自觉遵守的一面，而且是更为主要的一面，从而具有深刻的道德意义。正如列宁所说："共产主义者的全部道德就在于这种团结一致的纪律！"[1]

教师应模范遵守教师职业纪律。教师职业纪律就是教师在从事教育劳动过程中应遵守的规章、条例、守则等。教师职业纪律是维持教育活动正常进行的保证，是教师必须遵守而不能违反的。从教师实际情况看，绝大多数教师都能够比较好地遵守职业纪律，但也有少数教师不能严格要求自己，违纪现象时有发生，如上课迟到、拖堂、提前下课；随意调换上课时间；擅自找人代课，自己去干第二职业或经商、炒股；中断上课去接电话或打电话；打骂学生；乱罚款、乱收费；把集体的财产据为己有；个别人甚至违法犯罪等等。教师要为人师表，就要模范地遵守职业纪

---

[1] 《列宁全集》第 31 卷，第 216 页。

律，才能为学生作出表率。正人先正己，己不正，焉能正人？那么，教师怎样才能做到模范遵守职业纪律呢？主要应做到以下几点。

第一，要有教师意识并不断强化这种意识。有教师意识，就是说要时时刻刻想到自己是一名教师，自己的一言一行都要给学生作出好的榜样，每当自己出现某种想法或要采取某种行动时，都要考虑到是否符合自己的身份，是否符合教师纪律的要求，是否会给学生带来消极影响。一般来说，教师意识越强，就越能严格地遵守教师纪律；如果教师意识淡漠，就会纪律松弛，甚至违反纪律，受到惩罚。所以强化教师意识是非常重要的。

第二，认真学习教师职业纪律的有关规定。关于教师职业纪律的规定是比较多的，如上课有上课的纪律，请假有请假的规定，对待学生有对待学生的要求。教师，特别是刚刚走上讲台的新教师，对教师职业纪律的有关规章、条例、守则等要进行认真的学习、深刻的领会。学习、明确和掌握教师职业纪律，是模范执行纪律的前提。

第三，在教育劳动中恪守教师职业纪律。学习教师职业纪律，是为了在教育实践中按照纪律要求去做，而不能把它束之高阁，更不能嘴上一套，行动上另搞一套。职业纪律只有得到全面的贯彻执行，教育工作才能顺利进行。实践是检验教师纪律观念强弱的唯一标准，教师在执行职业纪律的过程中，要把握住一个"严"字，时时处处严格要求自己，绝不能自我放松，不搞"下不为例。"

第四，从一点一滴做起。由于教师处于为人师表的地位，所以，对教师来说任何一条纪律都是重要的，必须严格遵守。有的教师认为上课迟到几分钟是"小事一桩"，这种看法是十分错误的。试想，几十个甚至上百的学生坐在教室里眼巴巴地等着教师来上课，而教师却迟迟不来，学生会怎样想呢？教师以后还怎样去严格要求学生呢？当然，如教师确有特殊情况，向学生解释清楚，学生会谅解的，但如果是教师自己放松要求，随意迟到，那么，他就会在学生面前失去威信，学生还会尊重他吗？所以，教师要模范遵守职业纪律，就要从一点一滴做起，切勿因恶小而为之。

第五，虚心接受批评，勇于自我批评，善于改正错误。教师出现了违纪行为，领导或同事提出批评，教师应虚心接受，并坚决改正，绝不能拒绝或反唇相讥。虚心接受别人的批评，坚决改正自己的错误行为不仅是教师应采取的正确态度，也是教师应具有的道德品质。勇于自我批评是教师自我教育的一个重要手段，也是教师自我修养的一个重要方法，如果教师能够做到这一点，就表明这个教师具有一定的思想觉悟和较高的修养功夫，说明他对教师职业纪律的认识是深刻的。

第六，要有坚强的意志和持之以恒的决心。模范遵守教师职业纪律，需要教师有坚强的意志和毅力。如，有的教师家住在离学校很远的地方，为了早上八点准时上第一节课，他们每天早上五点多钟就起床，无论是刮风、下雨，还是下雪，也无论公共汽车是如何拥挤，他们从不迟到。如果没有坚强的意志和毅力是不可能做到的。持之以恒，就是长期坚持，遵纪不能只坚持一阵子，要坚持一辈子。

（五）教师职业技能

所谓职业技能，就是从事一定职业的人们应当具备的技术和能力，它是从事职业工作的重要条件，是职业工作者实现职业理想，追求高尚职业道德的具体行动内容。如果一个职业工作者空有做好本职工作的愿望，而无过硬的技能，职业道德的感召力就无从谈起。崇高的职业道德，不但表现为自觉履行职业责任，实现职业理想的愿望，还要表现为高超的职业技能。因此，良好的职业技能有深刻的道德意义。教师职业技能集中地表现为教师教书育人的本领，教师教书育人活动的效果是教师职业技能的反映。

职业技能与科学文化知识是紧密联系在一起的，俗话说，无知必无能，技能的高低是以掌握知识的多少为基础的。当今时代新科学、新技术、新知识不断涌现。当代科学发展的形势是：分化急剧、代谢迅速、应用周期越来越短、知识产品的密集程度和知识索取的自动化程度越来越高。有几点值得我们重视。第一，当代科学的整体性、渗透性越来越强，知识的专一性和综合性越来越显著。边缘学科层出不穷，各学科间的相互渗透，填补、丰富了学科间的交叉空白地带；许多横断学科的出现，使得传统学科的界限越来越模糊，人们要看懂一种杂志往往要具备多种学科知识；与此同时，知识的分类越来越细，研究课题越来越专，在每一狭小的专业内要取得突破性进展，都要以雄厚的知识群作后盾。第二，学科理论的高抽象性和更替性越来越突出。由于近代几乎一度遍及各个领域的控制论、信息论、系统论和近年来风靡一时的耗散结构理论、突变论、协同论等横断学科的创立与普及，现代数学以及电脑软科学的发展，使得当代学科群中一些高度概括性原理的出现，各具体学科的特殊规律多不胜数；信息革命的浪潮激起学科内部结构的迅速分蘖，知识更替周期大大缩短，人脑要用传统的方式应付这样的知识量，已出现危机感。第三，知识的创新性和批判性越来越鲜明。从新兴学科基本结构到研究方法都出现了新特点，使得传统学科很多概念和一般规程已不适用了。一些赖于直觉的，过去被认为不证自明的"公理"，现在变得相当可疑，有的甚至被认为是谬误。第四，科研工作的协作性和综合性越来越强。个人进行非跨学科的研究工作已经没有可能了，只能进行跨学科的集体研究才有价值。当今许多学科中已出现我中有你，你中有我，没有各学科专家们的广泛协作配合，要取得进展是很困难的。

科学技术的趋势与特点告诉我们，要提高职业技能，就必须善于学习、用现代科学知识丰富自己的头脑。一个职业道德水平高的人，必然要钻研科学文化知识，为做好本职工作而努力。而一个职业道德水平低下的人，不可能认真钻研业务，学习新的知识，做好本职工作。鄙薄技艺、不学无术的人，也不可能成为一个职业道德高尚的人。职业道德呈现出这样一个特点：不能离开业务水平来谈论一个人职业道德水平的高低。一个医生如果没有高超的医术，就会贻害病人；一个教师如果没有过硬的业务能力，就会误人子弟。

努力提高职业技能不仅是教师职业本身对教师的要求，也是教师职业道德对教师提出的要求，况且教书育人工作是非常艰巨而且责任重大的，教师职业技能的高低直接关系到人才的培养，因此，努力提高职业技能对教师来说是至关重要的。那么，教师应怎样做才能提高自己的职业技能呢？主要应做到以下几点：

第一，刻苦钻研业务，不断更新知识。没有过硬的业务水平，肯定不能当一名好教师。要提高自己的业务水平，就必须刻苦学习，刻苦钻研。职业技能是以一定的业务知识为基础的，特别是当今时代，科学技术迅猛发展，新知识不断涌现。有人说，当今时代是知识爆炸的时代，据有关资料统计，每7～10年人类知识总量要翻一番，新知识的飞速发展必然带来原有知识老化问题。据国外统计，发达国家1976年的大学毕业生到1980年，他们所掌握的知识有50％陈旧、老化了。因此，不断学习和更新知识是教师的一个重要任务。

第二，要懂教育规律。搞教育的人首先要懂教育。要懂教育就要学习关于教育学、心理学、德育学等方面的知识。虽然教师不一定都要成为教育家，但如果没有教育学等方面的知识，绝对当不好教师，仅有一定的所任学科的知识也是远远不够的。作为教师，一定要有渊博的知识。

第三，要具备一定的管理知识。无论是组织教学，还是组织学生搞思想政治教育活动，没有一定的管理才能是不行的。无论一个教师有多么高深的业务水平，如果不懂得教学管理，恐怕连课堂正常的教学秩序都无法维持；特别是当班主任的教师，要经常组织学生开展各种各样的活动，不具备一定的管理知识和才能是不行的。教师的职业技能包括管理能力。

第四，勇于实践，不断创新。实践是提高教师职业技能的最重要的方法。有了一定的知识水平，还要勇于实践，通过理论与实践的结合，职业技能才能提高。实践出真知，在实践中要自觉地、有意识地进行探索和总结，这样才能创新。技能是无止境的。北京市优秀教师马芯兰教数学课从不给学生留作业，当堂学习，当堂消化，她的每个学生的数学成绩都是优秀，这就是一个教师在教学方面所具有的过硬本领和高超的技能。马老师的高超技能来自于她的数学教学实践，来自于她在实践中的苦苦探索，大胆创新精神。大学中也有不少这样的具有创新精神的教师。

（六）教师职业良心

所谓职业良心，就是人们在履行对他人、对社会的职业义务的过程中形成的道德责任感和道德自我评价能力，是一定的职业道德观念、职业道德情感、职业道德意志、职业道德信念在个人意识中的统一。

良心是一种道德意识现象，是社会存在的反映，是社会关系的产物。马克思说："良心是由人的知识和全部生活方式来决定的。"[①] 在阶级社会中，良心虽然人人都有，但由于人们所处的地位不同，道德观念不同，人们的良心也不尽相同，千篇一律的良心是没有的。而且，社会分工的不同，造成了生活方式的不同，也造成了良心的差别。公务员有公务员的良心，医生有医生

---

① 《马克思恩格斯全集》第6卷，第152页。

的良心，商业工作者有商业工作者的良心，教师有教师的良心。

人们在社会生活中，对他人和社会总要履行一定的道德义务，负有一定的道德责任；同样，人们在履行道德义务的过程中，也要这样或那样地把应负的道德责任变为内心的道德情感和行为准则，形成自己的良心，从而调整自己的行为。良心是蕴含在人们内心深处的一种意识活动。如果说义务是自觉意识到的道德责任，那么，良心就是对道德责任的自觉意识。而职业良心，就是职业劳动者对职业责任的自觉意识。

职业责任是职业劳动者必须承担的社会义务。职业良心区别于职业责任的明显特征，在于它是一种"道德自律"，是存在于内心的自我道德信念和要求。因而，职业良心的形成，在很大程度上取决于职业劳动者的自我体验、自我教育、自我锻炼、自我修养。社会对职业劳动者的一系列道德要求，只有经过自我思想意识，把客体的道德律令转变为主体的道德律令，才能形成职业良心。

所谓教师职业良心，就是教师在对学生、学生家长、同事以及对社会、学校、职业履行义务的过程中所形成的特殊道德责任感和道德自我评价能力。教师职业良心在教师职业道德中有着特殊的意义。

首先，人民教师劳动的特殊性决定了教师职业良心的重要地位。教师职业不同于其他职业的基本特点，就在于它是"树人"的，是培养人的；教师的职业劳动既不是非生产性的，又不同于生产工人，而是一种特殊的劳动；教师的劳动对现代化生产的发展具有决定性的作用。教师劳动的这种特点，决定了良心对其职业道德有着特殊的意义。人民教师劳动的好坏，从内在动力来说主要是靠教师自我评价，这种评价的准则就是靠人民教师的职业良心。人民教师对教育事业的忠诚，对学生的热爱，体现在教育、教学工作上，不只靠领导检查和计算工作量解决得了的，更多的是靠教师的职业良心。教师的劳动虽然可以在数量上、实物形态上、指标上作出有形的考核，但是，每堂课知识传授的程度，备课的深度广度，批改作业的认真程度，对每个学生全面耐心的关怀程度，为学生排忧解难的态度等，这一系列大量工作，主要是靠教师职业良心支配的"良心活"。任何一位高明的领导都很难定出教师劳动在一个时间、空间之内的质量、数量界限。我们不否认检查、定工作量等办法的作用，但是，在教师工作中有些重要的、大量的超额劳动是没有明文规定的，是不靠领导监督的。它是在教师职业良心支配下，自觉自愿去做的。如备课、批改作业到深夜；长年累月地不分节假日地家访和帮助后进学生；护送学生回家，带领学生勤工俭学，社会实践等等平凡而艰苦的超额劳动，是无法计算的。这些却是靠教师职业良心的作用，而不是任何别的东西可以取代的。大学教师虽然有其特点，但他的高度良心是不可否认的。

其次，教师的职业良心是教师建功立业的精神支柱。教师的工作是十分辛苦的，工资福利待遇也不高，尤其是一些中青年教师，家庭生活负担很重。但是，作为一名人民教师，却心甘情愿地为人民的教育事业呕心沥血，鞠躬尽瘁，培养出一批又一批社会主义建设人才。在教育实践中，人民教师的职业良心日臻完善，愈来愈充实，并激励着教师进一步达到心灵的净化和道德品质的升华。这种职业良心使他们在道德行为的选择上，先为学生，后为自己。有多少人家的子女在教师的辛勤培养下成了专门人才，同时又有多少教师的子女在家里待业。造成这种状况的原因虽然很多，但应该肯定，成才者主导因素是人民教师在无私的良心支配下，热爱学生，关心学生，一心扑在培养学生的工作上的结果。无数事实证明了人民教师的职业良心，能够促使人民教师超越个人的物质利益待遇的限制，忠诚并献身于人民教育事业。这种发自内心的道德责任感，这种内在的巨大力量对人民教师自觉地履行社会义务起着支配作用。因此，我们可以说，教师的职业良心是教师为人民教育事业建功立业的重要精神支柱。

教师的职业良心能够调节教师的行为，具体地说，主要表现在三个方面。

首先，在教师作出某种职业行为之前，职业良心要依据教师职业道德的要求，对教师行为的动机进行检查，对符合教师职业道德的动机给予肯定，对不符合教师职业道德的动机给予否定，从而使教师作出正确的动机决定。特别是它能对教师提出"假如我这样做可能有什么后果"、"如果我处在别人的位置上会怎么样"这样的问题，使教师严肃地思考、权衡和慎重地选择自己的行为。

其次，在教师职业行为的进行过程中，教师职业良心能够起到监督作用。对符合教师职业道德的情感、意志和信念予以坚持和激励，对不符合教师职业道德的情感、欲念或冲动予以克服。特别是在教师职业行为进行过程中发现认识错误、情感干扰或情况变化时，它能够使教师改变行为方向和方式，纠正自己的自私欲念和偏颇情感，避免产生不良影响，以便在行为整体的发展过程中，由于"良心的发现"，自觉保持正直人格，不做亏心事，不断提高职业品德。

再次，在教师职业行为之后，教师职业良心能够对教师行为的后果作出评价。对履行了职业义务的良好后果和影响，得到内心的满足和欣慰，对没有履行职业义务的不良后果和影响进行内心的谴责，表现出内疚、惭愧和悔恨，以至由于深感自己缺乏良心而纠正自己的错误。

从以上三点我们不难看出，教师职业良心在教师职业生活中有着巨大的作用，它往往左右着教师职业道德的各个方面，贯穿于教师职业行为的各个阶段，成为教师思想和情操的重要精神支柱。所以，必须重视培养和增强教师职业良心。培养和增强教师职业良心应该从以下几个方面着手。

第一，要具有对教育工作高度负责的精神。如果没有教师对教育工作高度负责的精神，教师职业良心的作用，就无从谈起。如面对一个学习上的差生，具有高度负责精神的老师，就会主动地去帮助这个学生，给他补课、答疑等。这样做，教师的良心上就会得到安慰，否则，就会受到良心上的谴责，感到内疚。而对一个不负责任的教师来说，他会认为课上完了，就等于完成了任务，至于学生会不会，那是学生自己的事，与己无关。对于这样一位教师来说，也就无所谓良心上的安慰或谴责。因此，有无责任心，有无对教育工作高度负责的精神，是培养和增强教师职业良心的前提。

第二，具有高尚的师德品质。一个具有高尚师德品质的教师，必然热爱教育事业，热爱学生，辛勤工作，甚至牺牲自己的利益，也要顾全大局。一旦自己做错了某事，良心上必然感到不安，千方百计要把损失补回来。而一个师德品质很差的教师，本来就不愿从事教育工作，看到学生就烦，这样的教师，必然不负责任，敷衍了事，得过且过，甚至做错了事，也认为无所谓，没什么了不起，其良心上也不会进行自我谴责，即使在舆论压力面前，也要千方百计为自己辩解，不肯承认错误。可见，具有高尚的师德品质是培养和增强教师职业良心的基础。

第三，要有知耻心、自尊心、自爱心。知耻心、自尊心、自爱心是职业良心中的重要因素。如果一个教师连起码的知耻心、自爱心、自尊心都没有，当然也就谈不上有职业良心。知耻心、自尊心、自爱心是培养和增强教师职业良心的关键。

（七）教师职业作风

所谓职业作风，就是人们在一定的职业活动中表现出来的一贯的态度和行为。职业作风是职业道德的重要范畴。社会上各种职业都有自己的作风。从一定意义上讲，作风都包含着道德的内容，职业作风是人们在长期职业实践中自觉地培养起来的，职业作风的好坏，决定于人们的思想和目标。确立了崇高的目标，在实践中就会形成优良作风，反之，如果思想上腐朽没落，必然产生腐败作风。

职业作风是一种巨大的无形的精神力量，对职业劳动者的行为影响很大。一个具有优良作风的职业集体，能够感召人们去战胜困难，取得胜利。一个有许多缺点的人，加入这样的集体，也可能被改造过来，变得作风正派。相反，一个职业作风败坏的职业集体，也会把一个单纯或正派的人，毒害成为一个腐化堕落者。

职业作风是由职业思想和目标决定的，有什么样的职业思想和目标就会有什么样的职业作风。例如商业，若以"一切向钱看"为指导思想和目标就可能向顾客出售假冒伪劣商品，欺骗顾客，赚昧心钱。而若以全心全意为人民服务为指导思想和目标，就会对顾客负责，诚心诚意为顾客服务，保证商品质量，做到童叟无欺，还会对一些有特殊困难的顾客送货上门。教师职业也是一样，若树立了全心全意为培养学生服务的思想和目标，就会一心扑在教育事业上，爱生如子，勤奋工作，为培养下一代呕心沥血，贡献一切。而若仅仅以"谋生"为指导思想和目标，就不会精心培养下一代，而一旦有机会，就可能弃教经商、弃教从政等。可见职业思想和目标决定职业作风，而职业作风则是职业思想和目标的反映。当然，职业作风一旦形成，又会反过来进一步强化职业思想和宗旨。教师应树立优良的教师职业作风。

所谓教师职业作风，就是教师在自身职业活动中表现出来的一贯的态度和行为。那么，人民教师应该树立哪些优良职业作风呢？我们认为，最主要的有以下几点。

第一，实事求是、坚持真理。实事求是，一切从实际出发，是我们党的优良传统与作风，也是教师职业作风之一。人民教师首先要做到尊重事实，注重调查研究。尊重事实，就是充分认识客观事物，从这种客观存在出发，使教育工作有的放矢。要做到这一点，必须要求教师学会调查研究的本领，深入实际搞好调查研究，认清事物的本来面貌。要能深入到学生中去，全面了解情况，有针对性地搞好教育与教学工作。对工作的评价，要有一说一，有二说二，既不要夸大，也不要缩小，这是唯物主义者应有的品格和作风。其次，要求教师要讲真话，办实事。做到襟怀坦白，言行一致，表里如一，不讲假话、空话和套话。关心学生疾苦，热心为学生服务，帮助他们解决实际问题。再次，要求教师要公道正派，富有进取精神。古今中外，凡成大业者，对社会有所贡献的人，无一不是公道正派，脚踏实地，富有进取精神的人。

坚持真理，就是要求教师不但要传播真理，还要坚持真理，捍卫真理，为学生树立坚持真理、尊重科学的榜样。坚持真理，还要求教师要对一切文化进行严格的审查和鉴别，批判继承，再传授给学生，使学生学到真知实学。坚持真理，还要求教师随时修正自己的错误，还真理以本来面目。如果教师在教育、教学中出现了错误，就要采取实事求是的态度，公开向学生说明，不强词夺理，不文过饰非，不误人子弟，做到知错即改。

第二，工作积极，认真负责。工作积极，认真负责是教师的工作作风。人民教师肩负着为社会主义现代化建设事业培养千百万合格接班人的重任。如果没有工作积极、认真负责的作风是不行的。

工作积极，就是要求教师勇挑重担，埋头苦干，兢兢业业、一丝不苟，为教育事业多做贡献，为培养人才肯花时间和精力，肯于吃苦耐劳，必要时，不惜牺牲个人利益，也要把工作做好。

认真负责，最根本的一条，就是对学生的成长与成才负责。为此，在工作中要求教师不仅要向学生传授科学文化知识，还要

141

关心学生的思想，做到既教书又育人，坚决杜绝只教书不育人的不负责任的现象。

教师要具有工作积极、认真负责的作风，一方面，要不断提高对教育工作重要意义的认识；另一方面，还要在教育实践中不断磨炼自己的意志，加强职业道德修养。在业务上要精益求精，在思想上要不断进步，把全心全意培养社会主义建设人才作为自己的奋斗目标。此外，教师还要能够经受住顺境与逆境的考验，无论何时何地，工作积极、认真负责的作风永不变。

第三，忠诚坦白，平等待人。忠诚坦白，就是指教师为人要忠实、诚恳，敢于讲真话，不隐瞒自己的观点。无论对同事，对学生、对学生家长，还是对上级领导，做到忠诚坦白是一条基本要求。平等待人，是指教师在与人交往中要以平等的态度对待每一个人，不居高临下，也不能"势利眼"，要一视同仁。特别是对学生，既不要以教育者自居，高高在上，也不要因为学生的出身不同、能力不同、性格不同、兴趣爱好不同等而另眼相看。在实际生活中，有些教师见到高干出身或学习优异的学生就满面笑容，柔声细语，见到普通农民出身的学生或学习上较差的学生就冷若冰霜，粗声粗气。这实在是要不得的，它既不符合教师职业道德，也有损于教师的形象和威信。要做到平等待人，教师必须为人正直，在处理问题上要有原则，不能因人而异，不搞亲亲疏疏、拉拉扯扯、吹吹拍拍那一套市侩哲学。

第四，发扬民主，团结互助。发扬民主，就是要求教师要有民主的作风。教师若没有正确的民主意识和良好的民主作风，就难以开展有效的教育、教学活动。因此，教师一定要尊重学生、信任学生、理解学生。在工作中善于发扬民主，经常与学生谈心交心，虚心听取学生意见，吸收他们参加学校民主管理，真正把他们看作是学校民主建设的主体，与其建立良好的民主关系。在教育过程中，有些教师不从教育心理学、教育学和教学法方面研究，提高教育质量，而盲目地追求个人威信。他们认为，教师只要有权威，不论教学指导、行政管理，学生得一概听从，顺我者奖，逆我者罚，醉心于表面上的井然有序。学生敢怒不敢言。表面上尊敬，内心怨恨。教师犯了严重的官僚主义，使学生心理上感到压抑，这是极坏的师生关系。当然，教师为了维护秩序，使教育、教学更有效果，需要有一定的权威；但这种权威，是根据丰富的知识、精湛的教学艺术，非凡的组织能力、高尚的道德情操建立起来的，而不是靠高压的手段和专制的作风建立起来的。

在教学中，如果教师不采取民主的态度和方法，就会压抑学生学习的积极性，从而不能收到良好的教学效果。如果在思想政治教育中不发扬民主作风，而是采取我说你做，我打你通，我发命令你执行的专制态度，学生就会产生逆反心理，从而使思想政治教育收不到预期的效果。可见，能否发扬民主作风，不是教师个人的事，而是关系到教育、教学的效果，关系到学生的成长的大事。

团结互助，一方面是教师与教师之间要团结友爱，和睦相处，在思想上、工作上、生活上互相关心，互相帮助；另一方面，是指教师与学生之间的团结与互助。有人只承认师生之间是一种教育与被教育的关系，而否定师生之间也是一种团结互助的关系。试想，如果没有师生之间的真诚团结、心心相印、相互关心、相互帮助的高尚情感和行为，教育工作怎能顺利开展并取得良好效果呢？从本质上看，师生之间的关系也是一种团结互助的关系。

（八）教师职业荣誉

职业荣誉包含着两方面的内容：一方面是指社会用以评价劳动者行为的社会价值尺度，也就是对劳动者履行职业责任的道德行为的赞扬；另一方面，是指劳动者对自己职业活动所具有的社会价值的自我意识，也就是在职业良心中所包含的自爱和自尊。

概括起来说，所谓职业荣誉，就是对职业行为的社会价值作出的公认的客观评价和主观意向。

职业荣誉所包含的两个方面，是相互联系和相互影响的。对某种职业行为的公认与褒奖，作为社会评价的尺度，是社会的舆论，是荣誉的客观基础，而在个人意识中的荣誉的意向，则是社会评价的主观感受或自我评价，是通过社会舆论把客观的评价转化为主观的意向。从客观方面说，荣誉是社会对一个人履行职业义务的德行和贡献的评价，是道德行为的价值体现或价值尺度；从主观方面来看，职业荣誉是职业良心中的知耻心、自尊心、自爱心的表现。职业良心中的这个方面，能使职业劳动者自觉地按照客观要求的尺度去履行职业义务，宁愿做出自我牺牲，保持尊严、荣誉和人格完美，也不愿违背良心，做出可耻、毁誉和损害人格的事情。

职业荣誉与职业义务紧密联系在一起，不履行职业义务，也就谈不上职业荣誉。所谓职业义务，就是职业劳动者必须履行的职责和任务。当医生的要治病救人，当教师的要教书育人，当干部的要全心全意为人民服务，各行各业都有自己的职业范围和工作任务。如果职业劳动者认真履行职业义务并做出了贡献，必然会得到社会的肯定与褒奖，而社会的肯定与褒奖又反过来强化这种行为，促使职业劳动者更加认真地履行职业义务，做出更大的贡献。由此我们可以看出，职业荣誉与职业义务是辩证统一的关系，两者相辅相成，相互促进，缺一不可。社会主义职业道德之所以强调职业荣誉，最主要的目的在于把社会对于职业道德的客观评价，转化为广大劳动者的自我评价。这样，劳动者就可以更好地履行自己的职业义务，全心全意做好工作，即使没有得到表扬，但内心却无愧地得到良心上的安慰与满足。

教师应该有职业荣誉。所谓教师职业荣誉，就是教师在履行职业义务后，社会所给予的赞扬和肯定，以及教师个人所产生的尊严与自豪感。社会上把教师称为"人类灵魂的工程师"、"辛勤育人的园丁","燃烧了自己,照亮别人的红烛",这是对教师职业道德的高度评价与颂扬。教师在这种客观评价中产生了主观意识和内心体验,形成了自己的荣辱观。据调查,广大教师都把学生进步、工作得到肯定与表彰、获得各种荣誉称号、受到学生的爱戴与尊敬等作为最光荣的事情。而把教师人格受到侮辱、教师受到谩骂殴打、教师中出现品德败坏事件、教师得不到社会尊重,学生对教师不尊敬等作为最耻辱的事。总之,教师对待荣辱有自己独特的视角。

教师荣誉有着巨大的作用。主要表现在两个方面:一是推动教师更好地履行职业义务,为培养现代化建设人才尽职尽责;二是教育和鼓励社会各阶层的人们尊师重教,为发展社会主义教育事业创造良好的社会环境。党的十一届三中全会以来,教师的社会地位和生活待遇有了很大的提高,尊师重教的风气逐渐形成。广大教育战线上的园丁精神振奋,辛勤耕耘,为实现祖国的繁荣富强而不懈地努力工作。不少教师获得了各种各样的荣誉称号,如"特级教师"、"模范班主任"、"优秀辅导员"、"师德标兵"、"德育先进工作者"、"德育先进个人"等,还有一部分教师获得了国家级的奖励。近年来,高校不少中青年教师获得政府的特殊津贴,一些有突出贡献的教师受到了重奖,取得了积极的社会效果。实践证明,当社会的客观评价转化为教师个人的内心体验,形成正确的荣誉感与自豪感时,就会对教师的行为产生很大的影响。

首先,能推动教师更好地履行职业道德义务。教师职业荣誉是以履行职业道德义务为基础的,反过来又推动教师去自觉地履行职业道德义务。其次,能帮助教师对自己行为后果作光荣与耻辱的评价,有助于教师辨明是非,舍弃错误,培养高尚人格。再次,能激发教师奋发向上,释放出最大潜能,把工作做得更好。

总之，教师职业荣誉就像推进器，促使教师发扬锐意进取、奋勇拼搏的精神，为培养社会主义新人贡献一切。既然教师职业荣誉作用如此巨大，那么，教师应怎样去努力创造职业荣誉呢？

第一，教师必须认真履行职业道德义务，用自己的实际行动和做出的贡献赢得社会的肯定与褒扬。因为职业荣誉是社会对一个人履行义务的德行和贡献的赞赏与评价，是职业行为的价值体现或价值尺度。不履行义务，不对社会做出一定的贡献，社会就不会给你荣誉。荣誉是义务的结果，义务是荣誉的基础，每个教师都必须把创造荣誉同积极履行义务紧密结合起来，努力奋斗，埋头苦干，为社会做出贡献。创造职业荣誉，要凭教师的真实本领和努力奋斗的精神，绝不能沽名钓誉，弄虚作假骗取荣誉，也不能靠贬低别人，抬高自己谋取荣誉。教师在争取个人荣誉的同时，要把个人荣誉与集体荣誉结合起来，绝不能为谋求个人荣誉而损害集体荣誉。

第二，教师必须具备良好的职业素质。有知识，有能力是创造职业荣誉的条件。如果一个教师既不会教书，又不会育人，也搞不了科研，那么，他凭什么去创造职业荣誉呢？所以，要创造职业荣誉，教师就必须努力学习现代科学技术知识，掌握教书育人的本领，加强师德修养。否则，创造职业荣誉就是一句空话。

第三，要有团结协作的精神。教师无论是创造个人荣誉还是集体荣誉，都要注意发扬团结协作的精神，这是创造职业荣誉的保证。教师作为"人类灵魂的工程师"，他们的一言一行都影响着学生。团结协作，一方面是获取职业荣誉必须做到的；另一方面又是他们必须示范给学生的。当今社会竞争日趋激烈，单凭个人力量是有限的，只有团结起来才有可能开拓出更大的生存空间，提高生存质量。因此，团结协作无论是对于教师，还是其他职业群体，都是至关重要的。

【复习思考题】

1. 如何理解教师职业道德是由社会经济关系决定的？

2. 为什么说教师职业道德是从教育活动的特殊利益关系中引申出来的？

3. 教师在职业选择上应处理好哪几个问题？

【实例评析】

为培养建国济世之才矢志不移

众所周知，毛泽东青年时的老师杨昌济，湖南长沙人，是我国近代著名教育家。"强避桃源作太古，欲栽大木拄长天"，就是他决心献身于教育事业所写的著名联句。杨昌济为了教育事业，毫不考虑个人名利。当时，人们把留学欧美称为"镀金"，留学日本称为"镀银"。他留学日本和英国长达十年之久，是既镀了银又镀了金的人，如要当官，可谓本钱十足。何况他的留日，留英的同学中还有人当大官呢，其中有的人就劝他跻身官场，图个飞黄腾达。然而，杨昌济却始终不为官职所诱，潜心教育，甘愿做一个"默默无闻"、"问心无愧"的教员。1913 年春到 1918 年 6 月，他在长沙工作期间，长沙县教育界曾慕名推选杨昌济为长沙县教育会的会长。对于这种"官职"，他也觉得有碍他教书，不顾多数人的挽留，很快就辞职了，一心一意地在湖南第一师范学校授课，还兼任湖南高等师范学校的伦理学和教育学课程。前面的那副对联正是表示他学陶潜而不羡慕那些达官贵人，要终身从事教育事业，培养出建国济世的栋梁之才，撑住这摇摇欲坠的长天的远大理想和决心。

【提示】

1. 杨昌济先生博学多才，为培养出建国济世的栋梁之才不为官职所诱，潜心教育。

2. 做一名合格教师，应当要树立热爱教育、热爱教师工作的职业理想。

3. 想一想树立职业理想在完成教师责任中的作用。

第四章 教师职业道德的形成、
特点与社会功能

从整体而言，人类社会的教育是由教育管理者（教育管理干部）的活动、教育者（教师）的活动以及教育对象（学生）的活动所构成的动态系统。与此相联系，社会也分别对其提出相应的道德要求。这里讲的教师职业道德要求，是教育管理者和教育者都应该遵循的。研究教师职业道德的形成、特点与社会功能是教师职业道德的重要内容，是研究教师职业道德原则、规范以及其他教师职业道德理论的基础。

一、教师职业道德的形成

教育劳动实践中客观存在的各种利益关系是教师职业道德产生和形成的客观根据。一定社会教师职业道德的建立，既要反映当时社会的经济基础和当时统治阶级的利益要求，受当时社会占统治地位的思想意识、道德原则和规范的制约，同时又必然要借鉴和吸收以往社会教师职业道德思想的合理因素。

（一）教育劳动实践是教师职业道德形成的客观基础

利益是道德的基础，道德则是利益的反映。教师职业道德同样是教育劳动实践中各种利益关系的反映。也就是说，教育劳动实践中客观存在的各种利益关系是教师职业道德产生和形成的客观根据。

在教育劳动实践中，主要有以下几个方面的利益。

其一，教师的个人利益。教师的个人利益在于以耗费较少的精力和时间获得最好的教学效果，摆脱不必要的负担，选择满意的、有助于表现自己的劳动形式和方法，改善自己的物质和精神生活条件，发展自己多方面的才能，并在个人人格上得到尊重。

其二，学生的个人利益。学生的个人利益在于得到教师良好的教育，在轻松、愉快、自由的气氛中，以理想的方式，发展自己的智力、体力和能力，学习到新的、有用的科学知识和本领，形成和发展自己的个性，使自己具备一定的知识、品德和才能，为一生有意义地工作和生活幸福准备条件。

其三，教师集体的利益。不论是每个学校的教师集体还是整个社会教师职业集团，其利益表现在争取教师社会政治和经济地位的提高，争取为教育事业的发展创造最有利的条件，争取所有参加教育事业人们之间的协作和配合，为实现教育目的和提高教育效益而努力。

其四，社会教育事业利益。社会教育事业利益表现在，要求教师培养出符合社会需要的、特定类型和要求的人才，以维持社会生存，促进社会发展。

上述各种利益之间并不是彼此孤立、互不相干的，而是相互联系、相互制约，即彼此之间存在着密切的利益关系。如，学生的个人利益的实现，既有赖于整个社会教育事业利益的实现，也有赖于教师的个人利益的实现。因为，只有整个社会的教育事业兴旺发达，才能为学生个人利益的实现提供更多更好的物质条件和精神条件；只有教师的个人利益得到了合理满足，才能使他们更加安心工作、敬业爱生。这是利益关系的双方相互依存的一面。与此同时，利益关系的双方也有相互对立和矛盾、冲突的一面。比如，如果一个教师只考虑个人得失，对教学工作敷衍了事、得过且过，对学生缺乏爱心、不负责任，那么，他就不仅损害了整个社会教育事业的利益，同时也损害了学生的个人利益。由此可见，在教育劳动实践中，客观存在着各种利益关系，这些利益关系的性质和状况如何，直接关系到教育过程能否顺利进行，教育目的能否实现。所以，对这些利益关系进行理顺协调就不仅必需，而且重要。尽管在不同的社会制度和教育制度下，这些利益关系的性质和状况有所不同；尽管随着人类文明的进步和社会教育的发展，这些利益关系的状况在不断改进和完善。但是，只要存在利益关系，利益矛盾和利益冲突就在所难免。也就是说，教育劳动实践中客观存在的各种利益关系不可能在任何时候、任何情况下都是协调一致的。教师个人利益与学生利益、其他教师利益、社会利益之间的矛盾冲突会时常发生，有时是公开的，有时是隐蔽的；有时责任在这一方，有时责任在另一方。这些矛盾和冲突往往恶化教育劳动的条件，影响教师的威信和劳动情绪，影响教师劳动行为方式的选择和教育过程的顺利进行，从而最终影响着整个社会教育事业的发展。

因此，要保证教育劳动实践顺利而有效地进行，就需要有一些机制来调节各种利益关系和矛盾。虽然教育行政制度、教学大纲计划、课表、各种奖惩措施等，在调节利益关系和矛盾、指导教师行为方面起着重要作用，但是，这些刻板的行政手段不可能迅速地、准确地反映出教育过程中随时产生着的各种难以预料的矛盾，因而难于及时地、有效地调节教育过程中的各种关系。从对教师行为的调节方面来看，这些机制只是一般地对教师的行为提出基本要求，不可能事无巨细地包揽指导和监督教师的一切教育行为。同时，由于教师的劳动是一种难以单纯从数量上、实物形态上和具体指标上作出有形考核的劳动。教师备课的深度和广度，讲课和批改作业的认真程度，以及对学生的关心、热爱的程度等等，从一定意义上讲，都是一种在内心道德责任感支配下作出的"良心活"。一个具有良好职业道德修养的教师，可以在别人毫无觉察的情况下勤勤恳恳，呕心沥血，为学生的健康成长作出并不惊天动地但却极为可贵的贡献。而一个缺乏职业道德的教师，则不论规章制度制定得多么详细，也不论别人对他看管得多么严格，他总可以想方设法怠工和偷懒。由此可见，教育劳动中的道德调节是一种更灵活、更有效、时时处处都能起指导和监督作用的调节机制。这种道德调节机制既应当来自与教师劳动密切合作和交往的人，更应当来自教育活动的主体即教师自身。这种来自教师方面的道德调节机制就是教师职业道德。它通过对教师的思想和行为进行灵活的、内在的、自觉的引导和监督，从而实现着对教育过程的调节作用。

综上所述，教师职业道德是基于调节教育劳动中的利益关系、保证教育劳动顺利进行这一客观需要而产生和形成的。作为一种调节机制，它通过社会舆论和教师的自我修养，特别是通过教师在内化职业道德基础上所形成的职业良心、职业理想、职业道德信念等更为根本的调节机制，来引导和支配教师在教育劳动中的行为，鼓励和支持他们采取有益于教育过程的行为，反对和阻止他们采取不利于教育过程的行为，促使教师正确处理教育劳动中的各种利益关系和矛盾，与教育过程的其他参加者以及社会各方面建立协调一致的良好关系，以便顺利地进行教育活动，完成教育任务，实现教育目的。正如前苏联教育家契尔那葛卓娃和契尔那葛卓夫在《教师道德》一书中所指出的："教师的道德是各种利益互相冲突的情况下，从调节教师行为的需要中产生出来，以便把教师的行为协调地纳入职业集团的活动中，纳入社会中去，从而保证所有其他参加教育过程的人都能合作相处。"①

（二）一定社会的教师职业道德，总是受一定生产关系和阶级利益的制约而形成

马克思指出："物质生活的生产方式制约着整个社会生活、政治生活和精神生活的过程。不是人们的意识决定人们的存在，

---

① 《教师道德》，华东师范大学出版社1982年版，第57～58页。

相反，是人们的社会存在决定人们的意识。"①　教师职业道德作为道德的一个部分，是一种社会意识现象，因此，它必然要受到一定社会生产关系的制约。我们知道，社会生产关系决定、制约着教育制度、教育目的和内容，而教育制度、目的、内容又决定着教育活动的目的、性质和任务，决定着教师的地位，从而制约着从事教师职业的人在整个教育劳动过程中，采取怎样的劳动态度，在处理各种利益关系上遵守怎样的行为准则。比如，奴隶制社会的生产关系决定了当时学校教育的目的，是把少数贵族子弟培养成能够镇压奴隶、奴役人民的统治者。所以，身为奴隶主的大教育家柏拉图认为，教师为了培养学生作为奴隶主阶级的一个成员，必须具有绝对服从、征服别人、冷酷无情的品行，教师应当对学生从小进行严酷的训练，对不服从教导的学生，应使用"威胁和殴打"。在当时的奴隶主设立的学校中，儿童受鞭挞是常见的事。为了培养学生的残忍品性，教师甚至组织学生举行夜间捕杀奴隶的"偷袭活动"，将街上或包围区所撞见的奴隶全部杀害。很明显，柏拉图的师德思想反映了奴隶社会生产关系的特定要求。正因为教师职业道德受制于一定的生产关系，是一定社会生产关系的反映，所以，不同社会发展阶段的教师职业道德具有不同的原则和规范要求。也就是说，教师职业道德是一个历史范畴，它的具体内容随着社会生产关系的发展变化而发展变化。

在阶级社会里，教育本身就是统治阶级巩固本阶级利益的一个重要手段。历来的统治阶级总是通过其对教育的领导权、舆论宣传工具，向教师提出合乎本阶级或社会利益的师德要求，为统治阶级的经济和政治利益服务。正如马克思恩格斯所指出的："支配物质生产资料的阶级，同时也支配着精神生产的资料，因此，那些没有精神生产资料的人的思想，一般地是受统治阶级支

① 《马克思恩格斯选集》第 2 卷，第 82 页。

配的。"① 统治阶级的"思想是一个时代占统治地位的思想"。②从阶级社会开始出现直到今天的发展历史也表明，包括道德在内的统治阶级的思想意识，总是能动地通过各种途径与手段渗透到社会的各个方面、各个系统、各个行业中去。教师职业道德是在教师职业劳动中形成的，但它又必然要处于统治阶级的思想意识、道德原则的制约和影响之下。因而在阶级社会里，教师道德不可避免地带有一定的阶级性。事实上，在阶级社会中不同的阶级有不同的教师道德，不同的阶级对教师的行为有不同的道德评价，即使相同的教师道德准则对不同的阶级也有不同的具体内容。比如，封建地主阶级、资产阶级和无产阶级都强调学而不厌、为人师表、教书育人，但学什么、做怎样的师表、教什么书、育什么人，具体内容都是不同的。

从教师个体方面来看，教师不仅是该社会从事教育职业活动的一个成员，而且是整个社会生活中的一员，他的道德意识必然会受到整个社会道德的影响，在阶级社会中则受到一定的统治阶级的道德原则和规范的影响，并把它们体现在自己从事的教育职业活动中。因此，处在一定阶级关系中的教师或教育家的师德观念总是自觉或不自觉地带有阶级色彩。比如，孔子提出的"泛爱众"、"有教无类"等道德规范，是受他所说的"仁"这个封建社会道德一般原则，以及由"仁"派生出来的"恭"、"宽"、"信"、"敏"、"惠"等道德规范指导下产生的。又如，夸美纽斯提出的"节制、仁爱、谦逊、慈悲、严肃、忍耐与克制"的师德规范，也是受当时资产阶级"自由"、"平等"、"博爱"等社会道德观念的影响。由此可见，教师职业道德在阶级社会里总是带有一定程度的阶级性，必然反映一定阶级的利益要求，必然受统治阶级的

---

① 《马克思恩格斯全集》第3卷，第52页。
② 同上。

思想意识、道德原则和规范的影响，或者说，教师职业道德是一定社会统治阶级的道德原则和规范在教育领域中的具体体现，是当时社会占统治地位的思想意识、道德原则和规范与教育劳动特点相结合的产物。

（三）一定社会的教师职业道德又是在批判继承历史上优秀教师道德遗产的基础上形成

一定社会教师职业道德的建立和形成，一方面要反映当时社会的生产关系和统治阶级的利益要求；另一方面，又必然要充分借鉴和吸收历史上一切有价值的师德思想。在中外教育史上，许多思想家、教育家都曾提出过丰富的、有见识的师德思想，许多人还在他们的教育实践中树立了良好的师德榜样。例如，我国古代伟大的思想家、教育家孔子，就曾对教师职业道德有过深刻思考和系统论述。他所提出的"有教无类"、平等施教、对学生一视同仁的思想；以身作则、率先垂范、重"言教"更重"身教"的思想；热爱学生、乐于教诲的思想；"因材施教"，根据每个学生在智力、性格、志趣等方面的特点施以不同的教育的教学作风；循循善诱，注重培养和调动学生学习积极性的教学方法等等，都是很有价值的师德思想。更为难能可贵的是，孔子不仅在理论上提出了这些思想，而且在自己的教育行为中贯彻和实践了这些思想。或者说，这些师德思想是孔子教育行为的真实写照。在长达40多年的从教生涯中，无论人生道路多么坎坷，政治生活多么艰难，经济生活多么窘困以及一连串个人不幸的打击，孔子始终保持着一种热心办学、乐于从教的精神，保持着以身立教、为人师表的情操，保持着热爱学生、诲人不倦的品德，保持着学而不厌、治学严谨的态度。这些优良的职业道德品质和高尚的职业道德修养，不仅使他当时在弟子中享有很高的威信，学生都视之为日月，敬之如父母，而且使他至今仍受到人们的尊敬，被人们誉为师德的典范，并将给世世代代从事教师职业的人们以感召和启迪。再比如，被称为"教师的教师"的 19 世纪德国资产阶级教育家第斯多惠，非常重视教师的自我道德修养。他说，作为一个教师，"他选择了培养和教育的事业作为自己一生的使命。由于这一点，在一生中自我教育的任务就具有更加崇高的意义。他希望引导别人走正确的道路，激发别人对真和善的渴求，使别人的素质和能力得到最高的发展；因此，他应当首先发展他本身的这些品质。"① 他更进一步指出："只有他自己致力于他自己的教育和修养时，他才能实在地培养和教育别人。""谁要是自己还没有发展、培养和教育好，他就不能发展、培养和教育别人。"② 第斯多惠还特别强调教师要具有崇高而坚定的事业信念，他说，教师所奉行的宗旨在于培养人类德行，他要为它贡献出自己的整个心灵，它牢牢地约束住教师，按天职他是教师，教学成为他的生命，他的养料。第斯多惠还认为，教师必须学识渊博，不断学习教育学、心理学理论，精通教材和教学方法，了解学生情况，善于唤起学生的自信心和上进心，具有公正和勇敢的精神，这样才能在学生面前树起威信，教好学生。中外教育史上，还有许多其他的教育家，他们都曾对教师职业道德进行过深刻的思考和研究，他们所提出的师德思想，虽然不可避免地受着特定的时代和阶级的局限，但其中包含的合理成分和精华部分，以及他们在实际教育行为中所表现出来的师德精神，无疑是值得后来人继承和借鉴的。事实也证明，任何社会教师职业道德的形成和发展，都离不开对历史上教师职业道德的批判继承。

教师职业道德的继承性，是以教师道德的共同性为基础的。所谓教师道德的共同性，是指在不同社会、不同阶级的教师道德中，存在着某些共同的规范和要求。如"教书育人"、"为人师

---

① 《西方资产阶级教育论著选》，人民教育出版社 1979 年版，第 350 页。
② 同上，第 340～341 页。

表"、"诲人不倦"、"严谨治学"等已经成为各个社会、各个阶级教师道德的重要内容。教师职业道德之所以具有共同性，主要是因为教师这一职业有它一般的规律性和劳动特点，这些一般的规律性和劳动特点是相对稳定不变的。有许多教师道德规范，并不是仅从某一阶级或社会的特殊利益中引申出来的，而是从教师职业劳动的特殊性、从教育过程的客观规律中引申出来的。比如，"教书育人"是由教师这一职业的社会职责决定的；"为人师表"是由教育劳动的示范性决定的；"学而不厌"、"博学多才"是由教育劳动知识性、综合性决定的；"诲人不倦"、"认真施教"、"严谨治学"是为了维护正常的教育、教学秩序，保证教学质量而提出的。这些规范不为某一时代、某一阶级、某一部分教师所独有，而是一切社会、各个阶级的教师共同遵守、共同维护的行为准则。它们不仅有利于这个阶级，也有利于那个阶级。这些共同的教师职业道德规范，必然会代代相传，成为各个社会，各个阶级教师职业道德体系的必不可少的一部分。

需要指出的是，任何社会、任何阶级对于历史上道德遗产的继承都不是无条件地全盘吸取。而总是要根据自己时代的经济关系和阶级利益的需要，进行加工改造，将不适应的部分加以扬弃，而将适应的因素加以继承。对教师职业道德遗产的继承也同样如此。一般情况是这样的：以往教师职业道德中与旧的经济基础、阶级利益关系比较密切，或者说直接由旧的经济基础、阶级利益引申出来的那部分规范和要求，大多被剔除掉了；而那些反映教育过程的客观规律和教师职业劳动特殊性、体现新的时代特点的规范和要求，则大多被吸收继承下来，融入到新的教师职业道德体系中去，成为其不可缺少的有机组成部分。

综上所述，教育劳动实践是教师职业道德形成的客观基础，任何一种教师职业道德，都是既受一定社会生产关系和阶级利益所制约而建立和发展，同时又是在批判继承历史上优秀教师道德遗产的基础上建立和发展的，这是教师职业道德形成和发展的一般规律。

二、教师职业道德的特点

教师道德作为一种职业道德，具有职业道德的一般特点，但它与其他职业道德相比，又有其自身的特殊性。由于教师职业道德的特点主要取决于教师职业劳动的特殊性，因此，在分析教师职业道德特点之前，有必要先分析教师职业劳动的特点。

（一）教师职业劳动的特殊性决定着教师职业道德的特点

教师的劳动是一种特殊的生产劳动，是社会生活的一个特殊的领域。与其他职业劳动相比，教师职业劳动的特殊性主要表现在以下几个方面。

其一，教师劳动目的和任务的特殊性。教师劳动的最大特点是培养人。教师劳动的目的不是直接创造某种物质财富或精神产品，而是按照一定社会或阶级的要求，有目的、有计划、有组织地对受教育者传授知识、开发智能、培养思想品德，从而把他们培养成为一定社会或阶级所需要的人才。教师承担着传播人类文化、开发人类智能、塑造人类灵魂的神圣职责。这一职责可以更集中地概括为"教书育人"。在教育发展史上，古今中外的许多教育家都把"教书育人"看作是教师的最基本职责。我国的《礼记》中就指出："师也者，教之以事而喻诸德也。"就是说，做教师的既要教给学生具体事物的知识，又要培养他们的立身处世的品德。韩愈在《师说》中也指出："师者，所以传道、授业、解惑也。""传道"，就是传授为人之道，培养优良品德，即育人；"授业"，就是讲授文化知识，即教书；"解惑"，是指解答做人和文化知识方面的疑难问题，这三项任务概括起来就是教书育人。前苏联教育家苏霍姆林斯基说得更明确，他说："你们不仅是自己学科的教员，而且是学生的教育者，生活的导师和道德的引路人。"① 从以上这些论述中可以看出，所谓教书育人，就是既要向学生传授知识，用人类创造的科学文化知识武装学生的头脑，开发学生智力，提高学生各方面的能力，又要帮助学生形成科学的世界观和正确的人生观，培养学生的思想品德，用人类崇高的思想、高尚的道德去塑造学生的灵魂，引导学生养成良好的行为习惯。从而使新生一代成为既有一定的科学文化知识和劳动技能，又有高尚的灵魂、良好的品德和完美的个性的德才兼备、全面发展的人。只有这样，教师才能真正达到并完成其为社会培养人才的劳动目的。只有既教会了学生做事，又教会了学生做人的教师才算尽到了一个教师的职责。

其二，教师劳动对象的特殊性。教师劳动的对象，既不是无生命的自然物，也不是一般的动物或植物，而是一个个活生生的人。确切地说，普通学校教师劳动的对象，是在家庭、学校、社会生活等环境背景的干预和影响下，不断成长着的有思想、有感情、有个性的儿童和青少年。教师劳动对象的这种特殊性，决定了教师劳动的复杂性、艰巨性和创造性。首先，由于教育对象的年龄特征不同、性格特点各异、家庭环境不一样，个性心理品质千差万别，且极不稳定，不断变化，每个学生就是一个特殊的世界，对他们不可能像生产物质产品那样按固定的工艺流程、统一的型号来铸造；其次，由于青少年在入学前已接受家庭教育和社会环境教育，入学后在接受学校教育的同时，又继续接受家庭教育和社会环境教育，教师并不是学生的唯一教育者，家庭及社会环境的教育和影响也有可能存在不利于学校教育的因素；再次，由于在教师的劳动中，学生不仅作为劳动的对象而出现，同时也作为劳动的主体而出现，学生不仅是教育的客体和对象，而且可

---

① 《给教师的建议》（一），教育科学出版社 1980 年版，第 96～97 页。

以通过教育和自我教育转化成为教育的主体，既是"教"的客体，又是"学"的主体，教师从事的教育和教学活动，只有得到"学习主体"的良好配合才能产生效益。所有这些都决定了教师劳动具有相当的复杂性、艰巨性和创造性。因此，教师在教育劳动中只有辛勤工作、敬业爱生，科学地、灵活地运用教育理论，因人、因事、因时、因地进行创造性的劳动，才能取得良好的教育效果。不仅如此，教师劳动对象的特殊性也决定了教师劳动的示范性。研究表明，正在成长中的儿童和青少年一般都有"向师性"。从幼儿园儿童到大学生都有模仿教师行为的倾向，只不过在不同的年龄阶段这种"向师性"具有不同的特征罢了。在一定意义上可以说，儿童和青少年是在模仿教师行为的过程中成长起来，并逐步实现人的社会化的。正在成长中的儿童和青少年，随时随地都在用自己那双敏感的眼睛观察着教师的一言一行，自觉或不自觉地模仿教师的言行。因此，教师在教育劳动中所表现出来的劳动态度、精神风貌、工作作风、学识才干、思维方式、道德品性等都会对学生起着示范的作用，产生深刻的影响。教师可以说是学生最直观、最重要的活生生的榜样。教师职业劳动的这种鲜明的示范性，决定了教师在职业劳动中必须时时、处处、事事都以高度负责的态度来对待自己的言行，特别注意自己的形象和人格的塑造，做到"以身立教"，在各方面都成为"人之模范"。

其三，教师劳动手段和工具的特殊性。教师的劳动，同其他一切劳动一样，也需要工具和手段。教师在教学过程中，固然需要一定的教材、教具、实验仪器设备等物质性工具和手段，但是，它们并不是主要的劳动手段和工具，它们仅仅起着辅助作用。教师劳动最主要的工具和手段是教师自身所具有的综合素质，包括教师个体的政治思想素质、道德品质、个性心理素质、科学文化知识和才能，以及传授知识的本领与技巧等。在工农业劳动中，劳动者与劳动工具和手段是两种不同的因素，即人的因素与物的因素，两者是可以分离的；而在教师劳动中，劳动者——教师与主要劳动工具和手段——教师自身的综合素质是融为一体、不可分割的。教师自身的综合素质直接履行着教育劳动工具的职能。教师劳动的质量高低与效果好坏，直接取决于教师劳动工具的完善程度，即取决于教师思想的好坏，品德的高低，知识的多少，能力的强弱，情感和意志的状况等。更具体地说，在教师的各种素质中，其思想政治素质、道德素质对教育效果的影响更大。比如，某个教师虽有较好的专业知识，但他不热爱自己所从事的教育事业，对本职工作马马虎虎、应付了事，对学生缺乏爱心和责任感，他就不能很好地把自己的知识传授给学生。至于要塑造学生良好的道德品质，就更要靠教师以身作则、为人师表。因此，教师不断加强自我修养，提高自己的道德水准，完善自己的各种素质，是改善教育劳动工具、提高教育质量的重要方面。

其四，教师劳动中人际关系的特殊性。与其他职业劳动相比较，教师劳动中的人际关系有两大特点：一是关系复杂众多。从各行各业劳动过程中所要处理的关系来看，任何劳动过程的主体都是人，任何劳动过程也都要处理人与人之间的关系。但是，在工农业生产过程中，劳动者每天大部分时间直接接触的是机器、原料、工具、土地、产品等具体实物。而教师的劳动，却自始至终都要围绕着处理人与人之间的关系来进行。教师不仅要处理好与劳动对象即学生的关系，而且要处理好与其他教师、教师集体、校领导、学生家长及社会各界人士的关系。二是关系重要。由于学生处在学生集体、教师集体、学校集体、学生家长和社会环境的共同影响作用下，决定了教师劳动的一个重要特征是个体劳动与整体性劳动的统一。因而，一个教师要完成教育任务，就必须处理和调节好众多复杂的各种关系。否则，会直接影响到教育劳动的效果。而教师良好的职业道德修养则是处理好这些关系的重要因素。

其五，教师劳动产品的特殊性。教师劳动的结果是产生掌握一定文化科学知识、形成一定思想品德的人。这种特殊的劳动"产品"，具有其他劳动产品无法比拟的社会价值和意义。因为这种"产品"，即受过教育的人，是活动着的，能够自我发展的，他们对社会的各个方面能够产生直接作用和深远影响，其对社会的作用面之广、影响度之深，是社会上任何一种劳动产品无法相提并论的。从教育劳动者与其劳动产品之间的关系来看，如果说在改造一般自然物的生产中，随着劳动者的劳动过程的结束，劳动者对劳动对象的影响也就此结束的话，那么，教师在教育劳动中对学生的影响，却并不因教育过程的结束而随之消失，而是继续对学生产生着重要的影响，并且这种影响常常会伴随学生的一生。从整个社会来讲，教师不仅直接对其劳动"产品"产生深远的影响，而且还会通过他们的"产品"去影响社会上更多的人。因此，教师必须具备对其劳动"产品"高度负责、对整个社会高度负责的精神。

（二）教师职业道德的特点

教师职业道德与其他职业道德相比，有其自身的特点。这些特点主要取决于教师职业劳动的特殊性。或者说，正是教师职业劳动的特殊性决定了教师职业道德的特点。具体而言，教师职业道德的特点主要有以下几点：

第一，在道德意识上比其他职业道德有更高的要求。

所谓道德意识，是指人们在道德活动中所形成的道德观念、道德情感、道德意志、道德信念和道德理论体系。我们在此所讲的教师职业道德意识主要是指，教师在教育劳动中所形成和表现出来的一定的职业道德认识、职业道德情感、职业道德意志和职业道德信念。

由于教师承担着传播人类文化、开发人类智能、塑造人类灵魂的神圣职责；由于教师劳动的示范性特点，决定了教师的思想观念、道德境界、理想信念都会对学生起着直接的、重要的示范作用；由于包括思想道德素质在内的教师综合素质是教育劳动中最主要的劳动手段和工具；由于教育劳动者不仅对其劳动"产品"形成终生性的重要影响，而且通过这些"产品"对整个社会产生深而广的影响。因此，从事教师职业的人们的思想道德素质就有着特别重要的意义和价值。正是基于这样的认识，各个社会和阶级都对教师道德水准提出了较高的要求。汉代著名思想家董仲舒认为，教师要"以仁安人，以义正我"，而不以私利为从教动机。"善为师者，既美其道，有慎其行"。① 他认为，教师是为别人树表率，因此必须对自己的一言一行负责，而不可掉以轻心，"为人师者，可无慎耶"！② 现代伟大的教育家陶行知在《我们的信条》里，列举了十多条教师道德要求，主要是：教师应以身作则；必须学而不厌，诲人不倦；应当运用困难以发展思想及奋斗精神；应做人民的朋友，应有"农夫的身手，科学的头脑，改造社会的精神"，及"对儿童教育有鞠躬尽瘁死而后已的决心"③等等。在其他文献里，陶行知还要求教师做到虚心、宽容、与学生同生活共甘苦、向民众学习、放下先生架子和师生严格界限等。在国外，对教师道德也提出了很高的要求。如，1948 年，美国师范教育委员会在组织深入系统研究的基础上，向全国教师发表了题为《我们时代的教师》的报告，对教师提出了十三条道德要求，即(1)教师要自爱爱人；(2)教师要富于社会意识；(3)教师要能够理智地处理一切事务；(4)教师要善于与人合作；(5)教师要能在专业素养中培养其一

① 《春秋繁露·玉环》。
② 《春秋繁露·重政·第十三》。
③ 《教育伦理学》，上海科学普及出版社 1993 年版，第 37～38 页。

般的优良特质;(6)教师要继续不断地求知;(7)教师要熟悉传授知识的技术;(8)教师要热爱学生;(9)教师应了解学生;(10)教师应了解社会并参与社会活动;(11)教师应是学校、社会中的良好分子;(12)教师对自身及学生的成就要有正确的评价能力;(13)教师要有专业的信心。① 这些要求不仅全面,而且标准很高。

事实也说明,历史上无论是哪个时代,教师道德总是处于当时社会道德的较高水准上,作为人类道德继承和发展的主要桥梁而发挥着积极的作用。也正是由于历代教师有着较高的道德水准,不管自己所处的地位如何、待遇如何,总是凭着自己的职业良心,尽心尽责地教书育人,所以教师职业和其他职业相比,一般较能受到人们的信任和尊重。正如我国著名的人民教育家徐特立所言:"做教育工作的人,一般总是先进分子。"② 这句话绝不是随随便便讲的,更不是一种职业上的自我夸耀,而是基于对教师职业的深刻认识而提出来的正确论断。说教师是"先进分子",具体内容是多方面的,但毫无疑问,其中很重要的一条就是:在职业道德修养方面,教师必须坚持较高的标准,达到较高的水平。否则,就不配为人师。

道德意识是道德行为的思想根据。只有在正确、高尚的道德意识的支配下,才可能做出高尚的道德行为。因此,教师职业道德的高水准首先体现在道德意识上的高水准,具体表现在正确而深刻的职业道德认识、丰富深厚的职业道德情感、坚定崇高的职业道德信念、顽强的职业道德意志等方面。

就职业道德认识而言,教师必须充分认识教师职业道德的重要意义和特殊价值,深刻理解教师职业道德的基本原则和规范要求,从而为自觉地遵循教师道德要求、履行教师道德义务奠定科

---

① 《教师道德新论》,军事谊文出版社 1993 年版,第 75 页。
② 《人民教师的职业道德》,吉林教育出版社 1987 年版,第 11 页。

学的、理性的基础。作为一个教师，要懂得自己所从事的职业对从职者道德品质方面的要求是非常高、非常严格的。要做一名称职的老师，要完成教书育人的神圣职责，就必须灵魂纯正，道德高尚，就必须比一般人有着更高的道德水准，有着更好的道德修养。如果一个教师在道德品质方面有较多缺陷的话，那么他肯定是一个不称职的教师，他肯定不会赢得学生的信任和尊敬。正如俄国教育家杜勃罗留波夫所说："如果儿童的怀疑涉及到教师的道德方面，则教师的地位更为不幸了。"[①]　这就是说，一个缺少道德修养的人，一个在学生中缺乏道德威信的人，是不配做教师的。

　　道德素质对于从事教师职业的人们的重要意义和价值，被古今中外的思想家、教育家们所强调和重视。我国古代教育家孟子曾说："教者必以正"。[②]　他指出，古人之所以"易子而教"，是为了避免"父子相夷"。父亲的缺点儿子比较熟悉，因此儿子对于父亲对自己的教育容易产生不服，容易和父亲顶牛。孟子以此揭示了教育别人的人必须首先具备良好的品性，以德服人。如果一个教育者不能以身作则，严于律己，就不能进行有效的教育。16世纪法国教育家蒙台涅认为，教师的智慧和道德比他的知识学问更可贵，更有价值。"只有高尚和坚强的心灵才能对儿童的爱好采取宽宏态度，才具有指导他们的能力。"[③]　19世纪俄国教育家杜勃罗留波夫也认为，教师除了应具有高度的知识素养和教育修养外，还应具有明确、坚定、正确的信念，热爱儿童，是高尚道德的典范，而教师的缺点是教育工作中最可怕的失败因素。由此可见，古今中外的教育家们都不约而同地看到了教师的思想

---

① 《教师职业道德》，北京教育出版社1988年版，第45页。
② 《孟子·告子》。
③ 《西方资产阶级教育论著选》，人民教育出版社1979年版，第27页。

道德素质在教育劳动中的重要意义和价值，都不约而同地认为教师应当具有较高的道德水准。每一个教师都应当从这些教育家的论述中得到启迪和教育，真正从内心深处认识到教师的道德人格是其立身、立教之本，时时刻刻都不要忘记自己所从事的职业将使自己在整个人生航程中始终面临着一种人格上的"挑战"。唯有基于这样深刻的职业道德认识，教师才有可能自觉地遵循职业道德的原则和规范，自觉地加强自身的职业道德修养。

就职业道德情感而言，主要是指教师应当培养和具备热爱教育事业、热爱学生的深厚的职业情感。诚然，从事任何职业都需要对本职业的热爱和忠诚，但从事神圣而平凡、复杂而艰巨、与升官发财无缘的教师职业，就需要更深的爱和更多的忠诚。热爱教育事业，意味着教师在情感上能够以从事教育为荣，以献身教育为乐，意味着教师在教育劳动中的热情、积极性、创造性、责任感和进取精神。可见，对教育事业的深厚的爱的情感，是激励教师在教育劳动中兢兢业业、尽心竭力、有所作为的强大的内在情感动力。相反，不乐于教育事业，不安于教师职业，就肯定不专于教育，不勤于教育，就必然表现为一种消极怠倦的工作态度。正因为如此，历史上许多教育家都很强调教师对教育事业的热爱和忠诚在教育劳动中的意义和作用。我国近代教育家梁启超就曾说过："在教育界立身的人，应该以教育为唯一的趣味。个人若是在教育上不感觉有趣味，我劝他立即改行。"他认为孔子能够诲人不倦，就是因为他"领略得个中趣味"[1] 在此，"领略得个中滋味"即热爱教育、以教为乐，是"诲人不倦"即勤于施教、无私奉献的情感支柱。日本当代著名教育家小原国芳在其名著《师道》一书中认为，教师的工作不单是传授知识。教师必须具有坚韧的伟大信念，应该热爱这一职业，一个看不起教师职业

---

[1] 《趣味教育与教育趣味》。

的教师是培养不出伟大的人来的。"教师应当有独立、自尊、自敬、自信、自恃的伟大精神"，"应具有天下第一流人物的自豪感"。①

对教育事业的深厚的热爱之情，既来自于对教师职业社会价值和教师职业劳动特点的深刻认识，也来自于教育劳动实践中的自觉陶冶和培养。一个教师，只有认识和体验到自己所从事的职业虽然寂寞平凡，但却崇高而伟大；虽然复杂艰巨，但却正因此而充满了创造性与艺术性；虽然辛苦，但却苦中有乐、乐趣无穷，这样才能从内心深处真正热爱它。我国古代著名教育家孟子认为人生有三乐："父母俱在，兄弟无敌，一乐也；仰不愧于天，俯不怍于人，二乐也；得天下英才而教育之，三乐也。"② 在这里，天伦之乐，对得起天理良心而产生的内心宁静和满足，都是基本的，而得天下英才教育之所产生的快乐是人生快乐的最高境界。这既是孟子长期教育劳动实践的经验之谈，也是他的整个价值观念的必然结论。在他看来，仁德有大小之分，譬如，把人一个个地背过河去是一种仁德，但却不如为大家搭一座桥仁德更大，因为两者相较，前者对人们的帮助是有限的，而后者对人们的帮助是无限的。同样，分人以财、教人以善等虽然也是好事，但却比不上培养能治天下的人才于民所造的德大。能培养出天下英才，如尧之得舜、舜之得禹，其恩惠广大无穷，虽"王天下"之荣华富贵也比不上它，难道不值得快乐吗？由此可见，孟子正是深刻地看到了教育劳动的某种特殊的、深远无限的社会意义和价值，才把"得天下英才而教之"视为人生的最大乐事。在今天的现实生活中，许许多多从事教师职业的人们，也在长期的职业劳动中陶冶和培养了对教育事业的深厚情感。正是这种情感支撑

---

① 《教育功臣列传》，第49页。

② 《孟子·尽心上》。

着他们数十年如一日，默默奉献于教育岗位。1985 年 9 月 10 日，我国第一个教师节来临的时候，曾执教 30 多年的山东大学教授臧乐源先生，写了一首题为《我的美好心愿》的诗，表达了自己对教育事业的无限热爱之情。臧先生在诗中说道，他的"美好心愿"是"永做一名教员"。那么，这种心愿的成因是什么呢？臧先生说道："青年朝气蓬勃，给我生命火焰"；"青年炯炯双目，给我智慧宝山"；"青年尊师热诚，给我欢快无限"；"青年人才辈出，给我信心倍添。"① 臧先生用朴实优美的语言向人们揭示了一个道理：教师职业是一种充满青春活力、充满人生乐趣的崇高职业，这种崇高的人生乐趣只有真正热爱教育、献身教育的人们才能找到。

教师的职业道德情感，不仅表现为热爱教育事业，同时也表现为热爱自己的教育对象——学生。正如列夫·托尔斯泰所言："如果一个教师仅仅热爱事业，那么他只能是一个好教师。……如果一个教师把热爱事业和热爱学生结合起来，他就是一个完美的教师。"② 教师的劳动对象是有血有肉有感情的活生生的人；教师的劳动过程始终是一个人与人相互作用、相互影响的过程。所以，教育劳动中劳动者与其劳动对象之间的情感联系要明显地多于、深于其他职业。正因为如此，爱生之情历来就是一个优秀教师内心深处的一种高尚情感，师生之间的情谊历来就是人类最真挚的感情之一。师爱对学生来说是关注、是信任、是尊重、是荣誉、是希望、是鼓励，这不仅是促使学生进步、保证学生身心健康的重要因素，而且是形成师生之间爱的"对流"、优化师生道德关系的重要手段和基础。爱生之情对教师来说是其献身教育、诲人不倦的精神动力。一个教师如果具有了深厚的爱生情

---

① 《教师学》，天津人民出版社 1992 年版，第 2～3 页。

② 《教师道德新论》，军事谊文出版社 1993 年版，第 70 页。

感，就会时刻把学生挂在心上，就会为学生的进步而欣慰，为学生的退步而焦虑不安，为学生的错误而痛心，就会毫不保留地为学生献出自己的精力和智慧。诚如孔子所说："爱之，能勿劳乎？忠焉，能勿诲乎？"① 在他看来，对学生的爱和责任心是为学生操劳服务、尽职尽责、乐于教诲的内在动力。特级模范教师于漪也曾说过："对教师来说，力量的源泉就是来自对学生的爱，爱学生才会爱事业，才会充满献身精神。"② 爱生之情不仅是教师努力做好教育工作的内在动力，而且这种情感可以使教师更深刻地体验到从事教育事业的人生乐趣。上海市小学特级教师毛蓓蕾把自己对孩子的爱视为一宗"法宝"，她说："正因为我爱他们，所以我的精神生活始终是充实的，总觉得浑身有使不完的劲。征途中我也碰到过各种各样的困难，有时甚至会为找不到恰当的方法而苦恼，但我一想到孩子，就有了力量，就会感到'苦中有乐，其乐无穷'。"③ 总之，一个教师只要热爱学生，就会努力具备教育工作所必需的一切品德和智慧，就会情不自禁地去做有利于学生健康成长的一切事情。正因为爱生之情在教育劳动过程中无论是对学生、对教师，还是对整个教育事业都有着十分重要的意义和作用，所以，"热爱学生"历来都是教师职业道德的重要规范之一，许多教育家甚至把它看作是师德之本。同时，这种崇高的职业道德情感也历来为所有优秀教师包括高等学校优秀教师所珍视。

就职业道德信念和职业道德意志而言，主要是指教师不管在任何时候、任何情况下，都能坚信自己所从事的教育事业是神圣而崇高的，都能以足够的信心和勇气去面对来自各方面的偏见、

---

① 《论语·宪问》。
② 《教师道德新论》，军事谊文出版社 1993 年版，第 133 页。
③ 《人民教师的职业道德》，吉林教育出版社 1987 年版，第 35 页。

诱惑和困难，矢志不渝地献身教育事业。古往今来，许多有见识的人们都给予教师及其劳动以很高的评价。有人说教师是"人类灵魂的工程师"；有人把教师比喻为"培育鲜花的园丁"；有人说教师是向野蛮和无知发动进攻的统帅。前苏联教育家乌申斯基是这样赞美教师的，他说："一个教师如果不落后于现代教育的进程，他就会感到自己是克服人类无知和恶习的大机构中的一个活跃而积极的成员，是过去历史上所有高尚而伟大的人物跟新一代之间的中介人，是那些争取真理和幸福的人的神圣遗训的保存者。他感到自己是过去和未来之间的一个活的环节，他的事业从表面看来虽然平凡，却是历史上最伟大的事业之一。""教育者多么伟大，多么重要，多么神圣，因为人的一生幸福都操在他们手里。"① 教师既然在人类社会的延续和发展中起着十分重要的作用，那么，他们的劳动就应当受到全社会的尊重，他们的社会地位就应当是崇高的，他们就应当具有强烈的职业荣誉感和自豪感。但事实并不完全如此。由于种种历史的、政治的、经济的原因，在历史上和现实生活中都不同程度地存在着对教育事业社会价值的模糊认识和肤浅理解，存在着对教师职业的轻视和偏见。即使是在教育事业有了很大发展、教师地位有了很大提高的今天，仍有一些人不重视教育事业，看不起教师职业。特别是在大搞市场经济的情况下，合理健全的社会利益分配机制还没有完全建立起来，分配不公、脑体倒挂的社会现象还远远没有消除，教师的生活还比较清苦，各方面的待遇仍有许多不尽如人意的地方，这必然使一些教师的思想受到一定的冲击。弃教从政者有之，弃教下海者有之，身在曹营心在汉，不甘心于当穷教师的人更有之。因此，在新的条件下，教师职业道德信念的确立和坚持就有着更为重要的现实意义。只有坚定的职业道德信念，才能使

---

① 《乌申斯基选集》俄文版，第2卷，第32页。

教师不为各种偏见所左右，不为各种诱惑而迷茫，始终保持身为人师的自豪感和荣誉感，始终保持对教育事业的热爱和忠诚。

当然，从事任何职业的人，都需要确立自身的职业道德信念。但对从事教育事业的人们来说，就更需要有崇高的、坚定的职业道德信念。这不仅是由于历史上和现实生活中都曾存在过和仍然存在着轻视教育、看不起教师的种种偏见，而且是由于教育劳动本身需要更多的奉献精神。教师的劳动是伟大的，却又是平凡的、"寂寞"的，它一般没有轰轰烈烈的、动人心魄的大场面，也很少有引人注目、抛头露脸的机会，它一般总是在默默地、一点一滴中进行，正如陶行知所说："教育者应当知道教育是无名无利且没有尊荣可言"[①]；教师劳动并不像有些人想象的那样是"风吹不着，日晒不着，雨淋不着"的轻松活，它饱含着辛苦和操劳：白天上课，课余辅导，夜晚备课、自修、批改作业，周末家访，无论是在学校，在家里，在公共场所，只要有学生在，教师的工作就在进行，教师劳动是"全天候的"、"立体多维度的"，既有体力的消耗，又有脑力的消耗；教师劳动没有"立竿见影"的效益，是一种周期长、见效慢的劳动，它常被一些目光短浅的人所漠视……所有这些，都向每一位教师或即将选择教师职业的人提出了严正的挑战：缺乏奉献精神的人不适合做教师，名利之心太重的人更不适合做教师。正因为如此，卢梭指出："一个好教师应该具有哪些品质，人们对这个问题是讨论了很多的。我所要求的头一个品质（它包含其他许多品质）是：他绝不做一个可以出卖的人。有些事业是这样的高尚，以致一个人如果是为了金钱而从事这些事业的话，就不能不说他是不配这些职业的；军人所从事的，就是这样的职业；教师所从事的，就是这样的职

---

① 《陶行知全集》第 1 卷，湖南教育出版社 1983 年版，第 256 页。

业。"①

有了坚定的职业道德信念，就会有献身职业的崇高追求。我国现代伟大的人民教育家陶行知留学回国，放弃教育厅长高官不做，推去三青团书记要职不挂，抛开舒适的城市生活，终身致力于乡村平民教育，安于"粉笔生涯"三十载，赢得桃李满天下，真正实践了他多年抱定的"捧着一颗心来，不带半根草去"的人生格言。如此令人敬重的高尚行为，是建立在他对教育事业之价值的坚定信念上。陶行知曾说过："我们深信教育是国家百年根本大计"、"教育者所要创造的是真善美的活人"、"乡村学校是改造乡村生活之唯一可能的中心"，而乡村教师又是"改造乡村生活的灵魂"。② 正是这样的坚定信念支撑着他为教育事业鞠躬尽瘁，死而后已。

综上所述，教师职业道德意识无论在道德认识和道德情感方面，还是在道德信念和道德意志方面都有着很高的要求，这种高要求促成了教师职业道德的高水准。

第二，在道德行为上比其他职业道德有着更强烈的示范性。

所谓道德行为，就是在道德意识支配下所表现出来的符合一定道德规范的行为。教师职业道德行为与其他职业道德相比有着更强烈的示范性。这是因为：

首先，教师劳动的示范性特点决定着教师道德行为的示范性。教师的劳动对象是可塑性大，模仿性强，世界观、人生观、价值观、道德品性正处在形成阶段的青少年一代，教师在他们心目中占有特殊的地位。正如原全国政协副主席康克清在纪念第一个教师节发表的《为教师讴歌》文章中所谈到的："我曾多次听到，小学生在某一问题上与父母发生争执时，他会理直气壮地

① 《爱弥儿》，商务印书馆1978年版，第27页。
② 《教育伦理学》，上海科学普及出版社1989年版，第37页。

说：'这是老师说的。'言下之意，老师是神圣不可侵犯的。很多中学生崇敬自己的老师，一切都以老师为表率，就是已经走上了工作岗位的同志，一经谈起自己的老师，往往也会肃然起敬，感激之情油然而生。"① 教师在学生心目中的这种特殊地位，决定了教师对学生有着一种特殊的影响力。事实上，无论教师是否意识到，教师（尤其是中小学教师）在教育劳动中所表现出来的一切言论、行为、品性，都会在学生心灵上留下痕迹，都会对学生起着熏陶、感染、甚至感召的作用。正如前苏联教育家加里宁所说的："教师的世界观，他的品行，他的生活，他对每一现象的态度都是这样或那样地影响着全体学生。……他应该觉察到，他的一举一动都处在最严格的监督之下，世界上任何人也没有受着这样严格的监督。"② 有位教师也曾形象地比喻说："学生的心灵就如长长的胶片，教师的一言一行，一举一动，都会在上面'感光'，留下永久的印迹。"可见，教师的一切言行品性，并不仅仅是教师的个人私事。一个教师良好的言行，是对学生良好的现身教育。教师在如何塑造自己，就是在如何塑造学生。叶圣陶说过，一个学校的教师能为人师表，有好的品质，就会影响学生，带动学生，使整个学校形成一个好校风，这样就有利于学生德智体全面发展，对学生的成长大有益处。因此，一个教师应当特别注意检点自己的行为，应当以自己良好的道德行为给学生树立一个好的榜样。

其次，教师职业劳动手段和工具的特殊性，决定了教师道德行为是对学生进行道德教育的一种有效的手段和工具。如前所述，教师职业劳动的主要手段和工具是包括教师道德素质在内的综合素质。而教师道德行为是教师道德素质的一个重要方面。因

---

① 《中国青年报》1985 年 9 月 10 日。
② 《论共产主义教育和教学》，人民教育出版社 1957 年版，第 177 页。

此，它必然在教育劳动中履行着教育手段和工具的职能。特别是在对学生进行思想道德教育方面，教师道德行为本身是一种非常有效的教育手段。19世纪俄国著名教育家乌申斯基曾经指出："教育者的人格是全部教育的基础"，教师道德对学生心灵的影响是"任何教科书、任何道德箴言、任何惩罚和奖励制度都不能代替的一种教育力量。"① 要想对学生进行有效的思想教育，当然需要"言教"，但同时也需要"身教"，而且身教胜于言教。这是整个教育工作、特别是思想道德教育工作的一个规律。为此，要求被教育者做到的，教育者自己必然首先做到，否则，被教育者是不会信服的。正如孔子所言："其身正，不令而行；其身不正，虽令不从。""不能正其身，如正人何？"② 教师高尚的道德行为对学生是一种期望、一种召唤、一道无声的命令，是引导和激励学生完善品德、积极向上的一种精神力量。这正是所谓身教胜于言教，榜样的力量是无穷的。

正因为教师的道德言行在教育劳动中有着强烈的示范性，所以，自古以来，严于律己，以身作则，为人师表就成为教师职业的传统美德。在不同的历史时代，尽管社会制度、教育内容不同，但教师在品德上应起表率作用的观念却代代相传。我国汉朝的扬雄在《法言·学行》中就曾说过："师者，人之模范也；"16世纪捷克教育家夸美纽斯认为，"教师的义务是用自己的榜样来教导学生"，教师应当是他要培养学生的那些品德，如真诚、积极、坚定、有生气的榜样，应当是一个有修养、爱劳动、爱自己事业的道德卓异的人。19世纪俄国著名教育家乌申斯基也曾指出："教师个人的范例，对于青年人的心灵，是任何东西都不能

---

① 《西方资产阶级教育论著选》，人民教育出版社1979年版，第350页。
② 《论语·子路》。

代替的阳光。"①

第三，在道德影响上比其他职业道德更广泛、更深远。

社会上的各种职业，都会跟人们发生一定的联系，各种职业道德也就必然会对社会产生一定的影响。但是，由于各种职业劳动的特点不同，其职业道德对社会影响的深度和广度也就会有差别。同其他职业道德相比较，教师职业道德对社会的影响显得更广泛、更深远。

所谓教师职业道德影响的广泛性，是指教师道德不仅直接作用于每一个在校学生，而且会通过学生影响学生的家庭和整个社会。学校是培养学生的基地，学生一批又一批地从学校输送到社会的各行各业，学生们的道德面貌如何，对社会有直接的影响。而教师道德面貌对学生们的道德面貌有重大的、决定性的影响。因此，清末思想家盛宣怀认为，教师道德状况关系到整个社会风气，教师道德搞好了，有利于正本清源，有利于纯化社会风气。他说："唯师道立而善人多。"② 尤其是现代社会，普及义务教育已是世界性的，每个人都要经过学校教师的培养教育，教师道德也就必然影响到更多的人，影响到更广大的青少年，影响到更多数量的成年人以至老年人，影响到社会的各个阶层。再加上世界性的教育改革、开放，教师与社会的接触越来越多，联系面越来越广泛，他们的道德也将越来越多地直接作用于社会。

所谓教师职业道德影响的深远性，是指教师职业道德直接关系到学生人格的塑造，影响着学生一生的做人品质，并进而影响着整个社会的前途和未来。所谓深，主要是指教师职业道德直接作用于学生心灵深处，关系到学生性格和品质的塑造。前苏联著名教育家苏霍姆林斯基说过："教育是人与人心灵上最微妙的相

---

① 《人民教师的职业道德》，吉林教育出版社 1987 年版，第 14 页。
② 《中国近代教育文选》，人民教育出版社 1985 年版，第 76 页。

互接触","学校是人们心灵相互接触的世界。"正是由于教育劳动的这种根本属性决定了教师职业道德对学生的影响是深入到内心世界、灵魂深处的。每个人从儿童少年开始,他的文明习惯的养成,他的个性、人生观、世界观和道德观的形成,教师道德的影响起着决定性的作用。这就是人们称颂教师为"人类灵魂工程师"的道理所在。所谓远,主要是指教师职业道德不仅影响一个人的学生时代,而且影响他们的一生,进而影响到整个社会的前途和未来。教师对学生的影响一旦形成,就不会随着学生学业的结束而简单消失。这种影响已经凝结成为学生内在品质中比较稳定的一部分,从而将伴随学生的一生。我国一位老科学家曾撰文说道:在所有经历过求学生活的人中,他的最美好、最难忘的回忆里有重要的一席是属于对老师的,而且这种感情不以时间的流逝而淡薄,不以环境的更替而改变。岁月流逝,时过境迁,几十年前的许多往事都已印象模糊了,唯独老师的指点和教诲,记忆犹新,如在眼前。毛泽东在给他的老师徐特立的信中说:"徐老先生:你是我20年前的先生,你现在仍然是我的先生,你将来必定还是我的先生。"他称赞徐老的革命坚定性和革命第一、工作第一、他人第一的精神;称赞徐老"心里想的就是口里说的与手里做的",是"一切革命党人和全体人民的模范。"这感人至深的文字,充分表明了徐老对青年时期的毛泽东的深刻影响。伟大的文学家鲁迅先生与他的日本老师藤野先生的师生之情也很深厚。分别多年以后,鲁迅依然十分怀念他的老师,"我总还时时记起他,在我所认为我师之中,他是最使我感激,给我鼓励的一个……他的性格,在我的眼里和心里是伟大的,虽然他的姓名并不为许多人所知。"鲁迅把藤野先生改正的讲义订成三厚本,收藏着,作为永久的纪念。他在北大任教时,把藤野先生的照片挂在寓所的东墙上,书桌的对面。鲁迅说:"每当夜间疲倦,正想偷懒时,仰面在灯光中瞥见他黑瘦的面貌,似乎正要说出抑扬顿挫的话来，便使我忽又良心发现，而且增加了勇气，于是点上一支烟，再继续写些为'正人君子'之流所深恶痛疾的文字。"在此，藤野先生曾经给予鲁迅的教育和影响，成为激励鲁迅做人做事的一种精神支柱。这正应验了前苏联教育家加里宁的那句名言："如果一个教师很有威信，那么这个教师的影响就会在某些学生身上永远留下痕迹。"①再从整个教育事业、整个社会方面来看，教师职业道德的影响同样是长远的。教育是一项代表未来的事业，它是为以后十几年、几十年培养人才的，是百年大计。而教师的职业道德状况如何，将直接关系到教育劳动的成败，关系到教育事业的兴衰，关系到未来社会主人的科学文化素质和思想道德素质，关系到国家、民族的前途和命运，影响"千秋万代"。

三、教师职业道德的社会功能

教师道德一方面受社会物质生活条件和诸如教育制度、教育方针等精神文化条件的影响和制约；另一方面，它作为一种相对独立的道德意识，又反过来对教育活动和社会生活具有能动的反作用，这是教师职业道德与社会生活相互关系的两个方面。承认前一方面，是在教师道德本质问题上坚持了唯物论；承认后一方面，是在该问题上坚持了辩证法。教师职业道德的社会功能是指教师道德有何用处，可以用它来做些什么，这是教师道德对社会生活反作用的具体体现。教师道德的社会功能主要表现在调节教师行为，影响学生道德品质的形成，促进全民族道德水平的提高等三个方面。

（一）对教育过程的调节作用

通过调节教师在教育劳动中的行为，从而实现对教育过程的

---

① 《论共产主义教育和教学》，人民教育出版社 1957 年版，第 177 页。

调节作用，是教师道德最基本、最主要的作用。教育是系统的社会工程。任何一个教育过程，其中总是包含着各种各样的关系，存在着各种各样的矛盾，需要一些机制来调节。否则，任何教育过程都无法顺利进行。而教师道德正是教育过程中最主要、最有效的一种调节机制。它以特殊的形式向教师提出一定的道德要求，鼓励和支持他们采取有益于教育过程的行为，反对和阻止他们采取不利于教育过程的行为，促进教师和教育过程的其他参加者以及社会各方面建立协调一致的关系，以便顺利地进行教育活动，完成教育任务，实现教育目标。教师道德在教育劳动中的调节作用，是教育过程得以顺利进行的重要保证之一。

首先，教师与教育事业的关系是教育过程中的基本关系。教师对教育事业之地位和意义的认识，对教师职业的情感和态度，会直接影响到教育劳动的效果。如果一个教师对自己所从事的教育事业的伟大意义没有充分的认识和了解，不热爱教育事业，三心二意，不安心工作，或者只想从工作中捞到个人的实惠，那他就不可能做到全心全意地培养和教育学生，不可能为教育事业鞠躬尽瘁，无私奉献。相反，如果一个教师具有良好的职业道德修养，他就能够深刻理解自己所从事的平凡职业的伟大和神圣，就能够正确评价教师职业的社会价值，就能够认识到一个教师有无价值或价值大小关键在于他是否或在多大程度上尽到了教书育人的社会职责，从而树立起牢固的敬业思想，在教育岗位上兢兢业业，勤恳劳动。可见，热爱教育，献身教育，是教育过程得以顺利进行的首要条件，同时也是教师道德对处理教师与自身职业关系的道德要求，是每一个教师应当树立的职业理想。

其次，教师和学生的关系是教育过程中最重要的关系。师生关系状况如何，对于教育过程、教育效果的影响极大。因为师生关系状况不仅影响师生信息的相互传递，影响教学中的气氛和师生情绪，影响教师工作态度和学生学习态度，而且直接影响学生的思想品德、人生观和世界观。在师生关系中，一般说来主导方面是教师，因为无论在文化知识方面，还是在道德品质方面，无论在政治生活经验方面，还是在社会生活经验方面，教师都是学生的老师，是学生的教育者，因而教师对于能否形成良好的师生关系负有主要责任。所有这些都决定了对师生关系进行道德调节的重要性，更决定了对教师在师生关系中的行为进行道德调节的重要性。如果一个教师对学生缺乏了解，缺乏尊重，缺乏爱心，以冷漠、厌烦、卑视的态度对待学生，甚至凭借自己的师长地位，对学生进行谩骂、挖苦、讽刺、体罚等。其结果必然导致学生对教师的疏远、惧怕、反感甚至憎恨。这种结果又反过来使教师体会不到职业劳动中的乐趣和意义，使其更加厌烦教育劳动、更加冷淡学生。这种恶性循环，必然使师生关系日趋恶化。这种恶性的师生关系不仅严重阻碍教学过程，降低教育和教学效果，而且对学生的健康成长和教师理想人格的确立都有很大危害。相反，如果教师能够自觉地遵循教师道德的要求，做到正确地认识学生，了解学生，尊重学生，热爱学生，严格地要求学生，平等地对待学生，其结果必然有力地促进学生尊师意识和亲师情感的形成与发展，教师才会赢得学生的信任和支持；学生的尊师、亲师反过来又肯定了教师的人生价值，进一步激励教师工作的自信心和积极性，使其更加敬业爱生。这种良性循环必然形成尊师爱生的良好风气，这不仅有利于教育过程的顺利进行，有利于教育和教学效果的提高，也有利于学生的健康成长，有利于教师理想人格的完善。由此可见，教师职业道德状况如何，在很大程度上决定着师生道德关系的状况如何。良好的教师职业道德素质是优化师生关系、促进教育过程顺利进行的关键因素。

再次，在教育过程中，教师还存在着其他的人际关系，如教师与教师之间的关系，教师与学校领导的关系，教师与学生家长的关系，教师与社会有关方面的关系等，处理好这些关系，对教育过程来说也是很重要的。特别是在现代社会，教育事业的发展和教育改革的深入，扩大了教师同各个方面的联系，教师与教师之间在校内和校际间的交流日益频繁，与社会方方面面的接触和协作也越来越密切。社会的需要和教育的发展促使教师不断扩大自己的人际关系范围，以便给教育工作带来更好的效益。而要处理好教师与各个方面的人际关系，仅仅靠一般的行政管理手段是不行的，或仅仅求助于一定的交际手段也是不够的，过分重视手段往往会落入虚情假意的客套，显得做作和俗气。最根本的途径是要依靠教师自身良好的道德素质，以相互尊重、理解、信任等原则为准绳，以朴实诚恳、热情大方、谦逊有礼、豁达宽容等品质为中介去处理。教师良好的道德修养能将同事间的文人相轻、相互拆台变成同行相敬，友好合作；将上下级之间的心有芥蒂变成互相支持……同样，也能够使校外的各种关系得到改善，使党政部门的领导同志成为关心师生的常客，使工厂、农村、商场成为师生了解社会的窗口和进行社会调查的基地，使军营成为第二课堂，干部、战士成为军训的好教官……。尤其是在教学实习和参观学习中，教师良好的道德素质会成为取得信任、争取帮助和指导的前提条件。

总之，教师良好的职业道德素质，是促进教师和教育过程的其他参加者以及社会各方面建立良好关系的润滑剂，它使教师能够在十分和谐，友好的环境中从事教学科研工作，得到各个方面，各个环节的协作、帮助和支持，更好地完成教书育人的任务。

（二）对学生的教育作用

儿童和青少年学生正处在长身体、学知识、立德志的重要时期，他们在个性心理品质上所表现出来的显著的特点是模仿性强，可塑性大。此时，周围环境的社会风气和人物的道德面貌如何，对他们的个性心理品质和道德观念的形成，往往起着非常重要的影响作用。教师是学生最关注的人物，也是他们最爱模仿的对象，教师的一言一行，从道德品质到每一个生活细节，对学生的思想品质的形成都起着潜移默化的教育作用。教师正确的世界观、人生观、价值观，高尚的道德思想，对学生有着积极的导向作用，它能帮助学生辨别善恶美丑，提高道德认识，引导学生形成正确的人生观、价值观和道德意识；教师积极的道德情感的形象富于生动性和感染性，可以引起学生情绪和情感上的共鸣，培养丰富的道德情感和健康的情绪；教师坚毅的道德意志，对学生有很大的激励作用，它能增强学生克服困难的信心与力量，鼓舞学生锻炼坚定的意志和顽强的毅力；教师高尚的道德行为，对学生有着直接的示范作用，它能指导学生选择正确的道德行为，培养学生良好的道德行为习惯。无数教育实践证明，教师道德本身就是一种巨大的教育力量，对学生起着潜移默化的作用。正如苏联教育家苏霍姆林斯基所说："能够迫使每个学生去检点自己，思考自己的行为和管住自己的那种力量，首先就是教育者的人格，他的思想信念，他的精神生活的丰富性，他的道德面貌的完美性。"①

　　教师是学生思想道德的启蒙者和设计者。一个人在学生时代受到怎样的道德品质的教育和熏陶，对他今后成为怎样的人关系极大。从一个道德品质优秀的教师身上，学生吸取的道德经验是：负责、热爱、尊重、同情、诚实、守信、友好、平等；而从一个道德品质低劣的教师身上，学生吸取的道德经验则是：冷漠、卑视、势利、散漫、虚伪、自私等。这些直接的道德经验，常常比纯粹的道德说教更有说服力，更能影响学生道德意识的形成和确立。更为重要的是，教师道德还影响着学生的人生观、世界观。学生认识人生和社会，是首先从认识自己以及自己所处的

---

　　①　《教师职业道德》，海洋出版社 1990 年版，第 9 页。

人际关系、周围环境开始的。而教师在学生所处的人际关系、周围环境中是一个最引学生注目、最受学生重视的因素。因此，教师的道德品质对学生人生观，世界观的形成和确立有着十分重要的影响。学生在与教师的相处中，能享受到"师爱"的温暖、师生友谊的快乐，能得到老师的关心和帮助，能从老师身上看到许多美好的品质，那么，他们就会相信人间有真诚美好的东西存在。当学生发现美德就在自己身边发生着而不是一句空话时，就会坚定不疑地吸收过来成为自己的道德财富。相反，如果学生在与教师的相处中，看到的净是自私、势利、冷漠、圆滑、虚伪，那么他们就会认为世界是冷酷无情的，人性是自私的，人世间不可能有真诚的关系。正如马卡连柯所说，最初他（指学生）对直接所处的环境的公正失去信心，在这里就是对学校的公正失去信心，然后他就对总的社会宗旨的公正失去信心。这正是个人反社会立场的萌芽。斯宾塞更明确地指出："野蛮产生野蛮，仁爱产生仁爱，这就是真理。待儿童没有同情，他们就变得没有同情；而以应有的友情对待他们就是培养他们友情的手段。"①

教师个人的品德对学生的影响，随着学生的年龄不同、受教育程度不同而有所区别。幼儿园和小学启蒙教育阶段，学生对事物缺乏深刻的理解，缺少分析能力，模仿性最强。有人说，美德的种子最容易在儿童纯净的心里发芽，恶行的毒菌也最容易在嫩稚的肌体里滋生。因此，这个时期教师的道德品质对学生的影响最为重要。教师的道德行为是他们的道德楷模，教师的道德威信在他们心目中至高无上，而且这个时期教师道德对学生的影响是"身教"胜于"言教"。中学阶段，学生的人生观、世界观、道德观正在初步形成，已经具有了一定的独立思考和辨别是非的能力，这时教师的言传身教能够真正发挥作用。学生对教师的言行

---

① 《教育论》，人民教育出版社 1962 年版，第 107 页。

都注意观察，并选择模仿自己心目中有威信的教师的言行，并以他们为榜样激励自己。大学生具有了较强的辨别是非的能力，比较自信，他们对教师的言行要进行认真分析，概括教师的形象，他们最敬佩学识渊博、品德良好、热情帮助学生的教师，并喜欢和他们交流一些比较深刻的思想、观点，探讨有关人生的一些话题，希望从中得到一些有益的启迪。总之，不论是小学生还是大学生，不论是高年级还是低年级，教师的个人品德，对学生的成长都具有重要的陶冶作用。

（三）对社会生活的影响作用

教师是与社会有广泛联系和对社会有特殊影响的职业，教师道德不仅在学校内部起着调节教育过程、教育和影响学生的作用，而且还通过各种途径和方式影响着社会，促进全社会道德水平的提高。正如有人所说，教师不仅是学生道德的启蒙者和设计者，同时也是全民道德的促进者。具体表现在：

一是通过所培养的学生，对社会产生广泛而深远的影响。教师的道德面貌直接影响学生道德品质的形成，而青少年学生的道德面貌又影响着整个社会的道德风尚。成千上万的青少年学生，带着在接受学校教育后所形成的理想境界、思想作风、道德品性、业务水平走向社会的各行各业，成为社会物质文明和精神文明的建设者。他们的道德素质如何，不仅对社会物质文明，而且对社会的精神文明，特别是对社会的道德风尚，都将产生广泛而深远的影响。特别是现代社会，接受学校教育的人越来越多，受教育的时间也有所延长。因而，教师道德也就影响着更多的人，它对整个社会的影响也就更为广泛和深远。

二是教师通过亲自参加社会活动而影响社会。教师生活在群众之中，而且是各方面素质较高的一群。在搞好校内教育工作的同时，他们还怀着强烈的社会责任感，积极参加各种社会活动，为改造社会环境，使之有利于青少年健康成长而尽心尽力。他们或通过著书立说、写文章、作报告来讲真理、谈理想、传道德、贬时弊；或与社会各界人士共商育人大计，与学生家长广泛联系，使社会、家庭与学校的教育影响趋于协调一致；或通过进行社会调查，发现社会不良倾向，提出纠正方案等等。这些活动，必然对社会环境的改造，对积极向上的社会风气的形成产生良好的影响。同时，随着教育的改革开放，随着人们对精神生活、文化生活要求的提高，教师与社会各个方面的联系日益增多，对社会生活的影响也日益加深。

三是通过教师个人的道德品质去影响自己的家庭，朋友和邻里。教师道德是整个社会道德的一个组成部分，是整个社会道德基本精神在教育领域里的具体体现。因此，教师在教育过程中所形成的个人道德品质，就不仅反映了教师道德的基本特征和内容，而且体现着整个社会道德的基本精神。所以，当一个教师形成了良好的职业道德品质和职业道德习惯以后，这种品质和习惯所表现出来的社会道德的基本精神，并不会因为离开职业生活而简单消失，相反，教师会把这种基本精神带进家庭生活和周围环境，从而对教师本人的家庭，亲友和邻里产生影响。也就是说，一个在职业劳动中热爱学生、尊重同事、尊敬师长的教师，在家庭生活中也必然会努力形成尊老爱幼的家风，而这种家风又必然会影响亲友和邻里居民，从而有利于形成尊老爱幼的社会风气；一个在教育过程中团结互助、关心他人的教师，也必然会努力使家庭成员之间，邻里之间和睦、友好地相处，必然会乐于助人，这样就有利于整个社会助人为乐风气的逐步形成。

总之，广大教师的道德面貌如何，已经成为关系到整个社会精神面貌的大问题，如果每个教师都具有良好的职业道德，并能自觉地影响于社会，就会在社会物质文明、政治文明和精神文明的建设中产生不可估量的推动作用。

【复习思考题】

1. 教师职业劳动有哪些特殊性？

2. 教师职业道德有哪些社会功能？

【实例评析】

以教为乐　桃李满园

在中国文明发展史上，广大教师以自己的聪明才智和高尚道德情操广育英才，为祖国发展作出贡献。

我国现代和当代更有无数教师呕心沥血，桃李满园。

何鲁育才，更爱才重才，许多事例感人至深。他任教于东南大学时，发现一位才华出众但家境清贫的学生。他对这个学生从严要求，精心指导，并常留他在家食宿，后又鼓励、资助他赴法留学。这位学生也不负老师厚望，去法第二年便考取官费，像何鲁一样，三年完成学分，获得学位。他就是原中国科学院主席团执行主席、著名物理学家严济慈。

华罗庚的成名作《堆垒素数论》写成后，国民党政府的教育部中几乎无人能够评审。何鲁冒着灼人的炎热，在重庆的一栋小楼上挥汗审勘，阅稿中不时拍案叫绝，一再对人说："此天才也！"他不仅为该书作了长序介绍，还以他"部聘教授"的声望，坚持对华罗庚授予数学奖。这是旧政府颁发的唯一的一次数学奖。

何鲁的爱才和重才，是与他育才的目的分不开的。1919年夏，他从法国获数学硕士回国，正是第一次世界大战刚结束，在灾难深重的祖国面前，他认为，只有培养出众多的人才，才能拯救中华于水火。从他二十五岁任东南大学教授起，到七十九岁过世，几十年来，他执著追求这一目标，辛勤耕耘在教育园地。不少知名学者、专家曾受业于他，如：原科学院副院长吴有训，原科学院副院长钱三强、原子物理所所长赵忠尧、化学所所长柳大纲，还有数学家吴新谋、吴文俊，北大哲学教授何兆清，川大原中文系主任林如稷，美国纽约大学地理学教授伍承祖。他们都直接或间接为振兴中华献出了自己的心血。

【提示】

1. 教师的聪明才智和高尚师德总是直接或间接地对学生产生积极作用。

2. 教师通过自己的劳动为社会培养一代又一代建设人才，推动了社会发展。教师的劳动具有巨大的价值。

3. 列举个人亲身经历或耳闻目睹的事例，谈谈教师职业道德对学生、对社会的积极作用。

第五章 教师职业道德的原则

在教育实践活动中，教育工作者必须遵循一定的道德原则，以调整教育过程的各种关系，使自己的行为有所遵循，以维系整个教育过程的正常进行。教师职业道德就主要方面而言，是以若干原则和若干道德规范构成的原则规范体系。在这个体系中，教师职业道德的原则居主导地位。它是对教育工作者行为的根本要求，是调节、指导和评价教育工作者行为的基本道德标准。因此，研究和确立教师职业道德的原则，既是师德问题的重要内容，又对教育过程具有重要指导意义。

一、确立教师职业道德原则的依据

教师职业道德作为调节教育工作者行为的准则，并非人的主观臆想或逻辑推演，而是有着充分的客观依据。

（一）反映教师劳动的特点

教师职业道德是以教师劳动实践中引申出来的。教师劳动的目的是培养人，劳动的对象是人，劳动的工具是人（人的素质），劳动的产品同样是人。教师劳动的这些特点，向教师提出了道德上的特殊要求，也指明了概括教师职业道德原则的方向，即必须首先反映教师劳动的特殊本质，使之成为与其他职业道德既联系又区别的标志。教师道德的基本原则还必须贯穿于教育过程的始终。教育过程是个复杂的系统工程，它对教师的要求是多方面、多层次、全方位的，而其中必然有着带有核心作用的要求，教师道德原则就是诸多要求的概括。

（二）符合当时社会经济政治的要求

道德是上层建筑、意识形态之一，是由社会经济关系、社会存在决定的。社会经济关系首先是作为利益表现出来的，它决定着社会道德基本原则的要求，而道德原则和规范的确立，最终是为了调整个人利益与社会利益的关系。因此，作为上层建筑、意识形态内容的教师职业道德，也必然由社会的经济关系、社会存在所决定，并随着后者的变化而变化。道德与政治在上层建筑诸因素中的重要组成部分，它们各自以特定的角度反映社会存在、经济基础，二者相互联系、相互区别，在阶级社会中，政治关系对道德关系产生重要的影响和制约作用。上述情况要求教师职业道德的基本原则必须反映当时社会的经济关系、政治关系的要求。在社会主义条件下，教师道德的基本原则必须符合社会主义的经济、政治关系的要求，否则势必偏离社会主义方向而导致失误。

（三）在教师道德规范体系中占主导地位

我们是社会主义社会，教师职业道德的基本原则应当是社会主义社会对教育者行为要求的高度概括，是社会主义道德在教育者的教育实践中的集中表现。一方面，它对教育者的道德实践活动起核心作用，具有导向功能。另一方面，也是担当教育者这一角色的要求对教育者行为具有严格的约束功能。这种基本原则体现了教育活动中人与人之间最重要最基本的道德关系，对教育者的思想、言论和行动具有最普遍、最根本的指导作用。可以说，这种基本原则是教师职业道德规范的灵魂与价值导向。

综上所述，反映教师劳动的特点，符合当时社会经济政治的要求，在教师道德规范体系中占主导地位等，构成了确立教师职业道德原则的客观依据。

二、社会主义集体主义是
教师职业道德的基本原则

社会主义集体主义是现阶段处理我国人民内部矛盾、人与人之间、个人与社会之间关系的政治原则和道德原则。社会主义教育的目的是培养造就社会主义新人，因此，它理所当然地也成为处理教育活动中人与人之间、个人与社会之间关系的基本原则，或教师职业道德的基本原则。

（一）确立社会主义道德原则的依据

道德原则，也称作道德的基本原则或根本原则。它是一定社会或阶级在道德上对人们的行为和品质提出的最根本的要求，是处理个人利益与整体利益关系的基本原则，是调整人们相互关系的各种规范要求的最基本的出发点和指导思想，是道德的社会本质和阶级属性的最直接最集中的反映。道德原则在各种类型的道德规范体系中，居于首要地位，起着主导作用，成为贯穿各种道德规范体系的总纲和精髓。

在人类历史上，各种道德类型的规范体系都有自己的基本原则，只是有的作了明确的表达，有的只是实际通行着，并未作出理论上的正式概括。我们认为，确立或概括道德原则的依据，应当包括以下四个方面的要求。

第一，必须反映当时社会经济关系和阶级利益的根本要求。

在复杂的社会关系中，生产关系构成当时社会的经济结构，它是决定其他一切关系的最基本的关系。在生产关系中，人们对生产资料的占有关系，是社会经济结构的核心和基础，是一定阶级根本利益的反映。因而生产资料所有制形式的建立、巩固和发展，就成为每一历史时期的根本要求并统帅其他各方面的要求。一定社会或一定阶级的道德必然反映这一要求，并为这一社会或阶级实现这一要求服务。恩格斯说:"人们自觉地,归根到底总是从他们阶级地位所依据的实际关系中——从他们进行生产和交换的经济关系中,吸取自己的道德观念。"① 所以,只有反映当时生产资料所有制性质,服务于某一阶级根本利益的道德要求或行为准则,才能看作是这一社会或阶级的实际上的道德原则。

第二,必须从整体上直接回答个人利益和社会整体利益的关系问题。

恩格斯指出:"每一个社会的经济关系首先是作为利益表现出来。"② 各种社会或阶级的道德体系的基本原则,都是从一定的社会利益或阶级利益中引申出来的。个人利益和整体利益之间的关系,可以表现为许多方面,但最重要和最主要之点,则在于是以个人利益为基础来调节个人利益和整体利益的关系,还是以整体利益为基础来调节个人利益与整体利益的关系?每种道德类型的行为准则,都会从不同的社会侧面和社会领域上,直接地或间接地体现和回答这个关系问题。但是,只有从总体上直接回答这个关系问题的道德要求,才能看作是某一道德类型的规范体系的基本原则。

第三,必须在道德规范体系中居于主导地位。

从道德规范体系本身看。道德原则和道德规范,并无实质上的差异。它们之间有一定的区别,但这种区别不是绝对的。道德原则是一定社会或阶级对人们提出的根本的道德要求,是人们对待各种社会关系的总的行为善恶标准,对人们的行为来说,不仅具有指导作用,而且具有约束力,即具有规范的作用。道德规范,是一定社会或阶级对人们提出的主要的道德要求,是人们对待某一重大社会关系的行为善恶标准,从一定意义上说,也可以

---

① 《马克思恩格斯选集》第 3 卷,第 133 页。
② 《马克思恩格斯选集》第 2 卷,第 53 页。

看作是具体的对待原则。但是，作为某种道德规范体系的基本原则，它必须体现人们之间最重要最基本的道德关系，具有最根本、最普遍的指导性和约束力，对于同一规范体系中的其他成分具有统帅和支配作用。

第四，必须是从行为准则上区分道德类型的最根本的标志。

不同道德类型的行为准则，往往既有不同的部分，又有相同的部分，还有相似或相通的部分。其中相同、相似或相通的行为准则，有的只是表达形式上的相同、相似或相通；有的还包含着内容上的相同、相似或相通；有的却是貌相似而实相反。因此，并不是所有的行为准则，都能单独地表现不同类型道德的本质区别。所以，道德原则必然是不同道德类型在行为准则上相区别的最根本、最显著的标志。

（二）集体主义是社会主义道德的基本原则

第一，集体主义反映了社会主义公有制经济关系的根本要求。马克思说："生产关系总合起来就构成为所谓社会关系，构成为所谓社会，并且是构成为一个处于一定历史发展阶段上的社会，具有独特的特征的社会。"[①] 因而社会制度的性质是由生产关系的性质决定的。在生产关系中，生产资料所有制是具有决定意义的因素，它决定着生产关系的性质。所以，社会制度的性质主要取决于生产资料所有制的性质。一个社会是否是社会主义社会，首先要看它是不是实行了生产资料的社会主义公有制为主体的经济关系。生产资料公有制是社会主义经济关系的根本要求，是无产阶级和广大劳动人民根本利益的集中反映和体现。社会主义的集体主义，正是这一根本要求的集中反映，因此，作为社会主义经济关系反映并为之服务的社会主义道德，就必然把集体主义作为自己的基本原则。

---

① 《马克思恩格斯选集》第1卷，第363页。

第二，集体主义正确解决了个人利益和集体利益的关系。如何处理个人利益与社会集体利益的关系，是一切道德必须回答的根本问题。以往的旧道德都未能处理好这两者之间的关系。社会主义的集体主义强调个人利益和社会集体利益的辩证统一，一方面要求人们把整体利益放在个人利益之上，把它作为实现个人利益的前提条件；另一方面又要求集体尊重和照顾个人利益，使个人利益得以实现。这样，社会主义集体主义就把个人利益和集体利益有机地结合起来，第一次科学地解决了个人利益和集体利益的关系，使社会主义道德建立在科学的基础之上。

第三，集体主义贯穿于社会主义道德的一切规范和范畴之中，成为构成社会主义道德规范体系的核心。集体主义表现在个人和国家的关系上，是热爱祖国，是保卫祖国的赤胆忠心和建设祖国的满腔热情；表现在个人与人民的关系上是热爱人民，是全心全意为人民服务，关心人民的物质生活和精神文化生活，同危害人民利益的一切敌人、坏人坏事和错误倾向作斗争；表现在个人对集体生产劳动和社会公益劳动以及为公众服务的态度上，是热爱劳动，是爱护公共财物，等等。没有集体主义精神，就不能站在时代潮流的前列，为探索真理和坚持真理而努力拼搏，就不能为振兴中华而努力攀登科学高峰；没有集体主义精神，就不会有热爱社会主义的思想言行，甚至会认为资本主义比社会主义好，而背弃工人阶级和广大劳动人民的根本利益；没有集体主义精神，就培养不了无产阶级的良心观，不能为社会、为他人尽义务，就不懂得荣誉来自集体，为人民服务是最大的幸福。一句话，集体主义是贯穿社会主义道德规范体系的一根红线，在社会主义道德规范体系中居于主导、统帅地位，社会主义道德的规范和范畴，都是集体主义的具体体现。

第四，集体主义是社会主义道德区别于一切旧道德的根本标志。一切剥削阶级的道德，受其阶级本性的决定，其道德原则都是以利己主义、个人主义为基础的。有的资产阶级学者虽然也说过"个人利益和公共利益结合"，"最大多数人的最大利益"，但在实际上是社会利益、公共利益、他人利益服从"我"的利益，实质上是利己主义。历史上其他劳动阶级的道德原则，由于阶级局限性，也不能实行集体主义。在人类社会发展史上，只有无产阶级才能够实行集体主义，也只有社会主义道德和共产主义道德，才能坚持贯彻集体主义原则。正如马克思和恩格斯所指出的："只有无产阶级和它的政党才能真正实行这一原则，只有他们才是意识到自己的利益和全人类的利益相一致的人。"①

（三）社会主义市场经济与集体主义

在改革开放、发展社会主义市场经济的条件下，由于体制的转型和利益关系的调整，因而出现了不同利益主体在价值观、价值取向上的不同选择。面对这种新情况、新问题，有人认为集体主义已经不必要了，甚至认为提倡集体主义会抹杀个人利益，压抑社会主义市场经济的发展。这种观点是不对的。

事实证明，发展社会主义市场经济，虽然不同的商品生产者和经营者都有自身的特殊利益，但必须有良好的市场秩序，遵守社会规范（包括法律规范和道德规范），才能有助于市场机制的正常运转，生产者和经营者才可能从中获取正当利益，得到发展。只顾个人或本单位的利益，不顾他人和国家、社会的利益，都是背离集体主义原则的。

发展社会主义市场经济与坚持集体主义在根本上是一致的，社会主义市场经济要求发挥集体主义的重要调节作用。

第一，社会主义市场经济的性质、目的要求在经济活动中坚持集体主义。市场经济的性质取决于与它相结合的社会制度。我国市场经济是与社会主义基本制度结合在一起的，是为社会主义

---

① 《马克思恩格斯选集》第2卷，第277页。

服务的。它的社会主义性质，必然要求社会主义的集体主义价值观与其相适应，并为之服务。建立社会主义市场经济体制的根本目的在于，在国家的宏观调控下，充分发挥市场机制在资源配置方面的作用，极大地解放和发展生产力，不断提高人民的物质和文化生活水平，逐步实现共同富裕，推动社会全面进步。不同的生产者和经营者，只有把个人劳动转化为社会劳动，提供社会所需要的产品和服务，才能获得自身利益。人与人之间只有建立起平等、互助、团结、合作的同志式关系，才能凝聚成实现共同目标的强大力量。这无疑是集体主义价值观的表现。

第二，社会主义市场经济秩序的建立，需要发挥集体主义原则的调节作用。以追求利润获取自身利益，激发不同的利益主体的积极性和创造性，是驱动市场经济发展的重要机制。但是，如果离开自己赖以生存和发展的社会群体，不顾甚至损害国家、集体和他人的利益，那就会导致整个社会陷入利益冲突的混乱之中，市场经济就无法正常运行。市场主体经济行为也需要用集体主义的道德原则进行规范。社会主义市场经济是文明有序的经济形式。由于社会分工和协作的关系，生产、分配、交换和消费是相互联系、不可脱节的，作为生产主体的任何个人、企业、部门和团体的经济行为，必须遵守价值规律和生产规则。为了维护市场经济秩序，除依靠行政的、法律的手段以外，还必须用集体主义原则规范市场主体的行为，使其遵循社会主义职业道德，顾全大局，团结协作，为社会主义市场经济健康发展创造稳定有序的市场环境。

第三，社会主义市场经济发展中产生的矛盾，需要集体主义进行调节。在发展社会主义市场经济的过程中，个人利益与集体利益在根本上是一致的，但二者也常常发生矛盾。由于利益主体多元化、分散化，以及市场经济的负面影响，市场法规尚不健全等，因而在市场经济领域，必然存在着复杂的矛盾。这就需要按照集体主义原则的要求去处理，做到个人利益、局部利益服从集体利益、全局利益，以促进个人、局部与集体、全局的协调发展。

在解决我国市场经济发展过程中的各种矛盾时，集体主义的作用是：它一方面促使各种经济法律和法规的贯彻，使国家整体利益得以保障，使个人和集体的合法利益得到实现；另一方面，它要求各市场利益主体必须服从国家大局、从人民的根本利益和长远利益出发，去处理各种利益之间的矛盾，因而有利于克服地方本位主义、小团体主义、个人主义，保护国家和集体的利益。

总之，社会主义市场经济的性质、目的与集体主义是一致的，社会主义市场经济发展中的利益关系和矛盾，都需要运用集体主义原则进行调节。那种认为在社会主义市场经济条件下集体主义已经过时的观点，是不符合实际情况的，是错误的。教育虽然不能等同于社会主义市场经济，但却受到它的影响；教育者生活在市场环境中，因此，一切教育者都毫无例外地要遵循社会主义集体主义原则。

社会主义集体主义的基本内容要求是：坚持集体利益与个人利益的辩证统一，强调集体利益高于个人利益；充分尊重和维护个人的正当利益；当集体利益与个人利益发生矛盾时，要以集体利益为重，必要时要放弃或牺牲个人利益，同时要不断发展完善集体利益，以逐步满足个人的正当利益。

（四）坚持集体主义的价值取向

根据集体主义原则的内容要求，教师在实际工作中要着重做到以下几点。

1. 坚持全心全意为人民服务的人生价值观。

在改革开放、建立和完善社会主义市场经济体制的新历史条件下，坚定地践行全心全意为人民服务的人生观，是贯彻集体主义原则的应有之义。这是因为，为人民服务总是要在个人与国家、集体、他人的关系中表现出来的。为什么要坚持全心全意为人民服务的人生价值观呢？

第一，"为人民服务"反映了社会主义社会的经济关系的客观要求。社会主义的经济，是以公有制为主体的多种所有制经济共同发展的经济。在社会主义初级阶段，我们既要强调非公有制经济同公有制经济在一个很长的历史时期内的共同发展，更要坚持公有制经济的主导地位，使我国的经济建设最终能达到广大人民群众的共同富裕的目的。因此，我们提出把"为人民服务"作为社会主义道德的核心，也就是要为广大人民群众服务，特别是为工人、农民和知识分子服务。这是社会主义经济关系的客观要求。惟其如此，社会主义道德才有正确的灵魂，坚持了它的社会主义性质和发展方向，才成为区别于其他道德的主要标志。

第二，"为人民服务"是社会主义道德要求的集中体现。通俗地说，道德就是能够为他人服务，就是能够为国家、为民族、为社会服务。或者说，道德就是一种为他人、为社会的奉献精神，"服务"精神。一个人要想成为一个有道德的人，就一定要有为他人、为社会的奉献和服务精神。

第三，"为人民服务"体现了社会主义道德不同层次的要求。"为人民服务"包含了极为丰富的内容，有各种不同层次的要求。它的最高要求，就是全心全意为人民服务。这是共产党的宗旨，也是对共产党员和先进分子的要求。在全心全意为人民服务这一最高要求中，一心为公、大公无私、毫不利己、专门利人等，都是它的体现。"为人民服务"的低层次要求，就是在人与人的相互关系中，要尽量做到替别人着想，自己的言行要有利于他人、有利于社会，以便给他人、社会带来有益的结果。在社会主义条件下，我们给"人人为我，我为人人"以新的解释，也可以把它看做是"为人民服务"的低层次上的要求。

为人民服务的基本内容和要求十分丰富，其中主要有以下三点。

第一，把为人民服务作为人生目的。在不同国家不同的历史时期，人民包含着不同的范围，但劳动人民总是构成人民群众的主体，占人口绝大多数，最终决定社会发展的方向和进程。因此，一切为人类社会进步而奋斗的有志者，总是把为人民服务作为自己的人生目的。为此，就要关心人民，爱护人民，急人民之所急，想人民之所想，扶危济困，帮贫救难，以维护人民利益为最高准则，从而形成一种团结和睦的新型人际关系和热爱人民的良好环境。

第二，把人民利益作为判断行为是非善恶的根本标准。为人民服务的最终目的是为人民谋利益。为此，就要做到一切言论和行动都要从人民的利益出发，把人民利益放在首位；当个人利益与人民利益发生矛盾时，应自觉地放弃乃至牺牲个人利益，维护人民的利益。

第三，在行动上真正尊重人民群众的主人翁地位。为此，就要热爱人民，真正关心和维护人民的民主权利，为提高人民的物质文化生活水平而奋斗。

2. 正确处理个人与社会的关系。

一般说来，个人是指具有一定的身体素质、思想道德和文化素质以及某种个性和特殊利益的社会一分子。社会是指以生产劳动为基础、按照各种社会关系结合在一起的人类生活共同体。正确认识个人与社会的辩证统一关系，是教师正确处理和对待个人利益与社会集体利益、个人兴趣爱好与教育事业需要的思想认识基础。

其一，个人与社会相互依存，密不可分。人是社会的主体，是构成社会的元素或细胞。社会是人类按照一定生产关系、社会关系组织起来的有机体。人的存在是社会存在的基础，人的活动推动着历史发展。可以想象，没有彼此联系的个人，没有无数个人的创造性劳动，社会就不可能存在和发展；没有广大体力劳动者和脑力劳动者的劳动创造，哪来丰富多彩的社会物质财富和精神财富。反之，个人也不能离开社会，社会对人具有决定作用。社会决定着人的本质属性（即人的社会性），规定着人只能作为一定社会的人而存在，制约着人的社会活动的历史性，并为个人的发展提供历史条件。如果说自然界是人类的母亲，那么社会就是人类的摇篮。总之，形象地说，社会如同一个生命有机体，个人是这个有机体的一个细胞。两者相依为命，相生相长。生命有机体如果没有细胞势必枯死；反之，细胞如果脱离了整个生命有机体，它也无法存活。个人与社会就是这样有机地、不可分割地联系在一起的。

其二，个人与社会又相互区别，相互矛盾。个人与社会是一个矛盾统一体，比较而言，社会是矛盾的主要方面，更具有根本性，更具有决定意义，在私有制的条件下，以社会面目出现的国家政权为少数统治者把持，个人与社会的矛盾，往往带有对抗性。在公有制的条件下，社会代表和维护广大人民的根本利益，个人与社会的矛盾，一般具有非对抗性。在我国，社会主义制度的建立为广大人民群众的生存发展、青少年的成长和发挥聪明才智，提供了坚实的基础，开辟了广阔的前景。在人民内部，个人与国家、社会之间的根本利益是一致的，个人与国家、社会之间所发生的矛盾，一般也属于非对抗的性质，可以通过正确处理人民内部矛盾的方法去解决。

具体地讲，个人与社会有着相互联系、相互制约的互补关系。

第一，个人活动对社会产生能动影响。古往今来，一切正常的个人总是可以在社会生活中占有一席之地，都在自己的岗位上从事这样那样的有意识、有目的的活动，作用于社会，从而在社会历史发展的过程中留下自己的印迹。无论是英雄豪杰、先进人物，还是布衣百姓、普通个人的实践，无不或多或少地、直接间接地对社会生活发生一定的作用。社会是一个整体，工、农、商、学、兵各行各业都是社会生活的一个组成部分，都是社会这架大机器上的零件。任何个人所从事的工作，都是整个社会生活所不可缺少的，这正如螺丝钉虽小，但缺少螺丝钉，整个机器就难以正常转动一样，如果没有在平凡工作岗位辛勤劳动的个人，那么整个社会大机器也是无法运转的。换句话说，每个人都在自己的岗位上，对社会生活和社会发展产生一定的作用。

当然，不同人的活动对社会发展所起的作用，无论是性质上还是大小上，都不是一样的。在性质上，有的人对社会发展起促进或推动作用，而有的人则起阻碍乃至破坏作用。当个人活动符合社会发展的规律性，反映了广大人民群众的根本利益时，就会对社会发展产生积极的推动作用；当个人活动背离了社会发展的客观要求和广大人民群众的意愿时，就会阻碍社会的发展。在个人活动对社会发展所起作用的大小上，同样存在不同情况。由于个人的思想道德素质、科学文化水平、实际工作能力以及发挥主观能动性的程度等等，都不完全一样，个人所处的客观环境也不尽相同，因此，个人活动对社会发展所起作用的大小，也就有所区别乃至大相径庭。

第二，个人活动又受到客观条件的制约。一是受到社会环境的制约。任何人都是在一定的社会环境中生存和发展的，一定社会的生产力状况和生产关系的性质、社会的政治制度、社会的科学文化的发展程度和传统文化等条件，都对人的活动产生影响和制约作用。二是受到个人的社会地位、工作环境的制约。每个人在社会中生活，总是具体归属一定的单位、集体，从事一定的职业，他的活动自然会受自己在社会中所处的地位、工作环境、人事关系等条件的限制。三是最终受到社会发展规律的制约。人的活动是在一定的动机支配下有目的的进行的，但这种动机和目的只有符合社会发展的规律时，才能收到效果，达到预期目的，否则将受到社会发展规律的惩罚。

综上所述，个人与社会、个人活动与社会发展相互联系，相互作用，密不可分。

2. 把集体利益放在首位。

教师作为集体中的一员，应当关心和维护教师集体的利益，树立校荣我荣，校耻我耻的思想，关心集体的命运和发展，多考虑我为集体做了些什么，少张嘴和伸手向集体索取不应有的待遇和利益。教师要把自己的发展与集体的命运联系在一起，应依靠集体的力量推动自己的进步和发展。一名优秀的人民教师一定要有大局思想，在任何时候都要把集体利益放在第一位。

教师的劳动是个体劳动与集体劳动的统一。教师总是在学校领导、管理下从事劳动的。因此，关心集体，维护、珍惜学校的荣誉，也成为教师道德的重要要求。

学校荣誉，既是学校光荣历史、优良传统的记录，又是学校集体共同创造的业绩的反映。珍惜和维护学校荣誉，是该学校代代相接的教师的共同努力，又与在岗教师的现实举动密切相关。

如何关心集体，维护学校的荣誉呢？

要自觉地为学校荣誉增添光彩。学校荣誉，是通过学校教师的努力，为教育事业做出了贡献而得到的肯定和褒奖。任何学校的教师的一举一动都不是纯粹的个人行为，而是同学校集体荣誉、教师群体形象息息相关。爱护学校名誉，维护教师群体形象，是教师集体观念的具体体现，也是教师良好职业道德素质的反映。

要以主动自觉的态度对待学校集体的工作。学校作为一个完成特定任务的整体，是有明确分工的，而有的工作则是需要大家共同关心，努力做好的。如学校的发展规划，教学实验和改革的探索，学校的对外交往和交流，学生思想品德教育等，既是学校领导的事，也是每个教师应该关心的事。

3. 正确处理个人与他人的关系。

在社会生活中，人总是要同他人发生这样那样的联系和关系，否则就无法生存和发展，更谈不上什么有所贡献，有所创造了。在学校内部，人与人之间的关系表现在教师与学生、教师与教师、教师与领导等之间，其中正确处理教师与教师之间的关系在教师职业道德修养中有着特殊作用。

就教师而言，由于性别、年龄、专业、工作经验、工作成绩、工作分工等各方面的不同，由此产生不同类型的关系。但从根本上说，都是一种团结合作的关系。如何摆正个人在学校人际关系中的位置，处理好个人与他人之间的关系，是教师职业道德修养的重要方面，对于青少年学生的成长、学校的建设、教育与科学事业的发展，都具有重要意义。正确处理个人与他人的关系，应该做到以下几点：

首先，要尊重他人。社会的成员在学识、能力、性格、气质等方面是有差别的，加之社会分工不同而且有不同的身份，但在人格上，大家都是平等的，应该互相尊重，平等相待。尊重人，包括尊重他人的人格。以及他人的劳动、兴趣、爱好、个性、宗教信仰和民族习惯等。在学校中，教师和学生在人格上都是平等的，教师应该尊重学生的人格，学生也要尊重教师。学生尊重教师，一要尊重教师的劳动，二要虚心听取教师的教诲，对教师要有礼貌。教师尊重学生，就是要以平等的态度对待学生，诲人不倦。《中华人民共和国教师法》规定，教师如发生体罚学生、侮辱学生的行为，要根据情节给予行政处分或解聘。教师之间也应互相尊重人格，团结协作，反对"文人相轻"、损害他人人格的腐朽作风。

其次，要主动关心他人。关心他人就是要在工作、生活等方面主动地给他人以热情的帮助，把他人的困难和忧患当成自己的困难和忧患，热情地帮助他人排忧解难。有的人把市场经济中的竞争原则不适当地运用到学校中，把老师之间的关系简单地看成市场竞争关系，这是不妥当的。无疑，教师之间存在一定程度上的竞争，但仍然需要友谊、团结、互助、相互奉献爱心，以便建立良好的人际关系，从而为完成教书育人的使命创造和谐的环境。有的人把市场经济中的等价交换原则错误地运用到人际关系中，把教师之间、师生之间的关系变成金钱关系，把道义、良心、友情等商品化了，这是应该反对和克服的。

再次，要尊重他人的正当利益。人与人之间的关系，归根到底是利益关系。正当的个人利益，是指在一定的生产力发展水平下，个人正常生活和劳动所需要的物质和精神需要的满足。例如，个人劳动手段，享受文化教育的权利，个人发展的机会，个人的人格和荣誉等，都属于个人正当利益的范畴。个人正当利益的获得，既要靠个人的创造性劳动，又需要社会和他人的尊重。在我们的社会里，为了保护他人的正当利益、生命安全挺身而出，置个人安危于不顾的英雄模范人物，层出不穷。在学校中，教师个人的正当权益应该得到保证。由于教师个人的条件不尽相同，因而在收入方面出现一些差别是正常的。只要是靠个人的辛勤劳动、符合国家法律而得到的正当利益都应该尊重和维护，而不该采取嫉妒，甚至抵制、反对的态度。

4. 正确处理贡献与索取的关系。

教师工作是一种艰苦繁重的工作，需要教师付出许多贡献，发扬无私奉献精神。然而，教师又有自己的切身利益，需要从社会中索取。因此，如何正确认识和处理贡献与索取的关系，对于教师实现人生价值、促进教育事业的发展有着重要意义。

一般来说，人生价值包括两个方面：一是个人对社会的责任和贡献；二是社会对个人的尊重和满足。我们通常把前一方面说成是"贡献"，把后一方面说成是"索取"。贡献与索取相辅相成，密不可分。一切正常的人，既要对社会有所创造，有所贡献，又要从社会中有所索取，得到必要的满足。如果说一个人在走上工作岗位之前，主要是从社会、从他人那里索取的话，那么他参加工作之后，就应该既贡献又索取了。一个人只有为社会做出了贡献，才能理所当然地受到社会的尊重，才能毫无愧色地从社会那里索取自己所需要的东西。同时，个人获得了应该得到的东西，得到了社会的尊重，他又会激发更大的积极性和创造性，为社会做出更大的贡献。有的人把贡献与索取对立起来，片面强调一方面而否定另一方面，这是不对的。

在贡献和索取的两方面中，个人的贡献或责任应该是居于首位的。这是因为，第一，个人对社会的贡献是社会存在和发展的要求。人类社会的存在和发展，总是取决于一定的物质财富和精神财富的增长，社会要满足个人生存和发展的需要，必须首先把这些财富创造出来。为此，就要求每个社会成员承担应有的责任，进行创造性的劳动，做出更多的贡献。如果大家只想从社会获取东西，不对社会做出贡献，这个社会就不可能存在，个人的生存和发展就失去了保证。第二，个人对社会的贡献是人生价值的基本标志。社会对个人的尊重和满足，需要以个人对社会的贡献为基础。当我们讲到人生价值的时候，虽然不能离开社会对个人的尊重和满足，但最为主要的是个人实实在在的行动，即为社会进步做出了积极的贡献，否则，人生价值也就失去了它的真正内涵。第三，个人对社会的贡献是先进人物的主要特色。古往今来，多少英雄豪杰、志士仁人、先进模范人物，用他们的聪明才智、赤胆忠心乃至鲜血生命，实现了真正的人生价值。在我们教育战线上，多年来涌现出来的先进教育工作者、模范教师，同样以自己的辛勤耕耘，为培养青少年一代，呕心沥血，无私奉献，实现着自己的人生价值。总之，明确个人对社会的贡献在人生价值中的首要地位，一方面说明，人民教师为社会主义教育事业发扬无私奉献精神是天经地义的；另一方面要求教师努力提高个人素质，使自己的人生更有意义、更有价值。

应该指出，在我们的社会主义社会里，贡献和索取是统一的，不能片面强调一方面而否定另一方面。但是，贡献和索取又存在矛盾。这是因为，我国还处在社会主义初级阶段，社会的经济、政治、文化各个方面还有不完善的地方，特别是经济还比较落后，社会成员（包括教师）的合理要求和个人正当利益还不可能都得到满足。在这种情况下，从社会方面来说，应该创造条件逐步满足个人的正当利益，提高教师的地位、待遇；而且形成良好的机制，使创造多、贡献大的个人，得到较多的物质报酬和精神鼓励。从个人方面来说，不能孜孜以求蝇头小利和无实虚名，为社会创造更多的物质财富和精神财富。

在贡献与索取的关系上，应该纠正两种错误观点。一种是只讲索取、权利，不讲贡献、义务，认为索取越多，人生的价值就越大。按照这种观点指导行动，大家都不去为社会做贡献，只是一味向社会索取，势必坐吃山空，社会又何以能存在和发展？到头来，索取也无法实现，个人又怎么生存下去？另一种观点认为，"要贡献，也要索取，不占便宜，也不吃亏，这样的人生才有价值。"这种观点貌似公正合理，把贡献与索取摆在同等地位，其实，在社会生活中是行不通的。这是因为，每个人来到世间，总是把前人创造的财富作为自己生存和发展的基础，首先是索取而不是贡献；同样道理，他也必须为下一代的生存和发展创造财富。如果贡献多少，就索取多少，并没有给社会提供什么满足自己之外的东西，这样，人类社会就会停滞不前，并且贡献也不过是对自己而言，由此失去了它的真正内涵。

人民教师正确认识和处理贡献与索取的关系，有助于我们克服斤斤计较个人得失的倾向，更好地发挥主动性和积极性，为社会主义教育事业做出更大的贡献。

5. 反对和抵制个人主义价值观的侵蚀。

个人主义是一种资产阶级的思想体系和价值观念。从历史上看，个人主义思想，最早是西方资产阶级在反对封建专制时所提出的一种意识形态、道德原则和行为规范，也可以说是一种关于人生价值的理论。它强调以人的自然本性为根据，从"天赋人权"出发，认为人生来就是自由的，不应该受到他人和社会的制约。"个人主义"这一概念是 19 世纪法国政治评论家托克维尔最早提出来的。他在《论美国的民主》下卷中，用法文创造使用了"个人主义"这个词，以表示一种同"利己主义"相区别的思想体系。托克维尔认为，个人主义有三方面的含义：一是作为一种价值目标，强调个人本位，每个人都是目的，具有最高价值，而社会和集体只是达到个人目的的手段。二是作为一种政治制度或法律制度，主张反对权威主义，通过政治和法律的手段，向封建君主、向封建阶级索取利益以及在资产阶级内部进行利益分配，以达到个人自由和平等的要求。三是作为一种经济理论，强调个人的私有财产制度，保护和实现资产阶级的私有制。总之，个人主义是一种以个人为中心，一切从个人出发，为满足个人的私欲而不惜损害他人和整体利益的一种思想体系。

个人主义是同西方资本主义国家的经济制度和政治制度相适应的。它把个人私利置于集体和他人利益之上，一切以个人利益为根本出发点和归宿，为了达到个人目的可以使用一切不道德的、违法的手段。个人主义是资产阶级人生观的核心。

个人主义在反对封建专制和宗教神学的斗争中曾经产生某种积极作用，但是，它对社会、对人的思想又产生十分明显的消极影响，危害极大。

第一，从出发点来看，个人主义是一切从个人出发，强调人最重要的是关心自己、家庭和朋友的小圈子的利益，因而是利己主义的。用托克维尔的话说，个人主义由于只顾自己，"使每个公民与同胞大众、与亲戚朋友疏远开来，从而导致社会公德的源泉干涸，久而久之便会打击和破坏其他一切美德，最后沦为利己主义。"①

第二，个人主义导致人与人之间的残酷斗争。在资本主义社会，个人主义与社会达尔文主义的生存竞争、弱肉强食的原则是一致的。任何人的发展，都必须靠把别人视为敌人的自我奋斗，否则，就会被他人淘汰和吞食。也就是说，个人主义把个性解放、个性自由作为人生的唯一追求目标。这种只顾个人不顾社会的竞争观念和生存原则，必然导致人与人之间的残酷斗争，危害社会安定。

第三，个人主义在思想上导致个人兴趣至上的价值尺度，导致人们的信仰危机，我行我素，其严重后果可想而知。在我国今天的社会条件下，个人主义在我们的社会生活中还不可能彻底清除，它对一些涉世不深、正在成长中的青少年产生极其有害的影响。因此，我们要坚持集体主义，必须反对个人主义。

当然，我们反对个人主义，并不反对正当的个人利益。为了维护正当的个人利益，应当注意以下几种情况：

其一，我们所要维护的正当个人利益，是当时生产条件下保证其成长或维持个人正常生活和工作所必要的物质文化需要，是通过诚实的劳动所得到的合理报酬。人们要能正常的生存和工作，首先必须有供食、衣、住、行和工作的起码的物质生活条件，必须接受一定的教育，必须有陶冶感情的文化活动。凡属于人们在当时社会条件下保证其成长或维持其正常生活和工作的物质文化需要，就应当视为正当的个人利益，应尽可能给予必要的社会保障。

其二，个人正当利益是个人在发展社会整体利益过程中，通

---

① 《论美国的民主》下卷，第 625 页。

过当时社会所允许的途径和方式所获得的。在社会主义条件下，农民通过诚实劳动而从集体或社会法律所允许的经营中得到的收入，公职人员和工人通过自己的工作而取得的工资报酬，知识分子通过教学、科研、写作等工作所取得的报酬，等等，都应该是个人正当利益。一句话，凡是通过自己劳动所获得的各种相应的利益，应视为个人利益而加以保护。反之，凡没有通过自己的劳动或非社会公认的途径而获得的利益，即使是自己必要的物质文化需要，也不能视为个人正当利益，必须加以否定。

其三，个人正当利益应是不损害社会整体利益的。一般说来，在社会主义社会中，只要是在发展社会整体利益的过程中，通过正当途径谋取和获得的个人利益，是无损于社会整体利益的，而且，在一定意义上，还会或多或少地有利于社会整体利益的发展。但是，如果让这种个人利益过分膨胀或运用失当，把其作为向党和人民讨价还价的工具，那么也会对社会整体利益带来损害。例如，一个人在为社会主义现代化事业的奋斗中，增长了才干，赢得人民的信任，掌握了一定的权力去谋取个人私利，这就会给社会整体利益带来危害。由此可见，我们所维护的个人正当利益，不仅要看它获取的途径是否正当，还要看它是否损害了社会整体利益。

其四，保障个人正当利益并不排除在社会整体利益需要时，自觉地对个人利益加以节制或作出必要的自我牺牲。在我们的社会主义社会里，社会整体利益的发展，不但没有与个人利益的发展相对立，而且还会保障个人利益随着社会整体利益的不断发展而逐步增长，然而，在某种特殊条件下（例如保卫祖国的需要、到艰苦地方工作的需要），又要求社会成员对个人利益作出必要的节制或牺牲。这时，如果还是强调自己既得的或正在谋取的个人利益的"正当性"，而不愿作出任何节制或牺牲，这样坚持既得的利益，就不应看作是我们所要维护的个人正当利益的范围了。

综上所述，我们所维护的个人正当利益，是指人们在发展社会整体利益的过程中，通过正当的途径和方式，谋取和发展个人正常生活和工作的物质文化需要；是有利于生活整体利益，并为了社会整体利益而能自我节制或自我牺牲的个人利益。不难看出，个人利益和个人主义在本质上是完全不同的。我们应该理直气壮地维护个人正当利益，反对个人主义。

在改革开放、发展社会主义市场经济的今天，教育工作者应该坚持集体主义原则，反对形形色色的个人主义导向。

三、教育人道主义是教师职业道德的重要原则

人道主义一词源于拉丁文 humanus，即人性的、人道的、文明的意思。历史上人道主义概念的含义，常有广义和狭义之分。狭义的人道主义，是指欧洲文艺复兴时期的新兴资产阶级反对神学、反对神道的一种文化思潮；广义上人道主义，是指维护人的尊严、权利和自由，尊重人的价值，要求人能够得到自由发展的思想和观点。通常人们所讲的历史上的人道主义主要是指前者。

（一）对人道主义的历史考察

人道主义作为一种思想体系，是由资产阶级思想家提出和完成的。资产阶级人道主义是适应资本主义生产方式取代封建主义的生产方式而出现的一种进步的社会思潮。它形成于 14～16 世纪的欧洲文艺复兴时期。这种人道主义针对中世纪的封建专制主义，针对宗教神学以神为中心，宣扬禁欲主义等观点，提出了以人为中心，关心人，爱护人，尊重人性和人的尊严的思想。人文主义者重新提出"人是万物的尺度"，强调"人的高贵超过了天使的高贵"，"人所具有的一切，我都要具有"的观点，以此来论

证其以人为中心、尊重人、爱护人的价值观。早期的人文主义者，尽管较多地把人道主义作为一种价值观看待，但同时也含有世界观和历史观的意义。

17、18世纪资产阶级革命时期，人道主义从一般思想领域扩展到政治领域，成为反对封建等级制度的思想家的一面旗帜。17世纪英国资产阶级革命时期的人道主义者认为，人作为一个有感觉的机体，趋利避害，利己是人的永恒的天性，人的价值和尊严就是自由地追求财富和利益，人们只要不触犯法律就可以为所欲为。18世纪法国资产阶级革命时期，启蒙思想家提出"自由、平等、博爱"的口号，人道主义以人权的理论出现，把人的价值和尊严归结为人的自由和平等。17、18世纪的资产阶级思想家们，把人文主义的人道主义价值观进一步理论化，系统化，并把它推广到社会历史领域，从世界观和历史观上对其作了论证。

19世纪的空想社会主义者圣西门、傅立叶、欧文在资本主义刚刚诞生的时候，就以人道主义为武器抨击了资本主义制度的不人道。他们认为资本主义的黑暗和罪恶不过是理性的"迷误"，消除这些黑暗和罪恶是思维着的理性的任务，这种人道主义思想，完全是用资产阶级启蒙学者的理性原则来对资本主义进行批判，在理论上看，是对资产阶级启蒙学者思想的进一步发展，但随着阶级斗争的尖锐化，无产阶级革命时代的到来，空想社会主义的人道主义愈来愈失去其革命的意义。

资产阶级在反封建主义的斗争中，明确地把人道主义作为处理人与人之间关系的伦理原则和道德规范，强调人与人之间应平等地把人当人看，提出要尊重人，爱护人，关心人。这对于当时反封建的资产阶级革命起过积极的推动作用。一些空想社会主义者和真诚的人道主义者，以人道主义作为道德武器，揭露和抨击了资本主义制度的不人道，使不少人对资本主义的罪恶有所认识，甚至促使其走上了革命道路。当今的资本主义世界里，一些真诚的人道主义者反对霸权主义和侵略战争，反对种族歧视，呼吁保护人类的生存环境等，这在一定程度上反映了人民群众的共同利益，维护了世界和平。但作为伦理原则和道德规范的资产阶级人道主义，同样具有历史和阶级的局限性。它以抽象的人性论和历史唯心主义为其思想基础，抹煞阶级社会中的阶级对立，致使其"自由、平等、博爱"和爱"一切人"的人道原则流于空谈。这种人道主义的"仁爱"是以个人主义为核心的，一般以不触犯资本主义制度为限。因此对待作为伦理原则和道德规范的资产阶级人道主义，我们必须采取扬弃的态度，吸取和继承其中的积极因素，为我所用，抛弃和批判其中的消极因素，这也是我们对待历史遗产的基本方法。

社会主义人道主义是社会主义道德的重要规范之一。最初，它是在无产阶级推翻资产阶级，夺取政权的过程中产生的，以革命人道主义的形式存在的。随着社会主义制度的建立，革命人道主义发展为社会主义人道主义。作为伦理原则和道德规范的社会主义人道主义，是以马克思主义的世界观和历史观为基础的，是对社会主义经济基础和政治制度的反映，同时也是在批判继承历史上人道主义的合理成分的基础上而形成的一种新的、更高水平的人道主义。社会主义人道主义的主要内容是：尊重人，关心人，同仇视人民的邪恶势力作斗争。

尊重人，尊重人的价值和尊严。

尊重人，就是尊重人的价值和尊严，尤其要尊重为社会辛勤劳动而做出重大贡献的劳动者。在社会主义社会中，在个人和社会的关系上，从伦理道德方面考察，人的价值包括两方面：个人对社会的贡献和社会对个人的尊重和满足。个人对社会的贡献既包括物质方面的，也包括精神方面的贡献。尊严是人对自己价值的意识，是人的一种自我肯定，它产生于人和动物的根本区别，是人超出动物的优越感。在本来意义上，凡人都有尊严，他不仅要求别人尊重自己的人格，而且也能把别人当人来尊重和对待。在社会主义社会里，由于公有制的建立，劳动者成了国家的主人，作为目标价值和手段价值的人得到了统一，在社会主义的集体中，个人首先要对集体、国家和社会做出贡献，使自己的存在对社会具有积极的意义，具有手段价值。同时，集体、国家和社会也应把每个人当作目的来服务，使每个人都能分享他人的劳动成果，实现自己作为目的而存在的价值。社会主义的生产目的就是要最大限度地满足人民不断增长的物质和文化生活的需要。它集中体现了社会主义条件下，社会和集体对人的价值和尊严的充分重视，体现了社会主义把人当作目的价值，且将人的目的价值和手段统一起来的人道精神。

关心人，关心人的物质文化需要。

关心人，就是关心每个人的物质利益和精神利益，关心广大人民群众的物质和文化需要。社会主义社会建立起了人与人之间互助合作的同志式关系，使关心人、爱护人真正在人与人的相互关系上得以实现。社会主义国家努力把满足人民不断增长的物质和文化需要作为生产目的，关心人民的物质利益和精神利益，关心人民的民主自由权利的实现，关心人的全面发展和聪明才智的发挥。党和国家不仅要从政治、经济、文化等方面关心人民群众的要求、利益和愿望，而且要采取一切可行措施，关心其生活、学习和工作条件，尤其对在艰苦环境中工作的劳动者，应给予更多的保护和关心。对于社会中的鳏寡孤独，对于丧失劳动能力的人们应给予关心照顾，使其生活有所依托。社会主义人道主义还主张社会成员应相互关心，相互爱护，相互同情，关心和爱护一切与自己有着共同利益的社会成员、普通劳动者，在人与人之间形成团结、互助、友爱的新型社会关系。但在社会主义初级阶段，由于各种主客观原因，那种漠视人，漠视人的价值和尊严，不关心人民的疾苦和他人困苦的现象仍然存在。国家机关工作人员是人民的公仆和勤务员，在工作中应时时以人民利益为重，关心人民群众，处处为人民着想，坚决反对和抵制脱离群众、官僚主义、以权谋私、不关心人民疾苦的思想和行为，并与之做不妥协的斗争。

同敌视人民的势力做斗争。

社会主义人道主义是建立在辩证唯物主义和历史唯物主义的理论基础之上的，它从具体的现实的人和人性出发，去考查人，分析人，反对不分阶级、不分敌我地去"爱一切人"。在社会主义条件下，虽然作为剥削阶级已被消灭，但还存在着剥削阶级的残余分子，贪污腐化分子，各种刑事犯罪分子以及与社会主义敌对的势力。因此，社会主义人道主义主张在分清敌我的前提下，一方面要满腔热情地去爱人民，关心人民，实现人民的幸福；另一方面要憎恨人民的敌人，与危害人民的势力做不妥协的斗争，对其实行暴力和专政。爱和恨应该是社会主义人道主义的同一要求的两个方面。

（二）确立教育人道主义的客观依据

教育人道主义是社会主义人道主义在教育领域、教育过程中的具体化、"职业化"。它调整教育过程参与者之间的各种人际关系，并为这些关系规定原则与规范。如果说在社会主义社会，作为调节人与人之间关系的基本道德要求和价值标准的社会主义人道主义是一种"一般"的原则与规范的话，那么教育人道主义则是这个"一般"中的"特殊"。

确立教育人道主义的客观依据主要体现在以下几个方面。

首先，是教育活动过程中人际关系有特殊性。这便是在教育活动的过程中，教育主体——教育者（包括教师在内）——在调节教育过程参与者之间人际关系时，处于一种特有的主导者的地位上。简言之，教育者与被教育者之间，以及教育者与其他参与者之间的关系中，教育者仅以一般的道德规范来加以调节还不行，还必须加上适合于自己角色身份的一些道德规范。这便是那些有利于完成教育任务、实现教育目标的原则要求——教育人道主义。因为这种人道主义是渗透于教育过程中的一切相互关系中，并具有广泛的约束力和普遍的导向性。从教育实践看，一方面，作为知识、技能与道德品质的传播者、灌输者、教育者，在教育过程中对于其他参与者来说是居高临下的；另一方面，在调节或处理教育过程的各种参与者的人际关系时，教育者又不能是居高临下的。教育人道主义作为一种道德原则与规范，就是这种层次要求与人道要求的有机结合。如果一个教育者对自己在德识才学上没有高标准严要求，或者自己在教育过程中行事待人时没有关心、尊重、帮助他人的热忱，都是不利于教育目的的实现或教育任务的完成的，也是不符合教育人道主义精神的。所以，要确立教育人道主义，是因为教育者的角色特殊性以及对这种角色的要求的特殊性决定了的。

其次，是教育者与受教育者之间关系有特殊性。在教育活动中，教育者与受教育者之间的关系是一种最基本最重要的人际关系。这种关系用什么规范去加以调节以及调节效果如何，关键在教育者身上。如果教育者运用教育人道主义这样的规范去调节，就能够积极地影响到受教育者的人格与行为，从而促进两者关系的积极、健康发展。否则，就会伤害两者间的关系，无助于教育任务的完成、教育目标的实现。由此可见，在教育者与受教育者之间，教育人道主义既是协调两者关系实现共同目标的内在要求，又是实现两者关系符合社会主义人道主义要求的条件。因为教育者是遵循还是违反教育人道主义的原则去从事教育活动，去对待受教育者以及其他参与者，将在很大程度上影响到受教育者对于社会主义人道主义、对于教育人道主义的认同与接受，更不用说转化为自身的内在品质了。违反教育人道主义原则的教育者也就难以培养出具有这种人道主义精神的受教育者来。这说明确立教育人道主义也是由于教育者与被教育者的关系具有特殊性所决定的。

再次，对于教育过程中的一切参与者来说，都有一个如何才能在这一过程中调节好自我与其他参与者的关系问题。没有一种有利于将教育过程中各种人际关系协调起来，以顺利完成教育任务，实现教育目标的道德原则规范，也是不行的。这也是所以要确立教育人道主义原则的又一理由或原因。

此外，从教育的社会功能来讲，是要提高人，完善人，将人培养成为一定社会所需要的人。历史的发展，社会的进步，已经使社会主义人道主义成为我们社会的一种政治原则与道德规范，而要使之代代相传，发扬光大，就必须在教育过程中首先使之具体化，即把教育人道主义贯穿始终，否则，社会主义人道主义就只能成为一句空话。所以，可以说，要想人类社会沿着更加人道化（这里是指社会主义人道主义的普遍化）的方向发展，也需要确立教育人道主义原则。

（三）教育人道主义的基本内容要求

教育人道主义既然是社会主义人道主义原则在教育活动、教育过程中具体化的体现，是调整教育过程中各种人际关系的道德原则与规范，那么，它就必须有自己的基本内容与要求。

就其基本内容而言，它规定了教育过程中教育者与受教育者都应当从社会主义人道主义原则出发，尊重对方作为人的价值与尊严；在此基础上，还要求教育者应当特别注意发挥自己作为过程主体的角色作用，以完美人格要求自己，以人道原则协调自己与他人之间的关系，从而调动受教育者以及教育过程中其他参与者的积极性，以利于教育任务的完成，教育目标的实现。

有人将教育人道主义的基本原则，视为仅仅是规范教师作为品格的原则与规范，这是不正确的。这种错误是建立在将教师的教学活动与教育者的教育活动完全等同起来的前提下的。事实上，只有教育者及其教育活动从内涵与外延上能够包含教师及其教学活动，而不是相反。正因为如此，所以我们论述这一问题时，始终是将教育者（包括教育部门的领导干部）而不仅仅是把教师作为整个教育过程、教育活动的主体。教育人道主义也绝不仅仅只是对教师道德的规范化要求，而是一切教育者以及教育过程的参与者应当奉行的道德标准与要求。

教育人道主义对教育者的要求是多方面的。

在对待和处理与自己的教育活动有最直接关系的受教育者上，首先，它要求教育者尊重自己的教育对象——受教育者。要求把他们视为与自己在人格上完全平等并具有自身个性特征的人来对待，而不能因为自己在教育过程与活动中居于主导地位或受教育者在某些方面上与自己的差距而轻视他们，忽略其价值；或者仅仅把受教育者视为自己的劳动对象，视之若物，而不是视之为人。其次，要求教育者在尊重受教育者的基础上努力理解他们。那种漠不关心或者敬而不闻、敬而不问，甚至敬而远之的态度与做法，绝不是对受教育者的尊重。这样的态度与做法是违背教育人道主义要求，自然也是不可能真正去理解受教育者的。再次，是要求教育者真正关心受教育者。尊重、理解是达到关心受教育者并关心到点子上的前提，没有尊重与理解就无法真正懂得受教育者的所思所想，长处与不足，潜力之所在，优势如何，如此等等。而不懂得受教育者的这一切，却说什么关心他们当然就只能是一句空话。此外，还要求教育者在尊重、理解和关心受教育者的过程中，也要勇于在教育对象面前解剖自己，敢于正视自己的弱点或不足，并要有向自己的教育对象学习，以其之长来补己之短的胸怀与气量。韩愈的名句"师不必贤于弟子，弟子不必不如师，闻道有先后，术业有专攻"，讲了先生与学生之间长短的辩证法，这可以成为一切教育者自勉、自励和自诚的一面镜子。能够理解对象，也让对象能理解自己的教育者，才是符合教育人道主义要求的教育者。

在处理与协调自己教育活动与过程的合作者——其他教育者的关系上，教育人道主义要求教育者要襟怀坦诚，与其他合作者相互尊敬，真诚合作，不忌贤妒能，不"文人相轻"，努力与他人形成一个融洽的集体，同心协力以促成教育过程的顺利进行、任务目标的最佳实现。在教育者处理与其他合作者的关系时，特别要求和强调集体主义这一教育伦理学的基本原则。不坚持或者不能在处理上述关系中很好地坚持集体主义原则的教育者，不能算是一个好的教育者，也不可能成为一个成功的教育者。

在处理与教育过程和教育活动多少有关的对象，或者关心这一过程与活动的对象之间的关系上。教育人道主义的一个基本的要求仍然是敬其若敬己，真诚地争取其合作或配合，以求取得最佳的教育效益。

总而言之，教育人道主义要求于教育者的是全方位有成效地协调、处理好与教育过程具有直接或间接联系的对象之间的各种关系，尊重和关心这些对象作为人的价值，并努力在教育过程中使这些价值能最大限度地发挥作用。

值得注意的是，教育人道主义不仅只是对教育者提出相当要求，而且也对教育过程的其他参与者提出了相应的要求。其基本点是要求所有参与者对于教育者、教育者的劳动予以充分的尊重、理解与关心，并从各自所处的角度上以实际行动予以积极的合作与配合，从而保证教育任务得以完成、教育目标得以实现。

如果说作为教育伦理学基本原则的集体主义解决和调整的是个体与集体之间的利益关系的话，那么作为教育伦理学重要原则的教育人道主义所要规范与协调的，则主要是教育活动及其过程中围绕教育者这一中心而形成的诸方面的人际关系。也就是说，教育人道主义的内容与要求，主要围绕的是人与人的关系而不是利益与利益关系,这是我们在探索作为教育伦理学的重要原则的教育人道主义时应当注意的。[1]

【复习思考题】

1. 确立教师职业道德原则的依据是什么?
2. 社会主义集体主义原则的基本内容是什么?
3. 教育人道主义原则有哪些主要要求?

【实例评析】

寄希望于新一代的教育家

韩愈是中唐伟大文学家、哲学家,又是我国著名的教育家。他任地方官的二十多年中,对于地方学校教育大力提倡和支持;公元 819 年,因谏阻迎佛骨事,贬为潮州刺史,在任内曾捐资创办乡学。当时凡经他传授学业的人,都自称"韩门弟子"。他的弟子中有一个小孩叫李蟠,年纪只有十七岁,却爱好古文,六经的经文和传文都普遍地学习过。当时的社会风气很不好,一般认为向老师学习是可耻的事。士大夫阶层中如果有人向年纪差不多的人学习,就会受到嘲笑;谁拜官位高的人为老师,就觉得近于谄媚。而李蟠不受当时耻于从师的不良社会风气的拘束,前去跟韩愈学习,并且尊师重道,勤奋治学。韩愈十分赞赏李蟠的实行古人求师的正道,特作一篇《师说》,拿来送给他。文中高度赞扬老师职业,说老师是传授道理、讲授业务并解答疑难问题的人。这篇文章曾被誉为胆识兼备,富有创造精神的作品。韩愈在《师说》中提出:"弟子不必不如师,师不必贤于弟子",认为学生不一定不如老师,老师不一定胜过学生。《荀子·劝学》中说:"青,取之于蓝,而胜于蓝;冰,水为之,而寒于水。"正形象地

---

① 《教育伦理学概论》,北京师范大学出版社 1993 年版,第 151~155 页。

说明了学生能超过老师的道理。韩愈在《师说》中又说："闻道有先后，术业有专攻，如是而已。"他进一步解释了弟子能胜过老师的原因，并认为这是很自然的现象。的确，假如学生都不如老师，那才真是老师的悲哀。这样就等于越教越差，是一种退化，而无法实现学术探索和社会进步。老师是社会进步的阶梯，多少人站在巨人肩头，实现了老师梦寐以求的成就。可见韩愈的见解是客观的、辩证的同时表现出他的谦逊，也鼓励学生解放思想，奋发进取。

【提示】

1. 古代伟大教育家孔子说："后生可畏，焉知来者之不如今也？"这是他对学生的尊重，也是对学生的热爱和鼓励，代表了古代教育家对年轻一代的期望。

2. 韩愈从理论上肯定了"青出于蓝胜于蓝"的道理，激励学生奋发进取。

3. 历史在发展，时代在前进。当今社会的师长们理所当然地还要发扬孔子、韩愈的风格，关心学生，爱护学生，为新一代的成长而自豪。

第六章　教师职业道德的主要规范

教师的职业活动是社会生活的一个特殊领域，教师在这个特定环境中形成自己的道德观念。同时一定的社会或阶级对教师提出了各种要求，其中包括道德规范或教师道德规范或道德要求，它们随着学校教育和教师职业的产生而产生，随着人类社会教育事业的发展而发展。教师职业道德规范可以从不同角度去概括，我们这里主要是从教师劳动中的各种关系去总结。

一、教师与教师职业关系中的道德规范

教育事业是具有永恒性的事业。教育本身具有不管社会如何变化而"超越"时代的不变的价值，即永恒的内容。如形成人的基本道德素质和丰富的人性，热爱自然，尊重本国的语言、历史、传统、文化等，其中教师的职业道德也是教育中的一个永恒的话题。国家的强盛靠人才，人才培养的基础在教育，而培养合格的人才，关键在教师。教师是人类走向文明的重要桥梁，教师对自己职业道德认识如何，对教师职业关系把握如何，将直接关系到教育的成败和育人的效果。为此作为一名合格的教师首先必须明确教师职业关系中的基本道德要求。

（一）热爱教育，乐于奉献

1. 热爱教育是对教师的基本要求。

常言道："热爱是最好的老师。"就是说，对一件事情由衷地热爱，从做好这件事情中得到无限的乐趣，这种乐趣能驱动人们努力学习，把事情做好，就好像得到最好的老师指导一样见效。

教师所从事的工作，既需要渊博的知识，又需要有高尚的思想品德；既要付出艰苦的脑力劳动，又必须付出体力的消耗。一句话，教师的劳动是艰辛的。同时，教师所从事的事业又是意义深远的。没有教师辛勤的付出，就没有人才的茁壮成长，就不能满足社会主义现代化事业对合格建设者和接班人的需要。把教师从事的艰苦劳动和这种艰苦劳动对于祖国美好未来的意义联系起来，就能感到教师为此而付出的劳动是值得的，就会感到当一名人民教师的光荣和自豪，从而培养起热爱本职工作的感情。而有了这样热爱本职的深厚感情作内在基础，就会有克服困难的力量，就能在劳动的艰辛中体验到无穷的乐趣，苦在其中，也乐在其中。所以说，真正要在教育事业上有所作为，真正当好一名合格乃至出色的教师，一个基本要求就是要热爱教师职业，热爱自己的工作，在工作实践中培养起对本职工作的深厚感情。也就是说，一个教师应当热爱教育，树立高尚的师德。

教师教书育人的活动主要在学校，学校是教育人、培养人的场所，是教师对学生实施思想品德和科学知识教育的基地。学校依靠全体教职员工团结一致的共同努力，来完成教育教学任务。作为学校工作主力的教师，必须关心爱护自己的学校，用自己出色的工作把学校建设好和办好。我们不能设想，一个不热爱自己家庭的人，会热爱自己的祖国；同样，我们也无法想象，一个真正热爱教育、热爱集体的教师，会不热爱自己的学校。对于教师来说，树立集体观念，必须先树立关心、爱护学校的观念。爱护学校，要从我做起，从日常生活做起。教师应该爱护学校财产，维护学校利益，珍惜学校荣誉，主动参与学校的管理工作，自觉地做学校的主人翁，还要注意处理好个人和集体的关系。

2. 乐于奉献是人民教师的本色。

在中华民族发展的历史长河中，留下了许多优秀的道德传统，其中就有教师道德。而且在教师道德中被世人最为推崇的传统美德是在教育事业中甘为人梯，终身不渝的献身精神。我国历史上杰出的大教育家孔子，从教四十余载，开我国古代大规模私人讲学之先河。他所培养的学生号称"弟子三千，贤人七十"。有一次，在孔子游历各国被围于陈蔡之际，断粮七日，从学弟子皆病不能起，但他仍讲诵不辍。这种呕心沥血，以教为重的献身精神，成为历代教师之楷模。宋代著名的教育家朱熹从事教学活动50年，一生讲学，乐此不疲。我国现代伟大的人民教育家陶行知先生留学返国，放弃教育部长高官不做，视三青团书记要职为粪土，终身安于"粉笔生涯"，投身教育30年，赢得桃李满天下，以"捧得一颗心来，不带半根草去"的高尚情怀，献身教育事业而鞠躬尽瘁。杰出的无产阶级革命家徐特立，从18岁就从事教师职业，在他从教的70年中，先后经历了清末、民国初期、北洋军阀政府和国民党统治等时期，饱尝忧患，矢志不渝，从一个为生计所迫的教书匠成长为著名的教育家，从一位民主主义战士成长为坚定的无产阶级革命家。在他所走过的漫长而曲折的道路中，始终坚持"以教书为职业，教育为事业"，为中国的革命和建设事业培养了大批人才，被尊为"人民师表"。

　　如果说以往旧的社会制度中，有一些人尚把从事教师职业首先作为一种谋生的手段，对于教育事业的追求还来源于良心的驱动。那么，今天，对教育的呼唤则是来自全社会的各个阶层，是发自人们内心的紧迫的愿望，教育已经成为社会发展的第一需要。在我国，尤其是近些年来，教育已和农业、能源、交通、科技一样，成为现代化建设的战略重点。这说明国家和人民不仅需要大批的知识分子投身到教育事业中来，而且更需要无数像朱熹、陶行知、徐特立一样的忠于教育事业、献身教育事业、甘为人梯、乐于奉献的教师踏踏实实、兢兢业业地立足教师岗位，去传播人类的文化知识和精神文明，去塑造青少年的灵魂，去培养和造就未来的建设者。

教师的工作是清苦的，他既无显赫的地位，也没有丰厚的物质待遇；教师的工作是平凡的，他没有轰轰烈烈、动人心魄的大场面，也没有举世皆知的辉煌业绩。教师的劳动没有严格的时空界限，课上课下，白天夜晚，总是默默地向学生倾洒着心血和汗水。可以说，教师的工作是苦乐参半，教师的职业是一种实实在在的"良心活"。有多少人真正了解教师的含辛茹苦，有多少人真正理解做教师的酸甜苦辣；又有多少得乘轿车，得做高官的学生在发达之后牢记着老师的培育之恩。教师是"蜡烛"，教师是"春蚕"，他是人生的基石，他是伟人的梯子。正因为如此，才需要教师具备高尚的职业道德：不计个人得失，富于牺牲精神。只有对教师的职业有了正确的认识和理解，只有具备了高尚的教师职业道德，才能产生高度的事业心，责任感，勇于肩负人民重托，把培养下一代视为己任和天职，才能在教育岗位上全心全意，精益求精，培养出高素质高质量的人才。

总之，时代对教育寄以厚望，对教师赋予重任，教师要以国家、社会的大业为己任，珍视自己所承担的职责，爱岗敬业，乐于为之奉献自己的宝贵年华。

（二）教书育人，尽职尽责

1. 教书育人是教师的根本道德责任。

热爱本职工作，不能仅仅停留在精神的层次上，不能仅仅是一种感情，而必须把忠于职守、对工作服务对象以及对社会的高度负责的责任感转化为实际行动，兢兢业业，一丝不苟地工作，以高质量的工作把成果奉献给社会。

教育是培养人的工作，这种工作尤其需要有高度的负责精神。教育上的失误，不能像工人制造产品一样报废了重来。教育上的失误往往给教育对象以长久的影响，有时甚至会在其一生中留下印记。要避免教育上的失误，就需要有高度的负责精神。教书育人，更要尽职尽责。

　　所谓教书育人，是指教师要根据社会发展的需要和学生身心发展的规律，在教育教学过程中，自觉地把教育和教学结合起来，尽职尽责，既传授科学文化知识，又进行思想品德教育，把学生培养成为德、智、体诸方面全面发展的一代新人。这既是教师的基本职责，又是教师应当遵循的道德规范。

　　对于所有的学校来说，教学都是中心工作，但它不是目的而是手段，学校的根本任务是育人。具体落实在教师职业行为上就是通过教师的劳动培养人，塑造人，改造人，促进人的全面发展。教书育人就是调整这种教师与教育目的的关系的道德要求，它概括了教师劳动的全部内容，也是教育行为的宗旨，是教师职业道德的核心。

　　一般地说，教书是指在课堂上向学生传授系统的科学文化知识，培养学生的科学文化素质，发展学生的智能；育人是指教师通过课上课下教学活动和师生相互作用的过程以及教师的行为对学生进行的一些显性的或潜在的政治、思想和道德教育，促进学生的全面发展。教书和育人的紧密结合其结果必然是学生的德才兼备。如果光强调教书，不重视育人，不教学生如何做人，那么"生产"出来的"产品"很可能是个危险品。因为一个没有正确人生观、价值观和道德观的人，掌握的知识越多可能对社会的危害就越大。相反，只强调育人，而不认真教书，学生虽然有良好的道德品质，但未能很好地掌握科学文化知识和一定技能，这样的"产品"就是个"废品"。教书和育人是不可分割的统一体，二者相互作用、相互渗透、相辅相成。一名优秀的教师绝不是简单的"教书匠"和传授知识的"工具"，他是知识的传播者，是学生生活的导师，是道德的领路人。

　　古往今来，教书育人始终是教师和学校的根本任务，也是根本的道德责任。尤其是在高科技、新观念高速发展、教育模式转变、社会不断变革的当今时代，对人才的选择和要求越来越高。

人们已普遍认识到，人才决定着劳动生产率，决定着经济效益和经济的发展。所以教书育人更成为向社会提供高素质的新型合格人才的最有效途径。

教书育人为现代社会培养和造就了具有较高科学文化素质和技能的劳动者。科学文化素质包括人的知识、智慧、能力等，它反映了人与自然的关系，是人们认识自然改造自然，发挥主观能动作用和为人类做贡献的本领。文化素质的不同使一个人对社会的贡献也完全不同。随着社会生产力的发展和整个社会职能和职业结构的变化，社会劳动生产率的提高已从过去那种主要依靠增加劳动力数量，延长劳动时间和加大劳动强度转变为主要以采用先进科学技术和提高劳动者的科学文化素质来实现。只具备一般的文化知识和操作技能已远远不能适应现代社会的要求。现代和未来社会需要的是既有丰富的科学文化知识，较高的智能水平，又有良好的心理素质、健康的人格、强健的体魄以及会应变、能合作、善协调的全能型人才。教书育人提高了教育教学质量，提高了学生的整体素质，升华了教育者、被教育者的精神境界。

教书育人为未来社会培养和造就了具有良好的思想道德素质，良好的个性心理品质的接班人。良好思想道德素质是指具有远大的人生理想，正确的人生态度，政治上成熟，爱祖国、爱人民、爱劳动、关心民族和人类的命运，愿意把自己的知识和才能奉献给人民和社会。良好的个性心理品质是指善良、勤奋、诚实、守信，有责任感，有坚强的意志，吃苦耐劳，善于与人合作等等。上述两个方面的和就叫做"德"。德是一个人的非智力因素，现在有人称其为"情智"（情感智商）。它对一个人智能的发展，对一个人的成才乃至人生的成功与否影响重大。有人做过一个调查，获得诺贝尔奖的科学家，其青少年时代绝大部分智力在同龄人中不是最好的，但他们的品德和心理素质是最优秀的。这说明观念的东西能够改变人，能够激励人。它是生产力发展不可缺少的促进因素。教师在教书育人过程中，在传授知识，提高学生获取知识发展知识的能力和智力水平的同时，又注重培养学生优秀的品格，使学生既有知识和一技之长，又有爱心和上进心，坚强、自信，具有较强的承受挫折的能力、自我心理调整能力、平衡情感变化能力以及行为上的自控能力、生活自立能力和竞争能力等，这样的学生必然发展为复合型人才，这恰恰是未来社会所需求的。这样的人才走向社会不仅仅个人会获得巨大成功，对社会进步的贡献也是不可估量的。

2. 兢兢业业，练就扎实基本功。

教书是育人的手段，教好书是教师的主要职责。而要想教好书，就得有扎实的教学基本功。教学基本功是贯穿整个教学过程各个环节的最基本的教学能力，也是做一个合格教师的起码要求，是进一步提高自身素质的基础。基本功扎实过硬，才可能达到本专业的较高水准。练就扎实的基本功，要靠爱岗敬业的精神，要靠长期的、反复的苦练，其核心是"认真"二字。

备课是教学工作的第一步，备课的主要工作是钻研教材，了解学生，设计教法，编写教案。备课所需要的主要能力是对教材的把握和处理的能力，教师把握和处理教材的过程是一种教学艺术的再创造过程。所以，教师要认真备课，逐步提高把握和处理教材的能力。上课是整个教学工作的中心环节，是一个复杂而又细致的工作过程。教师要认真上课，注意提高引导学生学习的能力。在课堂上，教师不应只是演员，还应是导演；不应只是导演，更应是导师。作业的布置与批改是课堂教学的继续。教师要认真批改作业，不敷衍塞责，注意提高学生独立运用知识的能力，使学生巩固和消化课堂教学中所获得的知识，形成学生的技能技巧，扩大学生的知识领域，发挥学生学习的主动性和创造精神，培养提高学生分析问题和解决问题的能力。

育好人是教师的天职所在。所谓育人，就是把学生培养教育成有理想、有道德、有文化、有纪律的"四有"新人。育人包括德育、智育、体育、美育诸方面。要把育人的工作做好，就要遵循教育规律，按教育规律办事。

要想做好育人工作，首先，要有正确的教育观、人才观、学生观。邓小平提出培养"四有"新人和"教育要面向现代化，面向世界，面向未来"的教育思想，对育人提出了更高的要求。教师应该据此树立面向全体学生，使学生德、智、体、美、劳全面发展的教育观；人才是多层次的，普通教育主要是培养社会主义现代化事业的建设者和接班人的人才观；要把学生放在一定的历史背景下考察，既看到他们的长处，也看到他们的不足，既不盲目肯定，也不盲目否定，既要热爱、理解，又要严格要求、加强管理的学生观。

其次，还要具备多种教育能力和教育技巧。教师要在教育理论的指导下，通过自己的实践摸索一套行之有效的方法。

在改革开放的新形势下，一些腐朽的资本主义思想乘机侵入，给德育工作带来了新问题，增加了新难度，更要注意培养学生具有良好的思想品德，并且严禁传播有害学生身心健康的思想。

教书育人，忠诚人民的教育事业，是教师职业道德的灵魂，它统帅、制约着师德的一切行为规范和范畴，是教师道德实践中的根本范畴。

（三）严谨治学，提高教学水平

严谨治学，包含两层意思：一是认真完成教学任务，以负责的态度对待教学；二是以严谨的态度把教育和教学当作一门科学来对待，提高教育教学和研究水平。严谨治学与提高教师素质紧密联系。严谨治学是社会和教育发展的要求，也是提高教师自身素质，进而完成素质教育任务的要求。严谨治学的具体要求表现在以下三方面。

1. 刻苦钻研业务，提高自身素质。

一个国家、一个民族的教育水平的高低，取决于教师劳动的质量；要创造一流的教育，就需要有一流的教师；教师是否具有较高的教学水平，是否能够掌握较高的教学技巧，是创造第一流教育的重要条件。因此，每一位教师必须刻苦钻研业务，提高自身素质。

刻苦钻研业务，首先要提高自身的思想道德素质。教师要培养社会主义事业建设者和接班人，必须认真学习马克思列宁主义、毛泽东思想、邓小平理论和"三个代表"重要思想，确立社会主义理想和集体主义的价值观；认真学习社会主义道德和教师职业道德要求，自觉地加强道德修养，不断完善自我人格，树立良好的师德榜样。

刻苦钻研业务，还要不断提高科学文化素质。教师是科学文化知识的传递者和传播者，必须具有较高的知识素养和合理的知识结构。

刻苦钻研业务，还要掌握教育教学规律。教育教学规律，是教育发展过程和教学过程中的本质联系。教育教学规律所涉及的范围很广泛，如怎样处理教与学、传播知识与培养智能等教学过程中的矛盾关系，如何使受教育者在德、智、体、美、劳诸方面达到协调发展，如何加强学校、社会和家庭在教育过程中的总体综合效应等。如果教师能恰当地运用教育教学规律，就能在教学活动中得到满意的效果，顺利地完成教学任务。教师钻研业务，应当从根本上找到理论基点，这就是说要求把探索、研究和掌握教育规律作为首要责任。

探索教育规律是为了树立正确的教育观念，从而找到提高教学水平的突破口。我国的教育具有优良的传统，也存在不少过时的教育传统观念，如重智育轻德育，重理论轻实践，重知识量轻能力培养等，学生往往读死书、死读书，"唯书""唯上"，缺乏创新开拓精神，这样的人很难适应社会的需要，很难胜任建设事业的各项工作。作为一名教师，"有点知识"不难，况且这是为人之师的最基本要求，但如何将这些知识传递给学生，传递的效果如何，这就充分显示出一个教师的教学水平了。

如何提高教学水平呢？

首先，要求教师采用科学的教育教学方式。时至今日，我们许多学科的教育仍带有相当大的封闭性，教学过程基本停留于传授书本知识为主，教师把书本知识讲给学生听，学生经过学习、复习、考试，就算完成了一个循环，于是学生死记硬背的现象十分严重；另外，学生的学习被限制在学校内、课堂上，很少有机会参加社会实践，造成学生理解问题无法深入，对社会的认识能力很差的弊端。针对这些问题，教师就应当在教学活动中改变填鸭式的灌输方式，以启发式完成教学。在课堂教学内容和教育方法上，采取灵活多样的手段，变教师的指令性教育教学为学生的自觉的主动的行为。

其次，精心组织教学。教育的目的在于全面增强学生的素质，教师应以素质教育为己任。一要培养全体学生的素质，以求逐步提高全民素质；二要培养学生的全面素质，以求向社会提供全面发展的劳动者；三要承认个体素质的差异性，注重因材施教，以求培养社会生活不同层次、不同领域所需的人才。掌握教育教学规律，要体现在精心施教上。学生所学的课程内容，要根据社会和人的发展需要，经过有意识地选择。这就要求教师精心教学，使学生掌握好这部分最基本的知识和技能。

2. 勇于探索创新，不断提高教育教学质量。

人类文明正在进入以高科技为特征的知识经济时代。自主创新是一个民族进步的灵魂，是国家兴旺发达的不竭动力。如果不能创新，不去创新，一个民族就难以发展起来。开拓创新，根本的一条是要靠教育，靠人才。它包含两层意思：一是靠教育培养创新人才，二是教育本身也需要创新。

在发展社会主义市场经济，建设有中国特色的社会主义现代化过程中，教育应该面对市场经济的环境，同时又保持自身的独立性，坚持按教育规律办事。教师既要树立与市场经济相适应的开拓创新观念，又要培养创造型的、开拓型的人才；还要具有开拓创新精神，勇于探索创新，完善教学艺术，提高教学质量。

3. 加强教育科学研究，提高科研水平。

参与教育科研工作，是现代教师的一项重要任务，是时代的需要，是现代教育改革和发展的需要。"科教兴国"是我国实现社会主义现代化的战略决策。为此，要切实把教育摆在优先发展的战略地位。由于我国原有的教育体制是建立在计划经济的基础之上的，要使其适应社会主义市场经济发展以及现代人才培养的需要，必须进行全面改革，建立新的现代教育体系。因此，加强教育科研，正是促进教育改革和发展，建立新教育体系的必要措施。

积极参与教育科研，也是提高教师自身教育水平的需要。教育需要研究和思考，有研究的教育才能得到好的发展，有研究素质和成果的教师更有可能成为出色的教师和有成就的教师。

加强教育科学研究的意义确实是毋庸置疑的。现实生活中，有的教师觉得自己教学任务重、时间少，很难从事科研。为此，需要下决心，合理安排时间，不少人正是这样做的。有的人虽有参加科研的愿望，但因缺乏正确的理论和方法的指导，以致信心不足而却步。理论来源于实践，广大教师有着丰富的教育实践经验，这是从事科研的最好条件，在马克思主义的方法论指导下，是能够把实践经验升华为具有普遍意义的理论的。为此，我们应该充满信心。

（四）以身立教，德识统一

教师的社会角色决定师德内在要求必须是德与识的统一。即徐特立老先生所概括"人师与经师的合一"。"人师"即为人之师，教人为人之道。教人做人做事，首先自己应会做人。为此，就人师而言，师德要求应包括以下几方面：一是要以诚为首。坦诚为人是做教师的基础。孔子言："人无信不立"，古人言："诚五行之本，百行之源"。教师是教人做人之人，做学问之人，唯有诚实，才能心正，心正方能人正，人正教人才能出正人。堂堂正正做人，表里如一，是教师的第一人品，是为师的第一资格证。二是要以德高为人师表。德高心明事理，大理当为规律。认识必然是教师德高的前提，但凡德高的教师必有远大志向，懂国家利益、人民利益乃规律之必然要求，是第一大理。依此要求，教师的为人处事要公道、正派、热情、认真，尊重学生，诲人不倦；在日常生活中举止文明，富有同情心和正义感。三是要以善教去育人之魂，以真才实学去传授真理。教师要有坚实的基础知识，要有精深的专业知识，要有宽广的边缘学科知识。还应懂得教育规律，有良好的教学方法和技能。教师的职业道德要求教师要刻苦钻研业务，通今博古，百学不厌，珍惜时光，严谨治学，不误人子弟，不给学生伪科学。

二、教师与学生关系中的道德规范

教育活动是"教"与"学"两大主体围绕着知识传授和能力培养而展开的双边活动，它并不像"从桶里往杯子里倒水"那样简单，也不像"浇模型"那样容易，而是一项艰苦而复杂的人才工程环节。在具体的教育和教学活动中，教师还必须处理多种人际关系，其中教师与学生的道德关系是教育过程中人与人之间最基本的也是最重要的关系。其重要性并不在于关系本身，而在于它能对学生产生很大的教育"效应"。所以，处理好师生关系不仅是教育教学的需要，也是社会对教师职业道德的最基本要求。

（一）调节师生关系在教育中的重要意义

调节师生关系是学生身心健康成长的需要。学生时代是一个人一生中奠定各种基础的重要时期。在学生时代的各个阶段，学生能否健康成长，一方面取决于个人的主观努力，另一方面也取决于良好的教育环境。这种教育环境既包括教育方式方法的影响，也包括人际关系的状况。在其中多种人际关系中，师生关系是否和谐、融洽，不仅决定学生的学习成绩，而且直接决定学生的生理、心理发育和人生观，世界观的形成，乃至影响着学生的一生。

如果学生处在一种和谐、友好、愉快而正常的师生关系中，他们就会感受到人间的温暖和友情，感到生活中处处是阳光，并充满无限的乐趣。由此从他们的内心深处就会产生一种幸福感、快乐感和满足感，精神上便有寄托和依赖。这种良好的师生关系。可以培养起学生自尊、自爱、自信、自强的精神，使他们深刻感受到自身存在的价值和意义。同时，这种良好的心理和意识会使他们产生种种高尚而美好的情感。如尊重他人，信任他人，帮助他人；热爱老师、同学、热爱祖国和国旗，无私奉献等，对善恶有正确的评价能力，深恶痛绝那种相互利用、相互欺诈，极端个人主义的人际关系。良好的师生关系还有利于学生智力的发展，在轻松愉悦的师生关系中上课、活动，学生的思维会变得异常活跃，创造性会得到充分发挥，求知欲和学习的主动性、自觉性都会明显增强。相反，如果师生关系紧张，教师虎着脸上课，总是训斥学生或表现出不耐烦，就会导致学生把上学和学习都当成一种负担，长期下去，学生生活就会蒙上一层阴影，学生的心智以及创造性都会被抑制，进而影响学生的身心健康和成长。因此，教师要高度重视与学生的关系，其意义不可忽视。

调节师生关系是使教育获得成功的需要。可以说，没有一个教师不像家长一样希望学生能在学校里认真学习，多掌握知识；

愉快地生活，接受良好的教育，为今后的人生之路奠定一个好的基础。可实际上，有些学生不但不很好地接受教育，而且对教师的教育产生逆反心理和对抗情绪。其直接原因就来自师生关系的紧张和不协调。许多在教育战线工作多年的教师都有一个共同的感受和体会，那就是，当师生关系十分融洽的时候，即使对学生进行严厉的批评，学生也能接受，理解老师的一片苦心。可当师生关系紧张时，即使是发自内心的表扬，学生也反感，认为老师是在讽刺自己，挖苦自己，收不到正常情况下的效果。所以，要想使教师的职责落到实处，使教育获得成功，首先必须建立良好的师生关系，使学生愿意接近老师，有亲近感，信任感，然后才能变被动教育为主动地接受教育，这样的教育效果也才是真实的有效的，师生关系的和谐是教育获得成功的重要因素，也是成功教师必备的美德。

（二）热爱学生，严格而科学地要求学生

1. 热爱学生是教师的特有情感。

热爱学生是教师所特有的一种职业情感，是良好的师生关系得以存在和发展的基础，是搞好教育教学工作的重要因素，也是教师应具备的道德行为。

热爱学生，是指教师能以马克思列宁主义、毛泽东思想、邓小平理论和"三个代表"重要思想为指导，从高度的工作责任心和社会责任感出发，关心爱护每个学生，严格要求教育学生，为国家、为社会培养德才兼备的社会主义建设人才。教师对学生的爱，与一般的人与人之间的爱有所不同，它不是来源于血缘关系，也不是来源于教师的某种单纯的个人需求，而是来源于人民教师对教育事业的深刻理解和高度的责任感，来源于教师对教育对象的正确认识、满腔热情和无限的希望。

热爱学生，这是由教师教书育人的职业特点决定的。教师热爱学生具有职业性、无私性、原则性和全面性的特点。从职业性

看，教师对学生的爱是由从事教育职业中产生的，是一种崇高的爱。从无私性看，教师通过辛勤劳动，把自己的知识、能力贡献给学生，用自己的心血哺育下一代，为社会培养德、智、体、美、劳全面发展的人。从原则性看，教师热爱学生不是溺爱，也不是迁就学生的错误，而是爱中有严，严中有爱，严慈相济。从全面性看，教师不仅要对每个学生生活上关心，还要关心每个学生的全面成长，做到不偏爱，一视同仁。

2. 热爱学生的具体表现。

一要关心爱护学生。

教师的教育对象是学生，教师关心爱护学生，把爱奉献给每一个学生，有利于教育教学工作的顺利进行，也有利于激发学生的学习积极性，增强学生的信心，使学生健康成长。关心爱护学生的具体要求包括以下几方面。

第一，要了解学生和信任学生。学生是有思想、有感情、有个性的活生生的人。从表面上看，学生之间似乎差别不大，但实际上，每个学生都有自己独特的、与众不同的一面。如果教师不了解学生和信任学生，就不可能有对学生真正的爱，也谈不上对他们进行有针对性的教育。为了教书育人，教师既要了解学生的过去和现在，又要了解学生成长的家庭生活环境和经常接触的各种人和事；既要了解学生表现在外的优缺点和特长，又要了解学生的内心世界包括他们的苦恼和忧愁。只有全面了解学生和信任学生，根据学生特点进行教育，才会收到良好的教育效果，促使学生的个性得到充分发展。

第二，要成为学生的知心朋友。随着学生年龄的增长，他们往往会把自己的苦恼、心事和秘密隐藏起来，不愿意对家长或老师说，只是遇到自己无法解释和解决不了的问题时，才需要找人诉说、请教和指点。因此，一个好的教师应当主动与学生做知心朋友，倾听他们的心声，帮助他们解决实际问题，包括内心世界的苦恼与忧愁。这样，教师才会更全面、更深刻地了解学生。

第三，要爱护每一个学生。教师教书育人，是为了学生的未来。作为教师，应该关心爱护每一个学生，从心里充满对每一个学生的爱。尽管有的学生有毛病甚至有越轨行为，尽管他可能会给教师带来很多的不愉快的事情，但教师对学生的爱要始终如一。教师关心热爱学生，会由此产生热爱教育事业的崇高道德情感；学生得到教师的爱，就会转化为学习的动力，增强信心，健康成长，从而也会热爱和尊敬教师，使教师的威信大大提高。

二要平等地对待和尊重、理解学生。

尊重和理解首先要建立在平等的基础之上，没有平等也就没有尊重和理解。相对于教师来说，学生的年龄一般都较小，知识水平生活经历等也肯定不及教师，但作为一名教师要懂得在人格上学生与教师是平等的，求知者和施教者没有高低贵贱之分，作为人的权利是平等的。在现实的学校生活中，许多老师对待学生表现出不平等，不管学生如何感受，也不管对错，不高兴就劈头盖脸狠狠地训斥学生，而且讽刺，打击甚至体罚，其结果使许多学生畏惧老师，对老师敬而远之，有心事，有苦恼，有秘密都讲给同学和伙伴，而从不敢向老师倾诉，这种现象很普遍，它使师生关系出现障碍，为教育活动增加了难度，削减了教育效果和质量。教师一定要重视这一问题，在教育活动中一定要平等地对待学生。一方面教师要把学生当作一个有思想，有感情，懂得善恶的人来看待，对他们以诚相见，以朋友相知，与他们建立真正的师生感情。另一方面，教师要平等地对待每一个学生，特别是在先进生与后进生之间要一视同仁，绝不能对学习好的高看一眼，对学习差的就不理不睬、漠不关心，这样会伤害一部分学生的自尊心，影响学生的心理健康和成长，也会使整个教育活动受到不利影响。

在平等的基础上要尊重学生。在教育活动中学生难免会出现这样那样的毛病，但教师绝不能挖苦、训斥和打骂、体罚。要保护学生的自尊心给他们以充分的信任。对他们的学习成绩要客观公正地给予评价，并要珍惜学生对老师的一片真情和敬爱，充分利用其与学生加深感情和沟通。同时不要忘记去理解学生。每个人都需要别人的理解，学生最希望教师能理解他们。理解他们的年龄、他们的幻想以及他们的喜怒哀乐。瑞士著名教育家斐斯泰洛齐曾说："每一种好的教育都要求用母亲般的眼睛时时刻刻准确无误地从孩子的眼、嘴、额的动作来了解他们内心情绪的每一种变化。"教师对学生只有抱以深深的理解，才能产生真正的爱生之情，才能从心灵走向心灵，成为学生的知心朋友。要做到这一点，教师必须懂得心理学和教育学，按着学生生理、心理发展的规律去调整自己的教育方法。

平等地对待和尊重学生，特别要注意以下几点：

第一，要尊重学生的人格和自尊心。每个学生都有自己的人格和尊严，都渴望得到教师的尊重和信任。因为教师的尊重和信任，会使学生感到自己的品德、才华、能力得到承认，从而会增强前进的信心，获得前进的动力，自觉地向着更高的目标发展。如果教师不注意尊重学生的人格和自尊心，对学生进行讽刺、挖苦，势必会伤害学生的自尊心，使学生产生自我否定的消极情绪和意向，不仅挫伤学生的学习积极性，还会影响学生的健康成长。

第二，要平等、公正地对待每一个学生。学生的地位是平等的，每个学生都希望得到教师平等、公正的待遇。无论是好学生，还是差学生，教师都应一视同仁，用同一个标准对待他们。如果教师将学生分为三六九等，有亲有疏，以自己的喜、怒、哀、乐牵制于学生，使学生受到歧视和不公正的待遇，甚至讽刺、挖苦、歧视和体罚学生，则会伤害学生的自尊心，有损于学生的人格，也有损于教师的光荣形象。

第三，尊重学生的合法权益。每个学生在家庭、学校、社会生活中都有自己的合法权益，如享有受教育的权利、人身安全不受侵犯的权利、民主平等的权利等。

三要循循善诱，诲人不倦。

教师对学生的爱和情，既是教师高尚品德的表现，又是一种教育手段，在塑造学生的灵魂和人格中是一种巨大的力量。热爱学生就是由衷地喜爱学生所特有的纯洁心灵和强烈的求知欲望。教师爱学生与家长爱子女在情感方面有相似之处，但又有所不同。教师爱的是他的工作对象，而这种对象不是"产品"，也不是商品，而是祖国的下一代，是社会主义事业的接班人和四化的建设者。他们是有血有肉、有思想、有个性、有情感的人。这种爱来自于教师在履行培养接班人这一崇高职责时产生的自然情感，它不是出于血缘关系，也不是出于教师个人的狭隘感情，而是出自对教育工作的忠诚和热爱。在工作中，教师会时时感到和想到，他的学生就是祖国的未来，人类的希望。教师深知只有"青出于蓝而胜于蓝"，一代超过一代，科技文化才能向前发展，社会的文明程度才能不断提高，人类社会才能日益进步。基于这种认识和理解，教师首要应该做到的就是应该把对学生的爱化作对学生的培养和教育上。为了把所有的知识和技能传授给学生，甘愿起早贪黑，节假日不休息，放弃自己的娱乐和享受，甚至倾注自己的全部精力和心血。

诲人不倦是教师热爱学生达到一定程度而升华的一种崇高境界，它是一种美好而积极的情感，它能激起教师对自己劳动的兴趣和爱好，促使教师创造出各种优良的，学生欢迎的教学方法。这种爱又是一种重要的教育力量。它能促使学生内心产生积极的情绪，增强自己的自信心，进而转化为学生接受教育的内在动力，使学生显示出自己的聪明才智。教师这种呕心沥血，诲人不倦的精神，能诱发学生积极进取，奋发向上的激情，并影响学生的理想、志趣、爱好和毅力。能使师生之间产生一种默契，在感情和心理之间架起一座互相信赖的桥梁，对教师敬业精神和行为的崇敬，会使学生对教师的举止，言谈以及内在的气质、信念、生活态度都进行自然的模仿。此时，教师的授课效果会异常的好，教育效果会事半功倍。教师的教导会像春风吹进学生的心田；教师也会从学生对自己的敬爱和纯真的感情中得到一种精神上的满足。这就是教学相长。

四要严格要求学生。

教师对学生的爱，要与"严"紧密结合在一起。要严得合理，严得适当，不迁就学生，不放任学生，也不溺爱学生。也就是说，教师对学生提出的要求，要符合党的教育方针、学生的实际和21世纪对一代新人的需要；有利于学生的身心健康发展、学习进步和良好行为习惯的培养；是学生经过努力能达到的，学生能够接受，并能自觉地切实执行；有落实、有检查、有始有终。

首先，要严而有理。所谓严而有理，是指教师对学生提出的一切要求都要符合党的教育方针，都要有利于学生的生理、心理健康，有利于学生学业的进步和良好行为习惯的养成。学生是方方面面都在成长的"未熟人"，在校期间难免会出现这样那样的缺点和错误，有的个别学生粗野、无礼，不尊重教师，不听劝告；有的在同学中吵闹打架，惹是生非，对这样的学生，教师常常是恨铁不成钢，有的老师能耐住性子、稳住情绪，用智慧和道理说服学生。但有的教师有时火气一下子上来就会对学生进行体罚，这种情况和行为表面上看似为了严格要求学生，但实际上却有害于学生的身心健康，教师要坚决克服这种做法，否则便是违背教师道德的。对学生的真爱要体现在既对学生有种种严格、严厉的要求，又不损害学生的生理、心理，以理去修正学生的不良习惯和品行，让学生心服口服，心甘情愿地接受。

其次，要严而有度。这一点是指教师爱学生对学生提出的各种要求都要符合他们的身份，年龄和特点，如果离实际情况太远，要求过高，学生无法达到，这种严格也就毫无意义。学生虽然年龄差不多，又同在一个教室，但由于多种因素所致学生的思想水平、认识水平、知识水平以及理解能力都不会完全相同，因此严格要求必须防止"一刀切"。有的要求对于多数学生来说可能是适度的，但对于后进生来说可能是他们努力也难以达到的，而对于好的和优秀的学生来说又显得要求偏低，所以针对这样的问题，教师要区分对待，适度地要求学生，这样才会收到好的教育效果。

第三，要严而有方。教师对学生的严格要求能否收到显著成效，关键在于方法。要求学生要这样做那样做，却不管学生心理感受如何，"我讲你听，我打你通"，居高临下，盛气凌人，学生即使表面上在听，在顺从，内心也不服气，与教师的心理距离会越来越大，甚至反感。教师对学生的严要求也要采取耐心、疏导的方法，要寓教于教学之中，寓教于各种活动和师生的接触之中，只有方法恰当，严格才能在教育中奏效，才能培养和训练出出色的学生。

第四，要严而有恒。所谓恒就是要坚持长久。对学生的严要求绝不能时有时无，要保持一定的稳定性，既然已对学生提出某种较高标准的要求，就要要求到底，任何时候都不能放松。要常指点，常督促，常检查，把要求落到实处，直至学生养成良好生活习惯和学习作风。教师最忌对学生一时紧一时松，说了就不再检查，再无动静，以后再怎样要求，学生都不会重视，教师的威望也会因此受损，教育效果也会大打折扣。

第五，要严中有细。细就是不放过所能了解和察觉到的任何问题。在纷繁的工作中教师要尽力抽出时间多听、多问、多看、多想，从生活、学习、思想、劳动、工作、活动以及家庭等多个方面了解学生，关心学生，要善于从细节处发现潜在问题，及时引导和规范，防患于未然，避免酿成大错，贻误终生。"细"本身就是爱。

一名教师要想把学生培养成社会需要的有用人才，就要对他们倾注无私的爱和真挚的情。这种爱和情就是关心、体贴、帮助加严格要求，它是老师的可贵时间和休息，是老师的辛勤汗水和心血。这种情和爱既深刻又博大，慈母对孩子之所以无私，是因为有血缘关系，教师对学生付以无私的爱和真挚的情，付以慈母般的柔情那就是一种更崇高而伟大的爱，它强烈地感化着青少年一代，使他们感悟人生，走向人生。

（三）为人师表，言传身教

教师与学生关系中的道德要求很多，从其实质来说，就是要做到为人师表，以身作则。

为人师表，是指教师用自己的言行作出榜样，成为学生学习和效法的楷模和表率，即做到"学为人师，行为世范"。品德高尚、知识丰富、才能卓越的教师，才能成为学生的榜样。

教师之所以要为人师表，是由教师职业的特殊性决定的。教师的任务在于育人，不仅用自己的学识教人，而且重要的是用自己的品格教人；不仅通过语言去传授知识，而且是用自己的人格感化教育学生。为此，教师无论何时何地都必须在思想品德、学识才能、言语习惯、生活方式和举止风度等方面"以身立教"，成为学生的表率。

教师之所以要为人师表，还与教师职业劳动的两种情况相联系。一是教师的职业劳动需要教师在学生中享有很高的威信。教师的威信是进行教育和教学活动的不可缺少的重要条件。教师的威信越高，其教育、教学的效果就越好。教师的威信是多方面的，而最基本的是要有高尚的道德品质和精湛的业务能力，即又红又专。事实说明，一个缺乏道德修养的教师，既不能受到学生的由衷尊敬，也不能取得良好的教育效果，不能成为一个称职的教师。二是在教师的职业劳动中，在教育教学过程中，教师自身的品德和行为是强有力的教育因素。换言之，教师从事教育劳动的重要工具和手段是自己的"灵魂"，教育功效的高低也反映了自己灵魂的健全、纯洁程度。这都决定了教师应当为人师表，从各方面提高自己的思想品德素质，成为学生的表率。

教师要出色地完成本职工作，必须在各方面作出表率，为人师表，以身作则，这里着重提出以下几点：

第一，要言行一致，表里如一。教师是通过自己的人格去感化学生的，因此，教师必须具有言行一致、表里如一的美好品德，才能在学生身上产生潜移默化的作用。大量事实说明，教师要求学生做到的，自己必须先做到；要求学生不做的，自己必须坚决不做。教师要以自己的良好品行去教育和感化学生。

第二，要以身作则，起榜样示范作用。人们常说，榜样的力量是无穷的。教师的榜样示范作用，是教育学生的一种方法，或者说是培养学生成长的重要途径。实践证明，教师善于以身作则，用自己的好思想、好道德、好作风为学生树立学习的好榜样，能给学生以巨大的启迪和激励，乃至使学生终生难忘。教师的榜样应该是具体的、生动的、崇高的。在具体表现上，必须是符合时代精神，具有高素质的跨世纪的人才形象；必须是依法执教、爱岗敬业、教书育人、严谨治学、团结协作、尊重家长、廉洁从教、为人师表的典范。

第三，要坚持"身教重于言教"。无声的身教胜于有声的言教，这是教育实践得出的结论。著名教育家叶圣陶先生曾经亲切地告诫教师说："身教最可贵，行知不可分。"学生从教师的行为举止中直接获得实实在在的感受，获得"言教"的印证，这就会使他们对教师产生亲切感，从而增加教育的说服力和感染力，有利于促进学生正确道德认识的形成，并推动这种认识向道德行为习惯转化。

作风正派，以身作则，注重身教，是为人师表的重要内容。教师的神圣职责要求教师具有高尚的情操，以自己的心灵美和外表美去熏陶学生，在各方面成为学生的表率。

三、教师在其他人际关系中的道德规范

教师在整个教育教学过程中，除了要很好地处理好与自己的工作对象——学生的关系外，还要认真对待和处理好与其他方面的人际关系。如教师与教师、教师与学校领导、教师与学校各有关部门领导、办事人员以及与学生家长的关系，这些关系处理得如何直接关系到教师教育活动的成败，因此上述关系不容忽视。

（一）教师与教师关系中的道德要求

1. 正确处理教师之间关系的意义。

现代教育是一种群体协调性很强的职业劳动，它需要教师与教师间的坦诚合作，如果教师间人际关系紧张、对立，各行其事，各唱各的调儿，就会破坏教育工作的统一性；教师也会精力不集中，为人际关系而耗神；同时对学生要求的不一致，使学生无所适从，久而久之，会使教育教学质量下降，使人才培养受到严重影响。因此说，在学校众多的人际关系中，教师与教师之间的关系是比较重要的关系，处理好教师与教师之间的关系意义深远。

第一，教师之间的团结合作是教育目的统一性的要求。

在我们社会主义国家，教师与社会、教师与学校、教师与教师之间的根本利益是一致的，教师劳动的目的，学校教育的目的与社会发展的目标也是一致的。总目的都是培养人才，使我们中华民族繁荣昌盛。这是教师之间互相尊重、互相学习、团结协作完成工作任务的前提和基础。如果教师抛开这个总目标，只从狭隘的个人利益出发，"各人自扫门前雪"，就会破坏整体教育环境，对人才成长，对学校建设和发展都是十分不利的，事实已证明，这种人际内讧不仅使学生、学校受到损失，教师在个人利益上的损失也是很大的。

第二，教师之间的团结合作是教育发展规律的要求。

在我国的古代，由于生产力和科学都不发达，教师的劳动许多是以个体的形式出现的。比如我国著名的古代教育家孔子，自办私塾，传道授业，是以收徒讲学、师传徒受的方式进行教学的。所谓"弟子三千，贤人七十二"，都是孔子的学生，孔子教育教学活动的个体性十分明显。孔子给弟子的讲学，弟子们发问，孔子按各人的特点给予解答。这种教学方式突出了教师单向式的传授和解答，并且围绕着教师个人而转，师徒关系十分单一明确。但是在现代社会，由于社会的发展和时代对人才的全面要求，使得培养人——这一伟大而艰巨的教育工程不再是哪一位教师所能完成的，即使他博学多才也不可能；而非要依靠教师群体的劳动不可。从一个人的成长和社会化来讲，在他一生的学习过程中，要学习许多基础知识和专业知识，这些知识的传授要由许多教师来完成。现代社会的知识融合、学科的交叉和教育的多种功能以及复合型的学生的培养，都说明，教师个体的力量再大，也不能代替教师群体的劳动，只有教师集体的合力才能办好一所学校，管好一个班级，培养好一个人，否则便不能奏效。这是现代教育规律的内在要求。现代教育特别需要教师具有群体意识，发扬协作精神。

第三，教师之间的通力合作是实现教育目标的保证。

社会主义国家的教育目标是认真贯彻党的教育方针，使受教育者在德育、智育、体育几方面都得到发展，成为有社会主义觉悟、有文化的劳动者和四化的接班人。为了达到这一目标，学校不仅要有文化课、专业课的教师来承担授课任务，还要有德育教师、体育教师、美术教师等来承担授课任务。而且在各科授课教师制订的具体教育计划中都有其他教师（过去的或现在的）的创造性劳动。要使教育目标顺利实现，广大教师必须携手并肩，团结合作，心往一处用，劲往一处使，促使学生朝着全面发展的目标前进，最终成为社会主义事业的建设者和接班人。

第四，教师之间的团结合作是教师完善自我，提高综合素质的最佳途径。

一个人再完美也需要不断地充实自己，何况是作为一名人之师，要给人以知识，给人以智慧，给人以做人之道，提高自己、完善自己是社会对教师的特殊道德要求。因为学高为师，德高为范，教师只有在方方面面都高于他人，才能不愧为教师的崇高称号。然而教师自身素质和能力水平的提高仅靠自己的勤奋和自律是不行的，只有在教师的集体中，通过发现其他教师的优点、经验，也才能认识到自己的不足和缺陷，在集体中，在与其他教师的合作中，教师才能更清楚地了解自己，认识自己，显示出自己的价值，从而提高自己、完善自己，这样才能及时调节自己，从而适应工作，胜任教师这个特殊职业。

2. 教师与教师关系中的道德要求。

第一，克服各种错误倾向。由于历史的、现实的、社会的等各方面的原因，致使教师集体中不团结、闹矛盾的事情时有发生。这些不良现象主要表现为：有些教师过高地评价自己的贡献，忽视或否定其他教师的作用，对其他教师的工作采取不关心，不过问，不主动配合的态度；一些教师由于在教育思想、教育方法、教育内容等方面存在某些认识上的分歧，故而导致工作中的不协调；由于"同行是冤家"、"文人相轻"的旧职业心理，导致互相拆台，互相贬低，造成一部分教师间对立、不团结；由于不能正确地对待竞争，一部分教师对超过自己和比自己强的人嫉妒、排挤甚至打击迫害，人身攻击，严重地破坏了教师之间的合作关系。教师之间的不和和矛盾不仅仅是教师个人的事，它直接影响了整个学校的教学活动，损害了教师形象，干扰了教学秩序，使人才培养工作遭受很大损失。为了使教师的不团结、不协作等不正常现象不发生或少发生，希望广大教师严格履行教师职业道德，认真和正确处理好教师与教师间的道德关系。

要继承、倡导、培养良好的校风。良好的校风，是一个学校长期形成的风气、传统和习惯等。它体现在学校师生员工的言行和人际关系中。良好的校风是对学校优良传统的继承和发扬，是对全校人员现实精神面貌的反映，是学校群体形象的体现。良好的校风，应该不断地丰富和发展，增添新的内容。继承传统，培养新风，使良好的校风成为激发全校师生奋发向上，不断开拓前进的力量。

第二，建立新型的协作关系。一个教师能否处理好与同事之间的关系，是衡量其素质和道德修养水平的标志之一。多年来，在我国的各个领域都只讲合作，不讲竞争，似乎一讲竞争就是互相排挤，拆台，这是一种落后和愚昧，社会发展到今天，不仅其他商业领域需要竞争，教育领域也同样需要竞争。我们的教师要转变陈旧的观念，建立社会主义新型的竞争意识。如今我们讲的竞争，是不依赖于集体和国家，不依赖于任何其他条件，使人的个性和积极性、创造性得到表现和发挥，没有竞争就如同一潭死水，没有生机，没有活力，也没有速度和效益。大家都甘心平平庸庸，哪怕喝粥只要平均一人一碗。这样的时代过去了，我们现在让人公开叫号；你行，我比你更行！但同时，又讲协作，不会协作就干不成事。竞争与协作并不矛盾，关键在于我们如何认识和理解。现代教育需要竞争和协作，教师要尽快适应这一新的要求，在工作中既要有开拓精神，不甘落后的气概，又要善于与同事合作，这是艺术，交往的艺术，也是做人的艺术。教师要认真研究，否则将不能适应时代的要求，也不能成为一名合格的现代教育工作者，更不能培养和造就出现代社会所需要的新型人才。

第三，教师间要互相尊重、互相支持。为此，就要做到：

担任同一学科的教师要互相帮助，取人之长，补己之短。同一学科的教师一般都毕业于不同学校，教学时间长短不一，教学方法各有所长，但每位教师都各有自己的特点和长处。俗话说："尺有所短，寸有所长。"因此，需要互相学习。

不同学科的教师，特别是教同一班级的不同学科的教师，要互相尊重，互相配合。在学校中，各种学科都是素质教育、培养全面发展人才所必需的，它们之间是相互联系、相互促进的。因此，每一位教师都不应该过分强调本学科的重要性，有意无意地贬低其他学科的重要性。有的教师大量布置本学科的作业，以使学生重视本学科的学习，结果挤掉其他学科的学习时间，给其他学科教师的教学造成了困难，同时学生因负担过重而影响身体健康，这是违背教师职业道德要求的。正确的做法应该是努力维护其他教师的威信，在减轻学生负担的情况下，提高本学科的教学质量。

新老教师之间要互相尊重，互相学习。一般说来，老教师的教育、教学经验比较多，知识比较丰富。而年轻教师思维敏锐，朝气蓬勃，富有创新精神，但却缺乏教学经验。所以年轻教师应该主动地、虚心地向老教师请教，使自己不断成熟起来。老教师也应该满腔热忱地爱护和关心年轻教师的成长，注意学习他们的求知创新精神，使自己永葆青春。

此外，优秀教师与其他教师之间、教师与后勤人员之间，同样需要互相尊重，互相支持。总之，学校教职员工之间互相尊重，互相学习，团结协作，是办好学校的基本保证。在一定意义上说，没有团结一致的学校集体，特别是教师集体，是不可能完成教育和教学任务的。

（二）教师与学校领导关系中的道德要求

在教育教学领域，党政各方面的领导与普通教师，都是教育集体中的一分子，都是学生的老师，都是社会主义物质文明和精神文明的传播者和建设者，从人格上说都是平等的。只因分工不同，职责不同，又存在着上下级的领导与被领导的关系。这种关系在一般人看来都会认为不存在什么不和谐的问题，但现实中确实又因种种原因而存在一些矛盾。比如因学校领导和教师在思考和处理问题时，因出发点和所站的角度不同，就会出现不同的认识和看法。如果各持己见，就会产生分歧和意见；因所担负的责任不同，各自对对方的工作情况了解不够，理解不足，也会产生矛盾；因旧的意识和观念的影响，也会使领导与教师发生误解和矛盾。比如：在一些领导的认识当中，认为教师是被领导者，就应听领导的。对错都应绝对服从。抱着这种认识，一些领导就把与教师的关系看成是主从的关系，不尊重、不信任、不关心教师，最终导致矛盾甚至冲突。现实一些年轻教师又有新观念，认为我是人才，你领导对我也要敬三分，高傲，孤芳自赏，目中无人，对领导不尊重，也造成领导与教师的关系紧张；因领导工作作风、工作态度上的问题也会产生矛盾。有的领导不深入基层，不搞调查研究，对教师情况不了解，却自以为是，随便评价教师。有的领导主观专断，不民主，搞一言堂，也会引起教师反感，出现对立情绪。针对上述情况，有必要对领导和教师提出在二者关系中的道德要求。

对学校领导干部的道德要求：

一是要更新观念，重新认识领导干部与教师的新型平等关系。

二是要深入基层，到教学第一线了解教师教的情况，学生学的情况，不能高高在上，搞遥控。当代教育领导者一方面要从宏观上把握社会对人才需求的总趋势；另一方面要经常与学生对话，了解学生的心态和成长状况。及时制订和调整培养计划，保证学校人才培养的质量。

三是要关心教师的工作，生活和学习，充分发挥他们在培养人才和学校发展中的作用。学校的根本任务是育人，而育人任务的完成主要靠教师，学校领导要从思想上、工作上、生活上全面关心教师，为他们多创造条件，多提供机会，多给些待遇。让他们做学校的主人。

四是领导干部要率先垂范，以身作则，为全校师生树立良好的教育领导者形象。现代学校领导者首先要成为教育专家，要研究教学业务。在其他方面要求教师做到的，自己要首先做到，要身体力行。对教师和学生深恶痛绝的不正之风要坚决抵制。领导者在学校不仅要成为教师、学生生活上的导师，还要成为道德上的引路人。事事要做表率，这样教师才心服口服，才有干劲。

五是要克服独断专行，唯我最高的长官意志，充分发扬民主。在事关学校发展和生存的大事上，要尊重教师的意见，要放下架子虚心听取，集思广益，才能办好学校，领导者的威望也会从这里提高。

对教师的道德要求：

一是要尊重领导，服从领导，忠于职守。作为教师就应认真服从学校领导者关于任职、任课的正确安排，正确对待各种监督和检查以及考评，对领导者的尊重与否，对工作的热爱与否直接反映出一个教师的素质和道德水平。

二是要为学校的发展出力献策。教师是学校的主人，应承担起主人的责任。对工作要极端负责，不能马虎大意，领导对上级负责，教师对领导负责。教师要主动参与学校的建设和发展。有合理化的建议要及时提出。要把教育事业当成自己的生命，并甘心情愿为其奋斗终身。

（三）教师与学生家长关系中的道德要求

学生是教师的工作对象，学生背后就离不开家长，家长作为

"家庭教师"时刻对子女发生教育和影响作用。那么教师因学生而与学生家长就会发生间接的，有时是直接的关系。这种关系按正常讲不会有太多的问题和矛盾。但有时因出发点不同，在培养目标上的认识不同，对孩子的情感不同以及教育方法不同都会造成一些分歧甚至矛盾。比如：目前的学生有许多在课余时间都上一些特长班，美术、器乐、书法、英语等，家长是为了让子女早日成名成家，而学校的老师在此方面持多种反对意见，认为在培养目标上设计不当会使孩子的个性受到压抑；在教育方法上，许多老师喜欢采用疏导法，情感教育法，而家长却是简单粗暴。在现实生活中，教师与家长常常发生一些矛盾，处理好这种关系，不仅对教师的教学活动有积极作用，对学生的身心健康和发展也十分有利。因此，作为教师要主动与家长取得联系，及时报告和沟通学生的情况，对学生与家长提出统一的要求。家庭是学校教育的基础和补充，教师要重视并有义务向家长传播教育科学知识，促进家庭教育的科学化，使家长在正确教育思想的指导下，以恰当的教育方式配合学校做好学生的培养教育工作。教师在与学生家长接触中要文明礼貌，不要趾高气扬，盛气凌人，要尊重学生家长，听取意见，否则会降低教师在学生家长心目中和社会人群中的威望，反过来使学生不尊敬教师，会给教育教学工作带来障碍，影响教育活动的顺利进行。

（四）教师与社会交往中的道德要求

现代社会是信息社会，是交往社会。教师与社会的交往会随着社会的发展而增多。作为一名教育工作者，只有在与社会各方面的交往中，认识到自己的价值，了解自己的知识水平和教育方法，才能不断地调整自己，充实自己，提高自己，从而才能更好地完成党和国家以及人民赋予的崇高而伟大的历史使命——为社会输送有用人才。所以，从教育发展的规律和教育的功能来看，教师与社会交往必然要联系起来。教师自身的生活和工作需要也客观地要求教师要与各行各业进行交往。而且教师作为知识的传播者，文明的推动人，他们不仅在培养年轻一代上发挥着作用，而且在社会生活的其他方面也发挥着重要作用。

教师在与学校以外的各种人员交往中要遵循以下道德要求。

第一，文明礼貌，自觉遵守社会公德。

教师是教育人的人，首先必须是文明人。与在社会交往中，要处处为人师表，自觉遵守社会公德，遵纪守法，为他人树立良好的道德形象，做出道德表率。这不仅对在全社会树立教师威信，进而在全社会形成"尊师重教，教师光荣"的风气有重要意义，而且对推动社会道德风尚和精神文明建设具有十分重要的意义。

第二，校内校外平易近人，以高尚情操影响和净化社会。

教师在与社会交往中，要以亲切和蔼的态度平等地对待一切人，尊重每一个人，这是教师知识水平高，修养深的一种具体表现。在社会公共场所，如遇有不良现象，教师要首先走上前去制止，而且方法要讲究，说话要以理服人，行为要有示范作用，要让所有的人都能从教师身上看到真善美，看到社会的文明和人类的进步，从教师的一言一行中体味到人生的美好和幸福。教师的高尚情操就是一面旗帜，会引导全社会的人从善除恶，使更多的人进一步约束自己，调整自己，把社会公德和各种行为规范内化为自己的道德情感，去自觉地做一个有修养有素质的公民。

第三，在校内甘为人梯，在校外也以为他人服务为乐事为己任。

随着社会的进步和发展，"科教兴国"的思想必将在全社会达成共识。人们对教师在人类进步中的作用的认识会越来越高，那么需要知识，也就意味着需要教师。教师对社会的需要要尽心竭力，有求必应，主动热情地提供服务。绝不能用知识私有主义态度，端着知识分子的架子不愿从事服务工作，不能只讲经济效益不讲社会效益，不能像小市民一样做金钱的崇拜者，不能受西方人生哲学的影响，只讲索取，不讲奉献，教师的伟大和崇高就在于他能够守住一份清贫而拥有一个富足的精神世界，这才能为人师。

第四，谦虚勤奋，以人为师。

教师要胜任教书育人和为人类社会造福这一神圣的使命，必须建立起动态的知识库和科学的知识结构，随时补充、更新，调整自己头脑中的知识体系，使自己的思想、观念和知识跟上科学发展的需要，要做到这一点，教师一方面要向书本学习，博览群书，"上知天文，下知地理，中知人事"之外，另一方面还要向社会学习。社会是一部百科全书，教师不仅要学，而且还要在学习中思考，感悟，才能培养出真正的哲学家、科学家。教师不能自我满足，自以为是，这种思想会妨碍交往的正常进行，而且也有损于教师的影响和成长。

第五，教师要树立崇高的职业理想和道德理想。

一个民族，一个国家，教师的素质和水平决定着一代又一代人的素质和水平。教师的作用和影响不是眼前的，也不是暂时的，他的作用和影响深刻而持久，深远而巨大。所以教师要树立崇高的职业理想和道德理想。崇高的职业理想就是要把教师这一职业在改革和不断完善中推向更高的层次，脱离那些低级趣味和不美好的现象，让教师职业真正成为太阳底下最伟大，最辉煌的事业，引人类走向光明。崇高的道德理想是指教师要追求最高的道德境界，为了去塑造和改造年轻一代的灵魂，自己要修身养性，减少各种欲望，心中装满知识和哲理，然后去教导学生，教导社会，教导人生。没有理想教师就不会进步，教师不进步，追求不高，人类的发展就会减慢，全人类素质的提高也就会受到影响。所以教师要认识自己，改造自己，锤炼自己，以不负人类之重托和重望。

四、教师言表风纪的道德要求

教师的言表风纪包括语言、仪表、风度、法纪等方面的丰富内容，是指教师在职业活动中，为了完成教育任务达到教育目的、遵循一定的社会规范和生活准则，表现出来的行为方式的总和。人民教师要出色地完成教书育人的本职工作，必须使自己的言表风纪符合社会主义的道德要求，做到语言规范精练、生动优美、准确纯洁；仪表仪容光彩、衣着朴实整洁，举止文明得体；态度和蔼可亲，行为稳重端庄，文化知识渊博；自觉遵守社会主义纪律、模范执行国家的政策法令；不断提高自己的言表风纪素养，真正做到为人师表，成为学生的表率和榜样。

（一）教师的语言要求

教学过程是信息传递的过程，而信息传递的主要载体，是教师的语言，教师语言品质的优劣、口头表达能力的强弱、直接影响着教师教导作用的发挥、制约着学生的语言和思维能否健康地发展，这就要求每位教师必须加强语言修养、锤炼教学语言，提高语言表达艺术。

第一，语言要规范。教师语言规范应体现在两个层次上。首先是教师的语言必须符合普通话的要求，即在使用汉语的地区和学校，教师要用汉语普通话教学，在部分少数民族地区和学校，教师要用规范的少数民族语言教学。那种使用一种民族语言，但方音严重，方言频仍，这是规范化教师语言所不能肯定的。其次是教师专业授课必须尽量使用专业术语。如上个世纪某大学物理系有一位副教授，由于不注意知识更新，把 50 年代的电子学知识应用到 90 年代的电子线路教学中，以致连许多线路和元件的名称都不知道，只能稀里糊涂地告诉学生这个"疙疙"起什么作用，那个"疙疙"又有什么功能，故被该系师生称之为"疙疙教授",这种情况严重影响了教师教育意向的表达,使学生接受知识和教导也遇到很大的障碍,这是教师语言规范要求所不能允许的。

第二,语言要精练。精练,是指教师的语言要简洁明了,不啰嗦。教师要用最简洁的语言表达最丰富的内容,做到言简意赅。防止那种啰啰嗦嗦夸夸其谈的叙述和毫无目的缺乏选择的旁征博引,使学生能迅速捕捉到重点内容的核心,难点内容的突破点,帮助学生在繁杂的知识结构中,总结出知识的主干部分,记住关键性内容。如病理学用"红、肿、热、痛、机能障碍"概括炎症的局部表现,内科学中用"咳、痰、喘、炎"概括慢性支气管炎的临床表现,始终使学生记忆犹新。如果教师翻来覆去,拖泥带水,语病丛生,废话连篇累牍,"这个"、"那么"、"哼哈"、"啊吗"等口头禅一大堆,学生就会听之乏味,昏昏欲睡,没精打采,提不起兴趣,激不起灵感,启迪不了智慧,震动不了学生心灵,导致教育的彻底失败。

第三,语言要准确。语言的准确性,是指教师使用语言确切清楚,不含混。即能准确地表述概念、规则、原理等内容,清晰地传达思想感情、愿望等教育要求。不能含混不清,模棱两可,似是而非,互相矛盾。要有事实根据,不能随意乱说,更不能张冠李戴。如生理教学中的反应与反射,辐射与辐散,突融与轴突等名词只一字之差,但其内涵和外延是不同的,只有正确理解其含义,才能正确应用。如果一个教师不能使用准确的语言来传授知识,就会使学生如入云雾山中,出现不说还清楚、越讲越糊涂的情况。同样,如果一个教师在对学生做思想工作时,言语错误,措词不当的话,结果只会适得其反。所以,每位教师都要使自己的语言具有准确性。

第四,语言要生动。教师的语言除了做到规范精练准确之外,必须进一步做到优美生动。一方面要使语言有美感,做到音

252

调抑扬顿挫，富有节奏感和鼓动性，音色甜润优美、话语流畅自然、速度快慢适中，增强学生的注意力，减少学生的疲劳感，使学生时刻处于最佳思维状态。另一方面，要把抽象的概念具体化，深奥的道理形象化。教师必须借助于比喻、成语、典故等形象的事例讲解说明。有经验的教师在讲反射分类时，用"望梅止渴"的成语故事来说明条件反射和非条件反射的概念和区别。用"入芝兰之室，久而不闻其香"的古语，来说明机体嗅觉的适应现象。都比较鲜明生动，有助于理解课程内容。如果一个老师在讲课时，语言呆板单调、枯燥乏味，使人听来昏昏欲睡、提不起兴趣，那么，无论是多么重要的知识理论，无论教师重复啰嗦多少次，都是很难让学生理解记住的。关于这一点，任何一个有经验的教师认识都是比较深刻的。

第五，语言要纯洁。教师的育人职责，要求教师的语言要文明纯洁，切忌粗鲁污秽。教师要在自己文明的语言中表现出自己高尚的道德品质，就要禁忌一切低级、庸俗、下流的污言秽语，保持语言的纯洁性。教师的语言肮脏下流，只能说明此人道德品质低劣，不配为人师表。因此，教师在任何时候、任何情况下，说话都要讲究文明礼貌，都要自爱自重，尊重别人，保持自己良好的风范形象。在教育学生时，不能用刻薄蛮横的话语对学生进行讽刺挖苦、训斥奚落。如果一个教师在教育学生时，粗话连篇、满嘴喷蛆，那么，他实际上是在强化学生的自卑心和逆反心理，是在把学生推向不幸的深渊；如果教师在帮助少数调皮学生，维持课堂纪律或处理一些鸡毛蒜皮的小问题时，缺乏自制、不加分辨地对全体学生进行歇斯底里的破口谩骂，那么，他这是存心使学生变坏。总之，如果教师在教育活动中，不能使用文明健康的语言、保持语言的纯洁性，不仅损害了教师的"光辉形象"，给学生心灵带来污痕和创伤，不利于学生的发育成长，而且往往成为学生说粗话、脏话的"充足理由"。

以上是教师语言的基本要求。因此，一个教师，不论自己教什么学生、教哪一门学科，都要重视自己的语言修养，认真学习语言知识。不断提高语言水平，使自己的语言适应教书育人的需要。

（二）教师的仪表要求

教师的仪表最直接反映教师的道德面貌和审美情趣，对学生具有重要的道德意义和审美价值。良好的仪表，能获得学生的认同和敬重，糟糕的仪表，能引起学生的反感，破坏师生间应有的亲和力，从而给教育教学带来一定程度的影响。这里，主要从仪容、服饰、举止三个方面对教师的仪表进行阐述。

第一，教师的仪容。仪容，在社会交往中表现一个人的文化档次和意识修养，它是在社交礼仪中最基本的起点。教师在教书育人过程中应尤其注重视觉形象塑造，比如教师不能蓬头垢面；教师不能浓妆艳抹、发式奇异；教师不能精神萎靡、阴沉怪厉、愁眉苦脸。而要情绪饱满、朝气蓬勃、光彩焕发、成熟向上。有的年轻女教师留着长长的指甲，脸上涂着厚厚的脂粉，有的男教师留着很长的胡须，这与教师的职业是不相称的。除注意视觉形象的塑造外，在味觉形象塑造上也应注意。如果一个教师不注意口腔卫生，带着满口的烟味、葱味、蒜味等异味走进课堂辅导学生，势必引起学生的反感，从而影响正常教学交流。在谈到教师的仪容要求时，还不能不谈到教师的板书形象问题。教师板书尽管不是教师直接的仪容仪表，但它却是教师仪容仪表重要的影响因素。试想当一位仪容仪表美观大方的教师站在讲台上挥笔写出的却是毫无美感可言的板书，你能说他的形象不受影响吗？因此，我们强调教师注意仪容仪表塑造时，教师板书形象问题也应受到重视，摆正位置。非此，教师的仪容形象就不可能符合完美的标准，就不可能得到学生的充分认同。

第二，教师的服饰。服饰，包括着装和饰物。对教师来说，着装、首饰必须符合教师的道德要求。首先，做到衣着整齐清洁、饰物典雅大方，如果教师个人卫生很差，衣服很脏，领子里一半外一半、裤脚长一只短一只、外衣不扣纽扣、衬衣打个结、拖着拖鞋不修边幅地走进教室，给学生的第一印象很差，对学生的思想面貌带来不利的影响。其次，教师的衣着要美观素朴，不要奇特古怪，艳丽花哨。教师的衣着仪表要符合民族特点、年龄特点、个性特点和职业特点，不能"唯洋是美"，去闹"东施效颦"、"邯郸学步"之类的笑话，更不能搞什么标新立异、革故创新，穿着奇装异服，以免有辱斯文，有失体统。教师的整个穿着打扮，要符合教师的职业特点、道德要求和审美标准，不要与教学、教育气氛相冲突。服装款式要美观大方，不要过于陈旧、显得落伍，也不宜太赶时髦，追求新奇；衣服颜色和装饰应尽量素静雅致，不要艳丽夺目、花哨惹人。因为在教育活动中，学生几十双眼睛的视线都集中在教师的身上，如果教师的衣着打扮奇特古怪，华丽花哨，就会使学生把注意力分散到教师的服饰上，影响学生集中精力去听讲受教。因此，教师的衣着打扮一定要考虑到自己的职业特点及环境要求，要和教师的职业身份相适应，考虑到可能对学生产生的影响。

第三，教师的举止。教师在职业劳动中，除了要具有美的仪容服饰外，还要有美的举止。教师在教书育人和日常生活中都要注意自己的行为举止，做到谦虚礼貌、不卑不亢，不能粗野无礼、蛮横放任，这是教师道德对教师行为的起码要求。教师是学生的教育者，自己的举止不仅要礼貌，而且要端庄、正派、适度、得体、优美，让自己的举止体现出良好的道德文化修养，让美德表现在外部行为上。教师在与学生交往中，要让学生体验到自己举止中那具有丰富内涵的美。走路的姿势应步履稳健、抬头挺胸，不要身体东倒西歪、步子拖沓、左顾右盼，显得无精打采；授课时的手势姿态，要举止适度，动作文雅，表现出文明的气度，不要拍黑板、擂讲台、捶胸顿足，显得缺乏修养；和学生交往谈话，要热情而有分寸，亲切而讲究礼节，表现出庄重而随和的品质；日常生活中要讲究卫生，遵守社会公德，不要乱丢纸屑、烟蒂、随地吐痰、践踏花草、把脚搁到桌凳上等等。因为一个教师只有举止适度，行为端庄，才有利于确立自己的完美形象，受到学生的爱戴和欢迎，为学生树立良好的身教形象，给学生以良好的精神感染。反之，如果一个教师行为轻狎不羁，松松散散，举止没有分寸，则有损于教师的形象，不仅会使学生憎恶，还会对学生的行为起坏的影响和诱导作用。所以，教师在教育工作中，一定要认真检查自己的一举一动，使自身的行为举止符合教师职业道德规范。

（三）教师的风度要求

风度是以人的全部生活姿态所提供给他人的一种综合形象。人们通常所说的风姿、风采、风格、风韵都是风度的具体表现。风度依赖人的言谈、举止、仪容、服饰形成和表现，所以在一些书籍中"仪表风度"经常是紧紧地结合在一起被阐述。然而我们还必须肯定的是，一个人的风度与这个人的个性气质、品德、情趣、文化素养、生活习惯相关。一句话，风度离不开一定的外在表现，同时也离不开特定的精神内涵。

那么教师风度的精神内涵是什么？也就是说，抛开诸如言谈、举止、仪容、服饰等表象，教师被人称为有风度的东西究竟是什么？

让我们看看下列几个例子。一位"教师"邋里邋遢，时常一问三不知，你能说这个教师名副其实？一位教师风流倜傥，指戴"老板戒指"腰别 BP 机，一堂课中数次打起大哥大，对这样的人，你必然宁愿相信其是商人、老板，也不愿相信他是一位合格的教师；同样，一位课堂上激扬文字，才华横溢的教师，生活中如果市井气十足，唯利是图，斤斤计较，我们不信他的教学风度不受影响。可见，教师的风度是有其特定的内涵的。

第一，教师要"稳重"。教师的职业特点要求教师遇事必须冷静沉着，泰然处之，加强稳定形象的塑造。教师应该能够在教学活动中控制自己的情绪，约束自己的行为，树立良好的教师形象，使学生一眼就可以看出你是一个可以信赖、值得尊敬的师长。这就要求教师在教学过程中，不管什么时候、面对什么情况，都要表现出博大精深的知识涵养，沉着冷静的性格气质，成熟稳定的思想情绪，进取自强的人生态度，勇谋兼备的才干本领。不能因为自己的心境不佳、身体不好就发脾气、耍态度，也不能因为自己心情愉快就手舞足蹈、举止轻浮，这既有失教师的风度，也影响教师在学生心目中的威信。

第二，教师要"可亲"。因为没有可亲，教师的稳重很可能异变成学生心中的凝重或沉重。冷若冰霜，拒人千里之外，怎么可能使学生"亲其师、信其道"？所以教师在教育学生时，要表现出师长的爱抚和关切，目光要充满热情和希望，面孔要慈祥，态度要诚恳，表情要温和，情绪要稳定，使学生产生一种和蔼可亲的感觉。教师是做育人工作的，他要面对面地通过言传身教去教育感染学生。这就要求教师在教育过程中要注意自己的态度，如果一个教师在待人接物时谦恭有礼、坦然自若，面对成功和荣誉不骄傲自大，面对失败和挫折不悲观气馁，始终保持积极进取的态度，就会去掉学生对教师的畏惧和对教师水平的怀疑之感，学生就会主动地接近教师，钦佩教师，学习教师。

第三，教师要"有识"。教师之所以是教师，在于他是职业的知识传播者。要向别人传播知识，自己首先必须是一个知识渊博的人，有一个比较合理的知识结构。其知识结构必须有三个特征：一是广泛深厚的文化科学基础知识；二是扎实系统精深的专业学科知识；三是全面准确的教育科学知识和心理学知识。教师只有掌握广泛深厚的文化科学基础知识，才可能为学生获得多方面知识提供机会；才可能及时地发现具有特殊才能的学生；才可能把所教的学科与其他学科有机地结合起来。教师只有掌握扎实、系统、精深的专业知识，才可能使学生在重要的学科领域中，达到较高的水平，掌握今后从事工作的真才实学。教师只有全面准确地掌握教育科学和心理科学知识，才能正确地选择教育的内容和方法，把自己所掌握的知识和技术有效地传递给学生，使学生的各种潜能充分地发展起来。所以，教师必须具备上述的知识结构，才有可能担负起培养德、智、体、美、劳全面发展的一代新人的任务。

（四）教师的法纪要求

纪律、法令、政策等本来是具有强制性的行为规范，但在社会主义条件下也具有突出的道德意义。人民教师是教书育人的，自觉遵守社会主义纪律，模范执行党和国家的政策法令，具备良好的法纪风貌。概而言之，就是要依法执教，这是人民教师言传身教培养人才的重要保证和道德要求。

人类社会的演变，是一个从身份到契约的过程。所谓用契约维系的国家，就是法治国家。在现代社会里，人们利益关系的复杂性不断增加，法律在维持社会秩序、促进经济发展和社会全面进步方面的作用日益突出，依法治国已成为时代的主流。实行和坚持依法治国，就是使国家各项工作逐步走上法制化和规范化。具体到教育领域，就是指在社会主义民主的基础上，使教育工作逐步走上法制化、规范化。

在社会主义现代化过程中，加强教育法制建设，全面推进依法治教，是教育改革和发展的客观要求，也是现代化教育发展的必然产物。正是在这种背景下，改革开放以来，我国教育法律法规相继出台，构成了教育法律法规体系。我国有关教育法律法规的完善和实施，要求国家机关以及有关机构严格按照法律规定，在其职权范围内从事有关教育的治理活动，要求各级各类学校、其他教育机构、社会组织和公民严格依照法律规定，从事办学活动、教育教学活动及其他有关教育的活动。对于教师来说，就是要依法执教。

依法执教主要包括以下三方面的内容。

首先，要学习宣传马克思列宁主义、毛泽东思想、邓小平理论和"三个代表"重要思想。

马克思主义理论是指导我们思想的理论基础，是我们依法治国的行动指南。作为教师，应该立德为本，以德立教，坚持用马克思理论武装头脑，树立科学的世界观、人生观、价值观，以适应改革开放和社会主义市场经济发展的要求。

在社会主义改革开放和现代化建设的新时期，在新世纪的新征途上，用马克思主义理论指导我们整个事业和各项工作。这是我们国家从历史和现实中得出的不可动摇的结论。作为一名教师，应该努力提高自己的理论和政治水平，牢固树立科学的世界观、人生观和价值观。

邓小平教育思想是邓小平理论的重要组成部分，是指导我国教育改革和发展的强大思想武器。邓小平教育理论是指导我们教育教学工作的指针。邓小平关于教育要优先发展的思想为科教兴国战略奠定了理论基础；教育要面向现代化、面向世界、面向未来的思想，指明了我国教育改革与发展的总方向。邓小平的教育思想还包括他的人生观、新时期的培养目标和人才标准等丰富内容。作为教师，要注意联系实际，学习和领会邓小平教育思想的精髓，用以指导自己的教育教学工作。

要建设有中国特色的社会主义，必须着力提高全民族的思想道德素质和科学文化素质，培育适应社会主义现代化要求的一代又一代有理想、有道德、有文化、有纪律的公民。这就要求在全社会形成共同理想和精神支柱。作为 21 世纪的中国教师，不但要树立科学的世界观、人生观、价值观，还肩负着引导青少年树立正确的世界观、人生观、价值观的历史重任。

加强青少年思想道德教育，是关系国家命运的大事。历史告诫我们，只有坚持以社会主义、共产主义道德和马克思主义的基本立场、观点和方法武装青年一代的头脑，才能培养出合格的社会主义事业接班人。教育战线的广大教育工作者要始终不渝地用马克思主义理论教育青少年，深入持久地开展以为人民服务为核心、集体主义为原则的社会主义道德教育，加强民主法制教育和纪律教育，帮助他们树立远大的理想，树立科学的世界观、人生观和价值观，全面提高他们的综合素质，使他们成为现代化建设所需要的"四有"新人，以适应21世纪的严峻挑战。

当前，我国改革开放和社会主义现代化建设正处在重要时期，在迎接新的历史挑战的过程中，存在着众多的困难，会出现各种矛盾和新的情况。因此，我们要努力学习和掌握马克思主义基本观点，特别是邓小平理论，提高自己的政治素质和辨别是非、分析问题的能力。

总之，学习和宣传马克思理论，贯彻落实科学发展观，这是教师道德修养最根本的思想基础。每个教师都要认真对待学理论问题，要制订出学习计划，选好学习资料，认真阅读，深刻领会。

其次，要拥护党的基本路线，全面贯彻国家的教育方针。

教师在教育教学活动中，要积极拥护党的基本路线，同党和国家的方针政策保持一致。不得有违背党和国家方针、政策的言行。党的基本路线的核心是"一个中心，两个基本点"。它是在建设有中国特色的社会主义理论指导下逐步形成和发展起来的。学习党的路线、方针、政策，特别是学习党在教育领域的方针、政策，必须同学习师德内容结合起来，使教师逐步养成社会主义、共产主义道德品质和教师职业道德品质。

我国教育法规定了我国教育的方针，即"教育必须为社会主义现代化建设服务，必须与生产劳动相结合，培养德、智、体等方面全面发展的社会主义事业的建设者和接班人。教师依法执教，就必须在教育教学活动中全面贯彻教育法规定的国家教育方针。我国的教育方针，是在一定的历史时期内为实现该时期的基本路线和基本任务，对教育工作者所提出的总的指导方针。《中华人民共和国教育法》根据宪法的有关规定和《中国教育改革和发展纲要》的精神，综合研究各方面的意见，在第五条完整表述了国家的教育方针。这个表述，明确了我国教育的性质、培养目标和实现目标的途径，是我国在新时期对教育工作提出的总的指导方针，也是我们实施素质教育的总的指导方针。

全面提高教育质量的关键是教师，全面贯彻教育方针、实施素质教育的关键也是教师。教育思想、方针的贯彻，一代新人的培养，归根到底要依靠广大教师的教育教学实践。广大教师要不断地学习和提高自己，才能适应培养 21 世纪人才的需要。

全面贯彻教育方针，推进素质教育，对教师队伍的素质要求更高了，既要转变教育思想和观念，提高教育教学水平，又要在教育手段、方法上有创新和突破。教师应当懂得教育科学理论，掌握教育教学规律，精通所教学科的专业知识，并形成自己工作所需要的知识结构，而且还要具有综合运用知识，解决教育教学工作中各种实际问题的本领。

教师在教育教学工作中自觉地贯彻教育方针，是教师在实践中以身作则地宣传、贯彻国家的教育法律，也是教师有良好的职业道德修养的体现。当代教师要自觉地把贯彻教育方针这一法定义务转化为自觉的道德修养。

再次，要自觉遵守法律法规，做奉公守法的模范。

遵纪守法是社会向人们提出的基本要求，也是每个人在社会生活中必须履行的义务。无论对于维护社会和集体应有的正常秩序，还是就个人在这个社会生活中应有的位置和作用来说，遵纪守法都是做人的起码准则。

教师的法纪观念如何，不仅反映着自己是一个什么样的人，而且直接影响着培养的下一代会是什么样的人。教师自觉地做到遵纪守法，可以直接影响到青少年学生的健康成长，促进社会主义民主法制建设和道德风貌的良性发展，这对于培养一代合格的社会主义新人，对于我们国家和民族的未来，是至关重要的。因此，人民教师应当十分注重培养自己良好的法纪风貌，做到遵纪守法，而且应当把它作为教育活动和日常生活中一项基本的行为规范，严格要求，贯彻始终。

宪法和法律是国家、社会组织和公民一切活动的基本行为准则，教育法律法规是规范教育行为的专门法律。教师要教书育人、为人师表，就应当模范地遵守宪法和法律法规。

在宪法的指引下，我国已经形成了教育法、教师法、义务教育法、学位条例等法律法规为骨干的教育法律法规体系。其中，《中华人民共和国教育法》为我们依法治教提供了法律依据，使教育工作逐步走上法制化、规范化的轨道。《中华人民共和国教师法》是我国教育史上第一部专门为教师制定的法律，对教师的权利、义务以及法律责任等都做出了明确的规定，为教师的执教提出了要求，促使教师必须依法执教。它的实施，对维护教师合法权益，提高教师社会地位和待遇，加强教师队伍建设，使教育工作和教师队伍建设走上法制化轨道，具有重大意义。广大教师要认真学习、深刻理解、坚决贯彻教育法律法规，严格依法执教。

广大教师在教育教学活动中，要严格遵循教育法、教师法等教育法律法规的规定。

其一，必须做到心中有法，从教育内容、方法到手段都要符合法律的规定。在我国，我们的绝大多数教师，是能够依法执教的，但也有少数教师背离依法执教的要求，他们的行为违反了教育法律。例如，一些学校存在体罚学生的现象，损害了学生的身心健康；个别教师歧视家庭贫穷的学生、身体有残疾的学生或学习成绩差的学生，违背了教师应履行的法定义务和职业道德。还有的教师认为，自己喜欢怎样对待学生就可以怎样对待，是给学生 60 分还是 80 分，全凭个人对学生的好恶，而不是以学生的实际成绩为准；有的教师对差生采取不管不问的态度，甚至为了不让差生拖教学评比的后腿，不及格的给及格，低分的给高分，这些做法不仅违背了教师职业道德，而且违反了法律，是对学生公正平等地受教育等权利的侵害。

其二，要把法定的职业规范转化为教育教学实践活动，以法律为尺度，严格依照法律进行教师职业行为选择。我国教育法和教师法规定，教师的行为选择如果不符合法律，就要承担法律责任，要受到法律制裁。教师法第 37 条规定："教师有下列情形之一的，由所在学校、其他教育机构或者教育行政部门给予行政处分或者解聘：（一）故意不完成教育教学任务给教育教学工作造成损失的；（二）体罚学生，经教育不改的；（三）品行不良、侮辱学生，影响恶劣的。教师有前款第（二）项、第（三）项所列情形之一，情节严重，构成犯罪的，依法追究刑事责任。"

总之，每一个教师都应当以马克思理论武装头脑，自觉遵守宪法法律，严格依照国家法律法规，依法执教，履行教书育人的职责，为培养全面发展的社会主义建设者和接班人做出应有的贡献。

综上所述，教师的言表风纪包含着丰富的内容，是内在美的外部表现，行为文明的一部分，在教书育人工作中起着重要作用。教师要努力提高这方面的修养，使之不断充实、丰富和完善，使其对学生产生更大的魅力，引起仿效的心理倾向，增强教师教书育人的楷模性，为教育事业做出更大的贡献。

【复习思考题】

1. 如何理解教书育人是教师职业道德的核心？
2. 热爱学生有哪些具体要求？
3. 举例说明为人师表的重要性。

【实例评析】

忠诚教育的赤子之心

教师是连接人类社会过去、现在和未来的桥梁，教师的职业因而是光荣的、神圣的、功德无量的职业。教师职业是奉献性的职业，亘古不变。

古代的孔子一生从教四十余载，培养了三千弟子，七十二位贤人，乐此不疲。被后人永世尊崇。后来的孟子以孔子为榜样，也一生致力于教育事业，培养了许多人才。

一百多年来，先进的中国人，无数优秀的教育家为培养富民强国的人才，献出了自己的毕生精力。无产阶级教育家徐特立，始终"教书为职业、教育为事业"，从事教育事业70余年，为祖国培养了几代青年，被尊称为现代圣人、人民师表。现代人民教育家陶行知留学回国后，拒不当国民党的教育部长，矢志办学育才。他从教几十年，始终安于"粉笔生涯"，以"捧着一颗心来，不带半根草去"的高尚情怀，献身教育，鞠躬尽瘁。当代人民教育家吴玉章，以"一息尚存，绝不放松"的奉献精神，"一贯有利人民，一生有利青年"，数十年如一日，为人民教育事业做出了卓越贡献。建国以来，无数的人民教师胸怀忠诚教育事业的赤子之心，遵循教师职业道德要求，教书育人，终身辛劳，为民族振兴、国家繁荣和社会进步，培养一代又一代的优秀人才，使我们的社会主义祖国立于世界先进之林。

【提示】

1. 我国历代从事教育事业的教师热爱教育，教书育人，为人师表，团结协作，表现了高尚的师德素质，是我们学习的榜样。

2. 热爱教育，热爱学生，是从事教育工作的前提。

3. 教师的素质特别是道德素质具有示范性，因此，教师要不断提高自己的道德素质。

4. 从自己的切身体会，谈谈教师职业道德规范的内容是什么？如何才能模范遵守教师职业道德规范？

第七章　教师职业道德的内化

　　前面几章论述了社会道德、教师职业道德的基本理论，特别是重点阐述了教师职业道德的要求（教师职业道德原则和职业道德规范），这对教师的教育实践活动无疑具有重要的指导作用。然而，对于教师个体而言，这些理论、原则、规范，还只是一种外在于主体的客体力量，对于教师只具有外在的约束力。作为一名合格的教师，仅仅从理论上掌握这些职业道德要求的内容，还是远远不够的，还必须把其转化为自己内在的道德品质，变成个体的道德需要，最终表现为正确的道德行为。换言之，如果教师个体不善于自察、自检、自省、自律，不准备或不能够把外在的道德要求转化为自身的道德品质，融化于自己的心灵中，那么他就不可能自觉地执行、运用教师的道德理论、道德要求来调整自己的行为，无法有效地解决教育实践中的各种矛盾，难以成为一个合格的教师。为此，本章以及第八、九、十章就要解决教师道德内化的有关理论和实践问题。本章首先讨论教师职业道德内化的意义、过程和条件。

一、教师职业道德内化的意义

　　教师职业道德要求与其他道德要求一样，首先是一种外在的约束力，还无法完全体现道德的本质和作用，只有教师自觉地、发自内心地按照外在的职业道德要求行动，才能实现道德的作用，教师职业道德要求的内化具有重要意义。

（一）教师职业道德由他律向自律转化的需要

教师职业不同于其他任何职业的基本特点，就在于它是培养人的。教师的职业劳动在时间的支配上，不像工厂、机关那样约束性强；教师的劳动固然需要统一的教育信念、教育价值目标，需要集体的力量，但在其表现形式上更多地是个体劳动；教师的劳动虽然可以在数量上、实物形态上、指标上做出有形的考核，但是，每一堂课知识传授的程度，备课的深度广度，作业批改的认真程度，对每个学生全面耐心的关怀程度，为学生排忧解难的态度等，这一切主要是通过教师工作的自觉、自主选择而体现的。列宁说："任何'监督'，任何'领导'，任何'教学大纲'，'章程'等等……绝不能改变由教学人员所决定的课程的方向。"① 教师在执行自己的各项具体任务时，其态度、方式、方法的选择总是自主的，是一个自我控制的系统，是由教师凭借自己的道德修养水平和良心来调节的。教师的职业劳动特别强调要培养"慎独"精神，即在无人看见、无人过问、无人监督、个人独处的情况下，仍能自觉地按道德规范行动，注意检查自己，严格要求自己。教师职业的特点决定了其道德自律的重要性，而只有实现教师职业道德要求的内化，教师职业道德才能由他律向自律转化。

教师职业道德由他律向自律发展，需要将教师职业道德内化为教师个体道德。个体道德是指以个体作为道德的主体和载体的道德，是个体在一定的社会道德准则和规范的影响下形成的个人的道德意识和行为特征。教师个体道德，就是指以教师为社会职业身份的社会成员的个体道德，它是由个体道德心理、个体道德行为和个体道德境界等不同层面构成的。个体道德心理是指个体具有善恶意义的心理活动和心理机制，按中国传统说法，可简称

---

① 《列宁全集》第 15 卷，第 439 页。

为"德心"。个体道德行为，也称"德行"，是指个体在某种道德心理机制的作用下，表现出来的有利或有害于社会和他人的行为。所谓个体道德境界，指个体在处理个人与他人、个人与社会整体的关系的一系列表现中，所实际达到并意识到特定社会或阶级的道德要求的程度。教师个体道德实际上是由上述不同层面构成的一种立体网络系统，使教师职业道德要求内化为教师个体内心准则，体现在教师个体的道德行为中，并提高教师个体的道德境界，这才能作为教师个体行为的价值导向，实现教师职业道德的社会功能。没有从教师职业道德要求到教师个体道德的内化，就无法实现从他律到自律的发展，教师职业道德规范的作用也就无从谈起。

（二）教师道德人格完善的重要环节

人格是指人与其他动物相区别的内在规定性，是个人做人的尊严、价值和品质的总和，也是个人在一定社会中的地位和作用的统一。道德人格，就是具体个人的人格的道德性规定，是个人的脾气习性与后天道德实践活动所形成的道德品质和情操的统一。道德人格可划分为高尚的、良好的、平庸的、卑劣的等不同的层次。

教师作为人类灵魂的工程师，其道德人格必定应是高尚的、良好的，事实上，教师的道德人格对学生的影响作用是无可比拟的。正如鲁迅在回忆藤野先生的文章中所说："我总还时时记起他，在我所认为我师之中，他是最使我感激，给我鼓励的一个。……他的性格，在我的眼里和心里是伟大的，虽然他的姓名并不为许多人所知道。他所改正的讲义，我曾订成三厚本，收藏着，将作为永久的纪念……他的照片至今还挂在我北京寓所的东墙上，书桌对面。每当夜间疲倦，正想偷懒时，仰面在灯光中瞥见他黑瘦的面貌，似乎正要说出抑扬顿挫的话来，便使我忽又良心发现，而且增加了勇气……"① 老师高尚的人格，可以影响学生的一生，这样的例子还有很多。作家魏巍在《我的老师》一文中写道：最使我难忘的是我小学的老师蔡云芝先生，她爱我们，"课外的时候，她教我们跳舞，假日里，她把我们带到她家里和女朋友的家里，在她女朋友的园子里，她还让我们观察蜜蜂，也是在那时，我认识了蜂王，并且平生第一次吃了蜂蜜。她爱诗，并且爱用歌唱的音调教我们读诗，直到现在我还记得她读的音调，还能背诵她教我们的诗。今天想来，她对我的接近文学和爱好文学，是有着多么有益的影响！像这样的教师，我们怎么会不喜欢她并且愿意和她亲近呢？即使她写字的时候，我们也默默地看着她，连她握笔的姿势都急于模仿"。对于青少年的心灵来讲，教师的人格是任何力量都不能代替的最灿烂的阳光。教师的世界观、道德品质，以至一言一行、一举一动都会在学生的心灵深处留下痕迹，起着耳濡目染、潜移默化的作用。教师遗传给学生精神上的财产，如加里宁所说，教育者影响受教育者的不仅是所教的某些知识，而且，还有他的行为、生活方式以及对日常生活的态度。教师不仅要用自己的学识教人，而且要用自己的品格影响学生；不仅要用语言去传授知识，而且还要用自己的灵魂去感忆学生和塑造学生的心灵。因此，教师的道德面貌在道德教育中的作用是巨大的，是任何教科书、任何道德箴言、任何奖惩制度所不能替代的一种教育力量。教师应普遍具有这种自我意识，时刻关注自己道德人格的自我完善。

教育是在人与人的相互作用中进行的，教师的劳动对象、劳动产品是人，教师的劳动手段也是人，是由教师个体的思想品德、知识才能、个性倾向等因素所构成的教师的人格，只有人格才能养成人格，在敢于担当培养一个人的任务以前，自己就必须

---

① 鲁迅：《藤野先生》，《朝花夕拾》，人民文学出版社1973年版，第67页。

造就成一个人，自己就必须是一个值得推崇的模范。学校是传播社会先进思想的主要阵地和重要场所，教师身处教书育人的岗位，是正义、公正的化身，如果教师不能内化各种教育伦理原则、规范，那么就会出现身教不存、言教无力的局面。如有的教师在课堂上要求学生要做诚实的人，但为了应付上面检查而弄虚作假；有的教师在学生面前强调要大公无私，为集体奉献一切，而私下却不惜利用学生家长拉关系走后门，甚至有的教师为一己私利而暗示学生送东西给自己，否则便不会一视同仁。试想这种虚伪的道德人格对青少年的心灵会产生多么有害的影响。教师塑造的是国家和世界的未来，教育劳动要求教师要有高尚的人格，而这种高尚道德人格的形成，正是教师将其职业道德要求内化为自己的灵魂，与自己的生命融为一体的结果。

（三）实现教师现代化的需要

现代化是当代世界发展的主旋律，而人是现代化活动的实际承担者，是现代化的主体。教育要面向现代化，要求教师必须实现现代化。教师现代化就是指教师的心理素质、精神面貌及行为特征具备现代社会和教育发展所要求的品质。在道德领域里，就是指教师具有与现代文明和教育相应的道德思想观念和价值取向。要做到这一点，就要求教师个体必须能够接受、消化和遵行新的社会规范和教师职业道德要求。因此，教师职业道德内化是实现教师现代化的需要。

社会存在决定社会意识，社会现代化必然带来对传统道德的强大冲击，由于社会经济环境、政治环境、文化环境的变化，受教育者的思想也会有新的变化和特点，他们思路开阔，敢想敢说，评人论事不拘一格，求新求异，道德取向多元化；同时他们注重个人发展和现实利益，求实求真，厌恶虚假，是否符合现实实际，是他们判断是非的一个重要标准，并不是你讲什么，他信什么，他们渴望独立，主体意识增强。

面对改革开放、复杂多变的社会大环境，面对培养社会主义事业的建设者与接班人的高标准要求；面对敏感活跃，对教育选择性强的教育对象，如果教师不能积极地参与现代生活实践，了解新知识、掌握新信息，建立起适合于现代化教育的现代人格，就难以使教育具有实效性。教师只有加速自身社会化、现代化的进程，在马列主义、毛泽东思想、邓小平理论和"三个代表"重要思想的指导下，接受、总结和消化现代教育中蕴含的新道德因素，才能成为具有现代心理基础、思想观念、行为方式和价值标准的，适应现代教育的合格的教育者。而要实现这一切，其必经之路和必要手段就是积极地将现代教育中具有生命力的新道德内化为自身品质，以此指导自己的行为选择，这才能使教育跟上时代步伐，培养出面向世界、面向未来、面向现代化的德才兼备的合格建设者和接班人。

二、教师职业道德内化的过程

教师职业道德内化的目的是把他律的道德原则及规范转变为教师个体内在的道德品质。人的道德品质的形成是由两方面因素决定的，首先是由客观物质生活条件决定的，是一定社会关系的产物。人刚来到这个世界时，无所谓品质好坏优劣，只有当他进入社会生活，面对现实的物质生活条件和由其所决定的道德关系，经过一定的生活实践，才能形成某种道德品质。另一方面，人作为自觉能动的主体，其道德品质是在社会实践的基础上，经过个人的主观努力而形成的。对个人来讲，它是一个自觉认识和行为选择的过程，是一个由道德认识、道德意志、道德情感和道德行为，即构成道德品质的各个方面或各种因素相互作用的综合过程。这一过程也就是教师职业道德要求内化的过程。

（一）提高教师职业道德认识

教师职业道德认识，是指教师对教育劳动中客观存在的道德关系以及处理这些关系的原则、规范的认识。它包括职业道德观念的形成，职业道德知识和概念的掌握，职业道德判断能力的提高和职业道德信念的形成等。如对教师道德行为规范的认识，其中包括对教育事业、对学生、对自己的认识，以及对教师与社会之间利益关系的认识等等。认识是情感产生的依据，是进行道德意志锻炼的内在动力，是决定行为倾向的思想基础。荀子说："知明而行无过"，在教师职业道德要求内化的过程中，首先要解决道德认识问题。教育活动要求教师必须掌握教师职业道德规范，深刻体会它的实质内容和要求，了解确定这些内容要求的客观依据，明确它对教育活动的特殊意义，这是教师履行职责，调整教育活动过程中各种人际关系、个人与事业的关系以及自身品德修养等方面行为的基础。

与人类普遍的认识过程一样，教师职业道德认识一般要经过从感性认识到理性认识，再从理性认识到道德实践这样两个阶段。职业道德认识的感性阶段是职业道德观念的积累和形成。教师在学习职业道德规范时，应有一定的直接的道德经验，在此基础上，才能吸收、消化各种道德理论，否则就无法深刻掌握道德知识，也难以转化为内在的道德认识。掌握道德概念是教师职业道德认识的理性阶段，是道德认识的概括化过程。它可以帮助教师从许多具体的道德现象和道德关系中，从某种道德行为的多方面表现中，概括地把握一定的道德关系和道德行为的本质；帮助教师深刻地理解一定的道德原则和规范，指导自己的行动或用于分析社会道德现象。

提高教师职业道德认识，不仅要掌握职业道德的基本知识，从道理上懂得是非美丑善恶的区别，而且还要在实际生活中分清上述各种界限，培养道德评价判断能力。道德评价是运用已掌握的道德标准对别人和自己的行为进行道德分析判断的活动，是道德认识的具体化过程。在道德评价的过程中，可以巩固和加深道德认识，促进道德信念的形成。同时，道德概念也正是在道德评价的过程中才真正形成，并不断丰富与发展，最终形成道德信念的。

由此可见，循序渐进地提高教师个体的职业道德认识水平，是教师职业道德要求内化的首要条件，那种认为不必经过职业道德认识阶段，直接就可以培养职业道德行为习惯的观点是不正确的。一个人如果仅仅出于顺从权威和小心谨慎，缺乏道德知识，不知道自己遵循的规范和准则是否合理，也不明白自己行为的道德意义，那么这种行为习惯就不是真正意义上的道德行为习惯，道德发展仍处于受自身之外的价值标准支配的不成熟的阶段。因此，提高教师职业道德认识是教师职业道德要求内化的首要环节。

（二）培养教师职业道德情感

教师职业道德情感是伴随着教师的职业活动而产生的，是以职业道德认识为基础的。

所谓教师职业道德情感就是指教师在教育活动中，对于他人和自己的行为举止是否符合教师职业道德要求所产生的内心体验。这种职业道德情感紧紧同教师的职业劳动联系在一起，一方面，它建立在对教师职业道德规范认识的基础上，教师只有对自己职业的社会道德价值有了正确的认识，才能产生高尚的职业道德情感，认识和理解越深，热爱本职的自豪感和责任感也就越加强烈。另一方面，教师职业道德情感是教育实践的产物，是在长期的教育活动中逐步形成的。这种情感形成之后，便成为推动教师献身教育事业的一股强大的动力，促使教师能够几十年如一日，兢兢业业，诲人不倦，教书育人。

教师职业道德情感是一种高级的社会性情感。教师如果仅仅从职业道德认知去掌握职业道德原则和规范，而缺乏职业道德情感的体验，那么，他的职业道德观念仍是肤浅的、易动摇的。在职业道德要求内化的过程中，职业道德情感发挥着重要作用。第一，评价作用，即以敬慕、赞赏或鄙夷、厌恶的情绪表明对某种道德关系和道德行为的评价态度。第二，调节作用，以某种情绪态度来强化或弱化个人的某种道德认识和道德行为。第三，信号作用，即通过各种表情动作来示意行为的道德价值。与职业道德认识相比，职业道德情感具有更大的稳定性，它的形成，不仅要诉诸人的理智，要有多方面的陶冶，而且往往需要在生活实践过程中经过长期的甚至痛苦的磨炼。一旦强烈的道德情感形成，要改变它往往比改变一种旧的道德认识要困难得多。并且新的道德情感在新的道德认识的基础上形成之后，就能使这种道德认识稳定化。教师职业道德情感能加深内化过程，使教师职业道德要求的内化变得更为深刻和迅速。

教师的道德情感是极为丰富的，概括来讲，主要表现在以下几个方面。

首先，它表现在对教育事业的热爱、眷恋和对学生的关怀、爱护方面。这是教师道德情感的核心。一位执教多年的中学老师说："我只要离开了圣洁的讲台、离开了可爱的学生，一种痛苦感、失落感就油然而生。至于工作条件的艰苦，教学任务的繁重，对我来说，都算不了什么。"这些话，说出了广大教师的心声。教师就是在苦与乐的伴随下，默默度过了几十年的粉笔生涯，从内心中逐渐产生一种无法用笔墨形容的爱事业、爱学生的崇高感情。

教师对学生的爱，体现了对祖国和教育事业的爱，教师爱学生，不是对学生的溺爱和迁就。热爱学生固然包括生活方面的爱护，但更重要的是要严格要求学生，严慈相济，培养他们心灵中闪光的智慧、思想和品格，帮助他们克服错误和不足，使他们将来成为祖国的栋梁之才。教师热爱学生，不只是关心学生的考试成绩和业务才能，还要关心他们的道德品质和体育锻炼，让他们在德智体三方面都得到发展。教师对学生的爱，还在于不只热爱优等生，而且，也同样关心和爱护那些才智较差的学生，在对待程度较差的学生上，更能衡量一个教师对学生的热爱程度。

实际上，爱是教育最有力的手段。教师爱学生，学生体会到这种温暖之情，内心必然受到鼓舞，其上进心必然强烈，学生就会自觉按老师的要求去做。往往是这样，教师对学生的感情越是真挚，就越表现出教师对学生的期望深切，学生所受到的激励鼓舞越大，其自觉能动性就越高，学习和成长的效果也就会越好，这就是由于教师对学生的爱而带来的"教师期望的效果"。所以，教师对学生的热爱之情，可以变成推动学生进步的力量。

因此，教师的职业，并不仅仅依靠丰富的学识，也不仅仅是依靠这种或那种的教学方法，这只不过是一方面。更重要的，是他有没有一颗热爱教育事业、热爱学生的心。教育的对象是人，而人是有感情的，教师只有对学生充满热爱和爱护，才能使学生产生饱满的情绪，形成强烈的上进心，在成长过程中取得较快的进步。

其次，教师的职业道德情感表现在教师的自尊心、责任感、荣誉感等方面。

自尊心是一种由自我评价所引起的自尊、自重、自爱的情绪体验，是教师渴望自身的角色价值得到社会集体的承认与尊重的需要。这是教师追求完善人格，实现崇高人生信念的良好品质。自尊即要维护教师的声誉，保持良好的道德形象，自觉按照教师道德要求规范自己，不做任何有损教师形象的事。责任感是教师对社会、他人应承担的义务和应尽的职责的内心体验。教师的责任感主要表现在自觉地对学生负责、对学生家长负责、对教师集体负责、对社会负责。这种情感可使教师在没有任何外在压力和监督的情况下，也能自觉地去完成教育教学任务。正像一位老师说的："我觉得学生身上的事都是我教师的心上事，都是我应该关心的，应该做的。"责任感是一种高尚的职业情感，是做好教育工作的巨大动力，有了强烈的责任感，教师就能立足本职，对工作极端负责任，对业务精益求精，为"教书育人"而全力以赴。荣誉是教师在履行自己的职责，对社会做出贡献后得到的肯定评价。意识到自己的社会价值并感到由衷的愉快，这就是荣誉感。据调查，广大教师都把"看到学生进步"、"工作得到肯定与表彰"、"获得各种光荣称号"、"受到学生的爱戴与尊敬"等作为最光荣的事。教师的荣誉感就像推进器，促使教师认真履行职业道德义务，发扬锐意进取、奋勇拼搏的精神，为培养社会主义新人贡献一切。

再次，教师的道德情感表现在对同志的尊重、友谊、热情。在教育过程中，教师与同事们都是为共同目标而努力，都是为祖国建设事业培养人才，教师共同遵循教师与教师之间的道德要求的规范，以之约束自己，互相尊重、团结协作，才能使教育工作取得显著成绩，提高教学质量、教育水平；教师与学生家长之间应保持联系，对学生提出统一的要求，共同掌握学生在德智体方面的成长情况，使家庭教育与学校教育相配合。在交往过程中，教师对学生家长要以诚相待，以礼相见，并注意听取家长对学校工作的意见和建议，尊重家长们的合理要求；教师在与社会交往过程中，要意识到自己为人师表的职业形象，以自己的心灵和言行影响社会，推动文明，并帮助人们树立正确的是非观念，明白真善美与假恶丑，促进社会风气的好转。

总之，教师的职业道德情感是一个多侧面、多层次和表现水平不同的品德因素。它是在职业道德认识的基础上形成的，并对职业道德认识和道德行为有着稳定的调节作用。教师职业道德情感是教师积极工作、勇于开拓进取的内部动力，是教师培养优秀的道德品质，保持高尚的道德行为的重要精神力量。

（三）坚定教师职业道德信念

所谓道德信念，就是人们对于某种人生观、道德理想和行为准则的正确性和正义性深刻而有根据的笃信，以及由此而产生的对某种道德义务的强烈责任感。它是深刻的道德认识和炽热的道德情感的有机统一，具有稳定性、持久性和一贯性的特点。有了坚定的道德信念也就有了精神支柱。人们不仅能够按照自己所信仰的道德要求去评价他人行为和自己行为的善恶是非，而且能够坚定不移地按照自己所信仰的道德要求去自觉履行各种道德义务，完成各种道德使命。19 世纪美国著名诗人惠特曼说，没有信仰，则没有名副其实的品行和生命。在道德内化过程中，道德信念处于核心和主导地位。

教师职业道德信念是教师对职业道德规范和要求的正当性、合理性等发自内心的坚定信心。教师的职业道德理想和人生观是道德信念的最高形式。它们决定着教师行为的方向性、目的性，影响着教师取得成就的水平以及品德修养的质量、道德要求内化的程度。教师作为一种独立的社会职业，是人类不断走向更高层次文明的重要桥梁。经济的飞跃对人才提出更高的要求，人才靠教育，教育靠教师，在现代社会条件下，没有哪一个对社会做出贡献的人才可以离开教师的培养，没有哪一个民族、国家可以离开教育而使自身的文明得以发扬拓展，教师职业不论对于同时代的人的进步，还是对于教师个人的完善和实现，都是重要而光荣的职业。教师劳动虽然艰苦而清贫，但在他手中能塑造出人类美好的明天，他的精神和事业也将随之而不朽，他所从事的是阳光下最灿烂的事业。作为一名教师，只有认识到、体验到自己所从事的工作的重要和高尚，意识到自己肩上担负着祖国和民族的未来，从而树立献身教育事业的坚定信念，他才能做到言行一致，不论遇到多么大的困难，都能处处为事业着想，呕心沥血，始终不渝，为培养一代新人而默默地奉献自己的一生。赵纯是在英国获得博士学位后回国任教的。他本来可以留在科研和生活条件都很好的国外，面对出国潮、下海潮，他为什么选择了做一名教师，而且平静地固守着自己的职业，每日兢兢业业、毫无怨言，并且在育人和科研方面都做出了突出的贡献。他说：我知道我的祖国还很贫穷，也知道教师的职业不能给我很多的物质财富，可是，这是我的祖国，她养育了我，我对她的富强负有责任。而要使祖国腾飞，需要从教育开始，我愿一生做一名教师，把我的生命献给祖国的明天。像赵纯老师一样，许多人做过或正在做着这样的工作，许多人树立过或正在树立着这样的典范，这些教师之所以选择这样的道德行为，就在于他们已经树立了坚定的职业道德信念，从而内化了"献身教育"这一道德要求。

（四）锻炼教师职业道德意志

教师职业道德意志是教师在履行职业道德义务的过程中，自觉地克服困难并作出行为抉择的毅力和坚持精神。教师的职业道德意志是在职业道德认识、职业道德情感和职业道德行为的基础上产生并发展起来的，是职业道德信念的体现。它使教师能够时刻对自己提出严格的要求，作出行动的抉择，并在道德行为整体中坚持一贯，长时间地专注于所确定的行为，并最终实现和完成职业道德行为。

教师职业道德意志是作用于道德行为的一种坚强的精神力量，是克服行为中各种困难的内部动力，它主要表现在道德行为的自觉性、坚持性、果断性和自制性等方面。

第一，自觉性。意志的自觉性是指对行为目的有明确而深刻的认识，并使个人的行为完全符合正确目的的意志品质。它要求教师对自己所从事的事业有明确而深刻的认识和坚定的信念，积极自觉地献身于教育实践。这既是教育事业对每个教师的要求，也是每位教师成就事业的保证。如果行为上偏离了教育目的，就要及时自觉调整；如果出现外界干扰，不论干扰来自何方或有多大，教师都必须有能力抵制和排除它，自觉地实现教育目的。我们都知道，苏步青教授为中国数学科学和教育事业做出了卓越贡献，在教育岗位上工作 50 多年，他的学生有 20 多位在全国闻名的大学里任数学系正、副主任；有十几位在全国数学学会里任理事。但当年他是如何培养出自己的学生的呢？20 世纪 30 年代初，在日本荣获理学博士的苏步青，与同学陈建功相约，自愿来到新建的浙江大学，当时的浙大数学系，不过 4 个教师，10 个学生，图书资料奇缺，实验设备全无，学校经费无着落，他名为副教授，连续四个月没拿到一分钱。但这些都没有动摇苏步青的意志，生活虽苦，但这是为祖国培养人才，他与陈建功每人开四门课，外加辅导、改作业、编教材、搞科研。图书资料缺乏，他就利用暑假到日本去抄，一个假期抄回 20 多万字的最新文献资料。就是靠这种自觉的意志力，在困难的环境下，也为国家培育了一批批出色的人才。一个意志坚强的人，能够万苦不辞，自觉地为履行自己的道德责任和实现自己的道德理想而奋斗。

第二，坚持性。这种坚持性就是在行动中坚持目标，百折不挠地克服困难的品质。教师面对复杂的教育环境，经常会遇到意想不到的困难和干扰。但教师的职责要求教师，必须以超常的勇气和毅力去克服一切阻力，实现教育目的。全国优秀班主任、四川省劳动模范杨绍清老师，当年自愿报名到革命老区保平做小学教师，当时的保平，不通公路，不说油、盐、柴、米得去 15 里路外的场镇买，就是吃水，也得跑几里路到陡坡下的河里挑，但杨老师坚持下来了，3 年后，当上级调她到南充工作时，她想到渴望知识的孩子和需要文化的淳朴的山里人，终于决定留在保平，坚持做一名山里的小学教师，这一留，就是 26 年，凭着对山区教育事业的爱和顽强的意志，一步步走过几十个春夏秋冬。在教育岗位上，要克服重重困难，实现教育目标，离不开这种坚持精神。

第三，果断性。所谓果断，就是适时决断的品质。这是教师行为目的性，完成目标的高度自觉性和顽强性的综合表现。教育活动的特点，要求教师必须有计划决断和随机决断的能力。计划决断，就是对教育实践有战略眼光，对上级教育要求和自己所处的教育环境有深刻的认识和正确的估计，在此基础上适时做出正确的教育计划；随机决定是发挥教师高度创造性的表现，即面对突发事件能果断决策。但应该指出的是，果断不是武断和轻率，果断是建立在正确认识的基础上的决断，而武断和轻率，是认识片面性的产物，会造成教育行为的盲目性，导致教育失败。

第四，自制力。所谓自制力，就是善于掌握和支配自己言行的意志品质。当客观现实诱发不利于实现教育目的情绪冲动时，教师能控制自己的情绪，冷静地把握言行和分寸。教师对于自己的学生，总是怀着"恨铁不成钢"的良好愿望，当这种愿望不能实现时，往往会爆发一种不能自控的激动情绪。苏联伟大教育家马卡连柯在某工读学校执教时，面对一个打闹偷窃无恶不作的闹将，一时性起，不能自制，狠狠打了他一个耳光。这个耳光虽暂时杀了这个学生的"锐气"，可是没有解决根本问题。马卡连柯在夜深人静时，扪心自问，对自己的鲁莽行为追悔莫及，他毫不犹豫地向学生当众道了歉。从此以后，他改变教育方法，对学生不是指责，而是引导；不是厌恶，而是信任，取得了很好的效果。有一次，马卡连柯特地让这个调皮学生深夜骑马去银行取钱，给予高度的信任。当第二天学生把取来的钱，分文不缺地放在老师面前，老师的眼睛湿润了。感化的力量终于使这个闹将转变了，毕业后成为一个对社会有用的人。教师的自制力还表现在不应由于意外的成功而得意忘形，不能因意外的打击而精神萎靡，不能因意外的情况变化，教育行为受阻而悲观失望。在教育教学活动中，教师在任何情况下都应理智地控制自己的情绪，把握自己的言行，使之有利于实现教育目的。

总之，在职业道德认识和道德情感的基础上，职业道德意志使教师果断地确定职业道德行为的方向和方式，并控制来自外部或内部的障碍和干扰，在教师教书育人、钻研业务、克服困难、事业有成等方面都有着重要的调节作用，是将教师职业道德内化，形成教师道德品质的关键。

（五）培养教师职业道德行为

职业道德内化的过程不只是由社会道德意识内化为个体道德意识，而是还要在个体的道德行为中体现出来。一个人的道德品质是否高尚，不在于他的言论多么动听，而在于他的行为是否高尚、言行是否一致。如果知而不行，只有意愿和情感的体验而无实际行动，那么就只是一种道德说教，甚至会变成虚伪的道德。只有在实践中贯彻道德原则和规范，并且始终坚持下去，经过长期的锤炼，使其成为个人的日常习惯，道德品质才算达到了比较完善的程度。正如列宁所说："应该把已经掌握的学问真正深入到我们的血肉里去，真正地、完全地成为生活的组成部分"，"只有那些已经深入文化，深入日常生活习惯的东西，才能算作已达到的成就。"① 文化知识是如此，道德也不例外。

道德行为作为道德品质的外部状态，表现为语言和行为习惯。在道德品质的构成中，道德认识、道德情感、道德意志和道德信念都属于道德意识领域，属于精神化的东西，还没有客观化、物质化，因而还不能构成主体的道德品质，道德品质只有通过道德行为才能表现出来。道德品质一方面表现为内化了外在道德规范后所形成的心理和价值意识特质，另一方面又表现为外在的行为活动和行为习惯，是知行的统一。

教师职业道德行为，是指教师在职业道德认识、情感、信念

① 《列宁选集》第 4 卷，第 700 页、698 页。

的支配下，在教育活动中对他人、集体、社会作出的可以观察到的客观反应及所采取的实际行动，即在职业道德意识支配下表现出来的有利或有害于教育事业及他人、集体和社会方面的行为。教师道德行为是教师个体道德意识的具体表现和外部标志。教师的思想品德、治学态度、举止言谈在学生中起着至关重要的作用。古今中外历代的教育家都十分强调教师的表率作用，在我国几千年来的教育史上，尽管社会不同，教学内容不同，但是各个阶级都要求自己的教师"以身作则"、"为人师表"。古代伟大的教育家孔子说："其身正，不令而行；其身不正，虽令不从。"①在外国教育史上，同样强调师表的作用。苏联教育家柯瓦列夫在《教育学概论》中写道："教师本人是学校里最重要的师表，是直观的最有益的模范，是学生最活生生的榜样。"② 如果教师言行不一，必然抵消了"言教"的效果。教师是精神文明的宣传者，同时也是精神文明的实践者。道德理论上的说服，必须以榜样为示范。

在日常的教育教学过程中，教师的表率作用是多方面的，归纳起来，主要体现在政治思想、个人品德和文明习惯三个方面。

教师要担当起社会交给的培养德智体全面发展的人才的重任，首先在政治方面必须做学生的表率，坚持正确的政治方向，具有坚定的共产主义信念。每个人民教师都应当以高标准要求自己，树立共产主义事业必胜的观念，不论国际风云如何变幻，思想上要保持清醒的头脑，以自己的模范行动去影响学生，引导他们向着热爱祖国、拼搏成才、建设国家、实现共产主义的方向发展。

为了把学生培养成为国家需要的忠实可靠接班人，教师必须

---

① 《论语·子路》。

② 柯瓦列夫等著《教育学概论》，第9页。

在品德上成为学生的模范。首先要做到言行一致，表里如一。作为人民教师，要求学生做到的，自己必须首先做到；要求学生不做的，自己必须坚决不做。如果身为教师，竟是语言的巨人，行动的矮子，非但起不到应有的教育作用，还会给学生树立坏的榜样，丧失了"人师"的尊严。更为严重的是，这种作风影响所及，会使学生形成双重人格，即说一套，做一套，当面一套，背后一套的恶劣品质，给社会带来不利的影响。因此，教师必须具有言行一致、表里如一的作风，缺少这种品格的教师，要做到为人师表是不可想象的。其次，要做到胸怀磊落，谦虚诚实，这也是教师必须具备的美德。

教师的表率作用不仅仅反映在政治思想、个人品德等心灵深处内在品质上，也显露在谈吐举止、修饰衣着、仪容仪表等外部表现上，庄重的外表，源出于谦逊淳朴的内心。无论外表还是内心，对教师来说都至关重要，因为他们意识到自己的一切言行随时都在对学生产生影响。在这方面，教师应做到仪表端庄，服饰适当；举止得体，礼貌待人；语言文明，谈吐优雅。

总之，教师在政治思想、个人品德、文明习惯方面的表现，对学生的成长起着举足轻重的作用。尤其是对于中小学生，他们缺乏分析能力，善于模仿，不辨是非，易于激动，教师的表率作用更为重要。这种无声的"身教"，恰似丝丝春雨，"随风潜入夜，润物细无声"。

在教师职业道德要求内化过程中，教师职业道德认识、情感、信念、意志、行为等基本要素并非孤立存在和发展，而是相互联系、相互渗透、相互制约、相互促进，构成整体发展。如教师职业道德情感、信念、意志、行为是在一定职业道德认识的支配下形成的，不是基于正确认识的情感，只能是没有理智的感情冲动；没有教师职业道德认识，就不可能形成教师职业道德信念，不可能产生坚强的职业道德意志；没有正确认识指导的行动，也是盲目的行动。同样，只有认识没有行动，也不能视为有道德的人，而通过教师职业道德行为，又能提高教师职业道德认识、增强职业道德情感、坚定职业道德信念、锻炼职业道德意志。要实现由知到行的转化，离不开相应的教师职业道德情感、信念；要使行为成为习惯，又离不开教师职业道德意志。

三、教师职业道德内化的条件

任何事物的发展都有它的过程，也需要一定的条件，教师内化职业道德要求，同样不仅有一个长期的过程，更需要具备各种必要的条件，这些条件主要有社会道德教育、个人道德修养以及社会道德评价。

（一）教师职业道德要求内化中的社会道德教育

在教师道德要求内化过程中，社会道德教育就是为使教师践行教师道德而对教师有组织、有计划地施加系统的道德影响。这是社会主义的教师道德得以转化为教师的内在品质，从而能对教师生活发生作用所不可缺少的一个关键环节，是社会道德活动的一种重要形式。教师群体能否接受教师职业道德要求，一方面要看道德要求是否反映教育伦理关系的本质，是否符合教育规律，另方面，也取决于这种职业道德要求的传播程度及范围，取决于道德教育实施的好坏。实践证明，要在教师个人意志中建立起与社会需要相适应的教师道德要求，并将其变成教师个体特殊的道德需要，进而形成道德信念和要求，养成道德行为和习惯，则必须发挥道德教育的作用。

道德教育历来为伦理思想家所重视。古代教育家孔子强调"以德教民"，认为统治者若能用道德治理百姓，那么百姓对他就会像星星环绕、捍卫北极星一样，在他看来，道德教育有使人"有耻且格"的作用。法国18世纪唯物主义者爱尔维修，甚至把每个人身上的才能和美德看作是教育的产物，进而提出教育可以改变一切的"教育万能"论。由于历史和阶级条件的限制，虽然他们不可能对道德教育的作用给予真正科学的说明，不过还是为我们认识教师道德教育提供了有价值的思想资料。

道德是一种特殊的社会意识现象，一个人的道德观念的形成和发展与一定社会的文化背景密切相关，要使教师具有社会主义道德意识，一般要通过历史继承和外部输入。历史继承是指道德风俗习惯的潜移默化，在不知不觉的影响中而定型；外部输入是指外界力量通过有意识、有目的、有组织的各种形式的教育而定型。

历史上任何统治阶级无一不强调道德的灌输性。中国封建社会"三纲五常"、"存天理、灭人欲"的封建礼教，欧洲中世纪的宗教神学教育，以及近代资本主义的个人主义道德观、价值观都是通过各种媒介大力宣传、倡导实施灌输的。社会主义道德、社会主义教师道德是与以往任何阶级的道德根本不同的道德类型，而这一崭新的思想体系也必须通过各种社会道德教育活动的传播，方能转化为个体的道德信念。教师群体不会自发地、自然而然地产生适应社会主义事业发展的崇高的道德理想，形成坚定的社会主义道德信念。教师思想道德水平的提高，是社会道德教育和个人修养的结果。

当今社会主义初级阶段的中国社会，正处在由封闭走向开放，由计划经济向市场经济转轨的历史时期，人们的思想观念、生活方式也随之有较大的变化和调整，不同思想和冲突、各种价值观念的碰撞，都会反映到教师思想中来，理想的淡薄、价值的扭曲，时常使他们感到迷惘、困惑，难以确认"人间正道"，在道德行为的判断和选择上极易陷入误区。这就需要帮助他们正确地认识时代生活的本质、社会发展的规律、职业劳动的意义，拨开迷雾，认清方向，选择前进的目标，也就必须对他们进行社会道德教育和教师职业道德教育。教师的社会生活主要是职业生活、社会公共生活和家庭生活。这三种生活是对教师进行道德教育影响的主要途径，职业道德教育作为社会一般道德教育的规范化、具体化，更能体现教师职业生活的特点，而人的社会活动也主要是通过职业生活来体现，所以教师道德的内化主要还是要通过职业道德教育来进行，使他们成为热爱祖国、献身教育，遵循规律、教书育人，勤奋学习、又红又专，以身作则、为人师表，团结协作、甘为人梯，热爱学生、诲人不倦的合格教育工作者。

社会道德教育是促进教师职业道德要求内化的重要条件。教育的起点是提高教师的道德认识，通过陶冶教师的道德情感，锤炼教师的道德意志，坚定教师的道德信念，最终达到养成良好的道德习惯。对教师进行道德教育的过程也正是教师道德要求内化的过程。教师道德教育是一个重复、渐进的复杂过程，因此教育中要注意如下几点。

第一，教师道德教育不同于其他职业教育，其特点是接受教育的对象本身又都是道德的教育者，教师道德教育应该高于社会一般成员的道德标准，在教育的内容中，要坚持既立足于现状，又要着眼于未来的原则，这就是说社会主义初级阶段师德教育内容，既要全面系统地传播教师道德的原则、规范和范畴，又要根据现状侧重于某些规范、范畴和准则，以及规定出适合现状的具体实施细则，根据不同时期教师的具体情况施加教育。但是，又不能因侧重某些道德内容，而舍弃不为当前所急需，却为将来所必备的内容。更不能只强调适合现状的细则，而把师德原则、规范等广泛含义完全局限于这些细则。

第二，教师道德教育诸环节的同时性或兼进性。同时进行认识情感、意志、信念和习惯的多方面训练，使它们相互烘托，相互促进，才能收到良好的效果。

第三，教师道德教育起点的多端性。进行师德教育，不应机械地把提高道德认识作为起点。要不同情况不同对待，选择最急需解决又最能奏效的环节作为教师道德教育的起点。

第四，教师道德教育的过程具有重复性和渐进性。这就要求教育者要十分耐心，不可一日曝，十日寒，操之过急，要遵循量变到质变的规律，教育要建立在日常善行的不断积累上，不轻视教师道德的任何细微进步。

第五，教师道德教育具有强烈的实践性。因为教师道德必须适应当时教学实践的客观状况和客观要求；教师道德教育要引导教师实际地践行道德义务，教师作为道德教育者必须首先践行道德义务，正人先正己。

对教师进行道德教育的方式和途径是多种多样的，教师职业道德教育的以上特征决定了在实际工作中必须灵活掌握与运用各种形式。如通过授课、讲演、报告、经验交流等形式，生动形象地传授道德知识，培养道德情感；通过对教育劳动中一系列矛盾的集中剖析及价值澄清，以提高教师的道德判断及选择能力；通过对教师正面行为的及时肯定与强化，以培养教师的道德意志，坚定职业信念；通过加强学校各方面的管理，以有助于教师养成良好的道德行为习惯等。

（二）教师职业道德要求内化中的个人道德修养

1. 教师职业道德修养的含义与实质。

要了解什么是教师职业道德修养，首先要懂得什么是"修养"。

"修养"是一个含义丰富的概念，主要是指人们在接受外在教育的同时，通过自我学习和锻炼，使自己达到一定的能力和境界并逐步完善和提高。中华民族优良道德传统的主要内容之一，就是十分注重道德修养。孔子在《论语》中说，他最忧虑的事情是："德之不修，学之不讲，闻义不能徙，不善不能改。"他不仅强调"修己以敬"，认为只有把自己的品德修养好，才能严肃认真地对待一切事情，而且强调"修己以安百姓"，认为只有修养高尚的品德，才能使百姓得到安定。孟子强调一个人要想承担天下"大任"，就要经过一番"苦其心志，劳其筋骨，饿其体肤"的修养功夫。墨家的著述中，亦有《修养》《所染》等名篇，论述修身是人之所必需。秦汉之际出现的儒家著作《大学》《中庸》，还把"正心""诚意""修身"，提到"治国""平天下"的高度，宣扬"自天子以至庶人，壹皆以修身为本"。此外，古人经常讲"洁身""省身""正身""诚身"等，同道德修养具有同等意义。应该指出，古代思想家所讲的道德修养标准，终究离不开他们所代表的阶级利益，以及"三纲五常"等道德规范。

教师职业道德修养，是指教师在教师道德意识和道德行为方面，自觉地按照教师道德要求所进行的自我锻炼、自我改造和自我提高等行为活动，以及经过努力所达到的教师道德境界。实际上包括两层意思：一是动态活动，即按照一定的道德规范要求所进行的学习、体验、对照、反省等心理活动和客观的实践活动；二是指静态的已经达到的道德品质、道德情操等。师德修养的目的，就是要把作为理论形态的外在的教师道德要求，转化为教师的个人意识和内心信念，使之成为教师道德行为选择的依据，以适应培养新世纪人才的素质要求。

一个人自我道德人格和道德品质的形成，既要靠外部的道德教育，更要靠个体的自我努力。唯物辩证法认为，"外因是变化的条件，内因是变化的根据，外因通过内因而起作用"。根据这一观点，在教师职业道德要求内化的过程中，首先必须重视受教育者自我修养的自觉性，教师道德修养是教师道德要求由"他律"向"自律"升华的关键，是教师职业道德要求内化的必要条件。发生伦理学表明，教师个体道德的形成，不可避免地要首先经历一个相当漫长的以义务为特征的他律道德时期。但是教师个体道德不应只停留在"他律"的阶段，更重要的应该是"自律"。教师道德由"他律"向"自律"阶段的升华，关键就在于教师道德修养。这就是说，教师道德教育固然非常重要，但教师道德修养更加不能忽视。道德教育是教师道德要求内化的外部条件，教师进行自我修养的自觉性才是内部的根据，而且这种自我修养的自觉性，在教师道德要求内化过程中起着决定性的作用。没有高度的自我修养的自觉性，外部条件再好也是没有意义的。

教师道德修养的实质是两种对立的道德意识之间的尖锐斗争，是善和恶、正和邪、是与非等对立道德观念的斗争，是自我解剖、自我教育、自我改造和自我提高的过程。马克思主义哲学认为，对立统一是一切事物的最根本的、普遍的规律。万事万物都存在着既互相对立又互相依赖的两个方面。这两个方面既统一又斗争，由此推动事物不断发展。对于一位教师来说，要取得道德品质上的进步，也就是完成道德要求的内化，就必须自觉地进行两种道德观的斗争，用社会主义的教师道德观去战胜各种非无产阶级的道德观，这样才能达到理想教师道德的境界。教师道德修养上的两种道德观的斗争不是社会上、外部的两种敌对势力的斗争，而是在一个教师头脑中进行的两种不同思想的斗争，这是道德修养的自身特点，用形象一点的话来说，就是自己跟自己"打官司"，原告、被告、律师集道德修养者一身。要随时随地反省、检查、解剖自己的思想和行为，自觉地、严格地按社会主义、共产主义道德原则和道德规范去剔除自己思想中的旧的剥削阶级思想的杂质，从而内化正确的道德原则及规范。

2. 教师职业道德修养的根本途径。

教师良好的道德品质不是先天固有的，也不是天上掉下来的，而是在科学理论指导下，经过长期的社会实践进行艰苦锻炼的结果。理论和实践相结合是师德修养的根本途径。我国古代有很多思想家都曾探索过用"内省"、"修身"、"读书"、"静养"等途径来进行道德修养。如明朝有个叫黄绾的读书人，他非常笃信儒家的修养经，并亲自实践"闭门思过"、"闭门修养"的方法。

为了提高自己的道德品质，他经常是"悔恨、发奋，闭户书室，以至于终夜不寐，终日不食，罚跪自击，无所固至"。此外，"又以册刻'天理'、'人欲'四字。发一念由天理，以红笔点之；发一念由人欲，以黑笔点之。至十日一数之，以视红黑多寡为工程"，"又以绳系于手臂，又为木牌，书当戒之言，藏袖中，常拎之以自警"。然而这些修养方法并未达到应有的结果。直到头发白了，他不得不感慨地说："历数十年犹未足以纯德明道。"可见，"人心克己之难"。这说明理论与实践相分离，不管在道德修养上如何虔诚，如何认真，都不能从根本上解决问题。

通过此事，我们可以看到封建社会中唯心主义思想家们所提倡的道德修养的特点。一是由于唯心主义者认为道德是"圣人"制造的，或是先天禀赋的，所以在他们看来，进行道德修养，只要闭门思过，读圣贤书就可以了，根本无需与实践相联系。二是他们也强调"躬身践履"，并提倡一套繁琐而愚蠢的修身之法。但他们讲"躬身践履"，就是让人们从先验的封建道德观念出发，盲目服从各种教条，通过远离社会实践而孤立进行的"修身"，养成对封建统治者俯首贴耳、唯命是从的道德品质。总之，封建思想家们所提倡的道德修养的根本缺陷就在于脱离社会实践。

与此相反，社会主义教师道德修养则是以社会实践为基础的。实践是师德修养的目的和归宿；实践是检验师德修养客观效果的唯一标准；实践是师德修养水平不断提高的动力。因此，教师进行道德修养必须投身于社会实践。首先要积极投身到社会主义物质文明和精神文明的建设中去。只有在两个文明建设之中，教师道德修养才不会偏离方向，才能在亿万人民的伟大实践中汲取营养，并得到考验和检验。其次要积极投身教育实践。教书育人是教师的基本实践，教师道德修养中的各种矛盾都存在于教书育人的实践当中。例如，社会主义教师道德要求和个人道德素质之间的矛盾。社会主义教师道德要求是党和国家对教育工作者提出的特殊的高尚的职业道德要求。它在客观上体现着国家和人民的根本利益，代表着教育工作者努力的方向。教师个人的道德品质，则是指教师个体的道德状况和选择能力，需要和社会主义教师道德要求相一致、相适应。然而两者的差异会存在于每个教师的身上，每个教师要把教师道德要求化为自身内在的道德品质，需要付出艰苦的努力或牺牲一定的个人利益。教师能否战胜自我、自觉自愿地依据社会主义教师职业道德的要求，适应社会主义教育事业的需要，这些只有在教育教学实践中才能做出回答。

实现教师道德修养，还必须认真学习理论，以科学理论作为指导。教师道德修养离不开参加社会实践，特别是不能离开参加教育教学实践。然而，要提高实践的自觉性，避免盲目性，又必须认真学习理论，以科学理论为指导，否则道德修养就会迷失方向。首先，要学习马克思主义理论。马克思主义是无产阶级认识世界和改造世界最锐利的思想武器。只有在马克思主义的指导下，社会主义时代人民教师的道德修养才能有别于以往一切时代的教师道德修养，才能体现出时代性、实践性和阶级性。学习马克思主义理论，要认真领会和准确把握马克思主义观察问题和解决问题的基本立场、观点和方法，认清人类社会发展规律，培养实事求是的科学态度，确立科学的世界观和人生观，从根本上提高自己的师德觉悟，坚持正确的政治方向。其次，还要学好教师职业道德理论。教师职业道德理论是社会主义职业道德理论的具体体现，它是从社会主义建设的实际需要和教师职业的特点出发，批判地继承了古今中外一切优良的教师道德传统，科学地分析和概括了教师职业道德原则、要求和规范，并具体指明了教师道德修养的任务、途径和方法。教师进行道德修养，必须学习和掌握这一理论，这有助于他们深刻了解教师道德修养的必要性和重要性，明确师德修养的标准，分清教育实践中的是与非、善与恶，自觉地抵制剥削阶级道德遗毒的影响，从而提高遵守教师道德规范的自觉性，不断升华自己的道德境界。

3. 教师职业道德修养的方法。

进行师德修养，不仅要了解修养的根本途径，还必须学会掌握修养的科学方法。教师在道德修养的过程中，以下方法是不应该忽视的。

一是做到"慎独"。"慎独"一词出于我国古书《礼记·中庸》："道者也，不可须臾离也，可离非道。是故君子戒慎乎其所不睹，恐惧乎其所不闻。莫见乎隐，莫显乎微，故君子慎其独也。"意思是说，道德原则是一时一刻不能离开的，要时刻检查自己的行动，警惕是否有什么不妥的言行而自己没有看到，害怕别人对自己有什么意见而自己没有听到。因此，一个有道德的人在独自一人、无人监督时总是小心谨慎地不做任何不道德的事。当然，这里所说的"慎独"是以封建道德原则为标准的。无产阶级也有自己的"慎独"。刘少奇同志在《论共产党员的修养》一书中谈到，一个经过认真修养的共产党员，最诚恳、坦白和愉快。因为他无私心，在党内没有隐蔽的事情，"无事不可对人言"，除开关心党和革命的利益以外，没有个人的得失和忧愁，即使在他个人独立工作、无人监督、有做各种坏事的可能的时候，他也能够"慎独"，不做任何坏事。他的工作不论多少年后检查，都没有不合乎党的利益的事情。由此可见，"慎独"既是一种修养方法，又是人们在修养中所形成的一种道德感情和道德信念。它使教师在任何时候、任何情况下都能坚持按照教师道德规范去行事。"慎独"还是一种高度自觉性的表现。一般来说，教师在集体生活中，有组织和同事们的监督，注意自己的言行还比较容易，而在无人之处，别人永远不会知道的情况下，能否严格按照道德标准去行动，就要看其道德修养水平的高低了。做到"慎独"是很重要的，但也是很不容易的，这要经历一个由不十分自觉到自觉的过程，是一个不断进行思想斗争和锻炼的过程。

如果不能养成"慎独"的品质，在自己内心深处为不道德的东西保留一块合法的小天地，天长日久，必定危害他人、危害集体。所以每一个教师都应该自觉地、不断锻炼和改造自己，以达到"慎独"的境界。

二是要开展批评与自我批评，严于解剖自己。道德修养离不开外部的条件和作用，但主要还是依靠自己的主观努力和高度的自觉性。因为教师道德修养的本质是教师在心灵深处进行自我认识、自我解剖、自我教育、自我斗争、自我改造和自我提高。自我教育贵在自觉，教师在进行道德修养的过程中，要勇于自我批评，严于解剖自己，这是教师道德修养的根本方法之一。

古人有言："人非圣贤，孰能无过？"说的是圣人贤人之外，谁都难免有过失。其实，即使是"圣贤"，也不可能是完美无缺的人。认识落后于实际，或歪曲、片面地反映实际的现象是常常发生的事。儒家认为，处世行事要"吾日三省吾身"，要经常"反躬自问"，反复检讨自己有无过失，有了过失，就要改正。《诗经》中也有这样的诗句："如切如磋，如琢如磨。"也是强调朋友间要经常商量，互相帮助，互相批评。鲁迅先生说过："我的确时时解剖别人，然而更多的是解剖我自己。"毛泽东把自我批评形象地比喻为"洗脸"、"扫地"，倡导我们经常进行并养成习惯。他说："房子是应该经常打扫的，不打扫就会积满了灰尘；脸是应该经常洗的，不洗也就会灰尘满面。我们同志的思想，我们党的工作，也会沾染灰尘的，也应该打扫和洗涤。"这些都说明，认真而经常的自我批评、自我解剖，是道德修养的重要方法。

通过批评与自我批评，不仅可以洗刷掉自己思想中的灰尘，也可以提高自己辨别是非、荣辱、美丑的能力，是个人成才、实现人生价值的重要条件。要使批评与自我批评取得好效果，需要正确认识和处理批评与自我批评之间的关系。批评是帮助他人认识和纠正错误，自我批评是认识和纠正自己的错误。它们都是认识和纠正错误的手段，二者相辅相成，不可偏废。一方面，要勇于和善于批评。对于教育领域、社会生活中的那些违背人民利益，违背社会主义道德，违背师德规范的行为，要采取严肃认真、与人为善、"治病救人"的态度进行批评；在方法上要实事求是，以理服人。另一方面，要特别提倡自我批评，严于自我解剖。事实说明，一个人自我批评的自觉性高，对自己的要求严格，进步就快，道德修养的效果就好；反之，缺乏诚恳的自我批评，无自知之明，就会停步不前，甚至走上邪路；勇于自我批评，不文过饰非，就能防微杜渐，抵制腐朽思想道德的侵蚀。

道德修养中的批评与自我批评，相对而言，自我批评更为关键。那么，如何才能更好地开展自我批评、严于解剖自己呢？

首先，对自己的思想品德提出高标准、严要求。这是修养中的"立志"问题。中国有句成语叫"有志者事竟成"。诸葛亮讲过"志当存高远"，说明立志的重要性。师德修养中的"立志"，是指要立下做一个具有高尚师德、献身教育的优秀人民教师的决心，这是攀登师德高峰的起点，也是克服师德修养过程中各种困难、障碍的精神动力。一个人民教师只要对自己的思想品德修养立下一个高标准，那他就会更加严格地要求自己，使自己永不满足，不断进步。在这方面，许多教育家和优秀教师为我们树立了良好榜样。

其次，要正确认识自己。所谓正确认识自己，是说要有"自知之明"。所谓正确认识自己，也就是正确认识自己的优点和缺点，长处和短处。有了这种自我认识，道德修养就有了基本前提和起点。一个人、一个教师，要正确认识自己，特别是要正确认识自己的缺点、短处甚至错误，这是很不容易的。

要做到"自知之明"，除了要有自我认识之外，还必须很好地听取别人的意见，做到"兼听"。所谓"偏信则暗，兼听则明"，就包含了这层意思。常言道："当事者迷，旁观者清"，"要了解自己，最好问问别人"，因此，除了自我解剖，自我监督外，还必须要有"虚怀若谷"、"有则改之，无则加勉"、"闻过则喜"的精神与态度，不然，就听不到逆耳忠言，也就很难正确认识自己、评价自己。战国时期的墨子说过："君子不镜于水而镜于人。镜于水，见面之容；镜于人则知吉与凶。"用水作镜子，只能看见自己的面容；而用他人的评价和意见作镜子，就可以发现自己言行的得与失、善与恶。教师在学校生活中与学生的关系最为密切，教师的一言一行，一举一动都在学生的监视之下，学生喜欢评论教师，常常把教师平时的言行与教师在课堂上讲的道理加以对照、比较，并对教师的言行是否一致、表里是否如一、行为是否符合社会主义道德规范等做出反应和评价，教师应善于从学生的各种反馈信息中，检查自己、审视自己，寻找自己在思想、工作和行为上的不足，并努力加以改进。学生身上有许多可贵的品德，也是值得教师学习的。

再次，要善于控制自己或"战胜自我"。在道德修养过程中，要以坚强的意志和毅力战胜、克服自己身上的缺点、弱点、不良习惯等。我们要严于解剖自己，目的也正在于此。从某些意义上说，"战胜自我"比"认识自我"更为重要。"战胜自我"需要有更大的决心和毅力，克服不良的心理定势、行为习惯更是如此。

教师进行道德修养要坚持不懈，持之以恒。一个人做一两件符合道德要求的好事并不难，难的是长期地乃至一辈子做好事。因此，要长期努力，还要从大处着眼，小处着手，防微杜渐，积小善为大善。三国时代刘备嘱咐儿子"勿以恶小而为之，勿以善小而不为。"这是言之有理的。坏事、恶事即使小，但不要去做；好事、善事，不要以为小就不去做。"大恶""大善"常常是由"小恶""小善"发展而来的，是"小恶""小善"与时间的乘积。

"积善可以成德"，自然积恶也可以成灾了。一种错误言行，在微小或萌芽状态时容易纠正，但也因为小，往往被忽视，错误往往在"问题不大"中失去警惕，致使积重难返，"千里之堤，毁于蚁穴"。对于不道德的事，哪怕很细小，也不要去做。

良好的道德品质和思想作风的形成，正是从一件一件小善上培养起来的。从助人为乐到见义勇为，以至于舍己为人、为国捐躯，是许多英雄人物走过的道路。不难设想，一个平时从不关心别人、不忠于职守的人，在危急关头会为国家、为集体、为他人做出壮烈之举；也难设想，一个连小善也从不愿做的人能有什么可贵的美德。教师的工作总是平凡的，教师的道德修养也应从点滴做起，从小事做起，循序渐进，"积善成德"。企图一蹴而就，求成功于一旦，是不可能的。

4. 教师职业道德修养贵在自觉。

师德修养，关键在于提高修养的自觉性。这是由道德和道德修养的特点决定的。道德作为一定社会对人们的行为规范，主要靠人们的自觉自愿才能真正起作用。道德修养是人们道德品质上的自我锻炼、自我教育和自我陶冶，因此，更需要具有自觉性。

如何提高师德修养的自觉性呢？

第一，深刻认识教师职业的社会价值。教师的劳动对社会主义精神文明、物质文明以及人的成长发展具有巨大的作用。深刻认识教师的社会价值及教育、教学工作的特殊意义，可以增强自己的责任感和事业心，从而有利于把提高道德修养变成自己的内心要求和自觉行动。

第二，树立正确的人生观和积极的人生态度。人的行动总是在一定的思想意识支配下进行的，而人的思想意识又常常与他的人生观相联系。人们的人生观不同，对人生的目的和意义认识不同，对职业的选择也往往大相径庭，由此决定对道德修养的态度也就不一样。一个教师树立了正确的人生观和积极的人生态度，有了全心全意为人民服务的思想和献身社会主义教育事业的决心，就会自觉主动地加强自己的师德修养。

第三，克服各种思想障碍。有的教师认为，提高业务水平是硬任务，是当务之急，而师德修养是软任务，不必着急；有的教师认为，加强师德修养，是班主任、政治教师的事，普通教师可有可无；有的认为按照师德要求去做就要多出力，多下功夫，"讲师德吃亏"等等。这些错误看法，影响了教师道德修养的自觉性，应该澄清和克服。

（三）教师职业道德要求中的道德评价

1. 教师职业道德评价的含义、根据与标准。

道德评价是指人们在社会生活中，依据一定社会或阶级的道德原则或规范体系，对自己或他人的行为所做的善恶褒贬的道德判断。职业道德评价是指人们在职业活动中，根据一定的道德标准，通过一定的形式判断某种职业道德或者职业集团的职业行为、价值观念以及从业人员在职业活动中的个人行为和品质的道德价值的一种道德实践活动。教师道德评价则是人们（包括教师自己）依据一定社会或阶级关于教师道德的标准，对教师的教育行为所做出的善恶褒贬的判断。道德评价是一切道德活动的主要环节，也是教师道德得以确立和发展的重要前提。一名教师若能自觉地运用职业道德评价的手段去审定职业行为和职业素质的高尚和卑劣，就表明他对职业道德原则和要求的认识又深入了一步，也表明在他身上职业道德要求得到了进一步内化。

道德评价对教师职业道德要求的内化起着重要作用，因此，道德评价的根据与标准，以及教师职业道德评价的方式和作用都是应该了解的。

道德评价的根据。道德评价的根据就是动机和效果的关系问题。由于道德行为是从心理到动机，从动机到效果的实践过程，因此动机和效果就成为道德评价的直接对象和两个最重要的因素。一般说，人类职业行为总是受其思想动机支配的，是思想的外在表现，因而，其心理与行动、动机与效果总是一致的。但是从心理到行动、从动机到效果的转化是个复杂多变的过程，往往出现心理与行动、动机与效果的背离。于是在伦理学史上就出现了两种截然不同的看法：动机论与效果论。

动机论者认为，行为的道德价值只存在于动机之中，与效果无关，只要行为者出于善良的目的，其行动就是善的。动机论注意到人的行为是有目的的自由选择的行为，肯定动机决定行为的道德性质，从而避免把那些出于不良动机，但又在客观上偶然取得较好效果的行为误认为是道德行为。但是它把行为者的动机与行为的效果割裂开来，把道德评价引上了脱离实践，不受实践检验的主观唯心主义歧途。在职业道德评价中，动机论是十分有害的。它为那些屡在职业活动中造成人为损失的失职者提供了开脱责任的借口，也使那些不求进取者找到了逃避道义谴责的渠道。

效果论者则认为，行为的道德价值只存在于效果之中，与行为者的主观动机无关，对职业行为进行评价时，只能依据行为的效果，只要行为的效果是有益的，这种行为就是善的。效果论注意到主观动机必须通过客观效果才能表现出来的性质，肯定效果决定行为的道德价值，从而可以防止失职者为自己开脱责任，提醒那些有着良好主观愿望的人们，必须顾及行为的效果。但是效果论同样把行为者的动机与行为的效果割裂开来，否认行为者的动机决定行为的发展方向，把道德评价引上了资产阶级的功利主义的歧途。在道德评价的实践中，效果论同样是有严重危害的。它使那些因客观情况的变化或主观认识的差距而导致好心办了错事的人失去了矫正错误的机会，也使那些伪善者寻觅到护身符。

动机论和效果论各持一端，都是片面的，动机和效果之间既充满矛盾和差异，又紧密联系、不可分割，在职业道德评价中，必须坚持动机与效果的辩证统一。首先，要坚持对动机和效果作统一的考察和客观的判断。动机和效果是同一行为的两个方面，动机是行为的起点，效果是行为的终点，二者既互相对立，又互相联系和转化。无动机的指导构不成自觉的行为；无效果的行为，也是不完整的行为，因此对行为的考察要既看动机，又看效果；联系动机看效果，透过效果查动机，避免产生表面性、随意性、片面性的判断错误。其次，要强调实践的检验作用。从动机到效果，构成行为的全过程。从事物发展的绝对性来看，动机和效果总是统一的；从事物发展的相对性来看，由于客观事物在发展中受到各方面条件的制约，同时人对客观事物发展规律的认识有一个过程，在行动中也就难免出现种种意外情况，因而动机与效果的一致往往需要一个过程，即由暂时的偏离到一致，这是一个不断实践的过程。因此，对人的行为不能凭一时一事做结论，而要看其全部历史和全部工作，坚持社会实践的检验作用。只有这样，才能对人的行为做出客观的、实事求是的评价。

道德评价的标准。所谓道德评价的标准，也就是衡量人们的道德行为的善恶性质的尺度。这个尺度，首先是国家、集体、个人三者利益的结合，这是社会主义职业道德评价的最基本的准则。其次，教师职业道德原则和道德规范是对教师职业行为和职业素质进行道德评价的具体标准。马克思主义伦理学认为，判断人们的行为善恶标准不是抽象的、一成不变的，而是具体的、具有社会历史性。任何人的行为，归根结底要受制约于他所处的那个时代。对教师道德评价而言，由于教师的教育行为涉及到复杂的教育内外关系，因此，通常有三个层次的标准。第一个层次的道德标准，体现为特定时代、特定社会对教师这一特定职业的道德要求。在我国社会主义初级阶段，人民教师要忠于党的教育事业，克己奉公，教书育人，就是我国教师道德评价的第一个层次的标准。第二个层次，体现为特定时代社会中占传统地位的阶层的愿望、道德要求以及在此影响下形成的该社会中占统治地位的道德价值体系。目前，我们大力提倡的"五爱"等社会主义道德规范和集体主义的道德原则，不仅是全体劳动人民的共同愿望，为广大群众所奉守，而且也是广大教师所应遵循的。第三个层次就是反映人类社会历史总体趋势的道德标准。马克思、恩格斯多次明确宣布，共产党人把全人类的解放和自由作为最高的行为标准，这样一个标准的道德含义在于：凡是有利于人类社会发展的就是善的，反之，凡是阻碍人类社会发展的就是恶的。教师道德评价中，三个层次的标准是相辅相成的，人民教师担负着"教书育人"、培养下一代的神圣使命，因此作为教师道德评价的第一个层次的标准，不仅仅反映了我国社会主义制度下全体劳动人民的道德愿望，是社会主义道德体系的具体表现，而且也符合人类社会发展的总趋势。

2. 教师职业道德评价的方式。

教师道德评价的方式有两种：自我评价与社会评价。自我评价，是教师本人对自身的教育行为的道德反思形式。是个人对其行为是善是恶的一种判定。通常，伦理学把良心看作是人们道德自我评价的典型形式。良心，是人们根据某种道德原则和理想等所形成的内心最真挚的信仰，是人们在道德活动中所形成的道德认识、道德感情和道德意志的统一。良心不是抽象的，不同时代、不同社会阶层有不同的良心，即使同一时代，不同社会职业的人们也会有不同的职业良心。我国教师的良心，集中体现为对人民教育事业的无比忠诚，对学生、对下一代成长的无比关心，它能随时约束、指导教师的行为举动，是教师的内在调节器。当外在行为与良心相吻合时，教师会产生一种满足感、愉悦感；当外在行为与良心相背离时，教师则会产生内疚感、不安感。

社会评价，则是社会有机体对教师的教育行为的善恶性质的判断方式，其典型形式是社会舆论和传统习惯。社会舆论就是公众的议论，即一定社会的人们，从某种信仰、经验出发，对其所关心的社会生活中的事件或对象所表达的某种倾向性意见和态度。舆论通常分为借助于报纸、广播、电视等手段加以传播的正式舆论和借助于口头传播形式的非正式舆论两种。从性质上看，则又有正确与错误、先进与落后、建设性与破坏性之分。社会舆论通常以反映民众心理为己任，对符合社会道德要求的行为予以褒扬，而对违背社会道德要求的行为给予谴责，因而在道德评价中有重要意义。传统习惯是一定社会、一定民族在长期的共同生活中所形成的、习以为常的社会倾向、行为习惯和道德心理沉淀等。传统习惯具有强烈的民族性、地域性和直接性的特点，因而常常左右着人们对某种行为的态度。任何民族的传统习惯都既有其积极的一面，又有其消极的一面，在今天我们要建设社会主义精神文明，对传统习惯应采取批判地继承的科学态度。从社会评价的角度看，建国 50 多年来，在党和政府的大力提倡下，加上广大教师卓有成效的工作，我们已初步形成了"尊师重教""当教师光荣"的良好社会舆论，中华民族又具有优良的尊师传统，所有这一切，都会对今天的教师产生积极的影响。

3. 教师职业道德评价的作用。

教师道德评价是一定社会或阶级的道德规范转化为教师的道德信念，形成教师道德行为的重要环节，是促使教师不断提高道德觉悟，加强道德修养，成为学生学习楷模的重要途径。教师道德评价在教师职业道德内化中的作用和意义主要表现在以下四个方面。

第一，教师道德评价是教师行为的道德价值的仲裁者，对教师的职业行为和职业素质具有制裁和激励、教育和监督的作用。对教师的教育行为的道德价值是善是恶的判定，需要一个认识和判断的过程，这个过程通常是在两方面展开的，即社会上大多数人对教师的教育行为的道德价值的认识和教师自身对其教育行为的道德反思，这种认识和判断主要是在道德评价中完成的。当一种评价成为许多人的共同看法时，就造成了一种职业道德舆论，形成了一定的群体心理。这种公众舆论和群体心理关系到人们的尊严、荣誉、社会地位，也关系到人们的切身利益，成为裁决人们的职业行为和职业素质的"道德法庭"。在教师职业道德教育中，广泛而恰当地进行职业道德评价，可以造成正确的职业道德舆论和群体心理，鼓励、倡导、鞭策良好的教师职业行为和职业素质，批评、贬斥、抵制不良的职业行为和职业素质，从而激励教师扬善抑恶，增强对他人、对集体、对社会的道德义务感和责任心，选择高尚的职业行为，树立高尚的职业情操。同时，职业道德评价还对教师的职业行为和职业素质起教育和监督作用。教师职业道德评价的结果，不仅是对已发生的行为和品质的制裁或激励，而且也是对教师的深刻教育和监督。通过职业道德评价，大家认识了各种职业行为和职业素质的善恶优劣，就可以自觉地矫正自己的言行，摒弃陋习，养成良好的道德行为习惯，逐步形成优秀的职业道德品质。

第二，教师道德评价是教师职业道德原则和规范实现和维护的保证。首先，职业道德原则和规范由条文变成个人职业道德实践活动，中间需要有力的转换机制，这种机制正是由职业道德评价来承担的。教师职业道德得到认同还是遭到践踏，在很大程度上标志着师德的传播水平，标志着师德是得到弘扬还是走向沉沦。师德规范的权威性和生命力取决于它对教师的教育行为的制约程度，如果教育行为遵循了教师道德规范，则称之为善，反之则为恶。而教育行为是否遵循了师德规范，则是靠教师道德评价来判断的。道德评价不断指出教师的教育行为在道德上的得失，从而鞭策教师更多地选择积极的、高尚的道德行为，不断改正消极的、不健康的道德行为。其次，人们的道德行为，从根本上说源于人们的道德动机和一定的道德氛围。道德动机来自人的道德认识和道德价值观，而道德评价则是构成人的道德认识和道德价值观的内在环节。这就是说，人的道德认识和道德价值观恰恰是人们长期的道德评价活动的积累或凝结。从道德氛围的角度看，良好的、高尚的、健康的道德氛围的建立和发展，也有赖于人们的道德评价。教师的道德行为是活的、不断运动着的道德认知和实践。道德评价可以抑制某些行为动机，也可以弘扬另一些行为动机，从而保证了职业道德原则和职业道德规范的实施，使职业道德充分发挥其改善职业道德风尚、调整职业道德关系，维护职业活动秩序的功能。

第三，教师道德评价可以促进教师道德素质的形成和发展。人的道德素质是人从事一定职业道德活动的内在准备状态。教师的道德素质水平高低，不仅影响着教师对教育事业的忠诚和献身程度，影响着教师对国家、集体和个人三者利益关系的处理方式，而且制约着教师对待学生的态度，进而制约着教学活动和教学方式。教师工作的突出特点是在教书的同时育人，很难设想，一个道德素质水平很低的人能有效地开展教育工作，会培养出德才兼备的一代新人。师德素质不是天生就有的，要在长期的道德教育和道德修养中反复学习磨炼才能逐渐形成。而道德评价中所包括的社会评价和自我评价两种方式，就是促进教师道德素质形成和发展的重要手段。社会评价构成了教师道德素质形成和发展的外部的环境，自我评价则是教师道德素质形成和发展的内在环节。良好的道德氛围和不断进行的对自身教育行为的反思，对教师道德素质的形成和发展起着重要的作用。

第四，教师道德评价可以有效地调节教育内外的人际关系。在教育活动中，教师面临众多的人际关系，诸如师生关系、同事关系等。同时教育本身还是一个开放体系，在教育活动之外，教师还要处理好与学生家长的关系、与兄弟单位师生员工的关系；作为一个社会主体，还要处理如家庭关系、亲友关系、与社会其他成员的关系。在处理这一系列关系中，道德评价起着很大的影响作用。

道德评价的调节作用主要有三个方面，即褒扬善行、排除隔阂、斥责恶行。从作用方式上看，道德评价不具备法律诉讼那样的强制性，它是一种软调节，因此，不能靠这种调节瞬间解决问题，但是，一旦它发挥作用，它对人们的行为的影响则要比法律手段久远得多、广泛得多。可以看出，道德评价是一种持久的精神调节，它能唤起教师内心良好的道德信念，促进教师道德人格升华，对教师职业道德要求的内化起着其他内化条件和手段无法相比的作用。

关于教师道德要求内化中的道德评价，最后还应提到的是，由于社会上人们的思想是复杂的，道德评价在任何时候也不会是统一的，个人道德行为和社会道德评价之间的矛盾总是不同程度地存在着。教师在工作中要处理多种矛盾，协调多种人际关系，而各方面的要求不一、评价不一的现象是大量存在的，这就要求教师不断提高自己的道德认识水平，确立坚定的教育信念，以便保持清醒的头脑去对待社会道德评价，区别哪些评价是正确的、健康的，哪些道德评价是错误的、落后的，从而发挥正确道德评价的积极作用，抵制错误道德评价的消极作用。

四、义务、良心在教师职业道德
内化中的特殊作用

教师道德内化为教师个人的道德品质，就能使教师在一系列的道德行为中履行个人已接受的教师道德要求。但是，要使教师能够自觉自愿地遵守道德要求，即使是在复杂的社会环境里，在没有现成的准则或社会舆论的监督的情况下，也能坚持按道德要求行事，就离不开义务和良心这两个自我控制的道德心理机制的作用。

（一）义务在教师道德内化中的作用

所谓义务，是指个人对他人和社会应尽的责任，它包括政治义务、法律义务、职业义务、道德义务等，我们这里所说的义务是指道德义务。道德义务与其他义务的区别在于，它不是靠外在的强制力量推动的，而是在人们内心信念的驱使下自觉履行的；履行道德义务不像履行其他义务一样与得到某种权利或报偿紧密联系，而总是以或多或少的自我牺牲为前提的，在道德上尽义务，就是要自觉地做出有利于他人和社会的行为，当个人利益与他人或社会利益发生冲突时，就要牺牲个人利益以实现他人或社会利益。可见，道德义务是一种自觉无私地对他人、对社会所负的一种道德责任，也是一定的社会道德原则和道德规范对人们行为的要求。道德义务大致分为三类：一是对社会、对人类应尽的义务，如爱祖国、维护世界和平等；二是对他人应尽的道德义务，如工作中遵守职业职责；三是对自己应尽的义务，如自尊、自爱、自重等。

马克思主义伦理学一方面承认道德义务的他律性，认为道德义务是一定的社会经济关系所决定的人们之间的道德关系的反映，是普遍存在的道德要求。另一方面，也承认道德义务的自律性，这种自律是一种高度的道德责任感。人们在认识和理解了社会关系的客观要求，从而自觉地承担自己的使命、职责和任务，经过反复实践，成为习惯，就会转化为人们的内心信念和道德责任感。此时履行义务就不再是由于外在的强制，而是一种自觉自愿的行为。义务的他律性强调外在的客观要求，义务的自律性把这种外在的客观要求内化为主体的主观道德自觉意识。

教师道德义务是指从整个教育事业的客观需要出发，根据教师职业劳动特点和教师职业道德原则和规范的要求而提出的教师对国家和教育事业，以及对学校、学生、家长和同事所应承担的责任。教师的义务感便是从理性上意识到自己作为一名人民教师应有的职责，从而自觉地承担起自己对职业、对社会、对学校、对自己的一切行为所负的责任。道德义务告诉教师，他在教育过程中力求选择道德行为，并不是为了要获得社会的赞扬，而是自己的一种"使命"，是"应该做"的。

义务对教师道德内化的作用在于：提高教师遵守社会道德的自觉性。道德义务一旦升华为道德主体的道德责任感，就成为道德主体的道德意识结构的一个有机组成部分。一名教师如果觉悟到自己应尽的义务，说明他能正确认识客观的社会道德要求，在处理个人与社会、个人与他人的利益关系时，能够自觉地使个人利益服从于整体利益，自觉地对社会、他人承担责任，因而也就能自觉地按社会道德要求去行动；就能自觉地做到对学生负责，引导学生沿着又红又专的方向前进，认真做好教书育人的工作，同时主动自觉地建立良好的师生关系；自觉做到对学生家长负责，主动与学生家长保持密切联系，通过各种形式向家长汇报学生在校表现，齐心协力，把学生培养好；自觉做到对教师集体负责，学生的成长是教师集体共同劳动的结果，教师间要互相配合，按照集体制定的培养方案和要求去教育、培养学生；自觉做到对社会负责，努力为社会培养合格的、高质量的人才。可见，教师一旦确立正确的义务观，就能自觉遵守教师道德要求，选择正确的教育行为，将国家和人民托付给自己的使命和要求转化为内心的需求，义无反顾地履行教师的种种职责，为教育事业无私奉献一切。正如杜勃罗留波夫所说："有的人只是忍受着义务的吩咐，把它当作一种沉重的枷锁，当作'道德负担'，这样的人，看来不能把他们称为真正有道德的人。而有的人注意把义务的要求和自己的内在本质的要求结合起来，努力通过自我意识和自我发展的内在过程把义务的要求化为自己的血肉，使这些要求不仅成为本能的需要，而且带来内心的享受，这样的人才可以称为真正有道德的人。"[①] 当社会道德要求转化为教师的一种内心需要，

---

① 季塔连科：《马克思主义伦理学》，第133页。

社会道德约束力量转化为教师自觉行善的推动力时，也就实现了社会道德要求的内化。

（二）良心在教师道德要求内化中的作用

良心是和义务密切联系的一个重要道德范畴，如果说义务是一种自觉意识到的道德责任，那么，良心则是对道德义务的自觉意识，是一种蕴含于人们内心深处的使命和职责。

在伦理学史上，对良心有很多看法，有的把良心看作是理性原则，有的看作是人的自然情感或人的直觉，有的看作是天赋的或神赋予人的。这些看法，有一个共同的特点，就是脱离人的道德实践活动去考察良心，因而不能科学地说明良心的本质。马克思主义伦理学认为，良心是在道德实践活动过程中形成的一种对他人和社会的道德责任感和自我评价能力。良心是一种道德意识，是一定的道德观念、道德情感、道德意志和道德信念在个人意识中的统一。良心不是什么神秘莫测的东西，既不是"上帝的声音"，也不是人所固有的良知良能，而是社会存在的反映，是一定的社会关系和社会生活条件所决定的，是人们在社会生活实践中形成的道德信念、道德理想和道德原则在内心的凝结，并且把它固定下来。不同的历史时代有着不同的生产生活方式，良心也就具有历史性的特点；人们从事不同的社会道德实践活动，其道德责任感和自我评价能力也不相同，因而良心也不同。

教师良心，是指在教育实践中，教师对社会提出的一系列道德要求的自觉认识，是个人对学生、集体和社会自觉履行职责的道德责任和对自己的教育行为进行道德评价的能力。教师劳动的特殊性在于它是"树人"的，既不是非生产性的，又不同于生产工人，教师对教育事业的忠诚，对学生的热爱，体现在教育、教学工作上，不只是靠领导检查和计算工作量能解决得了的，更多的是靠教师的良心，是在教师良心支配下，自觉自愿去做的。同时，教师良心是教师建功立业的精神支柱。教师的工作是十分辛苦的，有些重要的、大量的超额劳动是无法计算的，如备课、批改作业到深夜；长年累月地不分节假日地家访和帮助后进学生；护送学生回家，带领学生勤工助学、社会实践等，这一系列大量工作，主要是靠教师良心支配的"良心活"。教师的良心，能够促使教师超越个人的利益，忠诚并献身于人民教育事业。

教师的良心是教师内在的呼声，也是教师的一种自我反省、自我检查和监督，是教师在精神上抵制错误道德动机，选择正确道德行为的调节器。良心对教师职业道德的内化具有特殊的作用，具体来说，表现在以下三个方面。

第一，在行为之前，良心能帮助教师选择正确的道德行为。

教师在对学生施以教育的职业劳动中，总要采取一定的行动，使学生在自己的教育下健康成长。在教师做出某种行为前，良心总是根据自己应该履行的道德义务的要求，对行为动机进行自我检查，想一想自己的道德选择是否合乎道德要求，是否以身作则，为人师表，以身立教，想一想"我这样做会有什么后果"，"我这样做符合不符合教育方针的要求"，"合不合教师的身份"。对符合道德要求的动机就予以肯定，对不合乎道德要求的动机就予以否定。这种严肃的思考、认真的权衡和慎重的选择，使教师可以避免不道德行为的发生。相反，如果没有教师良心的指导作用，教师就可能受到邪恶观念的怂恿，或者发生没有理性判断的感情冲动，而作出错误的行为选择，就可能会发生不道德行为。

第二，在行为过程中，教师良心起着自我控制和监督作用。

教师良心是隐蔽的个人行为的调节器。教师的职业劳动在劳动时间的支配上，不像工厂、机关那样约束性强，除上课以外，教师对工作时间的支配自由度比较大。因此，在别人没有干预或无法干预的领域，教师良心是使自己内心世界去服从道德准则的自我法庭，对自己的行为起监督和调整作用。凡是符合道德要求的认识和情感、信念和意志就给予支持和激励，对不符合道德要求的情感、欲望和冲动就予以制止和克服。特别是在行为过程中，当某种行为可能危及个人利益，或个人利益与国家利益、集体利益发生矛盾时，或者是遇到情况发生突然变化而出乎自己预料，发现认识错误、情感偏颇、手段失当时，教师良心能够使自己欲举辄止，中止不道德行为的发生或改变其行动的方向和方式，以避免造成不良后果。正如英国作家毛姆在《月亮和方便士》中所说："我把良心看作是一个心灵中的卫兵，社会如果要存在下去，制定出的一套礼规全靠它来监督执行。良心是我们每个人心头的岗哨，它在那里执勤站岗，监督着我们别做出违法的事情来。"

第三，在行为之后，教师良心对自己行为的结果和影响起评价作用。

在行为完成之后，教师良心往往又能对行为的后果和影响起自我评价的作用。教师都有这样的体验，当自己的教育观点、教育方案、教育行为被学生接受、认可、肯定时，当看到自己的心血和劳动产生了积极效果时，便会由衷地感到欣慰和满足。反之，教师如果发现自己的行为有损于教育事业和学生利益，产生了消极影响时，良心便会使教师久久不安，产生内疚、悔恨，即受到良心的责备，以致陷入极端痛苦之中。这种自我谴责，往往会形成一种力量，促使教师自觉地纠正自己的错误，改变自己的行为。教师良心是教师道德自我完善所需要的重要内省力量，没有它，人就不能认识和评价自己行为的社会后果，也不能从道义上对自己的行为负起责任来。良心作为一种强烈的道德责任感和自我评价能力，是教师道德行为的巨大精神力量，能激励他们自觉地履行自己的道德义务，自觉地遵守教师职业道德规范。

良心在教师道德要求内化中的作用，还包括对他人行为所持的态度和评价。对他人的评价，良心表现为个人发自内心深处的道德力量，其评价的基点仍然是长期建立起来的内在道德观念。

对于他人的恶行，良心立即表示出"巨大的内心愤怒"，并对这种行为进行抨击和谴责。对他人行为所作的道德判断也是衡量教师是否内化了职业道德要求的一个尺度。

总之，良心是道德内化、道德规范自律性的最高体现，从一定意义上说，没有良心就没有道德。

教师职业道德要求的内化是教育劳动的客观要求，由于它决定着教师个人的素质，决定着教育所培养的人才的质量，因此越来越引起广大教育工作者的高度重视。

【复习思考题】

1. 教师职业道德内化的意义何在？
2. 教师职业道德内化的根本途径是什么？
3. 良心对教师职业道德内化起什么作用？

【实例评析】

苏步青教授为培育人才万苦不辞

苏步青教授为中国数学科学和教育事业做出了卓越贡献，在教育岗位上工作五十多年。他的学生有二十多位在全国闻名的大学里任数学系正、副主任；有十几位在全国数学学会里任理事。当年他是如何培养自己的学生的呢？20世纪30年代初，在日本获理学博士的苏步青，与同学陈建功相约，自愿来到新建的浙江大学，当时的浙大数学系，不过四个教师，十个学生，图书资料奇缺，实验设备全无，学校经费无着落，他名为副教授，连续四个月没拿到一分钱。但这些都没有动摇苏步青的意志，生活虽苦，而这是为祖国培养人才，他与陈建功每人开四门课，外加辅导、改作业、编教材、搞科研。图书资料缺乏，他就利用暑假到日本去抄，一个假期抄回二十多万字的最新文献资料。就是靠这种自觉的事业心和意志力，在困难的环境下，也为国家培育了一批批出色的人才。一个献身教育事业的人，能够万苦不辞，自觉地履行自己的道德责任和义务，为实现自己的道德理想而奋斗。

【提示】

1. 苏步青教授是我国著名的数学家、教育家，这里介绍的只是他的高尚师德的一个事例。

2. 苏步青教授为什么能够在极其艰苦的条件下自觉地从事育人的工作？

3. 列举自己亲身经历的1～2个事例，说明教师应该自觉地履行自己的道德责任和义务。

第八章　教师个体道德品质的养成

教师职业道德的内化，就其实质而言，是把教师职业道德的原则和规范转化为教师个人的道德品质。因而本章是上一章的延伸，主要论述教师个体道德品质的特征、构成、形成与发展等主要内容。为了从更广阔的背景上理解这些问题，还要涉及社会道德、个体道德与教师个体道德等方面的问题。

一、社会道德、个体道德与教师个体道德

道德按其主体或载体的不同，总体上可以分为个体道德和社会道德。作为个体道德，由于其载体的具体社会身份的不同，又称为不同社会身份人群的个体道德。教师个体道德，就是指以教师为社会职业身份的社会成员的个体道德。

（一）社会道德与个体道德

社会道德是以社会作为道德的主体或载体的道德。它实际上是社会对人们提出的道德要求，是社会为了调整现实社会中的人们之间的相互关系而对人们提出的行为规范的总和，这种规范要受社会经济关系的制约，属于社会上层建筑。

马克思说：人的本质是一切社会关系的总和。人们在和他人交往的过程中不可避免地会出现矛盾，为了调节个人和他人、个人和社会间的关系，保证社会的正常秩序，社会就会对人们的行为提出道德要求，以制约人们，引导人们的行为按照社会需要的方向发展，从这个角度看，社会道德对个体而言，是一种外在的要求，是行为的外在社会根据。

　　社会道德的内容结构，可以从不同的角度概括、划分。一般说来，可分为社会道德关系、社会道德现象和社会道德水准等三个方面去把握。

　　社会道德关系是指人类社会生活中由经济关系所决定，并且按照一定的道德观念，道德原则和规范所形成的一种特殊的社会关系。按照关系中主体与客体的不同，社会道德关系可分为三类：个人与个人之间的道德关系，个人与整体之间道德关系以及整体与整体之间道德关系。

　　社会道德现象是指在人与人之间各种现实的社会关系中，可以被人们感知到的道德外在形态。根据其状态不同可以划分为三类：社会道德活动现象，社会道德意识现象和社会道德规范现象。

　　社会道德水准是历史的产物。它指某一时期内在社会的各种关系中实际流行的道德意识，道德规范和道德活动，同当时社会经济关系的要求和历史发展必然趋势的适应程度。虽然道德是由社会关系决定的，但由于道德有其相对独立性，因此任何社会的道德都存在三个层次：适应当时社会经济关系，顺应历史发展趋势的道德，（社会道德的主导）；不适应当时社会经济关系，违背历史发展趋势的道德；顺应历史发展趋势的先进社会的道德萌芽的趋前道德。

　　社会道德具有如下特征：（一）它是对社会利益关系的总体反映，是从维护社会和谐与稳定的需要中产生的。在阶级社会里，社会道德集中体现为阶级道德，同社会政治、法律等一起为统治阶级服务。（二）它是衡量一定社会的道德水平的基础，即它具有整体性和普遍性。（三）它的具体实施，必须要转化为个体道德。（四）它的变化和发展需要一个比较长的历史过程，并不随它赖以存在的社会经济关系的变化而很快变换其形态。

　　个体道德是行为个体在道德活动中所表现出来的道德现象的

总和，即社会道德在个体身上的表现。也指个人品德。

个体道德主要包括三个方面的内容：个体道德意识，是社会整体意识在个人意识中的反映，包括个人的道德观念、道德情感、道德意志、道德兴趣、道德行为、道德理想等；个体道德规范，是行为个体在社会生活中应当遵守的道德准则；个体道德活动，是行为个体进行道德修养的实践活动，包括道德选择活动、道德自我评价活动、道德自我教育活动、道德修养活动等。

个体道德具有如下特征：自成性，即个体道德都是行为个体自身通过自己的活动完成的，行为个体既是道德主体，又是道德客体。潜在性，即个体道德往往是在行为个体的内心深处进行或存在于个体意识之中，个体道德活动是一种潜在的自我改造活动。社会制约性，即个体道德的产生、形成和变化都要受社会历史条件的制约，特别是受社会道德和群体道德的影响。

个体道德是整个社会道德的有机部分，并且是极为重要的一部分。任何社会道德活动的最终落脚点在于个体道德水平的提高。

道德是人的社会关系的产物。它的产生、发展和作用都与社会不可分割，不存在纯属于个人的个体道德。道德的本质是社会性。但从道德的表现形式来说，对道德这种特殊的社会现象可以从社会和个体不同主客体关系的角度相对地区分出社会道德和个体道德。社会道德是指调整一定社会诸种道德关系的行为规范的总和。个体道德是社会道德的内化和个体化，是作为道德实践主体的个人在接受、适应、践履一定社会道德过程中逐步形成的道德人格、道德行为倾向以及相应的道德心理机制。因此，研究个体道德问题，不能不思考这样一个问题：个人如何在社会道德的制约和影响下，将社会道德转化为自己内心的自觉要求，如何在道德实践活动中进行个人道德修养，履行道德义务、提高个人道德境界，实现个人的人格价值。显然谈论个体道德离不开社会道德，个体道德和社会道德是一体两面、不可分割的。可以从以下几个方面展开说明个体道德和社会道德的关系。

第一，从本质上看，个体道德是社会道德的内化和个体化。

个体道德是社会道德的内化。个人是文化历史发展的产物。个人自出生始就生存于一个既定的社会文化环境中，并受到这种环境的制约和影响。因此，个体道德的性质是在历史中发展的，个体道德的发展通过社会道德不断内化的过程而得到实现。道德内化是指个体在社会实践中，通过对社会道德的学习和认同，将其转化为自身内在的行为准则和价值目标，形成相应的品德的过程。品德则是社会道德在个体内深层的凝结。例如，儿童时期的道德学习主要通过"小社会"即家庭进行，然后逐渐扩展至朋友、邻居、教师等所有与儿童建立了一定关系的成年人。儿童通过他们接受各种社会道德要求、准则规范，逐渐地使个人对社会道德从"知其然"进入"知其所以然"，由被动接受转化为有怀疑批判性的选择接受，形成由道德观念、道德情感、道德意志和道德信念所构成的个体道德意识。个体道德的发展过程，在本质上就是一个从被动到主动地认识和掌握社会道德，建立、巩固和完善个体道德的过程。

个体道德还是社会道德的个体化。道德内化意味着一定的集团或社会要求生活于其中的个体接受和遵循共同的道德要求、价值观念和行为准则，这就使一切作为个别的个体道德有许多方面甚至在其本质方面是与它所属的社会道德一致的。但是，一定社会或一定时代的道德要求总是通过个体化的过程来实现的。由于个人所处的社会生活和社会关系不同，以及个体自身的素质、生活经历、所处时空的道德境遇、机遇、心理状况和道德水平等各不相同，因此形成和产生了个体道德的差异性和多样性。这种差异性和多样性既表现在个体的内在结构中（知、情、意等各方面的能力），也表现在个体在道德选择、道德修养等道德实践活动中。不同的个体，也就各自表现出自己的道德人格特征：或高尚，或卑下，或勇敢，或胆怯，或慷慨，或自私……

第二，个体道德与社会道德相互依赖、相互作用和相互转化。

从相互依赖的方面来说，社会是由个体结合而成的，没有个体也就没有社会，社会道德的实施必须以个体道德为其基础和必要环节。社会道德规范的贯彻落实、理想境界的扩大和普及，需要社会成员的身体力行才能实现。社会道德必须通过个体的道德心理并形成相应的义务感和良心来发挥作用。没有大多数个体的道德自觉，就谈不上真正的社会道德进步。另一方面，个体又总是与社会联系在一起的，个体不可能不和一定的社会组织或社会机构发生联系（如学校、工作单位等），因而没有社会也就没有个体。同样，离开社会道德也就无从考察个体道德，个体道德若离开社会道德就不可能形成、产生、巩固和发展。个体道德实践的空间和时间的范围总是从属于一定群体之中的，对利益关系的处理，对工作绩效的评价和对规章制度的维系，都要适合于社会的需要。个体道德与社会道德这种相互依赖关系最突出地表现在两者的目标取向上。如果全体或绝大多数道德个体的目标取向同当时社会道德客观上应有的目标取向相抵牾，那么社会道德的运行就必定受到阻滞；如果整个社会道德偏离其客观上应有的目标取向，那么绝大多数社会成员的个体道德的运行也势必受到阻滞。这就要求一方面社会道德不应当脱离社会大多数个体的实际需要和实际可能达到的道德水平，另一方面，个体道德必须以社会道德为指导。

社会道德和个体道德又是相互作用，并在一定条件下相互转化的。一方面，社会道德可以而且经常向个体道德转化。在社会道德的培育和影响下形成个体道德，就包含着这方面的转化过程。例如，对大学生进行集体主义、爱国主义和共产主义教育，实际上这就是旨在实现由社会主义的社会道德向每个学生的个体道德转化。另一方面，个体道德在一定条件下也可以向社会道德转化。个体道德素质的增强，为社会道德增进着量的积累，而且在一定条件下，对社会道德将起着推进和导致质变的作用。先进超前的个体道德内在地包含着向社会道德转化的趋势，因为它必以积极的方式影响全社会成员，逐步为广大社会成员所接受，上升为普遍的东西，成为该社会道德实践的具体内容。例如，无产阶级的导师和领袖，以及社会的先进人物，他们崇高的道德境界、光辉的个人道德品质，就不断转化为无产阶级进步的社会道德，并成为新时代道德规范和行为准则的典范。

第三，个体道德和社会道德的相互区别。

这种区别最主要地体现在对社会所起作用的范围和所处地位层次的不同上。社会道德的主要功能在于对全社会进行道德调节，使社会按一定的轨迹正常和谐地运行。因此，社会道德对个体道德的影响和制约表现出指导性和深刻性，社会道德建设通过共同活动把个体联系在一起，它对社会各个成员的价值取向、思想行为起着直接的和重大的影响。它比个体道德远为广泛和普遍，因而较为稳定和持久，一般来说要高于个体道德。与社会道德相比，个体道德则表现出层次性和差异性。个体的思想道德面貌有着明显的个性特征，表现出鲜明的层次性。在思想道德方面，可分为先进、较好、一般、后进和堕落犯罪等几个层次，个体道德的不同层次对社会所产生的影响、所起作用的范围和程度也是不同的。正因为如此，社会道德建设的战略目标，是依据个体的不同层次的具体的道德水准，制定近期和长期的目标以及切实可行的道德规范，以适应各层次的需要，并促使低层次的个体道德不断向较高层次的道德水平发展。

综上所述，人类道德发展的过程就是社会道德与个体道德矛盾运动的过程。社会道德和个体道德既相互区别又相互联系，并在一定的条件下相互转化。应当指出，社会道德对于个体道德的形成、产生和发展具有决定性的影响和作用，同时，个体道德对社会道德亦有积极的能动作用。这种能动作用突出地表现在两个方面：第一，将抽象的社会道德规范转化为具体而生动的现实道德活动。任何社会道德都是一定集团的共同利益的体现，因而具有普遍性和抽象性。通过个体的道德活动，就能把具有普遍性的社会道德规范与特殊的个体道德情境相结合，扬弃社会道德的抽象性，将抽象的道德规范化为具体生动和客观现实的行动。第二，创造和提升社会道德。个体遵守和实践社会道德的过程实际上也在用自己的行动创造或提升着社会道德。这种创造或提升有两种表现形式：（1）实践形式，意即在具体行动中，做出了后来为社会所赞誉和提倡的超前选择和行动。社会生活是生机蓬勃、不断发展的，一定的社会道德往往跟不上社会生活发展的需要，甚至成为社会继续前进的障碍。这时往往首先是个体通过对人类发展趋势的认识，摈弃旧的道德，用自己的行动做出了当时社会所需要的道德选择。而这些选择和行动本身就标志着一种新的道德规范、新的道德境界的诞生。（2）理论形式，意即通过对社会发展趋势的认识，提出一种新的道德理论，对理想的、未来的道德生活、道德关系和道德原则进行描述和论证。这两种创造形式所包含的内容一开始往往不能被大多数人所接受或仿效，在剥削阶段统治的社会里，甚至会遭到非议、贬斥和迫害。但这种行为和这种理论因其符合社会发展的需要，顺应历史发展的潮流和具有客观必然性的根据，因此终究会得到社会的承认，在历史的发展中作为先进的道德理论和道德行为而赢得肯定并为越来越多的人所仿效，成为激励大多数人的榜样和力量。在这个意义上说，个体道德亦有用自我之力启导社会、提升社会，使社会臻于至善的功能。

可见，个体道德与社会道德的相互区别和相互联系的辩证关系和矛盾运动将有助于社会的进步和个人品质的提升，也可能在某个时期和某种条件下导致其原有水平的下降，若要促进一个社会或其个人向真善美统一的高水平发展，就必须实现个体道德和社会道德的双向发展，片面地强调某一方面的发展是难以奏效的。

（二）教师个体道德与社会道德

1. 教师个体道德。

所谓教师个体道德是指以个体为道德主体和载体的道德。当然，教师个体道德便是以教师为社会职业身份的社会成员的个体道德，它是由个体道德心理、个体道德行为和个体道德境界诸因素所构成的。

教师在职业活动中所表现出来的个体道德心理具有善恶意义的心理活动和心理机制。它包括道德心理过程和道德倾向。道德心理过程即道德认识过程、道德情感过程、道德意识过程，而道德倾向则是道德需要、道德动机、道德兴趣、道德理想和信念等。个体道德心理过程和个体道德倾向紧密联系，它们的有机统一，构成了个体道德的心理素质。

教师个体道德行为是教师在其特殊职业道德心理支配下所产生的行为。它包含这一行为的过程及其倾向。我们可以把前者视为一个完整个体道德行为的能力系统，包括动机、行动和效果。而后者则是个体道德行为的目标指向系统，包括自我道德修养、自我道德选择和自我道德评价。

个体道德的境界是指教师个体在处理个人与他人、个人与社会整体的关系中所实际达到并意识到的特定社会或阶级的道德要求的程度。道德境界的发育要经历三个阶段：自发的道德境界、自觉的道德境界和自由的道德境界。但从道德境界的性质来看，它包括善的道德境界，可塞性道德境界和恶的道德境界。道德境界的发展状态是个体道德素质达到社会现阶段道德要求的程度，个体道德性质状况显示出个体道德境界的道德价值的性质，它们的有机统一，构成了个体道德的现实状况。

2. 教师个体道德与社会道德的关系。

社会道德同个体道德是道德的两个有机构成部分，它们既相互联系，又相互区别。首先它们是相互联系的，同属于道德范畴，既相互影响、相互制约、共同发展，又相互渗透、相互贯通，在一定条件下相互转化。其次，它们是相互区别的，它们分别从宏观和微观的角度反映现实利益关系的客观要求，有着各自相对独立的运行过程和运行机制，有各自特殊的社会功能。

教师个体道德属于个体道德范畴，它受社会道德与个体道德关系的一般规律的制约，具体表现形式如下。

首先，社会道德是教师个体道德的社会条件。社会道德同个体道德同属社会意识形态，它们之间相互影响，相互制约。社会道德是社会对人们提出的道德要求，其体系一旦形成，作为一种普通的社会道德风尚，必然对处于一定社会环境中的教师个体道德风貌产生影响，或促成教师适应新的社会条件形成新的道德观念，养成新的道德品质，或督促、制约教师克服不适应新社会条件的旧道德观念和旧的道德品质。

其次，教师个体道德是社会道德的反映和有机构成部分。

从道德的载体和社会功能区分，社会道德可大致划分为社会公德、职业道德、家庭道德，它们共同构成了一定社会的道德体系，教师道德属职业道德范畴，是整个社会道德体系不可缺少的有机构成部分，是用于调整教师同教育对象，以及其他社会关系，确保教育劳动秩序和教育质量，实现教育社会功能的行为规范，并以其极其重要的作用影响社会道德。因此我们说，教师道德是社会道德在教师劳动中的具体体现，教师道德的基本原则，是一定社会道德基本原则的具体体现，教师道德要求是一定社会道德基本要求的具体化，教师道德水准反映社会道德的水准，一般情况下处于社会道德水准的较高层次。教师个体道德是教师道德的个体表现，其实质是社会道德内化为教师个体道德的结果，教师个体道德反映社会道德，而社会道德体现在教师个体道德之中。

再次，教师个体道德相对独立于社会道德。

一般讲社会道德是教师个体道德的产生条件，教师个体道德是社会道德的具体表现，教师个体道德受社会道德的制约。但是同时我们也应看到个体是相对地独立于整体的，也有其特殊的发展规律，如特殊的职业生活、个人的生活经历、自身文化素质、个人道德修养等因素在一定条件下决定教师的个体道德，这就是为什么某个教师个体会表现为反现存道德传统的倾向，甚至成为旧道德的革命者和新道德的建设者。

二、道德品质与教师个体道德品质

（一）道德品质及其特征

道德品质，亦即我们通常所称的品德或德性，是指行为个体在道德意识和道德行为中所表现出来的比较稳定的特征和行为倾向，是一定社会或阶级的道德原则和规范在个人道德意识和道德行为中的具体体现，也是社会或阶级对道德行为主体的道德意识和道德行为的总体评价。

道德品质的特征主要有：

第一，道德品质以作为道德行为主体的个人为承担者，以一定社会或阶级的道德关系为内容。一定历史条件下的个人，总是以其对当时的社会道德关系的认识和实践，体现某种社会或阶级的道德规范体系和道德风尚，因而从直接的意义上说，道德品质是一定社会或阶级的道德原则、规范及道德风尚个体化。

第二，道德品质是道德意识和道德行为的统一。它既是个人内在的心理和意识特质，又是个人主观见之于客观的行为特质，是对个人的道德心理、道德意识和道德行为的特定属性的综合。一定的道德行为既受着一定道德意识的支配，反过来又会使道德意识得到充实、深化和丰富。二者的相互作用乃至有机统一，使行为者的道德意识和道德行为形成一种稳定的趋向，并具有个体的心理和行为特质。当一个对某种道德要求形成内心信念，从而将某种道德行为持续不断地进行以至养成一种道德习惯时，这个人就形成了某种道德品质。

第三，道德品质是个人自觉意志的表现。道德品质不是消极适应某种世俗风情而自然形成的一般生活习惯，更不是个人某种兴趣、偏好、感情等自然发展的结果，而是个人自觉意志的高度凝结。尽管道德品质也表现为个体的习惯或习性，但它是道德行为主体凭借自己的自觉意志而自主判断、审慎选择和自觉调节行为的结果，是一个在其自觉意志的行动过程中所形成的道德习惯和习性。

第四，道德品质是在道德行为整体中表现出来的稳定倾向。一方面，它表现为个别行为动作或举动所构成的行为整体，即表现为行为者和个别道德行为的主观和客观两方面的统一；另一方面，它表现为一个人在各个活动领域和各个活动时期的一系列行为结合起来构成的行为整体，即一个人在某一实践领域、某一活动时期乃至全部道德活动生涯的所有道德活动的综合。因此，一个人的道德品质，不仅体现在他的某个持续进行的行为中，而且更充分地体现在他的一系列行为所构成的行为整体中。它不仅是一个人的内部意志与外部行动的统一，而且也是个别行为与一系列行为的统一。

道德品质可以分为两个基本类型：美德和恶德。前者指美好高尚的德行，后者指卑劣丑恶的德行。但是，由于道德品质总是一定社会或阶级的道德原则和规范在个人意识和行为中的具体体现，因而它的具体内容带有明显的时代性、阶级性乃至民族性。不同的社会、阶级和民族对道德品质的内容有着不同的规定，由此而引起对美德与恶德的不同的甚至根本对立的说明与评价。不同的时代、社会、阶级、民族乃至不同的行业，都一方面向其成员提出相应的道德要求，另一方面根据这一道德要求去衡量其成员的道德行为，判定其道德品质。即使是那些被人类所公认的良好品德，如正直、诚实、热情、善良等，也会因时代、社会、阶级等的差异而具有不同的内容。

（二）教师个体道德品质及其特征

教师个体道德品质既是社会道德原则和规范的具体体现，更是教师道德原则和规范的具体体现，它是教师在长期职业道德活动中养成的在个人的道德观念、道德行为中表现出来的比较稳定的特点和倾向。其显著特征表现在如下几个方面。

第一，教师个体道德品质，是社会道德原则规范的职业化，是教师道德的具体化。教师是社会成员的组成部分，是一定社会中的人，教师道德关系是社会道德关系的一部分，教师道德是社会道德的内化，是教师道德的个体化，因此教师个体道德品质既反映一般社会利益关系，又反映教育劳动中的利益关系，因此教师个体道德品质在内容上具有历史性、阶级性、民族性、教育劳动的特殊性，教师个性的特征。

第二，教师个体道德品质是教师道德意识和道德行为的统一。教师个体道德品质是包括教师个人内在的心理或意识上的素质，也包括个人的行为，二者是有机的统一体。教师的道德行为是教师道德品质的客观基础。教师在教育活动中长期不断的坚持某种道德行为，以致形成习惯，就表现为教师的个体道德品质。而教师道德品质又通过教师道德行为表现出来，离开教师的道德行为就无法确定教师的道德品质。同时教师道德行为又总是在一定的道德意识支配下进行的，不体现道德意识的道德行为是不存在的。

第三，教师个体道德品质是教师道德意志的凝结。

教师道德行为不是一种随意行为，而是教师道德意志选择行为。教师的每一个道德行为都是自主意识的支配下的自觉道德选择，每一个道德行为的习惯都是在道德意识的支配下坚持养成的，错误的道德行为选择也都是在教师道德意志的支配下得以修正。教师道德行为是一种理性行为，意志活动。教师个体道德品质是在教师意志行为中形成的。

第四，教师个体道德品质是教师个体职业道德行为整体的稳定倾向。

道德行为整体的稳定倾向，体现在两个方面，一个是指构成教师个别道德行为的主观和客观两个方面，即一人的内部道德意志与外部道德行为的统一；二是指教师个体的一系列道德行为的统一：某一活动领域的行为，某一活动时期或活动阶段的行为，以至一生的全部道德行为的综合，即个别行为和整体行为的统一。如一个教师某一道德行为不符合上述两个特征，我们就不能武断地判断，这一行为体现了某种品质。

第五，教师个体道德品质是多种内在因素的辩证统一。

其一，是稳定性与发展性的辩证统一。教师个体道德素质是在一定的教育环境下通过教师自身的自我修养而逐渐形成的，这个过程本身就证明了教师个体道德素质具有可发展性和可塑造性。教师个体道德素质在个人身上已形成了一个稳定的结构（即知、情、意、信、行）的道德心理结构，已内化为个体内在的、稳定的品质。教师的道德素质已不同于一般的教师的个人习惯，它是一种自觉的意志行为，教师凭借着内在稳定的道德结构，在任何情况下都会自觉地遵循道德准则，在自觉意志的调控下处理自己的感情和行为。同时，教师绝不能满足于现有的道德状况，还需要在工作中不断注意自己职业道德方面的学习和修养，向榜样学习，在实践中磨炼，以便自己的师德素质不断地完善起来。可见，教师内在的个体道德素质具有稳定性和发展性的统一。因为它的稳定性，教师的道德品质能体现在他的一系列的行为，甚至整个一生的行为整体之中。因为它的可发展性和可塑造性，教师才能依据一定的职业的要求不断地锻炼自己的意志、行为，使教师的素质不断地向更高层次跃进。

其二，是内在性和现实性的辩证统一。教师个体道德素质在个人的内心已形成了一个稳定的内在结构，具有内在性；同时个体道德素质在一定的社会环境中又可以通过教师的言行表现于外，因此又具有现实性和实践意义。实际上道德品质并不是不可捉摸的东西，它正是在教师的具体实践中表现出来。在教师的教育活动中，教师能依据已具有的内在道德品质去有意识、有选择地处理与学生、与他人、与集体、与社会、与教育事业的关系，这就表现为他的道德品质。教师的道德品质能体现在他的一系列的实践行为中，甚至整个一生的行为整体之中，形成一种行为习惯。

其三，是同一性和差异性的辩证统一。教师的个体道德素质是内在于教师个体而存在的，每个人都具有不同于他人的个性心理特点，有自己独特的处理事务和适应环境的方式；同时教师所经的环境、所受的教育和自我修养程度的不同，因而个性在道德素质和心理品质上就呈现出不同的差异，包括生理上的、心理上的及人格上的。但是由于教师的职业特征，又要求教师必须具有与职业要求相一致的特定道德素质和心理品质特征，而且教师在相似的教学环境中经过长期的熏陶和经过自身积极的导向性的自我修养，一般也能形成相似的个性心理品质。

（三）教师个体道德品质的构成

教师个体道德品质是一个综合性的范畴，它的构成包括多种因素。一般讲，按照它与道德有关的个性心理因素及其同道德行为的关系，教师个体道德品质由道德认识、道德情感、道德意志、道德信念、道德行为五个基本方面构成。这些问题已在第七章"教师职业道德内化的过程"中详细论述。

三、教师个体道德品质的形成与发展

教师个体道德品质的形成与发展是个复杂的过程，是教师在一定的社会环境和物质生活条件中，通过一定的社会生活实践，尤其是职业生活实践——教育活动中，自觉地接受社会道德教育，进行自我道德锻炼和道德修养的过程。

（一）教师个体道德品质的形成

首先，教师个体道德品质是现实社会关系和道德关系的产物。教师个体道德品质作为一种个体道德现象，它的形成和发展必然受一定的社会环境和社会物质及精神生活条件的制约，在阶级社会必然受一定的阶级地位和阶级斗争实践的制约。教师生活在现实社会中，其个体道德品质不是抽象的、先天的，是其接受社会教育，适应社会现实的结果。教师作为社会的人，处于各种社会关系中，居于一定的社会地位，社会传统习惯特别是统治阶级通过强大的宣传和选择手段，鼓吹统治阶级的道德原则和规范，对教师个体道德品质施以影响，力图使教师个体道德品质向着社会所需要的方向发展。而教师个体要立足于社会完成自己的社会职责，实现自己的人生价值也必然会自觉不自觉地去按照社会要求去约束自己。

其次，在教师个体道德品质形成过程中，教师的社会实践，尤其是教育实践起着决定的作用。思想观念是现实的反映，来自于实践。教师个体道德品质的形成和发展离不开一定的社会环境，教师的道德观念、道德行为不是自发地产生的，而是教师在改造客观世界的社会实践中，尤其是教育实践中，与社会结成有机的道德关系，并产生处理各种道德关系的实际道德体验，随着实践的反复，具体的道德体验会抽象为一定的道德观念、道德情感、道德意志和道德信念。这种道德意识支配、制约教师的道德行为，经过长期的积累成为行为整体中的稳定的一贯的倾向，构成教师各自特有的不断完善的某种道德品质。教育的社会实践不仅是形成某种道德品质的客观基础，而且也是导致教师道德品质发展变化的客观基础。社会实践是检验教师道德品质的唯一标准。教师在实践中形成的某种道德观念、道德行为会在实践中受到检验，在这种检验中，教师认识到自己的道德观念和行为是否是正确的，并根据这一检验修正或坚持某些道德观念和行为，从而导致已形成的道德品质的发展变化。

第三，教师的个体道德品质是在社会实践的基础上，经过个人主观努力和客观条件相结合而形成和发展的。人的道德行为是一种自觉能动地适应社会的意志行为，不是消极适应社会的盲目行为，人的任何道德行为的选择必须经过内部认识的矛盾斗争。客观社会现实和实践是道德行为的客观基础，而个体的内在矛盾斗争则是道德品质形成的内部条件。一般讲，人们在形成和完善自己的道德品质过程中需要解决两个矛盾：一是社会或阶级的道德要求和个人主观认识之间的矛盾，一是现实社会中对立的道德要求反映在个人意识中而构成的不同道德观念的矛盾。社会实践中，这两个矛盾的对立和斗争必然反映在教师的意识中，教师是在这对矛盾的对立、斗争的解决中完成道德行为的选择，形成某种品质的。教师只有自觉积极地开展思想斗争，使正确的道德观念战胜错误的道德观念，才能形成高尚的符合社会发展要求的道德品质。不重视个人的主观努力，放弃积极的思想斗争，良好的社会环境也不会自发地形成教师的高尚品质。内部的积极思想斗争和主观努力，是教师个体道德品质形成的内在基础和动力。

总之，社会环境是教师个体道德品质形成的外部条件，社会实践是教师个体道德品质形成的客观条件，而个人主观努力和积极的思想斗争是教师个体道德品质形成与发展的内在条件，教师个体道德品质的形成与发展，是教师在社会实践的基础上，主观与客观，内因与外因的矛盾运动过程。

(二) 教师个体道德品质形成的心理因素

教师个体道德品质是一个复杂的结构体，是道德心理和道德行为的统一，个性道德心理是以个性心理品质为基础的。因此教师个体道德品质的形成与教师个体的心理倾向、心理特征和心理过程有着直接的联系。

个体心理倾向包括动机、兴趣、理想、信念和世界观，是决定人的态度和积极性、选择性和动力系统，直接参与影响人的社会行为的价值取向，是构成教师个体道德心理的心理基础和参与成分，在教师个体道德品质的形成中具有决定性的影响。

个性心理特征，包括能力、气质和性格，是个性心理结构中的比较稳定的成分，表明个体的典型心理活动行为，对于形成道德品质有重要影响作用，同形成某种教师个体道德品质相一致的心理特征，将有利于这种品质的迅速养成，反之会阻碍教师个体品质的形成。如：性格的容忍性，是形成"诲人不倦"的教师品格的重要性格条件，而浮躁的性格会干扰这种教师品格的形成。

个性心理过程，是个体大脑对现实的不同反映形态，人们的任何实践都是以其为心理基础上，道德活动也不例外，人们的任何道德心理的产生，都离不开心理过程。在心理过程的参与下，人们才能完成道德认识、道德判断、道德选择和做出道德决定之后产生的道德行为。教师个体道德品质是在心理过程的参与下形成的。

由此我们可以看到，教师个体道德品质与教师个体心理品质有着直接的、密切的联系，教师个体道德品质的形成是以教师个体心理品质为心理基础的。

（三）社会主义教师个体道德品质的形成与基本内容

1. 社会主义教师个体道德品质的形成。

社会主义教师个体道德品质，是社会主义道德关系的产物，是教师在社会主义生产关系条件下，通过长期的社会和学校道德教育，在教育实践中，在扬弃教师道德传统的积极思想斗争中自觉养成和完善的。

第一，社会主义的崭新道德关系为社会主义教师个体道德品质的形成提供了社会基础。

社会主义社会的确立，使我国社会的道德关系发生了根本性的变革，人们之间没有根本的利害冲突，社会主义共和国公民是国家的主人，社会主义公民间没有根本利益冲突，政治上是民主的，经济上是平等的，虽然存在着多种经济体制并存的所有制结构，但社会主义经济关系是主体，这就决定了社会主义的道德关系的主体位置。因此社会主义教师与国家，与学校，与同事，与学生之间道德关系是社会主义性质。教师道德关系是社会主义道德关系体系的有机构成部分。教师个体道德品质是社会主义道德关系的反映，是社会主义基本道德原则的个体体现。教师是在社会主义现实道德生活中养成献身社会主义现代化的集体事业的道德信念，民主、科学、创新、求实、艰苦奋斗的先进的道德意识。随着改革开放国策的实行，社会主义道德关系的不断发展完善，教师的道德观念也在发生着变化，社会主义教师道德品质将会有新的发展和完善。

第二，社会主义道德教育为教师道德品质的形成，提供了良好的社会教育条件。

社会主义道德关系是社会主义教师个体道德品质形成的社会基础，但是社会主义教师道德品质的养成不是自发的，是社会主义道德教育的基础上形成的。社会主义道德教育体系为社会主义道德建设提供了系统的道德教育机制，这为教师道德品质的形成提供了良好的社会教育条件。社会主义的基础教育为教师职业道德品质的形成提供了一般道德教育，每个公民在基础教育阶段接受系统的道德教育，形成较系统的社会主义道德价值观，养成社会主义道德习惯，社会主义教育还为每个公民提供了职业教育。未来的教师，在师范教育中接受系统的教师职业道德教育和训练，使教师获得早期的职业道德教育，为日后教师道德品质的形成完善，打下了坚实的基础。

第三，社会主义教师个体道德品质在教育实践中得到发展和完善。

如果说基础教育和师范教育为教师职业道德的形成打下了基础，而教育的实践也就是教师职业生活的实际，才能使教师道德品质得到发展和完善。因为教育实践才能使教师投入现实的道德生活，获得实际道德体验，从而加深理解并修正初步形成的教师道德观念，促使道德观念转变为实际的道德行为，养成巩固的职业道德习惯。另外，教育实践是不断发展的，发展的实践是教师道德观念发展更新的现实基础，教师只有在教育实践中才能获得新的道德体验，更新道德观念，形成新的道德品质。

第四，社会主义教师个体道德品质是在马克思主义伦理道德思想的指导下，扬弃教师道德传统的基础上形成和发展的。

道德具有继承性，道德具有相对独立性。现实道德总是历史道德的发展，社会主义教师道德是在对以往教师道德传统的批判继承中形成、发展和完善的。教师劳动具有特殊的规律，历史上的任何教师道德都要求其反映并服务于教育劳动的规律，而形成一些优良的教师道德传统，历史上一些优秀的教育家和教师在长期的教育实践中养成一些优秀的教师品质，这些都是教师职业道德的优秀遗产，是我们应该继承的优秀传统。但是也应看到，由于世界观的局限，以往教师道德传统也包含着不能彻底反映教育劳动规律的道德要求，甚至代表没落腐朽的道德关系的糟粕，是我们应予以批判、抵制的。社会主义教师道德建设，就是在对以往教师道德传统的批判继承中发展起来的。因此社会主义的教师必须善于运用马列主义的伦理理论为思想武器，对以往的教师道德传统进行科学的分析和扬弃，开展积极的思想斗争，自觉地吸收继承优秀的教师道德传统，批判其糟粕，抵制落后的旧教师道德传统的影响。才能养成适应社会主义教育事业需要的良好的道德品质。

第五，充分发挥教师的主观能动性，自觉积极地进行教师职业道德的自我修养。

社会主义道德建设体制为教师自我职业道德修养提供了良好的社会条件，但是教师道德观念的建立，良好品质的养成和完善还要靠教师的主观努力，教师必须自觉学习才能获得必要的教师道德观念，自觉地投身于教育实践才能获得直接的道德体验，得到实际的道德训练；积极自觉地开展道德意识领域的思想斗争，才能吸取优秀的教师道德传统，抵制落后的教师道德传统。总之，社会和教育劳动对教师提出的道德要求，只有通过教师的自觉努力才能内化为教师个体道德品质。"外因是变化的条件，内因是变化的根据，外因通过内因而起作用"。

从一个人的道德品质的成长看，教师职业道德的养成是一个人道德完善的必经阶段。一个独立承担社会责任的成熟人，只有在一般道德品质养成的基础上发展职业道德品质，才能实现道德的完善。这种道德完善的客观要求，只有充分调动个体的主观能动性，才能形成个体的自觉的道德要求，进而进行自觉的道德学习和训练，最终养成教师职业道德品质。

2. 社会主义教师个体道德品质的基本内容。

我们研究社会主义教师个体道德品质问题，不但要研究其形成与发展，揭示其同以往时代教师道德品质的联系及本质区别，探讨其与现实社会生活的联系，还应探讨社会主义教师道德的基本内容，以帮助教师从基本内容方面把握教师道德品质问题，更自觉地内化社会主义教师道德规范。

教师在长期的教育劳动实践中，自觉遵守教师的道德规范，必然转化为教师内在的道德品质，由于教育实践的丰富性，教师人格的个性化，教师个体道德品质的内容是十分丰富的，但概括起来，主要有以下几个方面：

献身教育事业。

社会主义现代化建设是集体的事业，社会主义教育是这一集体事业中的基础性建设事业，是为未来社会培养接班人，这就决定了教育劳动的价值实现具有滞后性。就劳动形式看，还具有时空的无限延伸性。这种劳动的特点，要求教师要站在社会的、全局的、人民的长远利益为社会集体的事业，为青少年的未来，不计较个人的利益得失、眼前利益的大小，立足全局放眼未来，奉献自己的劳动以至一生。所谓"奉献"并不是不言"利"，不计报酬，而是要求教师要正确处理"义"与"利"、个人和集体事业的关系，重大义、识大体，顾全局，终生勤恳执教，尤其是在社会主义商品经济条件下，为国家的前程、人民的利益献身教育的品格更是尤为重要的，值得称颂的。

正直诚实。

这是教师为人处事的基本品格。正直诚实表现了一个人以科学、求实的精神处理个人与社会、事业的关系。古代教育家韩愈曾明确提出："师者传道授业解惑也。"教师是以宣传科学，传播真理，教书育人为己任的，因此教师为人处事必须追求真理、尊重科学、公正无私、光明磊落、是非分明、伸张正义、忠实坦诚、正人正己。教师只有这样才能承担教师职责。正直诚实，不只是教师安身立命之本，更应看到教师为人师表，要以道德楷模置身于学生，影响学生。教师自己正直诚实的品质还关系到新一代能否成为正直有为的接班人。

自尊自强。

这是教师追求完善人格实现崇高的人生信念的良好品质，教师是承担有特殊社会责任、受人尊重的职业，因此教师必须严于律己，自尊自强。自尊即要维护教师的声誉，保持良好的道德形象，自觉地按照教师道德要求规范自己，不做任何有损教师形象的事。自强则是坚持不懈地追求自我道德完善，高标准严要求，永不自满不松懈，永向理想的道德人格攀登。学高为师，德高为范，完善的道德人格是教师为人之师的基础。

艰苦朴素。

是无产阶级的优秀品质，是具有远大理想的人在个人生活方面良好的品格。艰苦朴素，就是要求人们节俭无奢，养成与广大劳动群众同甘共苦的良好品格。我国历史上就有"成由节俭败由奢"的古训，这是因为任何事业的成就，人生的业绩，都需要情志钻一、艰苦奋斗。教育工作虽不涉风雨，但是一种极艰苦的呕心沥血的劳动。只有情志钻一，艰苦奋斗才能承担这一社会重大责任，终生不渝献身于这一事业。在改革的大潮中，社会主义商品经济发展的新时期，"安贫守志"更是教师敬业守则不可缺少的崇高品格。

开拓创新。

这是一种在人生和事业上不断求改革求进取的良好品格，这种品格引人上进，促人创新。社会主义教育事业是不同于以往旧教育的崭新事业，尤其是我们正逢改革开放时期，教育只有改革创新才能适应历史的变革。教育劳动是一种创造性劳动，有定规而无定法，教师只有不拘泥教条，善于根据具体的教育情境机智灵活组织教育劳动，才能培养出既符合统一的教育目标，又有丰富个性的新人。因此创新开拓是教师的重要品格。它要求教师不因循守旧，善于打破陈规旧习大胆改革；不主观教条，善于从实际出发开拓创新；不盲目崇拜，善于学习先进为我所用；不故步自封，善于发现问题勇于攀登新的目标。教师只有具有这样的品格，才能承担起创造社会主义教育的新时代，培养跨世纪新人的历史重任。

3. 社会主义教师个体道德品质的养成。

研究教师的个体道德目的是提高教师的职业道德水平，使他们具备教师道德的各方面知识，从而使教师能够运用这些知识更加合理地解决教育教学过程中日常面临的问题和矛盾。教师具备了教师职业道德的知识和能力，并不等于肯定能按照它的要求来行动，因为道德理论永远是抽象、概括的东西，实践则永远是具体的和个别的，个体每一次的道德活动都面临着从抽象向具体、从一般向个别的转化，而具体情况的个别性和独特性使得教师必须创造性地解决问题和必须具有相当积极的思想，因而，就教师的行为实践来说，教师个体道德品质的养成是一个不断修养和完善的过程。

教师的道德修养是指教师依据教师道德原则和规范，在道德意识和道德品质方面的所进行的自我修养和自我改造，它不仅指教师自我检查和自我解剖的思想内省，也包括在教学实践和社会实践中的涵育和锻炼。为此，教师必须做到：

首先，要树立科学的世界观和跨世纪的教育观念。这既是教师修养的基础，也是检验教师修养的标准。教师的道德品质能否达到一定的境界，主要取决于世界观和教育观是否正确，有了科学的世界观，教师就能科学地认识社会发展规律；有了跨世纪的教育观，教师就能科学地把握教育规律，认识教育的方向。只有如此，才能在教育道德的修养和实践中，选择科学的、合理的和善的行为，养成良好的教育习惯。

其次，要在长期的教育实践中磨炼自己的道德品质。一般我们所见的教师大都是温恭贤良的，但他们的品质却不是天生的，而是在长期的教学实践中逐步涵育锻炼而形成的，是教师在教育教学实践中，随时以教师的道德原则和规范约束自己的言行，才养成了具有崇高品质的合格的教师；作为一个优秀教师，更需要经过长期的、反复的、艰苦的陶冶和磨炼才能达到。

再次，不断学习、探索、创新，努力提高自己的教育素质。教育素质。每个人的性格、脾气、气质都不相同，作为教师既要很好地了解自己的个性心理特点，也要了解学生的个性心理特点。教师了解了自己的个性心理特点，有助于和学生相处，能及时调整自己的心理状态，解决教学过程中的矛盾；教师了解学生的个性心理特点，有助于深入开展教育工作，有利于有针对性地做好学生的思想工作。

四、教师个性心理品质的特点、作用与内容

教师个性心理品质与教师个体道德品质密切联系。教师职业的特殊性决定了教师个性心理品质具有特殊的道德意义，这就要求教师具备符合职业劳动需要的个性心理品质，并且要自觉地按社会需要不断地完善和发展这种个性心理品质。

（一）教师的个性和个性心理品质

个性是个具有广泛内涵的概念，有哲学范畴的个性、有文学范畴的个性、也有心理学意义上的个性，即在教育劳动的道德关系中承担教师职责的人们的特殊稳定的道德心理和道德行为倾向。道德心理是道德个性的内在根据，支配着道德行为；而道德行为又是道德个性的外在表现，受道德心理制约，道德行为是在道德心理的内在矛盾运动产生的道德动机的指令下发生的。教师的道德心理，是教师个性心理品质的重要构成部分，教师个性心理品质是形成教师道德品格的心理基础。

教师的个性心理品质是教育工作的人们的特有的在长期的教育实践中养成的特殊的心理品质，包括心理过程和心理特征。所

谓心理过程和心理特征即人们的普遍心理，但是特定的社会生活会使人们的心理产生稳定的倾向性，这就表现出不同社会存在的人们具有不同的心理特点。教师个性心理是一种职业化的个性心理，即在长期适应教育劳动的发展中形成的稳定的职业化心理。

人的心理是社会存在的产物，具有鲜明的社会性，尤其是心理过程中的情感，个性心理特征中的信念、世界观等，具有明显的道德价值取向，直接影响人们道德观念和道德行为，因此我们研究教师的道德个性，不能不研究教师的个性心理品质，及其同教师道德个性的关系。

（二）教师个性心理品质的特点和作用

1. 教师个性心理品质的特点。

具有鲜明的道德意义是教师个性心理品质区别于其他个性心理品质的最显著的特点。这主要表现在以下几个方面：

其一，教师个性心理品质具有鲜明的社会道德价值取向。教育是具有鲜明的社会价值取向的特殊的社会生产活动，是以生产新人为其目的的。任何统治阶级总是要求教育按照本阶级的需要培养新人，因此统治阶级总是要教育劳动生产者具备适应这种需要的个性品质。而教师只有不断地使自己的个性品质适应统治阶级的需要才能获得劳动资格，完成教师的职责，长期教育劳动实践中教师也会自觉不自觉地按照统治者的需要发展和完善自己的个性品质。如具备热爱祖国和热爱人民的情感和无产阶级的世界观和人生观，这就是我们社会主义学校对教师个性品质的首要要求。而个性心理特征具有制约人的全部心理活动方向和行为的社会意义，是个性心理的核心和主导，这就决定了教师个性心理品质具备鲜明的社会道德价值取向。

其二，教师个性心理品质具有鲜明的职业特点。教育劳动是有着特殊规律的社会生产劳动，要求承担劳动责任的教师的心理品质要适应教育劳动的规律，如教育劳动是以知识传播为主要劳动形式，这就要求教师有良好的知识品质和学习能力。教师是以青少年为工作对象的，这就要求教师有良好的人群亲合性和人际关系调节能力，要有对青少年热爱的情感，正因为这样，选拔教师需要更严格地注意教师个性的考核，并且要求教师在长期教育实践中必须按照教育规律的要求，不断地完善发展自己的个性心理品质。最近有实验结果证明，教师个性品质的职业倾向同教师的教龄的增长成正比。

其三，教师个性心理品质具有直接的道德教育意义。学校教育的一个根本任务是塑造学生符合社会需要的个性品质，这个任务的完成除了以观念疏导，行为培养为基本教育手段外，一个十分重要的教育手段就是教师的人格教育作用，也可称作教师的师表作用。要想培养学生有良好的个性品质，教师自己首先要具备良好的个性品质。这是由学生的心理特点和教师的主导地位所决定的。学生具有向师性的特点和模仿性的特点，他们在接受观念教育的同时，总是以榜样为其理解观念的实际教材，为其道德理想的具象，而教师在学生的心目中是具有完美人格的成人，是他第一个效仿的对象，这就使得教师的个性心理品质具有直接道德教育作用。正像苏联教育家乌申斯基所说的，在教育中一切都应以教育者的人格为基础，只有为人格才能影响人格的发展和形成，只有性格才能形成性格。正因为这样，社会要求教师要十分注意自己的个性心理品质的全面修养，成为青少年个性全面和谐发展的榜样。

2. 教师个性心理品质的作用。

苏联教育家乌申斯基曾经指出："在教育中，一切都应该以教育的个性为基础，因为教育的力量只能从人的个性这个活的源泉流露出来"，另一位学者高纳波林也认为，教师的个性"是教育工作成功的有决定意义的因素"，由此可见教师的个性心理品质在教育活动中有着极其重要的作用。具体说主要表现在以下几个方面。

其一，教师的个性心理品质是树立教师威望的基础。

教师的威望是一种无形的教育力量，然而教师如何在学生中树立威望，极大地影响教师人格的教育影响力。在教育活动中教师是施教者，具有知识权威，组织领导的地位，但一个教师仅仅靠这个地位，以组织手段制约学生，非但不能树立自己的威望，反而会破坏自己的形象，其结果是挫伤学生的自信心，使学生成为盲目听从摆布的"小绵羊"，或者挫伤学生的自尊心，产生逆反心理，成为教育的叛逆者。教师的真正的威望只能以教师的优秀人格为基础。事实证明，一个有良好个性心理品质的教师，会自然地在学生中树立起学者的权威和师长的风范。学生也会自然而然地心向教师，自觉或不自觉地内化教师的教育要求，教师的人格也会变成学生效仿的楷模，教师的语言也会成为鞭策人生的座右铭。徐特立曾被毛泽东同志奉为终生老师，鲁迅成为民主革命时期的青年领袖，不在于他们的教师地位，而在于他们的非凡人格。

其二，教师的个性心理品质是塑造学生健康人格的手段。

塑造青少年健康和全面发展的个性是教育的基本任务之一，这个任务的完成除了教师通过一系列的教育活动去完成之外，一个重要的手段就是教师的人格教育作用。教师的个性心理品质是实现教育目的和提高教育质量的重要条件。

知识水平和教学方法是影响教师教育质量的决定因素，但是绝不能忽视教师个性心理品质在教育活动中的参与作用，它同样是教师实现教育目的和提高教育质量的重要条件。

（1）教师的个性心理品质是师生心灵沟通、创造良好教育环境和气氛的重要条件。教育活动是一个师生双向精神交流活动，师生之间的谐调关系，轻松愉快的教育情境，会使师生在教育活动中始终处于积极的最佳心理状态，最大限度地激发教师的教育潜力，调动学生的学习主动性，使教育活动收到最好的效果。这种教育效果的重要条件之一就是处于教育主导地位的教师必须具备适合教育活动的良好的个性心理品质，即要有健康丰富的情感，正确的工作态度，良好的心境和情绪，优秀的认知、思维和意志品质。

（2）诱导学生学习上的情感迁移。在传授知识的过程中常常会出现这样的情况：学生因为喜欢某位教师，而对其所教授的课程产生浓厚的兴趣，学习成绩越来越好。相反，学生因反感某位教师，而对某教师的课程产生厌恶，抵制情绪，学习兴趣和成绩不断下降，这种情况称为情感转移。十分明显，学生学习上的这种情感转移是正向还是反向，教师的个性心理品质起着关键作用。

（三）教师个性心理品质的主要内容

教师的个性心理品质内容构成是复杂的，我们这里仅就主要的几方面谈一谈。

1. 崇高的理想，坚定的信念。

在个性心理品质中，个性倾向制约着人的全部心理活动的方向和行为的社会意义，而理想和信念又是个性倾向中最有社会价值的成分，在心理品质中居核心地位，因此，人们称一个人的理想和信念为精神支柱。

教师是肩负着特殊社会责任的人，要教育学生树立崇高的社会理想和为之奋斗的坚定的信念，自己首先要做出表率。崇高的理想和坚定的信念是激励教师奋发向上的精神原动力。正如斯大林所说："只有伟大的目标才能产生伟大的精力。"

教师要树立崇高的理想和坚定的信念，包括崇高的社会理想和政治信念，崇高的人生理想和人生价值观，崇高的职业理想和信念等几个主要方面。

2. 良好的认知品质，强烈的求知欲。

教师作为知识的传播者和学生的教育者，应有高尚的品德、渊博的知识和过硬的教育能力。良好的认知品质是具备这些品格的主要条件，认知品质包括感觉、知觉、记忆、思维、想象等心理过程。教师的认知品质可概括为两个方面：一般认知品质和社会认知品质，教师的良好的认知品质，主要表现在对知识信息的理解和接受能力强，易于接受新理论、新事物、新知识；教师的观察力应敏锐、全面、仔细，能准确地感知客观世界，及时调整自己的教育行为，使之适应具体的教育和教学情况；良好的记忆品质，要识记性强、保持久、回忆准确，能根据教育和教学活动的需要迅速准确地提取积累的知识信息；思维活跃，具有理论思维、创造思维和独立思维品质，善于分析综合、概括抓住事物的本质和内在联系，在教育和教学活动中不断开拓创新；想象力强，能深刻感知时代脉搏，立足现实，放眼未来把自己平凡的劳动同人类的远大理想联系在一起。

所谓社会认知品质，是指教师的自我和人际认知，自我认知即对教师社会角色的历史使命、社会作用，劳动价值和教师个体的物质自我、社会自我和精神自我的准确感知，它可以帮助教师在教育活动中准确地把握自己的社会角色，充分满足学生的心理需要，达到预期的教育教学效果；自我感知还可以使教师准确地评估自我，按照教育教学目的需要不断发展完善，加速自我成熟，使自己成为合格的人民教师。

教师的人际感知主要包括两个方面，一是对教育对象的感知，一是对教育环境中诸人际关系的感知，其可以帮助教师及时地调整自己教育行为，协调各种教育关系，为顺利开展教育活动实现教育目的创造良好的师生关系和人际环境。

强烈的求知欲。

教师的社会职能要求教师要有专深广博的科学文化知识修养，这种修养的内在动因是教师的强烈求知欲。它可以促使教师对学习知识、追求真理永远有种不息的热情，刻苦勤奋的作用，严谨求实的科学态度。通过不懈的学习充实自己的头脑调整知识结构，以适应青年学生的求知欲的要求。

3. 广泛的兴趣和开朗的性格。

兴趣是力求认识某种事物和渴望探求真理与肯定的情绪和态度相联系的意识倾向。教师的兴趣品质应该广泛、稳定而有中心。

教师的工作对象是处于成长中的青少年，他们求知欲强，对自然界的事物和人类社会的一切领域都感兴趣，他们的头脑中有无数个为什么需要教师解答，他们有各方面的兴趣爱好希望得到教师的指导。教师要使学生德智体美全面和谐的发展，必须在学生身心发展的一切领域尽教师之责。这就要求教师不但要有广博专深的科学文化知识，而且要有广泛、稳定和持久的兴趣。所谓广泛，即是指凡是学生感兴趣的有益身心健康成长的所有领域，教师都应满脸热情乐于探求；除此外教师的兴趣还要做到相对稳定、持久、有中心有重点，这样才能获得多领域系统知识和实际操作能力，进而构成教师个性品质的稳定成分，才会对学生产生稳定而持久的影响。

教师的兴趣，不但是影响学生个性发展的教育手段，而且也是教师与学生在更广泛的领域里建立共同语言，融洽师生感情，培养教师的威望，为全面完成教学、教育任务创造良好的心理环境。

热情开朗的性格。

由于先天遗传和后天社会实践不同，使人的性格各有所异。不同性格使人具有不同的社会适应性。教师职业劳动对教师的性格有特殊的需要。日本大学教授，关中先生认为教师的形象应当是："教师的性格特征应当是具有明朗快活、朝气蓬勃的精神，宽大、能宽容学生的缺点和弱点，能亲切进行教育指导，公平处理一切事物，并且有专业上的权威，统率青年的才能，情绪稳定。"教师的劳动是在人与人相互作用进程中进行的，每个教育教学环节都离不开人际关系的处理。因此，教师的基本性格特征应该是热情开朗、理智、诚实并且有独立性。

热情开朗，就是在教学、教育活动中处处表现为热爱人生、热爱事业、精神饱满、勤奋愉快、胸怀坦荡，乐观向上的精神状态。这种精神状态不但会给学生和同事以极大的感染，产生巨大的吸引力，而且会使人感到愉快、轻松、容易相处，有利于建立良好的人际关系。这种性格也有利于克服逆境和心理挫折，不致由于孤僻、悲观、冷漠的消积情绪而影响教育教学的效果。

理智，教育活动是一种理智活动，教师在任何情况下，都应不受情感和情绪的干扰，保持头脑冷静，以教学、教育目的为原则，判断行为是否符合教育规范，对不符合教育要求的行为及时加以调整。教师态度和行为的随意性是教育的大忌。

诚实，是指表里如一、言行一致，忠厚老实。诚实是人们追求和向往的性格品质。是人们赞颂和弘扬的传统美德。在教育和教学活动中诚实是建立教师威信和良好的人际关系的性格条件。

独立性，是教师在教育活动中的主导作用和教师劳动特点决定的。教师是学生集体的领导者和决策人，是学生开展各项活动的组织者和指挥者，教师应处处表现出自信、有主见，能独立决策，只有这样才能独立承担教育和教学任务，并形成自己的教育风格。

4. 丰富的情感和适度的情绪。

情感和情绪是与人的需要紧密联系的，是引起人们某种动机和行为的内在动力。教师的情感和情绪品质在教育和教学活动中具有重大意义。丰富而高尚的情感可以动员教师的全部精力和能力为实现教育目标而奋斗。稳定和适度的情绪会使教师保持良好的心境，提高工作效率，提高教育艺术，保持心理健康。

教师情感的丰富是指情感的范围和敏锐程度；高尚是指情感

的倾向性，即情感的基本价值取向是倾向社会的还是倾向唯我的。教师应有丰富高尚的道德情感，这种情感主要是指教师对党对社会主义制度的热爱和对共产主义社会的向往。它包括热爱社会主义、热爱人民的爱国主义情感，热爱教育事业的职业情感，关心爱护学生，为人师表的教师责任感和荣誉感，维护学校和整体利益的集体主义情感等；教师应有丰富而高尚的审美情感，表现为追求符合人类共同审美需要的美好事物，坚持无产阶级的审美观，追求符合社会主义道德规范的审美情趣等；教师要有丰富的理智感，主要指教师对真理的追求，热爱并支持一切正义事业，反对一切非正义的行为，憎恶一切悖逆真理的行径等。

教师必须有适度的稳定的情绪，这是教育劳动的特殊性决定的，适度的情绪显示，是达到教育目的的辅助手段。所谓适度是指教师即应像普通人那样对客观事物和学生的行为做出相应的情绪反应，同时又要时刻不忘教师的责任，根据教育对象的接受能力和教育目的的要求，适当地表现自己的情绪。对自卑的学生要多流露出鼓励之情，对自满的学生，要适当控制肯定的情绪的流露，多给其能启发自省的情绪信息。情绪的稳定，主要指教师情绪的价值取向要明确而稳定，不能因教师个人的生活境遇的变化和个人利害得失表现出反复无常或失态，也不能让学生的情绪左右教师的情绪。教师还要善于调整自己的情绪，提高自己的心理承受力，以提高对复杂的人际心理环境的适应能力。

5. 坚强的意志和果断的机智。

意志是行为主体自觉确定活动目的，并为实现预定目的，有意识地支配、调节行为的心理现象，是人们改造客观世界、主观世界，发展能力不可缺少的心理品质。这种心理品质对于教师完成教学、教育职责有着特殊的重要意义。它要求教师行为要表现出极强的目的性，计划性，规范性和永恒性。克服随意性和盲目性。

第一，行为的自觉性。所谓意志的自觉性是指对行为目的有明确而深刻的认识，并使个人的行为完全符合正确目的的意志品质。这种行为的自觉性要求教师对自己所从事的事业有明确而深刻的认识，并使个人的行为完全符合正确目的的意志品质。这种行为的自觉性要求教师对自己所从事的事业有明确而深刻的认识和坚定的信念，积极自觉地献身于教育实践。这既是教育事业对每个教师的要求，也是每个教师成就事业的保证。如果行为上偏离了教育目的，就要及时调整；如果出现外界干扰，不论干扰来自何方，有多大的诱惑力，教师都必须有能力抵制和排除它，自觉地实现教育目的。

第二，行为的坚持性。这种坚持性就是在行动中坚持目标，百折不挠地克服困难的品质。教师面对复杂的教育环境，经常会遇到意想不到的困难和干扰。但教师的职责要求教师，必须以超常的勇气和毅力去克服一切阻力，实现教育目的。

第三，决策的果断性。所谓果断，就是适时决断的品质。这是教师行为目的性，完成目标的高度自觉性和顽强性的综合表现。教育活动的特点，要求教师必须有计划决断和随机决断的能力。计划决断，就是对教育实践有战略眼光，对上级教育要求和自己所处的教育环境有深刻的认识和正确的估计，在此基础上适时做出正确的教育计划；随机决断是发挥教师高度创造性的表现，即面对突发事件能果断决策。但应该指出的是，果断不是武断和轻率，果断是建立在正确认识的基础上的决断，而武断和轻率，是认识片面性的产物，会造成教育行为的盲目性，导致教育失败。

第四，高度的自制力。所谓自制力，就是善于掌握和支配自己言行的意志品质。当客观现实诱发出不利于实现教育目的情绪冲动时，教师能控制自己的情绪，冷静清醒地把握言行和分寸。教师不应由于意外的成功而得意忘形，不能因意外的打击而精神萎靡，不能因意外的情况变化、教育行为受阻而悲观失望。在教育教学活动中，教师在任何情况下都应理智地控制自己的情绪，把握自己的言行，使之有利于实现教育目的。

果断的教育机智。

教师不仅要有坚强的意志品质，还要有果断的教育机智。教育机智是指教师在实现教育目的的过程中处理问题的机敏性。这种机敏性是教师关心了解学生，不断研究教育规律和积累教育经验的结果，是教师对教育艺术的运用，是教师必备的一种特殊能力。它包括：细致入微的观察力，即对学生的思想活动体察入微，善于通过现象认识本质，不被表面现象所迷惑；迅速准确的判断力，即判断的准确性，具有预测未来，以防不测的能力；灵活机智的应变力，即对从来未经历过的，不及预防的意外事件，能果断、正确的处理；果断理智的自制力，即克制自己的情绪，约束自己的行为能力。

（四）教师个性心理品质的培养和提高

确立正确的教育动机。教师行为的趋向和手段在很大程度上受教育动机的影响，甚至在行为过程中和行为结束之后，教育动机还一直在监督和检查教师的行为，可见，确立正确的教育动机，会对教育活动产生决定性的影响。在对教师的心理素质进行训练时，应首先着重对正确的教育动机的培养，在实践中还要将教育动机的培养和提高教育认识、熏陶教育感情、磨炼教育意志结合起来。

形成良好的教育感情。个人在成为人民教师的那一刻起，就应该具有热爱学生、热爱教育事业的强烈感情。然而由于市民社会的影响，再加上教师工作辛苦、待遇不高，这些不能不影响到教师的情绪，以至于在教育活动中不能坚持教师职业道德规范，甚至出现和教师道德原则相背离的情况，这是与人民教师的人格和形象不相符的。因此，应该加强教师教育情感的培养，加强对教师工作的重大社会意义的认识，增加对学生的了解和沟通，增加对教育活动的投入，形成良好的教育感情。

培养崇高的教育信念。教育信念是指教师对教育目标、教育原则、教育理想等的真挚信仰和追求，教师的教育信念是可以通过接受教育和在实践中锻炼而逐渐形成的。崇高的信念可以在教师的内心产生强烈的责任感和为教育献身的勇气，而没有相应的信念，教师就会在教育实践中产生波动，或没有教育信心，或虎头蛇尾，不能坚持所进行的教育实践活动。教师一旦形成并确立了某种信念，就成了稳定的内心品质，在教育活动中能发挥其重要作用。

除了对教师的个性心理倾向进行定向培养和引导外，还有必要对教师的个性心理特征作定向诱导和调节，使之能产生和教师职业需要相符的心理素质，更好地为教育教学实践服务。

调节教师的气质。教师的气质有些是先天的，本身并不分孰优孰劣，但却存在着向积极方面和消极方面发展的两种可能性，不能等闲视之，必须按教师心理素质的要求进行定向调节。在现实生活中，要注意培养胆汁质的教师的自制力，培养他们习惯于安静和平衡的工作；要给予多血质教师更多的活动机会和任务，使他们养成扎实、耐心的工作精神；对粘液质的教师，要给他们反应和考虑问题的足够时间；对抑郁质的教师应着重培养他们的自信心，增强他们的积极性，激发他们的工作热情，帮助他们逐步适应教学环境。此外，教师还可以在优良的性格影响下改变自己的气质。刚强的性格可以抑制气质中某些消极方面，沉着的性格，能调节胆汁质气质的人容易冲动和不可抑制的特征。教师还要不断地增加知识素养，不断地在实践中磨炼意志，提高智力层次和心理素质，这些高层次的文化素质也可以帮助教师发扬气质中的长处，克服气质中的不良因素，使不同的气质的教师都能对教育工作做出最大的贡献。

养成教师的性格。教师的性格是稳定性和可塑性的统一，由于教师职业的特殊性，就不能任由教师的个性随意发展，而是需要按照教师心理素质的要求对其加以不断的引导和塑造。这个途径通常有：外力控制的方法，通过规章制度强迫教师言行态度达到一定的标准；意志控制的方法，教师通过自己的理智，按照教师规范的要求对自己的性格倾向加以制约；树立榜样的方法，让教师从榜样的力量中得到性格的感化；实践锻炼的方法，通过长期的教学实践磨炼教师的性格，使教师形成与教师心理素质要求相一致的稳定的性格。教师的性格特征对教师的学习能力、创造能力的发挥具有决定性的作用；若教师意志坚定，就容易克服教育、教学工作中的各种困难，对教育的前景有坚定的信心，能对学生提出合理的目标，并能坚持这个目标的实现，善于驾驭自己感情的教师，能冷静处理各种突发事件，并能在教育过程中运用自己的感情去感化学生，有时能收到意想不到的效果。

锻炼教师的能力。能力的基础是知识，为了完善自己的知识结构，提高自己的知识水平，教师应该不断学习，终身接受教育。除此以外，还有许多非智力因素会对教师的能力的发挥产生影响，这些非智力因素就是心理学意义上的意志、耐心和处理教学活动的随机应变。教师的基本能力素质包括语言表达能力、文字表达能力、分析综合能力、课堂控制能力、培养信心能力、沟通学生能力、创造能力、协调能力、组织管理能力、能灵活解决学生间的关系和矛盾的能力等等。教师的能力素质也具有相对的稳定性和可塑性两个方面，实践证明，各方面能力较强的教师，较易对教学工作产生适应，因此，必须通过多种渠道加强对教师的学习和实践锻炼，使他们的能力在学习和实践过程中得到不断培养和提高。

教师优秀的道德品质和优秀的心理品质，绝不是在教育和教学过程中自发形成的，必须经过专门的培养和训练。对教师进行职业道德品质和职业心理品质的培养是一个十分复杂的结构和过程，不能脱离对教师其他方面的培养而独立存在，它包括了世界观、人生观、道德知识、文化知识，以及政治的、心理的、社会需要的等多方面内容，并要求有专门的组织来实现。

【复习思考题】

1. 教师个体道德品质是如何形成的？

2. 社会主义教师个体道德品质的基本内容是什么？

3. 教师个体心理品质有什么主要作用？

【实例评析】

言传身教的榜样力量

山东老教育家鞠思敏办学数十年，桃李满天下。他的宽容的性格和感化的方法，他的言传身教的榜样力量，深深地留在学生们的记忆里。

1932 年，当先生年满六旬时，因拒绝开除进步学生，被山东国民党当局撤消了他的省立第一乡村师范校长职务。回家后，家徒四壁，清贫自守。因为素无积蓄，生活几乎难以为继。原鞠老亲自创办的私立正谊学校校长闻讯，发起成立鞠思敏校长晚年生活乐捐委员会。以捐款所得，为先生在济南县动巷筹建四合院平房一所，并把余款千余元作为先生养老的费用。

1944 年 8 月 7 日，先生病逝于济南寓所。那时虽然还是在敌伪统治下的战乱年代，但殡葬之日，赶来执拂送殡的济南市民、正谊中学等校友的队伍长达数里。

1983 年，《正谊中学校史》定稿时，鞠思敏先生的学生孙思白为校史题诗，作为对老师的纪念：

北蔡南黄姓字香，育才还见鲁灵光。

广培桃李千株树，老守清操百炼钢。

施教不嫌天性钝，潜移敢化少年狂。

梦魂飞绕明湖路，遥拜门墙柳线长。

这诗，写出了鞠老师的良好教风和优良品德，也表达了学生的一片尊师之情。

【提示】

1. 鞠思敏先生言传身教、为人师表，受到学生的尊敬。

2. 历史发展到今天，尊师重教不仅作为一种传统美德被牢固地继承，而且在发扬光大中被党和政府提高到前所未有的位置。

3. 列举本校、本地模范教师的先进事迹，概括他们的高尚道德品质。

第九章　教师个体高尚人格的塑造

教师职业道德的内化，是为了使教师具有高尚的个体道德品质，而教师的健康人格则是教师个体道德的核心。我们常常讲，教师应该做到以身立教、为人师表，实质上就是以自身高尚、健康的人格去感化、教育学生。从另一角度来说，教师要完成教书育人的使命，靠的是个人的综合素质，关键是靠个人健康人格的魅力。可见，教师个体人格在教师的教育实践活动中具有重要价值。因此，有必要就人格问题从第八章"教师个体道德品质的养成"中提取出来，进行专门论述。所以说，本章是上章的延续或有机组成部分，主要阐述人格、道德人格、理想人格等问题。

一、人格与道德人格

（一）人格

1. 人格的规定性。

人格，是众多学科共同面临的范畴，伦理学、心理学、法学、社会学、哲学等学科都对其作出自己的理解和解释。各学科、学派对人格所下的定义颇多，其内涵也不尽一致。美国人格心理学家奥不波特曾综述过 50 个定义。有关人格特点的记载最早见于文学和传记，随后出现对人格心理现象的解释和分类。我国先秦就有孟轲性善与荀况性恶的争论。古罗马的西塞罗提出的人格概念与后来及现今人格心理研究的相似性最大。他认为，人格就是给人的印象，人在生活中的角色，适合其工作的那些个人的品质的总和，以及人的优越和尊严。公元 6 世纪，波伊悉阿斯视人格为真实而有理性的个人本性。中世纪托马斯·阿奎那则视人格为个性的最大尊严。19世纪德国的哲学家康德则强调人格是人们本性的崇高性的清楚显示。

"人格"（personality）一词来自拉丁文的 persona，它的原意是"面具"或"脸谱"，指的是在戏台上表演的角色显示给观众的脸目，代表着戏中角色的特定身份。在心理学上，指人的性格、气质、能力等特征的总和。在法律上，指作为权利义务主体的资格。人格包含两层相关的意思：一是指一个人在生活舞台上所表现的种种言行；二是指一个人真实的自我。中国古代并无人格一词，但有人品、为人、品格等词，与人格一词含义相近。该词与近代从日本传入中国。多被赋予与道德有关的意义。如梁启超在《新民说》第五节中称："忠孝二德，人格最要之件也。"在现代汉语中，人格通常被解释为人的性情、气质、能力等特征的总和。在伦理学上，人格通常被解释为一个人在一定社会中的地位、尊严和作用的统一体，是做人的资格和为人的品格的总称，是人所起码应具有的权利。一个人在道德上应自尊、自爱；出卖灵魂、丧失尊严与蔑视他人、侮辱他人都被认为是不道德的，因而人格也是低下的。人格主义作为现代西方宗教哲学伦理学派别，力图将宗教、人格和伦理价值三者统一起来，把宗教作为生活和伦理学的目标加以宣扬，认为人格是一种精神伦理实体，关于整个世界的人格结构也是一种伦理结构，人格是社会的最珍贵的财产，社会进步的动力和幸福的源泉，因而，决定社会历史的就是人的道德意志，而解决社会问题的道路则是精神的自我修养和道德的再生。

伦理学意义上的人格亦被称之为道德人格。它与心理学、生理学、社会学、美学、法学等学科对人格的界说既有联系，又互相区别。它们的联系在于都是从个体的某一方面的存在状态上具体地作出界说，从而丰富了作为统一的存在状态的人格的完整性。它们的相互区别在于一个道德的人格，应有崇高的道德理想，善于道德实践，勇于承担对他人与社会的道德义务，正确处理个人与集体、个人与他人、个人与社会的关系，并能做到自尊、自爱、自强、自律，但这样的人格，未必就是生理健康无疾病，心理平衡稳定，与社会处于调适状态、完全社会化了的和完全具有审美价值的人格，反之亦然。但从它们的统一性上看，生理健康无疾病，心理平衡稳定，与社会处于调适状态、完全社会化了的和完全具有审美价值的人格，也可以是一个道德的人格。

2. 人格分裂。

现代社会中，个人越来越为不能自知和知人而苦恼。一方面，现代生活日益丰富、复杂，对人与人密切联系、加强交往提出了比传统社会更高的要求。人与人的经济交往、政治交往、日常交往等必须适应这一要求，才能有利于推动社会的发展和进步，保持现代生活的多样性与统一性。另一方面，现代社会快节奏的生产和生活，现代生活中创造、革新的内在冲动，又使个人日益重视自己的个性、特殊性，程度不同地忽视甚至蔑视与他人的联系和交往，他们用自己的智慧和技巧编织起了将自己与外界隔绝的篱笆，小心地保护自己的内心世界，使自己的权利不受他人侵犯。结果，现代人比以往任何时候都更孤独、苦恼，感到自己不被理解也不理解别人，爱和归属的需要受到了压抑，因得不到默契的合作而使自己的才能得不到充分发挥。有许多人不得不在社会、家庭和自己的多重压力下表现自己，精神总是处于高度紧张状态，随时注意自己的行为转换，从而为自己制造出一个又一个的人格（面具）。他们戴着面具与别人交往，交往的对象也同样戴着自己制造的面具，而双方真正的人则都在面具之下注视对方。他们之间的距离越来越大，互相之间越来越不理解；他们与自己之间的距离也越来越大，表面的"我"与真实的"我"越来越难以沟通。人格分裂成了现代社会的"社会病"。

人格在内容上是灵与肉、心与身、外部行为与内部自我的总和，它们的统一便是一种健康的人格，它们的不一致则往往会导致人格的分裂。

①现代人的人格分裂困惑。

每个人都要把自己的内部自我以不同的方式表现于外，这种表现方式代表着自我在社会中活动、与他人交往，也可以掩饰自我的真实动机，故而被心理学家和伦理学家称为"面具"。每个人都有多种面孔（面具），有的表现为学识或性格面具，如知识渊博、浅薄、活泼、内向等；有的表现为身份或地位面具，如××长、××家等；有的表现为性别面具，如强壮有力富有男子气、温柔可爱充满女性娇美等；有的则表现为道德面具，如谦谦君子、恶棍等等。在人类自我认识的历史上，有很长一段时间都把面具等同于人格，等同于真实的自我，认为个人表现得怎样，就是一个什么样的人。可到了现代，人们却对这一点发生了怀疑，"我真的是我所表现的那个样子吗？"在重新探索自我、人格之中，不断地询问："我是谁"这是现代人特有的苦恼意识，也是对在现代社会中自我沦丧前景的忧虑。然而从另一方面看，这个问题的提出本身就标志着人们对人格的认识已经从面具进入到了内部自我，对人格分裂已经开始了警觉。

"我是谁？"这个问题包含有以下三个含义：一是我与我对自己的评价一致吗？我对自己的评价，也许因为某种原因会很高，认为自己具有某种价值，自己的生活很有意义；也许会很低，认为自己的价值不大，生活味同嚼蜡。但问题在于，这种评价与真实的自我是否相符呢？自我的价值会不会随这种评价的变化而升降呢？怎样才能保持自己的内在统一性而不为表面性的评价困惑不安呢？二是我与别人对我的评价一致吗？个人生活在社会之中，总要与别人相互交往、联系、影响和作用，常常要受到别人的评价，或正常或异常、或有价值或无价值。这些评价符不符合个人对自己的评价，符不符合个人真实的自我呢？三是我与我对别人的评价相一致吗？"我"不仅要受到别人的评价，而且要评价别人。评价别人是自我价值的一种投射。如果我对自己的心理、地位、学识、道德等感到满意，就会对那些与自己相同或接近的人同样感到满意，而对那些与自己相去甚远或完全不同的人则会给予否定的评价。但是，真实的"我"究竟是不是评价别人时所表现的那个人呢？

就个人而言，唯有那些具有强烈自我意识的人才会提出"我是谁"的问题。而对于那些尚未形成独立自我意识或自我意识尚未充分发展起来的人来说，这是一个可笑的问题。他们甚至没有意识到人格的困境，没有意识到面具与人格的区别，当然也就不可能产生对人格分裂的苦恼。由此可见，人格分裂是现代文明人尤其是知识阶层的困惑，是自我意识发展的一个可能阶段。

②人格分裂的形式。

人格是外部表现与内部自我的综合体，一旦两者出现不一致或矛盾冲突，就必然会导致人格的分裂。这一分裂在现实生活中表现为多种形式：

其一，内部自我的价值高于外部表现的价值，人们常说的"大智若愚"、"大巧若拙"就是这个意思。并非每一个人在行为中都能完全地表现出自我，他们或者因为缺乏相应的操作手段（如不善言辞），而被认为"才不惊人"；或者因为个人的自我评价与他人评价不一致，自己认为有价值的东西得不到众人的认同，从而使自己的行为处处"不合时宜"，被讥笑为迂腐；或者是为人的一种技巧，有意给别人造成的假象。在中国传统思想史中，不以才傲人、不以德欺人，从来都受到极高的道德评价。司马迁曾说过："吾闻之，良贾深藏若虚，君子盛德，容貌若愚。"①

---

① 《史记·老子韩非列传》。

学博德高之人外表上似乎知之甚少，反而受到人们的尊敬。这种评价标准虽然鼓励了谦虚、谨慎的品德，但也助长了掩盖自己，给人以假象的虚伪做法，进而演变成现代人格分裂的一种重要形式。

其二，内部自我的价值低于外部表现的价值，如"大奸似忠"、"大伪若诚"。这种人格分裂大都是在社会环境的压力下造成的，但也有不少是个人游戏人生、奉行极端自私自利价值观的结果。在这些人眼里，人格不过是一种工具，是帮助达到最有利于自己的目的的手段。他们不能也从不愿将自己真实的也是卑鄙的思想动机表现在外，他们善于察言观色，通过给人以假象的行为来骗取人们的好感和同情，并利用道德的招牌来达到欺世盗名的目的。他们是伪君子，他们的人格也是虚伪化了的人格，而且由于他们深藏不露伺机而动，往往很容易实现自己的动机，结果必然会严重损害社会的道德秩序，人们良好的价值观念和纯洁的情感。

其三，个人行为与行为的分裂。有些人在其外部行为时并没有固定的模式，在不同的场合、不同的时间、对于不同的对象，所作的反应截然不同甚至完全相反。比如，在工作单位和在公共场合，他们可以判若两人，在单位工作时温文尔雅、风度翩翩，而在公共场合则粗鲁野蛮、为所欲为；在领导面前和在群众面前，他们常常前倨后恭；对有些人慷慨大方、挥金如土，而对另一些人则吝啬成性，一毛不拔。这种种表现，在生活中都不乏其人。

其四，自我内部的分裂。自我是由多种因素构成的，其中有知识、情感、意志、欲望、信念、理想等等。这些因素若统一，则成为完整的自我，若分裂，则成为多重或双重人格。柏拉图认为，在自我之中，人的理智最重要而情欲就像一匹桀骜不驯的烈马，如不加以适当约束，就会将自我拉向深渊；理智犹如训练有素的优秀骑手，可以驾驭情欲驶向预定的目标。弗洛伊德则认为，人格是由本我、自我和超我组成的。本我是人格中最具活力的一部分，代表着人的原始冲动和欲望，就好比一锅沸腾的开水，不断地翻滚向外溢出，因此，本我遵循快乐的原则行事。超我是社会理想和道德规范在人格中内化的结果，是人的良心和义务感。它要求自我严格遵守自己的要求，按照自己指定的道路发展，否则就施之以懊悔、自责等惩罚。自我在本我和超我的夹击下寻求它们的统一，遵循现实性原则来稳定整个人格结构。但这是一个极其困难很难达到的目标，自我一旦无法协调，本我和超我，就会造成人格内部的分裂，形成精神性疾病。柏拉图和弗洛伊德所论证的这些，旨在于说明一个道理，人格不仅需要内与外的统一，而且需要内部诸要素的统一。由于诸要素的性质、要求各不相同，在特定情况下，就会出现不一致或冲突，结果必然使自我陷入十分困惑的境地，导致人格的分裂。

③人格分裂的社会根源。

人格分裂古已有之，但意识到人格分裂并将其看作重大社会问题之一，则是现代社会的基本特征。人格分裂不过是社会分裂的结果，倒果为因，常常使许多聪明的心理学家对之迷惑不解，从而将社会的矛盾归结为人性的矛盾。我们探讨人格分裂的表现及其给现代人带来的苦恼和忧虑，就必须揭示造成它的社会原因，并通过改造社会而缩小人格分裂的范围和影响。

现代社会是一个十分奇妙又充满矛盾的社会，它自己设定前提，又自己否定这些前提；它比以往任何社会都更稳定、更有力量、也更有统一的基础，但它所包含的冲突和矛盾也可以将这种力量、统一炸得粉碎；它赋予人以主体的地位，使人支配、改造自然的能力日益增强，但也会把人变为物的附属，使人从属于机器、从属于生产线、从属于计算机程序；它极大地开阔了人的眼界、交往领域和生活内容，将人与人的联系扩展到整个地球，却又使人的生活局限于两点一线（家庭、工作单位）之间、交往的对象仅限于家庭成员和单位同事；它丰富了人的想象力、拓展了人的思维广度和深度，却又使人将自己的内心世界封闭起来，难得向外界、向他人开放。社会自身的矛盾，将不同性质的力施加到个人身上，表现出来就是所谓的"人格分裂"。

真正的现代社会，是一个成功地将不同利益集团联结起来的社会。这种不同利益集团之间的联结，并没有消除它们不同的特殊要求，这些要求被有意地总结概括、宣传实施，就成了各不相同的价值体系。性质不同的价值体系，如利己主义与利他主义、自由与放任、民主与集权，既然都要发挥自己的作用，就不可避免地要发生冲突。个人常常处于这些冲突的焦点上，被不同的价值观推来推去。冲突使个人在正邪、善恶、高尚与卑鄙面前坐立不安，使个人与个人在关键的问题上分道扬镳，人际关系趋于紧张和冷漠；冲突不仅造成了个人与自己、与他人的分裂，而且迫使和助长人们去掩盖这种分裂、去掩饰自己的内心矛盾。因此现代社会极为欣赏内向的性格，现代人的内心情感尽管已经丰富之极，但他表面上却表现出冷静和沉默。人与人的交往在相当多的时候，失去了早先人们所熟知、赞赏的坦诚、直率的特征，而变成了彼此试探、虚伪委婉、或互利互惠的交易。诚实被讥笑为"冒傻气"，而伪善之徒却步步高升，在如此的环境熏染之下，又怎么能抵挡得住人格分裂的侵蚀呢？

难道这就是我们孜孜不倦追求的现代社会与现代人吗？不。事实上它只是现代社会与现代人的一个方面。现代社会有分裂，也有以往任何社会都无法比拟的自我调节机制，这就使得社会中分裂的倾向总是局限有一定的限度之内，不会导致整个社会结构的崩溃。因此正像人格分裂根于社会一样，人格统一也仰赖于社会。现代社会通过自身的矛盾运动，推动着人格由统一到分裂再到统一的运动，现代人在社会冲突、价值冲突中生发出自己与自己、自己与他人、自己与社会的矛盾，这种矛盾是经过人的内化机制形成的，因此人格分裂必须由人自己承担责任。同时，现代人的主体意识高扬、选择倾向极为突出，又使他对外界环境的影响采取批判的态度。在冲突面前，他可以努力去驾驭冲突，也可以去评判冲突，最后通过选择来消除冲突。选择就像一种过滤器，将那些非主体因素，如假、恶、丑的因素排除在主体之外，将冲突阻隔于左右人格之前，从而保持主体人格的统一性。从这个意义上说，健康人格本身并不是一种状态，而是一种活动过程，是主体通过选择不断将异己的东西排除出去，不断吸收那些新鲜的、充满活力的观念、情感，来丰富自己人格的内容。丧失了这种活动能力，丧失了主体的选择意识，人格就会"死"去，变成僵化的教条，也就不可避免地要出现分裂。①

3. 健康人格与非健康人格。

①健康人格。

健康人格是指作为个体的人的健全的完善的存在状态。健康这一概念原被用于人的生理方面，意谓人在身体方面没有疾病。而与人格相联系，就被赋予了更为广泛的精神意义。

蔡元培在《普通教育和职业教育》一书中说："健全的人格内分四育，即：（一）体育，（二）智育，（三）德育，（四）美育。"这是从人格要素的四个方面来描述健康人格。在心理学领域内，对于健康人格理论的研究，是随着人本心理学的出现才兴起的。在此以前，S·弗洛伊德的精神分析学说和某些行为主义心理学家也有关于健康人格的观点，但他们并未将健康人格问题作为主要的研究课题。按照弗洛伊德的观点，健康人格状态就是本我（id）、自我（ego）和超我（Superego）这三个人格要素和

---

① 《困惑——当代社会问题的伦理思考》，中国城市经济社会出版社，1989年版，第78～85页。

谐统一的结果。本我是人的本能；超我是一个人在成长过程中所习得的道德良心和社会戒律、规范；自我的任务是审视外在的现实和内在的体验，然后选择能够满足需要，但又不违反道德禁忌的行为，行为主义者则把注意力放在研究环境和行为的关系上，认为人格健康的人应具有一种学习能力，能迅速识别行为在哪些情况下会得到强化或弱化，以满足需要，避免危险。弗洛伊德的精神分析学说和行为主义心理学在回答有关健康人格的问题时，有这样一些共同的缺点：没有在研究者中选取最健康的人作为被试看，最多只是研究了平均水平；脱离了价值问题，从而未能反映出较高的道德理想；脱离了广阔的社会生活，没有上升到社会性行为的水平。人本主义心理学关于健康人格问题的研究则在以上三个方面都有进步。美国心理学家 D·舒尔茨在《成长心理学》一书中介绍了 G·奥尔波物、C·荣格、G·R·罗杰斯和 A·H·罗斯洛等 7 位心理学家关于健康人格的理论。美国心理学家 S·M·周兰德在《健全的人格》这部专著中，也介绍了 15 种关于健康人格的观点，这些观点主要来自心理学家，还包括存在主义和佛教禅宗的看法。在 A·阿德勒看来，社会情感是健康人格的一个最重要的标志，社会情感是一种同一感，一种对自己同胞的兄弟般的情感。一旦有了这种情感，就不再非理性地与他人竞争。J·卢什卡提出交往能力是健康人格的一个重要的标志。他把心理不健康的人看成是缺乏同他人进行充分交往的某些基本技能的人。W·布勒茨认为独立的安全感是成熟和健康的标志。独立的安全感是指一个人通过依靠自己来满足需要、解决问题而获得的安全感。O·兰克把富有创造力的艺术家看成是人类发展的顶峰，这些艺术家有勇气坚持他们与众人的区别和按照他们的希望来塑造现实，这是健康人格的重要特征。

　　A·H·马斯洛、G·R·罗杰斯和 E·弗洛姆关于健康人格问题的研究则更为深入和全面。罗杰斯在丰富的心理治疗的基础上，最初把健康的人称为充分发挥作用的人；后来则更多地关注文化问题，认为健康的人格是新型的具有政治性的人。弗洛姆的特点是更多地注意了社会、经济、政治和哲学等因素，在《自为的人》一书中把人格分为生产性的人格和非生产性的人格两类。生产性的人格的突出特征是生产性的爱和生产性的思维。在《有的艺术》一书中，他认为，生产性的爱是以关心、责任、尊重和理解作为基本要素的能力，它激发对方向健康的方向发展，同时也能使给予者得较大的愉悦，这是健康人格的重要特征。马斯洛在其《动机与人格》等著作中，更为全面地讨论了健康人格问题。他认为，人类具有如自我意识、同情心、创造性、生产性的爱等一些独有的特点，并且有一定的超越环境的发展的潜能；人格的成熟或健康就在于觉悟到自己的潜能和独特性，并使其充分发挥出来。自我实现者是潜能正在得到充分发挥的优秀人物，他们已经走到或正在走向自己所能及的高度，因而是健康的人格。

确切地界定健康人格的前提是，应当充分考虑个体存在状态的完整性。人格健康的个体，首先应具有生理、心理、社会、道德和审美等要素的健全性。在此基础上，各人格要素之间应具有统一性、平稳性和非压抑性的关系。可以从绝对的终极意义和相对的过程意义上来描述健康人格。马克思所设想的在共产主义社会中的全面发展的人，就是一种终极描述。在过程的意义上，健康人格存在于每个个体人格的相对进步之中。健康人格模型的设计，应具备理想性、可操作性等特征。

伦理学意义上的健康人格，也是道德的人格。

②非健康人格。

相对于健康人格而言，我们把心理品德上不正常的状态，称之为非健康人格。

病态人格。

一种异常的心理状况，一种心理的或情绪的疾病，一种人格障碍（亦称性格障碍）。特点是：常常以不正常、不健康、不恰当或反社会的行为表现出来。病态人格包括变态人格和人格分裂等形式的心理异常状况。病态人格还有非攻击性病态人格和攻击性病态人格之分。非攻击性病态人格一般情况下，不会造成对他人和社会的危害，但他们稍受刺激，常常会产生十分强烈的不安全感和焦虑惊恐的情绪，甚至会伴以自虐和自杀的行为；攻击性病态人格则很容易给他人和社会带来危害，其中最严重和最复杂的是对抗社会性病态人格，主要表现为不能适当普遍接受的道德标准和社会准则。社会性病态人格者处处与人作对，社会中的罪犯不少是这种人。病态人格是后天形成的。对于意志不坚强，心理承受能力不强的人来说，生活不如意，工作不顺心，在事业、爱情婚姻等社会生活中受到刺激，都容易导致病态人格的产生。

扭曲人格。

一种异常的心理状况，是病态人格中的一种。其思维方式常常是逆向的，而且还常用偏见来曲解所见所闻，常以不信任的眼光来看待人和事，因此极难和常人进行沟通。扭曲人格常伴以破坏性行为。其形成主要是由社会生活中所受到的激惹或社会不公正导致的。

双重人格。

作为个体的人和人格的内在状态与外在状态的不一致性及其表现。在一般意义上，人皆有人格上的双重性，而当这种双重性被赋予价值意义时，就可以对其作两极性的描述。迄今为止，绝对的一重人格只存在于以下几种情况中：（1）某些精神病患者因人格内在状态的紊乱与失控而导致了言行受该状态的一致性；（2）智商低于 20 的个体，其人格内外状态浑然一体，故无所谓内外之别；（3）一些思想家或宗教中所设计和描述的理想状态的人格，如儒家的"圣人"，道家的"至人"、"神人"、"圣人"，基督教的上帝，佛教的释迦牟尼，伊斯兰教的穆罕默德，马克思所设想的未来社会中的全面发展、具有自由个性的人。

双重人格的一般导因为个体与自然和社会的矛盾,是个体在一生的社会生活和实践中生长发育起来的一种对周围环境"压力"的防御机制和调适机制,并具有文化上的"遗传"性和连续性。它亦是一种人格的内在状态与外在状态的分裂。其分裂的程度受外在环境"压力"的大小及自我调适机制的情形的影响,随机地表现为不同的状况。一般说来,外在环境的"压力"越大,自我调适机制的功能越差,则人格分裂的程度越大。生活在不同文化环境中的个体,其双重人格的性质与程度亦会有所不同。例如,在宗法制中,人们以血缘关系来确定人们的社会关系,另一方面又用这种关系把人们紧紧地捆绑在一起,个体脱离其宗族就将陷入绝境,从而禁锢了个体人格的丰富和发展。社会成员受制于神秘的命中注定的宗族血缘关系的束缚,因而形成既不能违背宗法规范来表现自己的真情实性,又只能根据血缘的亲疏来表现自我性情的真假的道德和心理的缺陷。鲁迅在《阿Q正传》中刻画的阿Q形象,揭示了在封建宗法制度下个体人格分裂的典型特征:一方面在客观上处处失败,物质上一无所有,另一方面在主观上时时胜利,精神上自满自足,从而表现了荒诞世界的两重分裂。特定的历史时期中变异的社会政治环境亦迫使人格的分裂加大。如"文化大革命"的社会政治环境迫使人们不得不口是心非与之相适应。

个体双重人格的原因还可以从个体内在人格结构的两极状况,及其与外在人格的两极状况的交叉对立中得到解释。在一定历史阶段中,个体内在人格结构中的真与假、善与恶、美与丑等因素并存时,就必然构成它们与个体外在行为的交叉矛盾。例如,个体的善性与个性的恶行是对立的,反之亦然。善性调动善行,恶性调动恶行,因此,个体双重人格的性质,可以从善性与善行等内外因素的统一程度、总量和发展趋势上得到衡量。加强个体道德修养与道德教育的意义在于，促进个体善性与善行的统一和健康发展，增加它们在完整的人格结构中的比重。

双重人格的产生和发展虽有其必然性，但对它可以依据一定的价值观进行善与恶或美与丑的价值判断。在伦理学意义上，虽然个体在道德实践中表现出人格的内在状态与外在状态的不一致性，但若在总体上是大公无私或先公后私的，则在一定社会中可以被认为是道德的人格；而在道德实践中奉行人不为己，天诛地灭的道德信条，一贯靠欺骗来损人利己的双重人格，则被认为是不道德的。共产主义和社会主义道德要求每个社会成员都应当做到言行一致，表里如一，因而在本质上与双重人格是对立的，同时还认为，随着社会的进步与发展，在未来的共产主义社会中，人与人在利益上的不平等状态及个体与自然和社会的矛盾冲突将得到消除，因而，虚伪和丑陋的双重人格亦必将随之消亡。对双重人格还可以做另一种中性的价值判断：在现阶段，由于人们的社会分工不同，所担任的社会角色也不同，相对于个体较为稳定的内在状态而言，不同的社会，具有一定的合理性，只要不以损人利己为前提，在道德上就可以是不受谴责的。

虚伪、丑陋的双重人格不仅给个体带来良心上的自责与悔愧，造成个体心理上的失衡或困扰，还破坏了社会成员之间的真诚合作和人际关系，应受到道德的谴责。

（二）道德人格

1. 道德人格与人格、道德理想的关系。

所谓道德人格，是指具体个人人格的道德性规定，是个人的脾气、习性与后天道德实践活动形成的道德品质和情操的统一。道德人格标示着整个人类与其他动物的区别。道德人格从高尚到卑下有层次之分，其高低，是衡量一个人人性的标志。

作为人格在道德上的规定，是由某个个体。特定的道德认识、道德情感、道德意志、道德信念和道德习惯的有机结合。其中，道德认识和道德情感是基础，道德意志是关键，道德信念是核心，而道德习惯是道德人格的全体和最后完成。构成道德人格的五要素，是道德主体所在社会、所在集团的道德的反映，是道德主体长期进行道德交往所形成的道德特质的凝结。道德人格不是先天的，而是人们进入社会道德生活以后，在不断地处理围绕着他本人而发生的种种道德关系，不断地进行各种各样的道德实践的过程中，被逐渐塑造而成的。

道德人格与人格有着密切的关系。道德人格和伦理学研究中的人格（个人做人的尊严、价值和品质的总和）是同义语。都是对人格作出的道德性的规定，都是从人们的道德关系和道德实践中来考察、研究和确立人格的内涵，也都是从善与恶、高尚与卑下的区分上来看待人格之间的差异。因而，伦理学研究中的人格概念和道德人格的概念可以在同一个意义上来使用。但是，道德人格和其他学术领域中研究的人格概念，则不能在同一意义上来使用。它们既有相同点，也有不同点。其相同点在于：都是以社会的人为研究对象的；都从某一个侧面指出了人与其他动物相区别有内在规定性；都看到了个人在一定社会中的地位和作用是统一的；也都强调了个人之间的某种差异性。其不同点在于：由于伦理学领域和其他领域在研究人格时的观察角度、侧重点和研究人格的动机不同，因此，不同的学术领域对人格的定义、人格的描述、人格的区分、人格的内涵以及人格的评判标准也就不同。例如：心理学的观察角度和侧重点是人们自然的生理活动和生命活动。所以，它总是从人的生存上或是人的发展上或是精神上来描述人格；法学的观察角度的侧重点是人们的经济生活和政治生活。所以，它常常从社会等级和财产隶属关系上描述人格，并将人格分为自由的和不自由的，目的在于实现自由人格，而伦理学的观察角度和侧重点则是人们的道德关系和道德实践活动。所以，它常常从人性的规定和文明的发展上来描述人格，并将人格区分为道德的和不道德的、高尚的与卑下的，其研究的根本目的是改变卑下的人格，弘扬高尚人格。上述各领域对人格的区分，虽然反映了各自领域对人格研究的特点，但却又不是泾渭分明的，相互间的关系是交叉而又复杂的。简言之，正常的、自由的人格并不一定是高尚的；而异常的、不自由的人格，则并不一定是卑下的。

道德人格与道德理想紧密联系。道德理想通常有两个含义：其一，指一定的道德所追求和向往的完善的社会道德制度、关系和完美的社会道德风尚；其二，是指一定的道德所向往和追求的个体完美人格。在此，对集合体而言，理想的社会制度和社会风尚以及社会风貌，是经济关系和上层建筑综合力量的结果，依靠单一的道德的力量是难以实现的。然而，对个体而言，完美的人格，却可以依靠道德本身的力量得到实现。因此，道德理想又更经常的特指一定道德所向往的追求的，与其道德原则规范完全符合的，是有崇高道德意义的理想人格。这个理想人格，也就是该道德原则规范的结晶和道德的完美典型，是该道德所认定的各种善的集合，因而，也是该道德为人们树立的行为的最高标准。[①]

2. 道德人格的结构与特征。

道德人格的高低，是衡量一个人个性的标志。人类增进人性，减少兽性的种种努力，最终都表现为道德人格的提高。道德人格作为人格在道德上的规定，其内在结构上，是道德认识、道德情感、道德意志、道德信念和道德习惯的有机结合，它们是对一定社会、一定集团的道德反映，是长期进行道德交往所形成的道德特质的凝结。

道德认识是道德人格形成的基础，人们正是在不断的道德实

---

① 参见《中国伦理学百科全书·伦理学原理卷》，吉林人民出版社，第285～293页。

践中产生自己的道德认识，并逐渐形成自己的道德特质的。道德情感是道德人格的外露部分，伴随着人们的言行举止，因此最能表现道德人格的高低。道德意志在道德人格构成中居于关键的位置，它是由知、情到行转化的关节点，也是道德人格实际形成的关节点。道德信念是道德认识、情感和意志的有机统一，具有稳定和持久的特点，在道德人格的构成中居于主导和核心的地位。作为道德特质外部状态的道德习惯，既属于道德意识的范围，又属于道德活动的范围。它不仅表明人们的道德生活经验到道德信念的飞跃，而且还表明人们的道德意识到道德行为的飞跃，并形成履行道德义务的行为习惯。因此说，道德习惯是道德人格的最后完成。

可见，道德人格是道德认识、道德情感、道德意志、道德信念和道德习惯及其过程的集合体。从其形成上说，五种结构成分是先后有序、相互关联的；从其地位和作用上说，道德认识和道德情感是基础，道德意志是关键，道德信念是核心而道德习惯是它的全体和最后完成。总之，道德人格的内容是社会的，是在人们的道德生活和实践过程中形成的，它表现着特定道德主体的社会特质，其表现形式又与人的心理状况有着密切的联系。

3. 道德人格的人性基础。

现实社会中不同的人有着不同的道德人格，有的高尚，有的卑劣，其原因就在于不同的人性决定了人们具有不同的道德人格。人性的问题，是道德人格培育的一般理论基础。

在人类思想史上，关于人性问题众说纷纭，莫衷一是。人的本性究竟是善的还是恶的，是无善无恶的，还是有善有恶的？它们是先天具有的，还是后天形成的？所有人的人性是共同的还是不同的？对这些问题的不同回答，形成了不同的派别。马克思主义以前的思想家，在人性问题上。总是这样或那样地把人性说成是先天的、共同的、超阶级和超历史的固定不变的属性，尽管有少数思想家也承认人性是后天的、可变的，但他们总是深陷在抽象的、超阶级的人性论中，而无法找到正确解决这一问题的出路。

马克思主义抛开了历史唯心主义关于人性的抽象议论，而把人性放到一定的具体的社会关系中去考察、研究，指出必须以现实的人及其历史发展的科学来代替对抽象人的崇拜，现实的人是在一定历史条件和社会关系中从事活动的人，而不是从上帝那里引申出来的抽象化了的虚无缥缈的普遍物。现实中的个人是由其生活方式和生产方式决定的，或者说，生活方式和生产方式决定人、人性。

马克思主义认为，人的本性或人的道德品质上的善恶，不是先天所具有的，而是后天形成的。人总是在一定的社会中生活，人的活动和享受都以一定的社会性方式进行，人的特定的地位和职能，都是社会关系的产物。总之，人的本性是由社会关系决定的，人的本质"在其现实性上，它是一切社会关系的总和。"① 人性中当然也包含着人的自然属性，但人的社会性才是最重要的，是人之所以为人的根本属性。人的饮食男女等自然属性，受人的社会性的制约，已不再是纯粹动物式的，而是在社会的形式下进行的，或者说，人的自然属性的实现，总是带有一定的社会意义。初生的婴儿，尽管他们在生理上，心理上可以有不同的差别，在聪明才智上可能有某种程度的悬殊，但从他们的道德品质上来说，即从他们向善向恶的能力来说，则只能是一块白板，是无所谓先天的善恶的。道德是与人们的社会关系尤其是利益关系紧密联系的，个人的道德品质，"不管个人在主观上怎样超脱各种关系，他在社会意义上总是这样关系的产物"。② 人们只有生活在一定的社会关系之中，与他人发生利益等方面的社会交往，

① 《马克思恩格斯选集》第 1 卷，第 18 页。
② 《马克思恩格斯选集》第 23 卷，第 12 页。

品性上才可能有善恶之分，离开人类社会，离开人的社会关系，也就无所谓道德的善恶。

由于人们的道德属性是在后天的道德关系和道德实践中形成的，因此它不是抽象的，而是具体的、历史的。不同的社会道德关系和不同的道德实践活动，必然会形成不同的道德属性，社会道德关系和社会道德实践的变化也必然会造成人们道德属性的变化，它表明道德品性是可以由善变恶，还可以由恶变得更善，由善变得更恶。人性的这种可变性，也就是教育学上所说的可塑性。人性的这种可变性或可塑性，说明了人的人格或道德人格的可变性和可塑性。马克思主义关于人性及其可变性的理论，是道德人格培育的科学理论依据，它充分说明了进行道德人格培育和改造的可能性和必要性。

恩格斯指出："人来源于动物界这一事实已经决定人永远不能完全摆脱兽性，所以问题永远只能在于摆脱得多些或少些，在于兽性或人性程度上的差异。"[1] 这说明了人格完善的艰巨性。人类的进步在于不断地摆脱或远离兽性，增进和完善人性和人格。道德的调控作用就是要依照自己的理解认识人性和人格，并通过开展广泛的道德教育，动员和引导每个个人进行自我道德修养，以实现和完善这种人性和人格。

二、道德人格与理想人格

（一）理想人格

所谓理想人格，是指一定道德原则规范的结晶和道德的完美典型，是一定道德所认定的各种善的集合，也是一定道德为人们树立的最高行为标准。一般情况下，常常被当作道德理想的同义

---

[1] 《马克思恩格斯选集》第 3 卷，第 140 页。

语来使用。任何一种道德，都要树立一个理想人格作为人们在道德上奋斗的方向和目的。不同的时代和不同的道德有着不同的理想人格。在中国历史上，儒家以能够最完美地实现"仁义"的"圣人"作为理想人格；道家把那种无知无欲，"独与天地精神相往来"的"真人"作为理想人格；宋儒则提出了"人欲净尽，天理流行"、"廓然大公"的理想人格。在欧洲，霍布斯认为君主是最理想的人格化身；18世纪的资产阶级思想家们提出了"完善和幸福的个人"的理想人格；而19世纪的空想社会主义者们则设想了一个在财产公有基础上的爱好劳动、彼此友善、关心集体，并充满积极精神、符合科学和理性的人格标准；资本主义中后期，出现了极端个人主义的理想人格标准。是一定阶级理想道德的化身，具有鲜明的阶级烙印。衡量理想人格先进和高尚与否的标准是。看这一理想人格是否促进社会生产力的发展，是否符合社会前进的方向，是否有利于大多数人的利益。

（二）道德人格与理想人格的关系

理想是社会意识形态的一种特殊形式，是指人们从现实出发对未来目标的构思或设想，也就是人们追求的目标。理想的本质在于，它是作为社会活动主体的人，从自己的根本的，长远的利益出发，对待现实的一种标准，是反映人们的社会生活和个人生活某些方面的发展和成熟程度的一种意识和实践的形态，也是衡量人的本质力量的丰富程度和自由程度的一种尺度。

道德理想是理想的一个组成部分，它是人们根据一定社会或阶级的道德原则和道德规范所追求的一种完善的道德关系和完美的理想人格。道德理想包括两方面含义：一方面，是指人们所渴望和追求的最能体现其道德原则规范的社会道德关系与社会道德风貌；另一方面，是指人们所渴望和追求的道德上的完美典型与理想人格。

道德作为一种社会意识形态，受社会生产力，生产关系的制约。尽管它对于社会的经济基础和其他上层建筑现象有巨大的反作用,但它不能改变社会经济基础和上层建筑的根本性质。这就是说,作为人们渴望和追求的完善的社会道德制度、社会道德体系以及完美的社会道德风貌,并不能单纯依靠道德的力量来实现。道德的调控作用,不过是在改变社会中个体的素质,激发每个个体为道德的社会理想去献身而已。因此,道德理想的两个方面,真正可以依靠道德本身达到的只是其理想人格一个方面。正因为如此,道德理想往往特指一定道德所向往追求的,与其道德原则规范完全符合的、具有崇高道德的理想人格。

如前所述,任何一种道德,都要树立一种理想人格作为引导人们在道德上奋斗的方向和目标。在中国伦理思想史上,奴隶主阶级和封建地主阶级思想家都提出了自己的理想人格。孔子把"博施于民而能济众"作为理想人格的"至仁"品德,并把能体现这种理想人格的人称为"圣人"、"贤人"。老子根据他"无为而治"和"小国寡民"的政治思想,把"如婴儿之未孩"那种无知无欲状态,作为他的理想人格的品德。庄子更把摈弃一切是非、生死和物我差别的精神状态作为理想人格,并把这种状态的人称作"真人"。宋朝理学家朱熹则把所谓"人欲净尽,天理流行"的"廓然大公"作为理想人格的品德。在欧洲,资产阶级思想家也提出了形形色色的理想人格。英国资产阶级贵族,为维护君主专制,提出"人格即是君主意志的体现"的道德理想。文艺复兴时期,资产阶级人文主义者又提出"人性"、"理性"为人格标准的道德理想。到了 18 世纪,法国资产阶级思想家们公开宣扬人性、智慧和冒险精神,把合乎天性的享乐和幸福作为道德理想的基础,认为理想人格就是"完善和幸福的个人"。它反映了资产阶级上升时期个人主义的进取精神,但带来的是不顾任何人格要求的贪婪、残忍和虚伪。一些资产阶级思想家逐渐看到这种理想和现实的尖锐矛盾,日益对本阶级的道德理想丧失信心,以致像卢梭和孟德斯鸠等人，转而赞扬"只有在农家人的粗布衣服下面，而不是在廷臣的绣金衣服下面，才能发现有力的身躯和真正的人格"。资本主义发展到帝国主义阶段，出现了尼采的追求"权力意志"和"超人"的极端个人主义的理想人格标准。存在主义伦理学则宣称"道德价值"与社会条件绝对无关，个人自由地创造世界，也自由地创造自己的人格。这种人格论，完全掩饰了资产阶级放荡不羁的可耻行径，也表现了资本主义社会普遍存在的人生空虚和道德危机。

理想人格作为一种社会意识形态，不是人们主观臆造的，而是一定的社会物质生活条件的产物，是在一定历史条件和社会关系的基础上形成的，并随着一定历史条件和社会关系的变化而具有不同的内容和具体的规定性。在阶级社会中，任何一个阶级提出的理想人格，总是表达着这个阶级在一定历史时期的利益和意志，体现着这个阶级的成员做人的基本方向和人格标准。在不同时代，不同阶级，各有不同的道德理想人格，也各有其鲜明的时代特征和阶级色彩。在君权至上的封建专制主义时代，"忠君孝亲"、"私欲净尽"必然是其道德理想人格的主要内容。在资本主义个人竞争时代，追求个人幸福，崇扬个人的智慧、享乐，也必然是该时代的理想人格中不可缺少的内容。这说明，一定道德的理想人格，总是体现着该道德所代表的阶级或集团利益的最大需要和目的，或者说，它总是从属于一定的社会政治理想的。那种把理想人格看作是人内在"情理意志"和外在"音容举止"的综合的观点；或者说人格就是做人的"资格"，从而把理想人格说成是抽象的"人性的体现"、是神秘的"善的化身"的观点，都完全抹杀了理想人格的社会基础，非但不能说明理想人格的本质，反而用以把个别人物神圣化，要求人们"拜倒在个别特权人物的神圣形象面前。"① 这是纯粹唯心主义的，是为剥削阶级的统治需要服务的。

无产阶级的理想人格是在马克思主义科学世界观的基础上产生和完善起来的，反映着社会发展的客观要求和人民群众的美好愿望，是无产阶级道德原则和规范的结晶。它以全心全意为人民服务、忠诚于共产主义事业、集体主义、爱国主义、国际主义、热爱劳动、热爱科学和真理等崇高的品质要求为基本内容，强调对人民高度负责，一刻也不脱离群众，大公无私，关心他人、关心集体、关心革命比关心自己为重，一辈子做好事而不做坏事，实事求是，远见卓识，襟怀坦白，等等。无产阶级的道德理想人格，是从一定的历史条件和社会条件出发，正确认识社会的本质及其发展规律，认识历史赋予无产阶级的光荣任务而提出来的，反映着社会发展方向和时代进步潮流，具有严格的科学性。同时，无产阶级道德理想人格是建立在无产阶级和人民群众的革命斗争实践基础上，集中地体现了人民群众的利益，表达了人民群众的意志和道德要求，具有广泛的群众基础。还有，无产阶级道德理想人格来自实践，又高于实践，既是崇高的，又是平凡的，因此具有高度的实践性。

理想人格总是在一定的社会关系中形成，并通过一定的社会关系表现出来的。只有当一个人正确地认识了对他人和社会的关系，并自觉地为他人和社会的利益尽义务，他才是具有正确的理想人格的人。体现理想人格的伟大人物之所以伟大，正在于他比一般人能够更深刻、更坚定地认识历史发展方向和先进阶级的利益，及时地把握历史进程和人民的要求，在解决历史任务和实现人民要求的斗争中，给予他那个时代和阶级的道德以最好的表现。不难看出，理想人格的达到并不是轻而易举的，但也并非是

---

① 《马克思恩格斯全集》第1卷，第80页。

虚无缥缈、可望而不可即的。每个普通的人，从可能性上来说，都可以成为现实的理想人格。然而，这需要运用道德的调控手段，即良好的社会道德教育和刻苦不懈的自我修养才能达到。道德教育是理想人格培育的外在调控机制，自我修养是理想人格培育的内在调控机制；只有将内外调控机制有机地结合起来，才能实现道德上的理想人格；也只有道德人格的确立，才能有效而最终地实现道德的社会调控。

（三）儒家伦理对理想人格的设计追求

理想人格是任何一种文化系统的重要内容之一。中国传统文化对理想人格的设计，其完备、其成熟、其发达、其历史之久远，其影响之深广，在世界文化体系中是不多见的。中国传统理想人格是中国传统文化精神的集中概括、升华和结晶。

任何一种道德，都要对立一个理想人格作为人们在道德上奋斗的方向和目的，不同时代不同的道德类型有着不同的理想人格。在中国历史上，儒家以能够最完美地实现"仁义"的"圣人"、"君子"作为理想人格；道家把那种无知无欲，"独与天地精神相往来"的"真人"作为理想人格；墨家提出了"爱无差等，远近周施"的兼士完人，佛教提出了"超生死，齐善恶"的法身佛陀。

1. "圣人"、"君子"的理想人格。

儒家是如何设计"圣人"、"君子"的理想人格的呢？

第一，承认每个人都具有独立的人格价值。儒家所理解的人格价值，主要是指道德价值、把道德价值看成人之所以为人的本质规定。他们对"人"的一切认识都是从人类所特有的道德现象着眼，理想人格的设计与塑造也就成了完美的道德人的追求。

在夏商西周时代，上帝宗教神学占有绝对统治地位。至孔孟所处的春秋战国时代，伴随着社会生产力的发展和经济关系的大变革，人的思想观念得到了空前的解放并发生了巨大的变革。人们在对自身力量的反思中开始发现自己的价值。从孔子开始，则完全把视线由天神转向了人自身，孔子充分肯定了独立人格的存在，相信每个人都可以依靠自己的力量来成就自己的仁德。这一肯定确定了儒家在认识人格问题上的基本立场。

儒家独立人格的觉醒，首先表现在"志"的问题上。孔子说过："三军可夺帅也，匹夫不可夺志也。""志"即自由意志、独立人格。只要能"立志"、"行志"、"守志"，"执著于个人的意志"，便能实现自己的价值而达到理想人格的标准，亦即达到"仁"的境界。孟子从性善论出发，提出人格平等的思想，从而构成其理想人格成立的哲学基础。孟子认为人人皆有不虑而知的"良知"、不学而能的"良能"，通过不断的修养，养我浩然之气，锻炼坚强的意志，就能培养自觉的自由的人格。所以孟子要求人们"得志，与民由之；不得志，独行其道"。从而养成"富贵不能淫，贫贱不能移，威武不能屈"的"大丈夫"气概。总之，在儒家的人生哲学中，道德人格的追求，突出体现在立志上，有志则成，无志则废，个人的志向是比生命更重要的，必要时应该不惜以死来捍卫自己的独立人格。

儒家独立人格的觉醒，还表现在他们对个人道德选择自由性的充分肯定上。不论是孟子把仁义礼智看作是天赋的性善论，还是把仁义礼智看作是后天扬善抑恶的结果的性恶论，二者最终的结论是一致的，即不管人的地位贵贱尊卑，人人都有向善的能力，经过一番修养的功夫都能成为像尧舜这样的圣人。儒家认为，人的善恶差别，其主要责任在于自身，一个人成长的好处，在于他本人的选择，君主择恶，可能成为祸国殃民的独夫民贼；庶民百姓择善，也可能成为有仁德的人。这就是所谓"为仁由己"的道德主体意识。

应该看到，儒家肯定人的独立人格价值的存在，只是就其与西周以来的神权至上和封建制度下和君权至上相比，有其历史的进步意义与理论价值。就其自身来说，对人的认识远非科学、全面：第一，儒家的人格价值论不同于西方近代意义上的人权、个性解放的思想。它只是主张由自我出发，推己及人，人我并重，并非绝对地以个人为本体，以自我为中心。第二，儒学有片面夸大人的道德价值，把道德价值当作人全部的价值内涵的倾向，忽视了知识、技术、审美价值作为人的价值的意义。这一观念对中国社会发展起了消极的作用。

第二，儒家先哲具体规定了理想人格的标准——"圣人"和"君子"，儒家后学对这一理想人格进行了发挥。

孔子把圣人先王作为理想中的伟大人物。一部《论语》，就有九处以崇敬思慕的情感说到古代先王。他所构想的理想人格首先就是圣人的人格境界。

圣人如尧、舜、禹等，被赋予了极高尚的道德品质，具有"与天地合德"的极高的境界。圣是高于仁的最高道德人格，《论语·雍也》："子贡曰：'如有博施于民而能济众，何如？可谓仁乎？'子曰：'何事于仁，必也圣乎！尧舜其犹病诸？'"子贡说："假如有一个人，他能给老百姓很多好处又能周济大众，怎么样呢？可以算是仁人吗？"孔子说："岂止是仁人，简直是圣人了！就连尧、舜尚且难以做到呢。"可见，圣人是一种至高无上的、常人极难达到的理想境界，现实中很少见到，这点连孔子自己也不得不承认："圣人，吾不得而见之矣！得见君子者，斯可矣！"所以，孔子又规定了经过努力可以实现的理想人格——"君子"。

"君子"一词，原来专指统治阶级的贵族士大夫而言，自孔子开始，赋予其道德含义，成为具有高尚道德品质和完美人格者的称谓。孔子所规定的"君子"人格理想，是人人经过修身养性都可能培养成功的。君子的人格典范具有这样一些品质：

在行为实践上以仁为自己的行为准则。仁不仅仅是一种社会政治理想和最高的道德规范，也是孔子理想人格的核心内容，是人格美德的最高境界。"君子去仁,恶乎成名?君子无终食之间违仁,造次必于是,颠沛必于是。"① 君子如果离开了仁德,又怎么能叫君子呢?君子没有一顿饭的时间背离仁德的,就是在最紧迫的时刻也必然按照仁德办事,就是在颠沛流离的时候,也一定会按照仁德去办事的。本孝悌、主忠信;君子明白大义,而小人只明白小利;君子思念的是道德,人家不了解自己,也不生怨恨、恼怒。不怕别人不知道自己,只怕自己没有才能。

在修养上,"博学于文,约之以礼","修己以敬"、"君子求诸己,小人求诸人"。②

在仪表上,"文质彬彬"③,"质"就是一个人内在的道德品质、道德信念;"文"就是在道德实践中表现出来的言行举止、仪态风貌;"彬彬"意为配合适当,两者统一。这就是说,作为一个君子,应该把内在的品德与外在的表现结合起来,不能偏废,有质无文便显得粗俗;有文无质则是浮夸。君子心胸宽广,可以容忍别人,容纳各种事件,不计个人利害得失,安静坦然而不傲慢无礼。君子衣冠整齐,目不斜视,矜持庄严。

在与人相处时,君子"和而不同"④,可以与他周围的人保持和谐融洽的关系,但他对待任何事情都必须经过自己大脑的独立思考,从来不愿人云亦云,盲目附和。君子庄重而不与别人争执,合群而不结党营私。君子不凭一个人说的话来举荐他,也不因为一个人境况不同而不采纳他的好话。他好成人之美,而不成人之恶。总之,君子对于天下的人和事,没有固定的厚薄亲疏,只是按照义去做。

---

① 《论语·里仁》。
② 《论语·卫灵公》。
③ 《论语·雍也》。
④ 《论语·子路》。

君子平生只有一恶，就是恶其不仁者。其一生所求只有德。君子"天下有道则见，无道则隐"。

君子有着很大的社会作用。孔子在《论语·泰伯》里说：君子面临生死存亡的紧急关头不动摇屈服，可以把年幼的君主托付给他，可以把国家的政权托付给他。在《公冶长》里评价子产说，他自己行为庄重，他事事君主恭敬，他养护百姓有恩惠，他役使百姓有法度。子产在郑简公、郑定公之时执政22年。其时，于晋国当悼公、平公、昭公、顷公、定公五世，于楚国当共王、康王、郏敖、灵王、平王五世，正是两国争强、战乱不息的时候。郑国地处要冲，而周旋于两大国之间，子产却能不低声下气，也不妄自尊大，使国家得到尊敬和安全，子产具有君子的这四种道德，也是治国安邦的四种道德。子产是君子理想人格的化身，也是中国古代一位杰出的政治家和外交家。

总之，孔子提出了一个高高在上有让人景之、仰之的圣人人格，又塑造了一个具有多重规定的以"仁"为核心的"君子"的理想人格。"君子"是较"圣人"低一层次的理想人格，是切近现实，立足当世的。一个人如果能达到"君子"的境界，就能在人生的道路上具有崇高的道德理想、乐观上进的精神风貌、顽强不屈的坚定意志，就能拥有一个有意义的人生。

孟子的理想人格观在整体上承接了孔子的圣人人格模式，但在具体内容上有所差异。在孔子看来，圣人规格极高，即使是尧舜也不能称为完全意义上的圣人，自己就更不敢以圣人自居了；而孟子则将圣人标准降至一格，把孔子的"圣人"理想落实到现实中来。

孟子认为"人皆可以为尧舜"，个体只要经过自己的自觉努力，就可以成为尧舜那样的圣人，实现自己的人格理想。具体说来就是每个人生来就具有恻隐之心，羞恶之心、恭敬之心、是非之心，这四心是"仁、义、礼、智"道德的始端，把这"四端"

保存、扩充开来，就可以成为一个有道德的人。而保存、扩充的方法就是"存心"和"养气"，保持仁义之心不忘掉，养成"浩然之气"，也就是经过长期的道德修养达到一种精神境界，达到这种精神境界的人无论处于什么样的境遇，始终保持不卑不亢、刚强不屈的人格形象，能够做到"富贵不能淫，贫贱不能移，威武不能屈"。具有这种高尚情操的人，孟子谓之曰："大丈夫。"

孟子提出了坚持气节情操，捍卫人格尊严，具有崇高的社会责任感的"大丈夫"形象，他本人也亲身实践了这种人格。他曾率徒驾车，周游列国，求仕于诸侯，希图谋得一官半职，以推行自己的政治主张，但出外进退，屡经波折，遭到各种冷嘲热讽。可贵的是，孟子却能始终不渝地坚持自己的人格尊严，没有一丝奴颜媚骨，巍巍君王，如有过失，他敢直言相谏；赫赫诸侯，如不以礼相待，他敢拒而不见；当政者纵以高官厚禄相诱，但如果"不行仁政，不以礼义"，他丝毫不为动心，孟子真正做到了"富贵不能淫，贫贱不能移，威武不能屈"，是一个正直磊落，大义凛然的伟丈夫。

汉代董仲舒则以自然界的五行比附人伦关系，在四德之后又加一"信"条而成为"五常"。"常"即恒常、根本之意，"五常"也就成了衡量君子人格的永恒不变的准则。

2. 达到理想人格境界的途径。

以儒学为代表的传统文化不但精心设计了"圣人"、"君子"的理想人格，而且还具体地规定了达到这种理想人格境界的途径。也就是说，它不但构想了理想人格的状态，而且构想了理想人格的过程，并且可以说后者是较前者更重要的部分。

那么，个人如何实现儒家所设定的理想人格呢？对此，中国古代典籍特别是历代儒家学说都有许多极为纷繁而丰富的论说，几乎涉及到人生的各个方面。这些论说的核心内容就是"内圣外王"，就是"修、齐、治、平"。

　　"内圣外王"是庄子在《天下》篇中概括儒家人生哲学而提出来的，"内圣外王之道"也为后世儒家所推崇，梁启超说："'内圣外王之道'一语，包举中国学术之全部，其旨归在于内足以资修养而外足以经世。"

　　"内圣外王之道"，即人格主体自身必备的德行和外部成就，内足以资修养，外足以资经世，就是中国传统文化所设计的走向理想人格的基本道路。所谓"内圣"，就是通过不断的内心反省、修炼，所达到的一种境界。这种看法是基于那种认为通过自身的努力可以成为完美的人这样的信念上，那么，成就理想人格的主要方法就是自我修养，从而展现出潜藏于自身的"仁"性。所以历代诸儒都十分讲究自我修养和内心修炼。"外王"是道德修养的外在表现，即达到"内圣"的个人在社会中发挥的作用。因为"内圣"即自我的内心修养只是走向圣人人格境界的一个方面，个人还必须亲身参与"外王"的事功致用，从中真正领悟到个人在现实社会中的人生位置。儒家们主张积极入世，主张沉入现世生活，参与社会政治。所以，"内圣"是"外王"的前提和基础，"外王"是"内圣"的目的和结果。

　　概括儒家道德与统治的《礼记·大学》所阐发的"三纲领八条目"最能说明"内圣外王"。儒家认为，无论为人或为治，都应该遵循"大学之道"。所谓大学之道三纲领是：大学之道在于明德，在于亲民，在于至善。这里的"明德"、"亲民"、"至善"，既是个体人格、个人修养的理想境界，又是从政、为治的最高目标。所谓大学之道八条目则是：格物、致知、诚意、正心、修身、齐家、治国、平天下。八条目之间的关系是："古之欲明明德于天下者，先治其国；欲治其国者，先齐其家；欲齐其家者，先修其身；欲修其身者，先正其心；欲正其心者，先诚其意；欲诚其意者，先致其知；致知在格物。"① 三纲领八条目是一个由低至高、由内到外的发展序列，这一链条中每一环节都不能逾越，只有一环扣一环，由低向高、由内向外，才能达到其德治的理想。从八条目的内在关系分析，儒家是把个人修养看作"治国平天下"的必要前提条件，同时又把"治国平天下"看成是人生的最高追求，格物、致知、诚意、正心等修身、为学的活动，最后的归宿则是"治国平天下"。所以，近人熊十力认为，格物、致知、诚意、正心、修身就是"内圣"的方面，齐家、治国、平天下则是"外王"的方面，两个方面是紧密结合在一起的。

但是，他们的治国平天下的目标并不总是能顺利实现。因此，他们又主张在现实生活中要有所节制，可屈可伸，可进可退。"天下有道则见，无道则隐"；"邦有道，则仕；邦无道，则可卷而怀之"；"穷则独善其身，达则兼济天下。"所以，入仕与隐退一直是中国古代知识分子生活道路的两极。然而，即使是在退隐之时，也深深眷恋着现实社会。因为所谓退隐，亦不过是对天下无"道"的无言的抗议，并没有失去自己的责任感，还在为学修道，图谋有朝一日出仕，弘扬自己的政治理想和道德理想。所以，一些隐士为使皇帝容易发现自己，喜欢隐居在离京城不远的地方，像唐朝隐士喜隐居在终南山，因为终南山靠近帝都长安。

总之，按照中国传统文化的设计，修身、齐家、治国、平天下，是一个人格完成的过程，"内圣外王"是实现走向理想人格境界的过程，这个过程的核心内容是个人的自我修养，是个人的"仁"性的展开、发挥和实现。这是一个内心转化的过程，也是一个道德实践的过程。通过这样一个过程，个人的精神得到充实、扩展和升华，个人的人格得到完善、成长和超越。

---

① 《礼记·大学》。

　　儒家在理想人格的设计中，又常常把"小人"作为君子的对立面加以比较，来表明其人格理想上善恶的价值观念。孔子及其后继者把品德高尚者称为"君子"，把不仁不义、品德卑下者称为"小人"。即使在位的当权者，也有君子、小人之别。"小人"品格的具体表现：一是不仁不义。孔子有一句名言就是"君子喻于义，小人喻于利"，还说君子关心的是法度，小人关心的是恩惠。朱熹在《论语或问》中说，小人只计较利害，不理会是否符合义。二是不讲原则，缺乏独立人格。君子能够恰当地表达自己的意见，不盲从附和；小人则只是盲从附和，没有自己的独立见解。君子能以道义来团结人，而不以暂时的共同利益互相勾结，小人则正好相反。三是不信不诚，文过饰非。君子心胸坦荡安详，却不骄傲凌人；小人骄傲凌人，却又心胸狭窄，局促忧愁。这种小人往往"巧言令色"，哗众取宠，小人对于自己的错误总是加以隐瞒掩饰。此外，小人的品格还表现为不知礼节、不明是非、困而不学、难与共事等，均为儒家所蔑视和批评，并要求经过反省、修身而改变这种品性，去恶而从善。由此，我们可从反面对儒家理想人格的内容有一个明确的认识和了解。

　　孔子以自己的人生实践实现着自己的人生理想，表现出令人敬佩的高尚品格，被后儒称为"圣人"，成为人们渴望达到的理想人格的象征，受到中华民族及其周边民族的永远尊奉和仰慕。

（四）理想人格的现实价值

　　我国古代的人格思想，特别是儒家和墨家的人格思想，是民族文化传统中的宝贵财富。尽管它们具有不可避免的局限性，但影响了历史上一代代有作为的志士仁人、清廉官吏和善良百姓，对社会发展进步起了积极的作用。

　　人格是一个历史范畴。各个时代都有自己的人格理想和人格理论。在这方面，以宗法等级制为特征的奴隶社会、封建社会与标榜"自由、平等、博爱"的资本主义社会有很大的差别，而以私有制为基本特征的旧社会与社会主义新社会也不可同日而语。我国近代从鸦片战争到"五四"新文化运动，传统的人格理想和人格理论一再受到挑战。伴随社会的变动与西方科学、民主及进化论等思潮的输入，产生了新的民主主义的人格理想和人格理论。同时受西方个人主义、实用主义、非理性主义、唯意志论等思潮的影响，也产生了以金钱至上、个人主义和享乐主义等为特征的人格理想和人格扭曲。新中国建立后，共产主义的人格理想和人格理论在全社会得到确立，极大地改变了人们的精神面貌和社会的道德风尚。党的十一届三中全会以来，符合改革开放和社会主义现代化建设这一时代需要的"有理想、有道德、有文化、有纪律"的一代新人在成长。党中央强调以爱国主义、集体主义、社会主义主旋律教育人民，"以科学的理论武装人，以正确的舆论引导人，以高尚的精神塑造人，以优秀的作品鼓舞人"，特别是共产党人的全心全意为人民服务、无私奉献的人生价值观、人生境界和在长期革命与建设实践中涌现出的一代代共产党人的优秀楷模，更为亿万人民指明了人生追求和人格修养的方向。

历史的发展是有连续性的。古代、近代的人格理想和人格理论中一些具有普遍意义的、稳定的东西，在后来的历史发展中仍然是有价值的，值得借鉴、继承和发扬的。以人格理想或理想人格来说，像历史上的屈原、苏武、诸葛亮、包拯、岳飞、文天祥、海瑞、戚继光、林则徐、谭嗣同、孙中山、秋瑾等光照千古的伟大人格，是炎黄子孙的骄傲，永远为世人所景仰。理想人格是在实践中产生的，是时代精神的产物。中国是世界四大文明古国之一，我们的祖先在改造自然、改造社会的英勇斗争中涌现出令人自豪的各个时代、各种类型的理想人格是很自然的。毛泽东在《中国革命和中国共产党》一文中曾讲："在中华民族的开化史上，有素称发达的农业和手工业，有许多伟大的思想家、科学家、发明家、政治家、军事家、文学家和艺术家，有丰富的文化典籍"，"中华民族不但以刻苦耐劳著称于世，同时又是酷爱自由、富于革命传统的民族……在中华民族的几千年的历史中，产生了很多的民族英雄和革命领袖。"这些深刻论述对于我们探讨人格问题和进行人格教育，具有重要的指导意义。正是基于这一认识，我们进行人格教育时，不仅应突出当代而且也需重视古代和近代。实践证明，古代、近代的伟大人格在现当代仍有其感人的魅力。而所谓"传统人"与"现代人"截然不同、格格不入的讲法，是不足为训的。因为现代人不仅应具有时代所赋予的品质特征，而且应该具有传统的优秀品质，所谓与优良传统相断裂的"现代人"是很难为社会和人们所认可的，更何谈其"优秀"和"超越"！需要指出的是，当代人们重视的主体性意识、权利意识、知识才能和开拓创新意识等人格要素，同传统理想人格并非绝不相容。从总体上看，它们是传统理想人格的补充、发展和升华，而不是与之截然的对立和对其根本的否定。

在建立社会主义市场经济体制过程中和国际范围思想文化相互融会、碰撞的条件下，我们的精神文明建设和道德建设、人格教育会遇到严峻的挑战和考验。西方敌对势力对我实行"西化"、"分化"的战略图谋，市场经济的特点和消极方面在诱发拜金主义、享乐主义和个人主义，所有这些，使一些人理想信念动摇，道德精神迷失，善恶美丑错位，是非荣辱颠倒，甚至不惜做出有损国格、人格的事情来。因此，我们必须进一步加强社会主义精神文明建设，而加强人格教育，增强人们的人格意识，乃是精神文明建设的深层方面。它使人们通过了解关于人格的理论知识和不同类别的人格典型，认真思考什么样的人生是有价值的人生？自己应该做什么样的人，应该懂得哪些做人的道理？应该怎样刻苦学习、教养品性、成就事业，使自己成为一个高尚的人，纯粹的人，有道德的人，脱离了低级趣味的人，有益于人民的人，一个有理想、有道德、有文化、有纪律的社会主义新人，一个堂堂正正的人。①

三、教师个体高尚人格的力量与塑造

（一）教师高尚人格的力量

教师以自身高尚的人格去影响、教育学生的一个感化过程，其过程是其他方式所无法代替的，其作用之巨大是难以估量的。

首先，教师职业这种以人格感化人格的特点，促使教师自身人格的提高。教师在以人格感化人格、塑造人格的过程中，对自身的人格有更高、更全面的要求。教师要点燃别人，首先自己心中要有火种。只有具备了美好品德，才有资格去塑造学生的品德。从事教师的职业，就意味着在整个人生航程中，将始终面临着一种人格上的挑战，教师必须鼓足勇气，义无反顾地朝着人格发展的新高度不断攀登。而以身立教、为人师表，就是教师在自身人格塑造上的落脚点。

其次，教师以人格感化学生，促使教师威信的确立。威信是威望和信誉，是一种无穷的精神感召力。教师的威信是教育学生和搞好教学工作不可缺少的条件。教师有崇高的威信，才能达到教育的最佳效果。当然，教师在学生中威信的树立，不是靠威吓、粗暴的手段来实现的。一个教师如果经常靠威严来逼迫学生服从，就会使学生敬而远之，甚至产生"逆反心理"，造成不良后果。教师威信的树立，靠的是教师精湛的业务能力和高尚的品德。教师威信的形成主要通过"言教"和"身教"表现出来。言为训，身为训，而"身教"的作用往往大于"言教"。可见，教师在提高教学专业水平的同时，要不断塑造和完善自己的人格。

---

① 参见《道德与文明》1997年第5期，第40～42页。

教师的威信一旦在学生中形成，将会变成一种强烈的感召力，使教育达到理想的效果。事实告诉我们，有威信的教师，会使学生感到他值得尊敬、可以信赖，会使学生愿意亲近、乐意听从教诲。

再次，教师的人格感化有利于对学生教育的实施。"身教重于言教"，"榜样的力量是无穷的"。这些格言都说明以身立教是强有力的教育手段。教师的思想、行为、作风和品质，每时每刻都在感染、熏陶和影响学生。而青少年学生正处于长身体、长知识的时期，他们的模仿性和可塑性都很强，他们对真假是非、善恶美丑的辨别能力还不很强，需要有正面的引导和教育。他们往往希望在自己所崇敬的老师身上看到应该做、学到如何做的榜样，因此，教师的一言一行、一举一动，都会在学生心灵上产生积极或消极的影响，有的甚至会影响他们的一生。能够以身作则、为人师表的教师，在施教过程中，不仅能增强德育的效果，而且还能增强智育和体育的效果。苏联教育家克鲁普斯卡娅指出："对儿童来说，教师的思想和品德是分不开的，一个深受学生爱戴的老师所说的话，比一个与他们格格不入的受他们鄙视的人所说的话，他们接受起来是完全不同的；从后者口中说出来的即使是崇高的思想，也会变成可憎恨的东西。"① 这里虽然讲的是儿童教育问题，对大学教师来说也是可以借鉴的。大量的教育实践证明，一个缺少教学素养、心理和品质欠佳的教师，难以得到学生的尊敬和爱戴，其教育自然也就不会取得好的效果。

教师的人格精神，可以不需教师的一句话，而使学生受到感染，产生影响。正所谓是"此时无声胜有声"，而且这种影响往往是久远的。

教师的人格感化还是提高国民素质、推动社会发展的巨大力

①　《克鲁普斯卡娅教育文选》。

385

量。教师以身立教、为人师表，不仅直接影响着学生，促进良好校风的形成，而且还直接或间接地影响着整个国民素质，有助于促进社会思想道德的建设。教师凭着自己以身作则、为人师表的表率作用；凭着自己高尚的思想品德、良好的身心素质、卓越的才能；凭着自己塑造人才的艺术和严谨的工作作风、扎实的专业知识，去教育学生，并通过学生影响到他们的家庭成员，影响到社会，进而影响到整个民族及其将来。

教师队伍是我国知识分子队伍中人数最多、分布最广的一支队伍，他们具有一定的知识和技能，与人民群众有着广泛的联系。近几年来，随着教师地位的提高，他们常常走出校门，参加各种科学文化活动和社会实践活动。教师还通过自己的学生紧密联系着社会的每一个角落。这一切表明，我国的教师队伍是一支非常积极、非常活跃的队伍，是一支对我国的社会生活产生广泛而又深远影响的队伍。正因为如此，广大教师的道德风貌如何，已经成为一个关系到整个社会精神面貌的大问题。如果每个教师都具有高尚的道德，就会对全社会的思想道德建设产生巨大的推动作用。①

（二）教师人格的塑造

个人性格、品格、风格的形成。它是建立在人性基础上的。一般说来，人格是由三方面因素塑造而成的：一是智力因素。它包括人们知识的水平、才智的高低和能力的大小；二是道德因素。主要指人们对自己、他人、社会的某种真诚的态度和倾向性；三是意志因素。主要指人们克服内心障碍的自制力和克服外部环境障碍的坚忍性。人格三因素的塑造是互相依存、互相制约的，它们共同的作用使人形成一种比较稳定的内在的精神结构。人格是在人们的社会生活和社会关系中形成的。形成人格的途径

---

① 参见《从教为师之道》，广东高等教育出版社，1997年版，第111～113页。

是人们的社会实践活动。在社会实践活动中，一个人如果能自觉地把自己当成人，做到自爱、自尊、自重，并以创造性的劳动来履行对社会的义务，用人道和崇高的思想来指导自己的言行，那么，就能塑造出高尚的人格。相反，一个人如果奴颜媚骨、自暴自弃，甚至出卖灵魂，那么，就会塑造出低下的人格，甚至会最终使自己的人格沦丧，失去做人的资格。

与人格塑造相联系，还有一个人格再造，即重新塑造人格的问题。所谓人格再造，是指个人在社会生活中根据社会经历、地位、身份的变化而改变不适应这些个人社会变化要求的僵化的、过时的人格，塑造适应变化要求的人格。它既包括心理学上的人格和伦理学上的道德人格的重新塑造。人格的再造的具体内容是由社会变化发展所决定。是人们在社会交往中，以社会理想人格的具体内容为目标，通过个人自我内部努力和个人间的相互影响、社会的教育等相互作用来进行的。通过人格再造，社会历史发展和人的进步发生相互促进的联系。

教师高尚人格的塑造、再造，同教师个体道德品质的培养一样，需要从个人和社会两方面共同努力。在个体方面，应选择健康的人格理想作为人格发展的价值参照系，加强个体的道德修养，从点滴入手，逐步达到较高的道德境界。在社会方面，也应创造一个健康的环境，在家庭教育、学校教育和社会教育等方面为个体人格的健康发展创造良好的外部条件。同时，还应加强政治引导，改善社会政治环境，缓解个体与社会的矛盾冲突；加强舆论引导，用健康向上的舆论环境来促进个体人格的健康成长；加强美育引导，以唤起个体崇高美好的思想情感；加强道德引导，以提高道德实践主体的自律能力，造成良好的社会道德风尚。

努力在个体与社会的相互作用中避免道德双重人格，培养健康人格，既是社会进步的客观要求，也是个体健康成长的客观需要。

【复习思考题】

1. 人格分裂的社会根源是什么？
2. 人格与道德人格的关系如何？
3. 如何理解教师道德人格的力量与塑造？

【实例评析】

以高尚人格感化学生

隋末经学大师王通，家庭累世业儒，祖、父辈都是有名的学者。他十五岁时学术已有成就。他把教育作为实现政治理想的手段，他认为能以道德学问影响他人，终必有利于社会，有益于国家，这也等于为政，何必定要做官？他的高足董常说，老师以续《诗》、续《书》为朝廷行政，论《礼》、论《乐》为教化工作，赞《易》为司命，元经（春秋）为赏罚，这就是老师生于世的重大意义。他无营无欲，一心讲学。他说，我不仕，所以才能成就学业。他非常重视教育工作，认为天地能生长人而不能抚养人；父母能抚养人而不能成就人；能成就人的只有伟大的教育家孔子。他强调，一个国家的兴衰在于人，得失在于教。人才和教育是关系国家命运的大事。于是他多次谢绝权臣的招聘，专心执教，终生不辍。他坚持道义，非礼不视，敦品积学，以身作则，只愿踏踏实实地为国家培养人才，其他别无所求。他一生衣食俭朴，摒绝绮罗锦绣；躬耕垅亩，只食五谷杂食。他的言行举止都为学生们所效法。他常常对学生说："君子之学进于道，小人之学进于利。"教育学生要为道而学，不要追逐名利。而且他待人宽宏大量，谦恭温和，很多学生受到了他高尚人格的感化。学生称赞他说："老师的教导，总能充分满足人们的愿望；在老师的门下，没有问而不知道、求而不给予的。"唐初名臣多出自他的门下，故王通死后，被门人谥为"文中子"。

【提示】

1. 在我国教育发展史上，广大教师怀着对教育事业的无比忠诚，为社会发展做出了彪炳史册的贡献，他们的高尚人格令人赞佩。

2. 广大教师在平凡的岗位上辛勤耕耘，显示了教师道德人格的魅力。

3. 用自己的亲身经历想一想教师道德人格的力量与塑造的意义。

第十章　教师道德行为的选择

教师道德行为的选择是教师道德实践活动的重要内容。教师道德行为的正确选择，是因材施教，取得良好的教学效果，培养社会主义合格人才的首要前提，是用道德手段调节教育过程中的人际关系，维护教育活动正常进行的必要条件；是使教育行为符合社会需要并得以顺利实施的重要保证。只有系统地研究和认识教师道德行为选择的心理机制和社会机制、教师道德行为选择的自由和责任、教师行为选择的标准和实现，才能顺利完成教育过程，达到教育目的。也只有这样，才能培养教师具有适合自己职业的高尚道德品质，充分发挥教师在教育过程中的作用。

一、教师道德行为选择的机制

道德不同于其他社会意识现象。道德的领域是人自由自觉的活动领域，道德规律是通过人的各种各样选择而实现的。道德干预生活、影响社会及完善社会关系的一个重要手段就是培养人的择善去恶的能力，确定人生的高尚目标，作出符合道德的选择。从某种意义上说，道德的一切活动都以选择为前提，没有选择就没有其他道德活动。在如此复杂，如此重要的道德行为选择中，又包含着人类最为隐秘的心理机制和社会机制。故研究教师道德行为选择的性质，揭示教师道德行为选择的机制，就成为我们首先要解决的问题。

（一）教师道德行为选择的界定

选择的字面含义是"挑选"，意指在两个或两个以上的对象之间作出的取舍。选择作为一种现象，可分为自然选择和社会选择。自然选择是由于自然条件发展变化引起的，比如生物为了适应自然的变化优胜劣汰，遗传变异等。社会选择则是社会规律发展的结果。社会选择的主体是人，故而社会选择说到底是人的选择，是人在各种的可能性中反复进行比较、权衡、选出最符合主体意志，最能达到主体目的的东西，社会选择是社会发展的必要环节和手段。社会愈发展，社会生活愈是复杂，人的选择也愈主动、愈多样化。

选择活动是从人类自我意识产生之时开始的，在人类社会的早期，由于人类在自然必然性面前始终处于受支配的地位，选择受到极大地限制，人们还没有形成自觉的选择意识。随着人类劳动的分工活动的分化，人与人之间由于社会交往的日渐频繁而确立了多种多样的关系，也形成了多种多样的要求，从而不仅有了选择的可能，而且选择的范围也在逐渐扩展。在近代，资本主义生产方式更加拓展了人的活动范围和视野，商品经济滋生了人的价值意识和选择愿望，于是，选择受到了更加广泛的重视。以达尔文为代表的进化论把选择应用于人的历史，认为人是进化的产物，是适者生存、劣者淘汰的结果，这就是著名的"自然选择说"。进化论虽然高扬了选择，但这种选择忽视了人作为进化主体所具有的能动的自我选择性，过分强调自然支配，以致把自然规律直接应用于社会，形成了社会达尔文主义。康德最终完成了自然规律与社会规律分开，把前者归于必然，而把后者归于选择。康德认为，认识和道德是两个截然不同的领域，道德高于认识。道德的对象是自由的规律，是人的实践精神自我立法和自我选择，只有出于人的善良意志的行为，只有经过人自由选择的东西，才是道德的。

从自然必然性过渡到人的自由选择，是人类精神的又一次飞跃。马克思主义通过论证这一飞跃的实践基础而肯定了它的革命意义，这就是以自由选择为特征的认识主体和实践主体，是人类社会完善的推动者。社会的发展主要是通过人的自我选择实现的，有目的、有意识地选择促进了人的智力和体力、社会组织、社会生活有序发展。社会中的每一个成员都负有选择的使命和责任，放弃这种使命，就是放弃做人的资格，就是把自己降到物的水平。

社会不断发展，社会生活日趋复杂，人的选择也越来越具有多样性。从选择的主体看，有个人的选择和群体的选择；从性质上看，又有主动的选择和被动的选择；从过程上看，还有认识选择、情感选择、行为选择和交往选择等等。这些选择交互影响，构成了不同社会生活领域里的选择，如政治选择、法律选择、经济选择、宗教选择和道德选择等等。

道德选择是一种特殊的社会选择，它渗透于人类道德的一切领域，不仅包括行为动机、意图、目的选择，而且包括行为的方向、过程、结果的选择；不仅表现在主体道德行为的外在方面，如行动、交往、调节等道德实践活动，而且表现在主体道德行为的内在因素，即认识、情感、意志等精神活动上。反过来讲，人类道德的一切内容无不具有选择的意义。人生观、人生价值是对生活方式的选择；人生理想、人生信念是对生活道路的选择。不仅道德原则、道德规范指导着人们的行为选择、交往选择，而且道德知识、道德情感也标志着人的选择方向和选择手段。概而言之，教师道德行为选择就是教师在一定的道德意识支配下，根据一定的道德标准在不同的价值准则或善恶冲突之间的自觉自愿的抉择。它把教师内在的价值观念、道德品质等以行为活动的形式呈现给自己或别的人，同时又表现出教师为达到某一道德目标而主动作出的价值取向。

（二）教师道德行为选择的心理机制

教师道德行为选择是教师认识、权衡、取舍的复杂心理活动过程，是教师完全自觉进行的。教师道德行为选择的进行来自于认识的选择性，又依赖于情感，还要借助于意志。知、行、意是人类心理活动的三个基本因素，也是教师道德行为选择的心理活动过程。以它们为基础，构成教师道德行为选择中最直接作用的心理机制。

1. 教师道德行为选择首先来自于认识的选择性。

认识是人类最早发展起来的一种选择能力，也是道德选择的基本心理依据。认识是认识主体对客观世界与主观世界的一种反映形式，它通过感觉、知觉和表象等感性认识及概念、判断和推理等理性认识而实现的。认识是能动的，它不是机械的、镜子般的反映客观，总是带有鲜明的指向，选择性正是认识能动性的一种表现。

认识的选择性，表现在教师信息感知模式上。教师总是从自身的角度出发去感知客观外界的，这就决定了教师对外来信息并不是全部接收，而是有选择的对待，仅仅接收那些符合自己感知模式的信息，对于那些不符合自己感知模式的信息往往会视而不见，听而不闻。感知模式是经验积累的结果。在道德领域，教师的道德经验往往积淀为一定的价值感知模式，形成自我独特的取舍标准。凡是与这一模式一致的信息、行为、规范就会受到认同，并迅速地纳入到自己的道德认知结构之中，成为认识成果并显现于道德行为；反之，就要受到排斥。比如，普遍的教师职业道德总是对个别教师不起作用，出现"对牛弹琴"、无动于衷的现象，这就是个别受教育者的价值感知模式的作用。

认识的选择性也表现为认知的定势和期待。定势是指认识发生前的准备状态，是一种心理倾向。这种带倾向性的心理状态使认识具有一定的方向性，使认识一开始就指向特定的对象和一定的范围，去捕捉特定的信息，而绝不是不着边际。在道德认识中，心理的定势表现为道德的定势。教师往往根据自己的道德修养，按自身的道德习惯去对待事物，获取程度不同的认识结果。比如在自我认识这一问题上，一般教师都能比较正确地认识自己的长短，对自己负责，而道德境界比较高的教师不仅能对自己的行为进行反思、内省，还在道德行为上表现出强烈的使命感。对待同一道德榜样，从学习其行为到学习其精神，也表现出不同的方式，这就是教师认知定势在起作用。认知定势和期待使教师能认识到特殊的对象，从而有选择地接受信息。但是不正确的或过强的定势和期待，又会使教师产生偏见，妨碍教师的全面认识。

认识的选择性还表现在教师的注意上。注意使教师在认识过程中，专心致志向着认识的目标前进，走向认识的深刻与透彻。注意与感知模式和认知定势的不同在于它具有暂时性和变动性。人不可能长时间保持注意，也不会老是注意某一点。正由于注意的不断变化，才使我们的认识面逐渐扩大。在道德认识中，注意也同样影响认识的内容、对象和程度。注意自身道德修养的教师，往往会当心自己行为的道德价值和影响；注意建立良好的人际关系的教师，往往会细心观察，认真研究人际关系的特点，从而获得这方面的知识。

2. 教师道德行为选择依赖于情感。

情感是主体对自身及客体的感受、体验，进而发生兴趣，建立感情，并在各种情境下通过情绪表现出来。情感是人对客观事物与自我需要的关系的心理反映，是人类道德发生的直接心理基础，也是教师道德行为选择的重要心理依据之一。教师道德行为选择中的情感通常由兴趣、情绪和情感三个环节组成，每一个环节都具有独特的选择作用。

兴趣，是人在外界感受、体验的基础上，由欲望转化而来。动物的欲望不过是求生本能的驱使，人的欲望却是有指向、有目的的，这种指向和目的使人对某一对象发生兴趣，然后，就会专注于这个对象，产生对它的情绪上的吸引力。在人的体验中，他就是在不自觉地选择了这个对象，因此，兴趣又代表着主体的价值倾向，反映了主体的需要、能力和所处的社会条件，在主观性的态度中包含着某种客观性的内容。

情绪和情感具有更为强烈的选择意义。情绪和情感是有区别的。情感是主体个性的稳定结构和特点，是比较深层的、稳定的东西，是不能测量的，只能通过情绪去感受它；情绪是情感的外在表现，是情感在特定情境中的流露，并随情境转移而变化。情绪又是起伏不定的，一定的情感，可以表现出各种不同程度、不同形式的情绪来。人的情绪不同于动物的情绪，人的情绪具有社会性。马克思说："激情、热情是人强烈追求自己对象的本质力量。"①

情绪通常表现为两极：喜悦——悲伤，爱——憎等，因而情绪选择的基本形式也相对有肯定和否定两种。情绪性选择具有三个特点：其一，强烈性。即一旦对某对象表现出选择情绪往往会将其发展到极端，主体将会用自己全部身心力量维持这种情绪，如平常所讲的"怒发冲冠"、"恨之入骨"、"喜上眉梢"等等。其二，感染性。对同一个对象，如果一个人持某种态度，这种态度会迅速影响到周围其他人，使之也持大致相同的态度。其三，弥散性。爱、憎、悲、喜等情绪，往往在不自觉中扩展了范围，比如喜欢某学生，常常会"爱屋及乌"，而讨厌某事，也会连带着讨厌所有与此相关的东西。不仅如此，而且情绪持续越久，对象范围扩展越大。

情感，包括道德感、理智感和美感，是广义情感中的最高层次，也是最具有社会性的情感，其选择作用尤为突出。它不仅具有情绪选择的强烈性、感染性和弥散性的特点，还具有一个更大的特点：持久性。这一特性在道德领域，像爱国主义情感等，可

① 《马克思恩格斯全集》第 42 卷，第 169 页。

以伴随人的一生，并且与日俱增。道德感是人们自觉学习、修养、实践而获得的稳定品质，具体包括有责任感、是非感、荣誉感、羞耻感等，其中每一种都具有特殊的选择意义。比如，是非感使人自觉规范行为，选择符合社会道德准则的行为并谴责相反的行为。责任感使人自觉履行责任和义务，谴责不负责的行为和事件。

3. 教师道德行为选择需要意志。

意志，就是根据自觉确立的目的来支配、调节自己行为的心理过程。它不满足于认识和体验、意念和情感，而且把内部的情感、主观的认识转化为外部的活动。它通过决定和选择，使主体的认识和情感互相作用，形成一定的倾向和目的。这个决定和选择，是在多种可能性中，经过理智而审慎的权衡、比较而作出的，完全符合主体的认识和情感倾向，而绝不是盲目的。选择和决定的过程中，意志的独立、果断能帮助主体排除各种干扰，坚定选择和决定的信念和决心。黑格尔说："意志通过作出决定而设定自身的特定个人的意志，把自己与别人区别开来的那种意志"，"不作什么决定的意志不是现实的意志。"[①] 可见，意志表现出主体的自主、自控状态，为教师道德行为选择奠定了基础，是一种直接的、现实的选择机制。

（三）教师道德行为选择的社会机制

教师道德行为选择是教师的社会性选择，它不仅具有一定的心理机制，而且具有一定的社会机制，是在心理结构与社会结构的交互作用中实现的。所谓机制，乃是一种结构和活动原理。教师道德行为选择的社会机制就是教师道德行为选择是怎样在社会结构中进行的。因此，我们必须从现实的社会生活中把握道德行为选择特点、过程和规定性。

---

① 黑格尔：《法哲学原理》第 24 页。

1. 教师道德行为选择的可能性和必要性。

社会是由多层次并存，多领域互接所组成的有机体，每一个层次都有相应的道德要求，层次越高道德要求也就越高，高低不等的层次形成了由低到高的道德规范体系。而每一个领域也有自己特殊的道德。如社会公共生活中的社会公德、家庭中的家庭婚姻道德、各行各业的职业道德等等。这些不同领域的道德，既各自独立，又相互联系和相互影响，组成了横向的道德关系网络。纵向的道德规范体系和横向的道德关系网络两者相互交织，为教师道德行为选择提供了可能性和必要性。

从可能性上看，多层次和多方面的道德要求，构成道德行为选择的客观条件，道德行为选择也因此具有了具体的场所、对象和依据，具有了可能性。这种可能性随着社会的进步、社会生活的日益复杂化而日渐增多。在人类社会发展的初期，单纯的生产关系决定了狭隘的道德交往，人们只能在有限的可能性中开展自己的活动，不可能进行道德上的选择。随着人类活动的分化，社会交往的频繁，人与人之间逐渐确立了多种多样的关系，也形成了多种多样的要求，从而为人们进行选择，特别是道德选择提供了场所和可能。但道德行为选择的可能性不仅取决于社会生活，而且取决于社会制度。专制的社会往往只给人们一种可能性即服从，只有打破这种制度的束缚，才能解放被束缚、被限制的道德可能性，才能使道德行为选择具有客观的前提。

从必要性上看，人们生活在一定的社会之中，随时随地、每时每刻都面临很多可能，必须进行道德行为选择，这就是道德行为选择的必要性。社会决定了教师的身份和地位，也给每个教师提供了各种选择的可能性。这些可能性中哪一个可以成为现实，必须由教师自己来决定。有的价值大些，有的价值小些，有的为教师所喜欢，有的为教师所讨厌。但道德行为上的选择并不仅仅出于情绪，而是根据自己的道德信念而进行的。比如，教师不可能同时遵守各行各业的职业道德，而只能按教师的职业道德要求来支配自己的行为。但不论怎样，只要生活在社会中，教师就得作出选择，因为只有经过选择的生活才是他自己的生活。

2. 教师道德行为选择中的价值冲突。

教师道德行为选择是一种特殊价值取向，它不仅仅必须面对多种可能性，而且要在价值冲突中进行，在不同的价值准则之间作出取舍，非此即彼。这无疑把教师推向两难境地，增加了教师道德行为选择的困难，同时扩大了教师道德行为选择的意义和作用。

价值冲突表现在教师身上，是教师承担的多种道德义务之间的冲突。当一个教师扮演一个角色或同时扮演几种不同的社会角色时，往往会在不同的道德义务之间造成冲突。根据引起冲突的原因不同，教师的价值冲突有以下几种形式：第一，由于社会或他人对教师的期待或要求不一致所引起的教师内心的矛盾。比如，教育行政部门要求教师严格地、毫无偏差地按教学大纲要求进行教育、教学活动，但面对某些有困难的班级或学生，教师又不得不对教学进度作一些调整；再如一些学生家长希望教师成为一切美德的典范，甚至在关键时刻从没有发过脾气和提高嗓门讲话，是一个非常通情达理的善良人。这些要求反映到教师头脑中，在特定的情形中会出现尖锐的对立。第二，由于教师改变角色而形成的新旧角色所承担的义务之间的冲突。人在社会生活中总是不断地变换地位的，当地位改变了，而责任意识没有随之改变，往往会产生矛盾。比如，一个普通的教师被提拔到领导岗位后，社会对他的道德要求就不仅仅是忠于职守，而且要正确决策，遇到该下决心时，瞻前顾后，或不敢承担责任，就不能履行领导者的义务，从而在内心中形成冲突。第三，由于社会生活的复杂性，一个教师往往身兼几种社会角色，不同的角色往往赋予其不同的义务，从而形成义务间的冲突。比如，一个教师在工作上要承担教学义务，对家庭要履行赡养长辈、抚育后代的义务，对亲朋好友要履行互尊互助的义务等，而在特定时间内同时履行这些义务，往往十分困难，从而造成义务间的冲突。在以上种种冲突的情况下，个人往往要作出选择，而究竟作何选择，又要依教师价值倾向、修养水平、理想信念而定。

价值冲突表现在社会中，呈现出两种性质不同的形式：一种是同一价值体系内部的不同道德要求之间的冲突，是大善与小善、高层次的义务与低层次的义务之间的矛盾；另一种是不同价值体系之间的对立，是善与恶、履行义务与不履行义务之间的冲突。

在同价值体系中，存在着由低到高不同层次的要求，比如，社会主义道德体系就是由包括一般的社会公德、社会主义人道主义、集体主义原则等在内所组成的梯级结构，这些不同层次的要求在本质上是同一的，但在特定环境中又会出现矛盾，形成价值冲突。如教师作为家庭一员，学校一员，社会一员，都承担着不可推卸的责任，家庭、学校和社会提出的要求又是不同的，履行对学校和社会的义务，就可能放弃或暂时放弃家庭的责任。这种价值冲突同样迫切需要教师作出选择。在复杂的社会生活中，普遍的道德要求与特殊的道德要求有时也会发生矛盾和冲突。如以诚相待是社会成员的一般道德规范，但在特殊的环境中，如教师面对智力低下的学生，为了鼓励他自信，减轻他精神上的负担，就不能完全靠诚实了。

在同一价值体系内不同要求的冲突中，教师要做出正确选择，需要如下几个条件：其一，要确立从高到低的选择标准。任何道德体系都是由高低不同的价值准则组成的，以较高的准则作为选择的依据，就可以使选择者站在新的高度，判断出冲突各方的优劣。其二，认清选择所要达到的社会目的，根据这一目的，把冲突各方分为有利于达到这些目的的和不利于达到这些目的的，进而把前者再分为主要和次要的，从而确立最有利于目的实现的选择。其三，要培养和提高自身的选择能力，这是最重要的条件。选择能力是由多种因素组成的，不仅有知、情、意，而且要积累经验。只有具有较高选择能力的教师，才能在复杂的价值冲突中正确抉择。

在不同的价值体系之间同样存在着激烈的冲突。在社会主义社会，除了占主导地位的社会主义道德之外，还有历史遗留下来的封建道德和资产阶级道德。虽然后者在经济基础上和政治地位上已经丧失了体系的原有含义，但他们作为与社会主义价值体系根本不同的道德，仍在支配、左右着一部分人的思想观念、理想和行为。由于这几种性质上根本不同的价值观的存在，反映在具体行为中，反映在教师的头脑里，就形成了价值的冲突。这种冲突与前一种冲突的不同之处在于它不是发生在价值与价值之间，而是发生在正价值与负价值、善与恶之间。在这一冲突中，教师要么择善去恶，要么趋恶远善，作何选择最能反映出教师主体的道德价值。由于社会发展的局限性，由于社会主义道德虽然有强大的生命力，但还没有达到完善，由于生产力和生产关系决定了一时还不能消除腐朽道德的影响，所以，不同道德体系之间的对立还将是长期的、广泛的。对于那些受不同道德体系影响的教师来说，感受面临着这种冲突，常常会作出不符合社会期望的选择，而对于那些信奉社会主义道德的教师来说，选择并不能总是毫不犹豫的。冲突要求教师思考、抉择，这就是教师道德行为选择的社会机制。

二、教师道德行为选择的自由与责任

教师在社会生活以及自己的教学过程中，总是要选择一定的道德行为。然而，如何进行道德行为的选择，教师道德行为选择有没有自由，要不要对自己的选择负道德责任，这是需要进一步研究的问题。

（一）教师道德行为选择的社会自由

教师道德行为选择是教师依据一定的标准，在多种道德可能性中进行的抉择，是在不同的道德价值之间，在对立的价值准则之间作出的取舍，是经过教师的一系列心理活动而达到的主体尺度与对象尺度的统一。因此，也就是教师的自由自觉活动。

教师道德行为选择不是凭空产生的，而是在教师与社会互动中进行的。教师道德行为选择必须有一定的前提，这个前提就是自由。

教师道德行为选择的自由表现为两种形式，即社会自由和意志自由。

社会自由是教师道德行为选择的外在可能性，它使选择具备了客观的自由天地。作任何选择，首先必须有至少两个以上的选择对象，只有一个对象，即只有一种可能性，那只能叫规定，而不叫选择。教师道德行为选择的可能性是由社会提供的，是社会发展的内部结构造成的。因此，教师道德行为选择的可能性与自由度取决于社会发展程度，社会越发展，教师道德行为选择的可能性越丰富，教师道德行为选择的自由也就越大。反之，社会越不发达，社会关系越落后，教师活动的限制就越多，选择的自由也就越小。

马克思主义认为，人是环境的产物。人的选择受客观必然的支配。"不管个人在主观上怎样超脱各种关系，他在社会意义上总是这些关系的产物"。[①] 尽管在具体的选择环境中，教师可以超越某些条件的限制，作出自认为正确的道德行为选择，但从整体上看，教师道德行为选择要受社会所提供的各种可能性的制

---

① 《马克思恩格斯全集》第23卷，第12页。

约，这些制约表现在以下方面：第一，教师道德行为选择的对象不是主观臆想的，而是客观的，由社会产生的。教师只能在社会所能提供的可能性之间进行选择。马克思说过："人们创造自己的历史，但是他们并不是随心所欲地创造的，并不是在他们选定的条件下创造，而是在直接碰到的、既定的、从过去承继下来的条件下创造的。"① 这些条件也决定了教师选择的范围，教师只能在条件允许的范围内进行选择，而无法超出这一范围。第二，教师选择的方式要受到社会的政治、法律和道德的限制。一定的社会有与自身的生产力相适应的、特定的上层建筑，为了维护一定的社会秩序，国家、法律、警察等强力机构和道德体系、社会舆论等手段会严格限制教师道德行为选择方式，超越界限，不合规则的选择也会受到法律的惩罚和舆论的谴责。第三，教师道德行为选择能力不是与生俱来的，而是在社会中发展起来的。教师道德行为选择能力的高低，从个体角度讲，是由于生活的环境、所受的教育、个人努力的程度等方面的差异造成的。道德选择能力越高，个体在选择中的自由度越大。从整体上看，教师道德行为选择能力的发展又要依赖于社会和集体。只有在集体中，才能体现出个人的自由，教师才能获得道德行为选择的机会和手段。同时，教师个人的发展也离不开一定社会中群体的发展，离开了和个人直接或间接进行交换的一切人的发展，教师个人的发展是不可能的。

法国存在主义者萨特从"存在先于本质"的前提出发，得出了人绝对自由的结论。他认为"人之初，空无所有"，这时人的存在还只是一种"潜在"，是一种可能性。至于这种可能性能否成为现实，以及成为怎样的现实，就完全看个人如何设计自己，如何创造自己了。"除自己之外，无所谓其他的立法者。由于他

---

① 《马克思恩格斯选集》第1卷，第603页。

（指个人——引者）处在孤寂之中，他必须凭自己决定"。① 这就完全否认客观现实对人的选择的规定性。除了历史和阶级根源之外，绝对自由论错误的根源是把客观必然与自由形而上学地对立起来。人是社会历史环境的产物，道德上的自由就在于对客观必然性的认识和对社会现实生活的改造。通过认识，将道德发展的规律内化为道德行为的指导原则，又通过实践，积累下丰富的经验，这样就获得了在几种可能性中进行选择的自由。这就是说，人是受历史必然性支配的，人的活动又是相对独立的，自觉的。人一旦认识了社会发展的内在必然性，就会自觉利用它来达到自己的目的。绝对自由论理论上的错误在于把社会条件与人的意志自由对立起来，用后者否定前者。

教师道德行为选择的前提就是自由，但这种自由是社会自由与个人自由的统一，是必然与自由的统一。要获得这种自由，一方面要投身到认识世界、改造世界的实践活动中去，推动社会的发展和进步，为自由选择创造社会条件，也为选择自由创造主观条件；另一方面又要努力进行自我培育，自我锻炼和自我修养。

（二）教师道德行为选择的意志自由

教师道德行为选择的可能性只是外在的自由，这种自由能否实现，还依赖于教师的意志自由，教师的意志自由是教师道德行为选择的内在自由，也是教师道德行为选择的一个重要的前提。

道德行为选择的意志自由表现了人的能动性和主动性，它使教师在多种可能性中根据自己的需要、信念和理想进行选择。社会提供的选择条件是确定的，每个教师在这些确定的条件下都可以作出自我独特的选择。正是这种选择使教师获得独立的地位和人格。意志自由的教师按照自己的意愿而不是屈从于外界的压力去选择自己的生活方式、行为方式，并体现自己的价值。教师道

---

① 《存在主义哲学》，商务印书馆，第354页。

德行为选择得以进行，依赖于教师的意志自由，意志自由又赋予教师以道德责任。在道德冲突中，意志自由在教师道德行为选择中的作用尤为明显。它给人以思考和行动的机会，使人需要辨别真伪、是非和善恶，从而作出扬善去恶的抉择。恩格斯指出："如果不谈所谓自由意志，人的责任，必然和自由的关系等问题，就不能很好地讨论道德和法的问题。"①

意志自由是教师道德行为选择的重要前提之一，意志自由一方面是人的自决能力，另一方面又是被决定的。意志自由与不自由集于一身，表现出与其他心理因素不同的特性。

首先，教师道德行为选择的意志自由不是抽象的自由，不是摆脱了一切欲望、冲动、需要等的束缚的纯粹的精神性的自由，也不是只存在于幻想之中的虚无缥缈的境界，而是具体的现实自由。现实的自由来自人的活动，在活动中人的需要与满足需要的对象达到了统一。这种人的需要不仅具有外在的形式，而且具有现实的内容。通过这种需要和需要的满足，人摆脱了自己的抽象性，而成为活生生的人。人也由需要的奴仆变成需要的主人，成为支配、控制自身的一切感性东西的活生生的人。

其次，教师道德行为选择的意志自由也是普遍性与特殊性的统一。意志作为个人的东西，是特殊的。意志的出发点是特殊的个人需要，它所要达到的目的也是由特殊的个人规定的。但意志又不能仅仅停留在特殊性之中，它必须由特殊上升到普遍才能达到自由。自由则代表着意志中的普遍规定性，反映着普遍的规律，意志和自由的结合就是特殊和普遍的结合。意志在特殊中表现自己，又不能受特殊物的束缚和限制，必须在特殊之中保持普遍的本性。

最后，教师道德行为选择的意志自由还是从主观进入客观，

---

① 《马克思恩格斯选集》第3卷，第152页。

又从必然进入应然的过程。教师道德行为选择作为具体的过程，是与教师的愿望、意向、决定分不开的，是一种意志活动向行为活动的过渡。黑格尔说："意志的活动在于扬弃主观性和客观性之间的矛盾使它的目的由主观性变为客观性。"① 这种主体对象化的意志活动是选择自由的最基本的特性。选择从主观的需要出发，又不停留在随心所欲、为所欲为的"任性"上，它必须把任性、偶然、有限、特殊变为自己的对立物，即必然、无限、普遍，变成从主观要求向客观要求的过渡，才能为自己的自由创造前提。然而自由的前提还不等于意志自由本身，客观、无限、普遍作为必然还是自由的对立面，但一方面这种必然是从主观上升而来的，是一种"自为的自在"，本身具有转变为自由的可能性；另一方面，主体通过自己的选择，将这种可能性变为现实性，即将客观要求转化为主观要求，从而认识了必然，达到了应然。应然作为客观的主观、普遍的特殊和无限的有限，是道德行为选择以对象为中介回复到主体自身的产物，这就是一种选择的自由。通过道德行为选择，教师实现了从抽象到具体的过渡，从特殊到普遍的升华，达到了主观与客观的统一，也就获得了自由。

　　教师道德行为选择的意志自由的上述特性，充分体现在教师道德行为选择的活动上。教师道德行为选择的意志自由首先表现为教师的认识能力。在道德领域，必然性蕴藏在个人与他人，个人与社会整体的利益关系中，正确认识这种关系，深刻理解这种利益关系中所包含的客观必然性，就为教师道德行为选择的自由打下了基础。认识越多、越深，选择的自由越大，把握也越大。"人对一定问题的判断愈是自由，这个判断的内容所具有的必然性就愈大；而犹豫不决是以不知为基础的"。②

---

① 黑格尔：《法哲学原理》第 32 页。
② 《马克思恩格斯选集》第 3 卷，第 154 页。

教师道德行为选择的意志自由又表现为教师选择和决定能力。教师不仅能认识道德必然性，分辨善恶，而且能择善去恶。根据认识去自主地选择行为方式，是教师是否自由及自由度如何的主要标志。选择和决定不是偶然的、任性的，而是建立在认识基础上的实践能力的表现。意志可以选择，也可以不选择（不选择也是一种选择），还可以把已经决定选择的东西再予以放弃。意志自由尤其是一种自觉行动的能力。一种认识，一个抉择，只有落实在行动上，才能完成其使命，才能表现为个人的主动性、创造性，才能转化为现实的自由。马克思主义伦理学更是强调积极、自觉行动对意志自由具有根本的意义。一个教师如果只是把自由喊在口头上，停留在观念中，而不在具体的道德实践中表现出来，就不能说他具有意志自由。因为意志的本性就是超出主观进入客观，使主观见之于客观，而意志自由也只有在主观见之于客观的活动中才能形成和发展。

（三）教师道德行为选择的责任

教师道德行为选择是以意志自由为前提，又以道德责任为结果，教师在自由地选择道德行为的同时，也自由地选择了责任。教师在自由选择以后，得到的是责任的后果。因此，道德责任是教师道德行为选择的基本属性，是与自由同为道德行为选择的重要条件。

选择和责任是不可分的，责任是教师道德行为选择的属性，否认责任也就否定了选择。教师道德行为选择的一个重要意义就在于它包含着责任的因素。选择将教师带进价值冲突中，它使教师在多种可能性中进行取舍，并在这种取舍中表现出自己的价值。因此，黑格尔说："人的决心是他自己的活动，是本于他的自由做出的，并且是他的责任"，"当我面对着善恶，我可以抉择于两者之间，我可对两者下定决心，而把其一或其他同样接纳在我的主观性中，所以恶的本性就在于人能希求它，而不是不可避免地必须希求它。"① 希求恶并选择恶的人，就必须为恶的后果负责。

选择的处境不同，选择的自由也会不同，有多大的自由就有多大的责任。选择中自由的度是与责任量相关联的。对于那些主观条件和客观条件都受到严格限制，个人的努力无济于事的选择所承担的责任，和对于那些虽然受到一定程度的限制，虽然个人完全可以通过种种途径改变事态发展进程，但他没有这样做而是采取随意或听之任之的态度所负的责任相比，前者显然要远远小于后者。

但是，对自由本身也必须加以研究。处于什么样的情形，选择者的自由大，什么样的选择，他的自由小。对此，我们不仅要考虑当时的情况，而且要追溯产生这种情况的原因。亚里士多德曾经举过一个例子来说明这一点。一个醉汉在不能自控时做了坏事，仅从事情本身来看，醉汉似乎是在不自由的状态下做出的，因此不应该对此负责。但亚里士多德认为这个醉汉本来是可以不喝醉的，他在喝酒时是清醒的、能控制自己的，但他没有控制，反倒贪杯而致酩酊大醉，这就说明他是自愿选择醉酒的，因此他应该为醉酒后所做的一切负责任。

自由与责任的对等关系也不是绝对的。因为自由不仅是一种客观状态，而且与人的主观努力有关，随着当事者的道德品质、道德境界的高低不同而变化的。在同样的环境中，有的人可以游刃有余地去选择，可以自由地去选择责任，而另一些人则可能成为客观条件的奴隶。孔孟所说的"杀身成仁，舍生取义"，强调仁义是人之为人的标志，当生命与仁义不可兼得的情况下，道德高尚的人就会表现出高度的生死选择自由。相反，苟且偷生、背信弃义、卖友求荣的人，不但没有丝毫的自由，而且也丧失做人

---

① 黑格尔：《法哲学原理》第 146 页。

的资格和责任，成为为人唾弃的罪人。

一般来说，凡承认选择自由的理论也都承认人应该为这种选择负责。因为人既然面对着一种以上的道德可能性，既然可以在多种可能性中进行思考、权衡、取舍，那么，这种选择就是他自己的，就证明他是同意选择这种可能性的，他也就必然要为这种选择造成的后果负责。只有自由才能使选择者负有责任，也只有责任才能说明选择者是自由的。

绝对自由论者由于无限夸大人的意志自由，把人的选择说成是可以不受任何限制和约束，可以任意地选择，所以也就无限地夸大了人的责任。基督教神学家极力宣扬这种绝对的责任观，认为至高无上，尽善尽美的上帝凭其意志创造了人类，所以人的本性是善良的。但为什么又会干出坏事、产生罪恶呢？这是因为上帝不但创造了人，也创造了人的自由意志，赋予了人以选择善良的自由。人类始祖不听上帝的命令，滥用这种自由，作出违背上帝意志的选择，偷吃智慧之果，从而犯了原罪，并因此被赶出了伊甸园。人类的堕落是人自由选择的结果，人应该为这种选择负责，承受苦难、灾害和邪恶，只有诚心诚意地向上帝忏悔，背起沉重的十字架，才能重新得到上帝的恩典，摆脱原罪以享永恒的幸福。

存在主义者萨特既是绝对自由论者，也是绝对责任论者。他认为，"个人要为自己所做的一切承担责任"，责任就是人"负起"自己自由的"重担"，"人由于命定是自由的，把整个世界的重量担在肩上：他对作为存在方式的世界和他本身是有责任的。"① 责任使人不去盲目地相信某种特定价值的存在，使人意识到自己的选择是"不能得到辩护的"，个人所参与的一切事件，都是由自己造成的，负有不可推卸的责任。如果"我"被征调去

---

① 萨特：《存在与虚无》第 708 页。

参加战争，如果"我"没有从中逃出、开小差或自杀，那么就是"我"选择了战争，"这场战争就是我的战争"，"一切就都说明我对这场战争是负有完全责任的"。[①]

绝对责任论者不论其主观动机何在，但在客观上，只能造成两种结果。一是因责任而取消自由，责任已成为无法承受的负担，因此必然要逃避自由。二是因责任而取消责任：个人什么责任都负，也就等于什么具体责任都不负，人人都具有同样的责任，又等于人人都没有责任。

如果说，绝对自由者因夸大自由而间接否认责任的话，那么，机械必然论者坚持世界是一个因果链条，一切都是被决定的，从而直接否定了自由。17世纪荷兰哲学家斯宾诺莎甚至认为，那些主张人有意志自由的人，就像一个获得了一定能量并指定方向运动的石头一样，认为自己是自由的。这就是说，正像石头运动是有原因，被决定的一样，人也是被环境决定的，他的活动并不是自由的表现，而是必然性支配的结果。进化论者从生物发展的规律去理解人，认为人的生存和发展、人的活动和道德面貌都是生存竞争的结果，受优胜劣汰、自然选择的决定，不可能有什么自由。机械决定论者反对绝对自由观，把人的选择看作社会环境决定的，这当然是正确的，但他们由此走向极端，否认人能认识、改造社会环境，能够利用必然性去实现自己的目的，也即否定人具有相对的意志自由，这当然是错误的。这种观点也常常导致两种结果：一是宿命论。既然一切都是预先决定好的，人根本不可能改变自己的命运，因此人也就不要去做无谓的努力；听从命运，服从命运的安排，就是人唯一的职责。二是把自己的一切都推给环境、社会和必然性，把本来是出于自己意愿的选择说成是迫不得已的决定，最终否定了个人对选择应负的责任。

---

① 萨特：《存在与虚无》第709页。

由此可见，对责任的正确理解是同正确的自由观紧密相联的。无论是无限夸大意志自由，把自由理解为不受一切制约的"天马行空，独往独来"，还是绝对否定人的自由，把人的选择看作必然结果，都会否定人的现实的选择，否认人为这种选择所承担的责任，最终陷入虚无主义的泥坑。

三、教师道德行为选择的实现

教师道德行为选择的实现不仅以自由为前提，以责任为结果，而且还有自己的发展过程。在这个过程中，各个环节都必须遵从一定的标准才能达到选择的目的。因此，我们必须研究教师道德行为选择的实现过程，并通过这一过程，完成从选择到行为的过渡。

（一）教师道德行为选择的标准

教师道德行为选择总是依据一定的标准进行的。然而，任何标准本身的地位又是不确定的。在某种选择境况下，这一标准可能是最高的标准，而在另一选择境况下，它又退为次要的选择依据。因此，当教师考虑道德行为选择的标准时，首先就会遇到标准的确定性与不确定性问题。

所谓教师道德行为选择标准，是指任何教师道德行为选择都是根据一定的标准进行的。一定的标准在价值体系中的地位是确定的，较低的价值准则应从属于较高的价值准则，较小的标准应取决于较大的标准。标准的作用也是确定的，它决定着教师的取舍，决定着教师选择的价值。在价值冲突中，该标准促使教师执行某个道德准则而违背另一个道德准则，实现某种道德价值而舍弃另一种道德价值。正是由于这一标准的地位和作用的确定性，才使这一标准成为教师某一选择过程中的确实依据。

教师道德行为选择的不确定性是指：首先，标准的确定依赖于教师的认识。认识不同，或认识所达到的水平不同，教师进行选择所依据的标准也不同。其次，标准的作用取决于它在道德体系中的地位。地位越高的价值准则，对选择的作用越大。但由于价值准则之间存在着相互依赖、相互制约的关系，因此，任何准则往往都不是绝对的，都不能包揽所有的道德选择。第三，标准的作用在具体的选择中得以显现，不同的选择对标准的要求不同，而相同的选择也可以确立不同的标准，既没有可以普遍使用的抽象标准，也没有永恒不变的固定标准。只有在具体情境中发挥具体作用的具体标准。

教师道德行为选择的标准是确定性与不确定性的统一。首先，两者是相互渗透，相互包含的。不确定性包含着确定性，否则价值准则就无法成为选择的标准，而确定中又包含着不确定性，因为确定的选择标准是从不确定的价值准则来的。只有确定性，选择标准就会僵化，变成形而上学的教条，最终束缚教师的选择；而只有不确定性，选择标准又会无从把握，变成主观随意性的产物，使教师选择丧失依据。其次，两者是相互转化的。不确定性的准则一旦为教师所确认，就会成为确定的选择标准，在这个范围内，标准具有最高的权力，决定着取舍。但一超出这个范围，此标准又会成为不确定的，受其他准则制约或支配。

教师道德行为选择的标准是主体所确立的，因此它又有一个主观性与客观性的问题。早在两千多年前，古希腊的智者派就说过："人是万物的尺度"，把标准同人的主观性联系起来，把选择标准的确立权交给了人自己。人是选择的主体，也是确立选择标准的主体，这似乎是毫无疑问的。但是，处于一定社会关系中的人，在确定选择标准时不能只从主观出发，还必须考虑他人的因素、社会的因素。马克思说过："在任何情况下，个人总是'从自己出发的'，但由于从他们彼此不需要发生任何联系这个意义上来说，他们不是唯一的，由于他们的需要即他们的本性，以及

411

他们求得满足的方式，把他们联系起来（两性关系、交换、分工），所以他们必然要发生相互关系。"① 因此，教师确定选择标准时又不能仅从主观出发，还要考虑他人，考虑社会，即从关系出发，从而使选择标准又具有客观性。

选择标准的主观性决定了标准是具体的。主体在进行选择之前，必须从自己的需要出发确立标准，因此标准带着个人的色彩。个人的感性欲望、理性情感、意志信念，都可以成为确定标准的因素。而诸多因素中最重要的是理性和理想。教师道德行为选择是一种价值决断，仅靠感性的东西不行，必须把感性上升为理性，把需要上升到理想。理性、理想已经摆脱了个人的有限性，而进入到有限与无限相统一的领域。从现实与理想的结合出发而确定的标准不仅仅具有个人的主观性、情境的特殊性，而且还包含着社会的客观性、选择的普遍性。只有在这时，标准才不再是个人意志的产物，而且个人与他人，个人与社会相互作用的结果，是个人把握道德选择规律的结果。

选择标准的客观性决定了标准都是普遍的。每一标准能够适用一类情境，而不是只可适用于一种情境。没有这种普遍化性质的标准，就不是道德行为选择的标准。客观标准是不承认个性的，它将一切选择都经过客观的审判，符合前者方予以通过。但普遍性的标准最终必须落实在一定的选择中，成为具体的标准，从而多少具有个性特殊性和个人的主观性，也即把客观的道德规律化为人的内在要求，变为个人自觉的选择活动。因此，教师道德行为选择标准既不排斥主观性，也不排斥客观性，而是将主观性与客观性融于一体，达到二者的统一。

道德的基础是利益，教师道德行为选择归根到底是利益的选择。因此，在我们考虑道德行为选择标准因素时，又不得不考虑

---

① 《马克思恩格斯全集》第3卷，第514页。

选择标准的功利性和超功利性。

所谓功利性，是说任何道德行为选择的确立，都是反映着人与人之间一定的利益关系的，都是为了达到或实现某种利益的，离开了利益，道德行为选择就失去了动力和依据，就会变成空洞或虚伪的东西。马克思主义伦理学认为，世界上不存在纯粹的无功利的道德，道德是人们利益关系的反映，是受社会物质生活条件制约的。道德准则不过是利益的特殊表现形式或达到利益的特殊手段。由于这种准则转化而成的选择标准自然有了强烈的功利性。但是，选择作为教师的一种完善的意志决定，所依据的不是眼前的教师个人的私利或小集团的狭隘利益，而是长远的整体的利益，是整个人类完善（其中也包括个人完善）的利益。

但道德行为选择的标准又具有超功利性。超功利性在这里包含有以下几层意思：首先，教师道德行为选择的标准虽然来自利益关系，但它又具有相对的独立性，有着自己的特殊地位、职责和使命，这是由人类道德发展本身造成的，而与利益关系并没有直接的、一对一的决定关系。其次，教师道德行为选择的标准虽然反映着利益的要求，但正如上面所说的，这种利益是社会整体的利益，而不仅仅是教师个人的利益。所谓超功利，实际上就是超出个人的功利的无私精神。从标准上面，我们既看到任何利益的迹象，也不能指望它给你自己带来好处。再次，教师道德行为选择的标准在许多场合不但与教师的利益无关，而且是刚好相反，标准要求教师去选择那些具有很高价值的可能性，这种选择总是或多或少地需要教师作出点个人牺牲。马克思曾说过："如果我们选择了最能为人类福利而劳动的职业，那么，重担就不能把我们压倒，因为这是为大家而献身，那时我们所感到的就不是可怜的、有限的、自私的乐趣，我们的幸福将属于千百万人，我们的事业将默然地，但是永恒发挥作用地存在下去，而面对我们的骨灰，高尚的人们将洒下热泪。"① 教师道德行为选择正是在这种牺牲中显示出超功利性的光辉，也正是在这种超功利中包含了最大的功利性。

教师道德行为选择的功利性和超功利性通过教师的实际选择而达到统一；追求功利往往是达到超功利——即完善的目的的必要手段。同时由于社会生活中各种因素的交互影响，教师道德行为选择的标准不能独立于其他标准之外，它的功利性必须通过自觉地追求功利的选择来实现。一个只包含着功利性，只能将教师引向各自利益的标准，和一个让教师在选择时完全放弃利益的标准，都不是真正的教师道德行为选择的标准。

总而言之，教师道德行为选择的标准不是主观随意制定的，也不是纯粹的客观规定，而是确定性与不确定性的统一，主观与客观的统一，以及功利性与超功利性的统一。

（二）教师道德行为选择的规定性

教师道德行为选择的过程中，渗透了理智和意志的因素。理智不仅要确立选择标准，而且要探讨选择的起因，研究选择的过程，进行权衡思考，从而为道德行为选择确立标准、方向和目标。但是，教师道德行为选择并不只是理智的事情，还必须有意志参与，意志与理智结合，构成了自主、自决、自控等教师道德行为选择的诸多规定性。

自主。它是教师道德行为选择的基本规定性，这一规定性决定道德行为选择只能是主体的活动，而不是主体以外的，外在的活动。教师道德行为选择的自主性有三方面的含义：其一，教师道德行为选择是有目的的，这个目的就是"善"。唯有求善的选择才是教师自主的选择。其二，教师道德行为选择的选择是教师"我"的选择。因而教师道德行为选择成为教师人格的组成部分，

---

① 《马克思恩格斯全集》第 40 卷，第 7 页。

它表明选择并不满足于现有的道德状况，他要通过选择改造现实，并在改变客观现实的同时，也改变了自己。其三，教师道德行为选择始终是一种主动的选择。教师由于具有向善的目的，由于具有完善社会与完善自己的愿望，所以他不会迫于外在压力去作违心的选择，也不会屈从于内心欲望而不去选择，他是理智和意志的结合体，他必须按自己的信念和理想对待选择，并实现选择。

自决。自主性从出发点和性质上规定了教师道德行为选择的内容，而这一内容就是意志的自决，这种自决使选择成为自主的选择。只有自决的意志才是现实的道德意志。从表面上看，人人都以为自己的选择是出于自决的，似乎自决是道德行为选择的不言而喻的品性，但实际上自决是一个极为艰巨的任务，只有道德的意志、在理智指导下的意志才能面对冷峻的现实而不畏惧，投身价值冲突之中不怨不艾，人们唯有通过决断，才投入现实，不论作出决定对他来说是怎样的艰苦。没有道德意志的人，常常把选择权交给他人、权威或习惯，而只有具有道德意志的人才会把自决看作不可推卸的责任和使命。自决和自主一样，不是盲目的，它建立在教师明察、深知的基础上，是根据道德的本性、客观的规律以及现实的条件作出的决定，它着眼于长远的目标和理想的境界，把每一次决定都看作道德攀登的一步、自我道德完善的一种形式。

自控。教师道德行为选择在性质上是自立的，在内容上是自决的，在过程上则是自控的。自控是保证教师道德行为选择顺利进行的机制，意志导引选择的同时又控制选择。失控的选择就是偏离了原来的方向和目的，就是否定了自主和自决，从而就不算是真正的道德行为选择。教师道德行为选择的自控性主要表现在以下几个方面：首先是选择开始时的控制。道德意志的决定尽管是理智的、审慎的，但也有失误的时候，教师发现这种失误，就会使用自控的机制，停止或改变自己的决定。同时，由于教师自身的复杂性以及周围环境相互作用的复杂性，常会出现把外在的决定当作意志自己决定的情形，这时教师也可用控制的手段，暂缓选择的进行。其次是在选择过程中的控制，选择从决定到实施再到结束，是一个十分复杂的过程。在这一过程中，意志由于"身在庐山中"而带有一定程度的盲目性，或由于外在的干扰，或由于外界事物发展变化而出现偏差，为了防止"失之毫厘，差之千里"，教师也要经常审时度势，随时调整，以控制整个选择过程。再次是在选择结果上的控制。选择结果标志着某一选择的结束，但从教师人生的全过程或某个阶段来看，它又不过是其中一个环节，如何使之尽快从一个环节转向另一个环节，也常常是自控的一个重要任务。

（三）教师道德行为选择的过程

教师道德行为选择，是道德行为的前奏，因此教师道德行为选择的过程也就是道德行为形成的过程，具体表现为道德动机的选择、道德目的的选择、道德手段的选择等。

任何行为都是有动机的。动机是直接推动个体活动以及达到一定目的的重要的内部动力。动机是行为的开端，也是决定行为目的的重要因素，因此，教师道德行为选择过程的第一个环节就是动机的选择。

教师之所以能够选择动机，一方面是由于教师有自由选择的能力；另一方面由于动机本身提供了选择的可能。动机的好坏对行为的善恶往往起着决定性的作用，但是动机与行为的关系不是一对一的，同一个行为可能动机各不相同。比如，教师对教育事业的执著追求，可能是由于出人头地、成名成家的愿望，也可能是由于对成就感、价值感的需要，还可能是出于报答社会、师长关怀的报恩之情等等。这些动机虽然都能形成同样的行为，但其道德价值却不同。从道德上讲，无论教师行为动机有多少，但大致可以分为三类：一是符合社会主义道德和社会主义教育事业的动机，如有利于他人，维护社会整体利益等等；二是不符合社会主义道德和社会主义教育事业的动机，如损人利己，损公肥私等等；还有一些介于两者之间，如利己不损人，人我两利或人我两不损等，社会主义道德和社会主义教育事业认为，第一种动机是善的，是每一个人、每一个教师都应该选择的。而第二种动机是恶的，应该加以摒弃的。第三种动机的善恶要根据具体情况具体分析。

不同动机产生同一行为还有另一种表现形式，即几种动机共同发生作用形成了某种行为。比如，对教育事业的执著追求既是出于出人头地、成名成家的愿望，也有对教育事业的热爱，希望的寄托，还有成就感、价值感的需要，或许还有报答社会、师长关怀的报恩之情等等。这时，行为虽然有好几个动机，但这些动机中必须有一个占有主导地位，从而起着支配的作用。在这种情况下，教师道德行为选择就表现为如何选择主导动机上。如果教师选择了比较符合社会主义道德和社会主义教育事业的、善的动机为主导动机，就能使行为顺利进行，最终达到目的，如果教师选择的主导动机是恶的，不符合社会的道德规范，那只能导致失败，是早晚应予以摒弃的。

动机的复杂性还在于同一动机也可以产生不同的行为，因为动机只是行为的直接原因，而不是目的，它推动人去行动，但它又没有明确行动的途径和手段。教师想成名成家，可以表现为诚实劳动，踏实工作，也可表现为投机取巧。这一现象的存在告诉我们，动机选择的道德意义是有限的，教师道德行为选择还要进一步发展，由选择动机过渡到选择目的。

目的是人们预定通过行为所需要达到的结果。漫无目标的行为是没有任何价值的。目的是行为的灵魂，规定着行为的方向，因此选择目的就显得更为重要，目的在行动中的地位和作用，也决定了目的选择的重要性。选择正确的目的是教师道德行为的关键环节和主要使命，目的不是与行为相对而言的最终结果和状态，而是从动机转化而来的，与人的主动欲求相关，是行为追求的对象，这种对象并不是客观存在的，而是以观念形态在人的头脑中生成或表现出来的，从而能够起着指导行为的功能和作用。

目的不仅是主观的，实质上它是客观的关系在人脑中反映的结果，其本质是主客体的统一。作为客观规律的目的，人是无法改变的，正如马克思所说："这个目的是他所知道的，是作为规律决定着他的活动的方式和方法的，他必须使自己的意志服从这个目的。"① 但目的作为人的主观反映，又是可以选择的，只有经过主体选择以后，成为"我"的目的，才能支配"我"的行为。

目的的领域，是充满矛盾和冲突的领域。不同的目的共存和对立，使得教师在选择目的时不得不格外谨慎。选择目的，既是教师选择活动自主性、自决性的突出表现，也是确定教师道德行为责任的主要依据。

目的必须通过手段来实现，手段是实现目的的方法、途径或方式，是由目的的本身的性质规定的。因此，教师选择目的同时也就是选择手段，正如黑格尔所说："如何表现自己，用什么手段表现自己，也是目的本身所规定了的。"② 目的制约和支配着手段的选择：高尚的目的必然由正当的、合乎道义的手段来实现，而卑劣的目的常常不择手段。但这是从根本上而言的，不能无限夸大。思想史上所谓的"目的证明手段"的理论，就是从此出发，认为只要目的正当，可采用任何手段，从而走上道德虚无主义的。

---

① 《马克思恩格斯全集》第 23 卷，第 202 页。
② 黑格尔：《精神现象学》上卷，第 265 页。

选择目的与选择手段的关系是辩证的。一方面，由于目的是行为的灵魂，目的支配着手段，确定目的决定着选择手段。另一方面，手段也不是消极的，完全听命于目的的。手段本身是一种积极能动的力量，因为目的必须靠手段来实现，没有手段的目的只是一种主观的观念，而不可能转化为现实。同时也因为手段又可反作用于目的，手段的价值可以增加、减少以致改变目的的价值。由此而知，手段的选择也同样是教师道德行为选择中不可忽视的重要环节。

目的与手段是密切相关的。在目的既定的情况下，手段的选择具有极为重要的意义。首先，正确地选择手段才能尽快完满地实现目的。由于目的手段的相关性，所以，只有目的和手段在性质上一致时，才能有助于目的的实现。其次，选择手段又能强化道德行为选择的责任。无论是动机还是目的，都是作为主观的东西存在的，对它们的选择经常是在观念中进行的，是一种思想上的矛盾斗争。这种观念，意识上的选择对于形成人的品质是极为重要的，但由于它只是停留在主体头脑中，并没有表现出来，所以选择的责任尚不明显。只有经过手段选择之后，目的、动机才开始由观念形态向现实形态转化，从而有了明显的道德责任。最后，选择手段可以扩大人的自由。选择自由是人的一种能力，但这种能力不是天生的，而是由不断积累选择经验而形成的。在现实生活中，为达到一个目的，可以通过多种途径和各种方式，因而，手段与目的相比要丰富得多。在诸多的手段之间进行抉择，既表现了教师现有的自由度，又为教师选择自由的增加奠定了基础。

教师道德行为选择经过动机、目的、到达手段，同时也发展到了自己的顶点。这时教师道德行为选择也就完成了自己的使命，开始向道德行为过渡。

四、教师道德行为选择能力及其培养

（一）培养教师道德行为选择能力的意义

教师道德选择是教师进行道德活动的一定形式。教师行为选择的正确性，一方面取决于教师个人的道德品质的高低，另一方面同教师个人的选择能力有密切的联系。事实上，在教师的行为选择中，这两个因素相互交叉、相互渗透，共同起作用。教师的选择水平，首先是以一定的道德品质为基础的，而一个教师道德品质又是在具体的道德行为的选择中才能表现出来的。人们一般注重行为选择中教师个人的品德素质（这是绝对需要的），而忽视了教师个人能力在道德选择上的作用。其实个体能力在选择中是很重要的，能力不强，势必影响选择的正确性。特别是在偶发事件发生时，道德行为选择能力的作用更为突出。在事物处于相对稳定或在环境正常发展的情况下，教师对客体的选择是比较顺利的，容易达到选择的目的。但当选择客体和选择环境偶然发生变化或事物处于质变过程出现难以预料的情况时，教师要实现道德行为选择的目的就比较困难了。在这种情况下，道德行为选择能力强者就能比较迅速而冷静地作出正确的选择，弱者往往感到左右为难，不知所措。这种情况的产生，除了教师个人的道德素质原因外，一个突出的问题就是选择能力差。

能力是人们完成某种活动所必需的并直接影响活动效率的个性心理特征。人们要完成任何一项活动都与人们所具有的能力密切相关，缺乏某种能力就会影响某项活动的效率和成功率。行为选择能力是人们成功地完成行为选择必备的条件，是正确的道德选择的重要保证，个体选择能力的强弱往往影响着道德选择的方向和道德价值的大小，对教师的道德品质的培养也有很大的影响。充分认识到能力在道德行为选择中的重要作用。加强教师个体选择能力的培养，是教师职业道德建设中所要研究的重要课题之一。

(二) 教师道德行为选择能力及培养

教师道德行为选择能力，是指教师对道德行为选择客体作用的能力和选择的能力。教师在选择道德行为过程中，既有对客体的作用，又有自身的能力（鉴别）潜在其中。选择能力是教师道德行为选择构成的重要内容。一个教师，失去了选择能力，也就不能进行选择。

道德行为选择能力作为主体对选择客体作用和选择的能力，主要由比较力、分解力、鉴别力、取舍力和自组织力等要素所构成。

比较力是指确定事物异同关系的能力，即依据一定的标准，将彼此有一定关联的事物加以对照，从而确定其相同和相异之点，把握事物的内在联系，认识事物的本质。比较力，对一个人来说，既是一种思维能力，又是一种应用方法的功能。没有比较，没有权衡利弊，就分不清真、假、善、美、好、坏，有用、无用，也就达不到选择的目的。比较力是构成选择力的基础因素。

鉴别力是指辨认、识别的能力。有比较才有鉴别。比较是鉴别的前提，鉴别是比较的后续。鉴别力是比较力的延伸、提高。鉴别力也是选择力的基础。如果鉴别力差，对各类行为鉴别不准确，就不能选择出主体所需要的有价值的东西，就不能实现选择的目的。

分解力是指对复杂事物和复杂系统进行分解，从中选择主体所需要的价值的能力。事物或系统都是处于普遍联系和普遍发展之中，这就形成了事物或系统的复杂性。能否在复杂的事物中选择主体所需要的价值，关键在于有无分解能力或分解力的大小。对事物或系统进行分解，可分为结构分解、功能分解、形态分解、运动过程（时、空）分解。对分解项目可根据主体选择的需要，取其一二。分解力是选择力的一种辅助力，在选择过程中也是不可缺少的。

取舍力是指在选择过程中对选择对象取舍的能力。它是选择直接实现的推动力。在比较、鉴别、分解的基础上，根据主体的价值需求，进行取舍就是选择。在此选择力直接表现为取舍力。取舍力强的人，选择就得当，取舍力弱的人选择就不得当。因此，主体取舍力的大、小、强、弱直接关系到选择目的的实现。

自组织力是指选择主体在获得了价值之后重新调整自身的能力。这种自组织力好像人的吸取能力，浮华能力一样，能把从外界所摄取的养料通过生化作用变成自身的有机组成部分。一个自组织能力差的选择主体，患的将是一种浮华不良症。一个人总是要按照某种模式来塑造自己的灵魂和行为。主体选择目标能否最后实现，决定性的是选择主体自组织力。

上面我们将道德行为选择能力分解为比较力、鉴别力、分解力、取舍力、自组织力，在于说明选择的内在过程，是一个从比较开始，经过鉴别、分解、取舍达到自组织的过程。其中每种力均可视为选择力在选择的不同阶段的表现。即：当选择处于比较阶段，选择力就表现为比较力；当选择处于鉴别阶段，选择力直接表现为鉴别力；以此类推。当然一个选择主体内在的选择过程的阶段并非如此界限分明，选择力的各种表现也并非如此一清二楚，恰恰是在选择过程中，这些力凝聚为一种合力——选择力在发挥作用。其次它又说明选择力既是选择的一种能力、推动力，又是选择的一种技巧。在这个意义上讲，选择力包含着方法论的意义。

如何培养教师道德行为选择能力呢？

首先，要全面理解和掌握道德知识，加强对道德必然性的认识，这是提高教师道德行为选择能力的前提。教师道德行为选择能力的发展同教师个人对道德知识、道德必然性掌握的程度成正比例。道德知识愈丰富、对道德必然性认识愈深刻，教师道德行为选择能力就愈强。应该说，教师已经积累了不少道德知识，但是进行道德行为选择仅有常识性的知识是不够的。恩格斯说："常识在它自己的日常活动范围内虽然是极可尊敬的东西，但它一跨入广阔的研究领域，就会遇到最惊人的变故。"① 当今，社会经济、政治改革和世界科技的发展所产生的道德问题日趋复杂，依靠道德常识或道德经验来进行道德行为选择已远远不够了，教师必须加强道德知识的学习，在理论上有所提高和深化。教师要提高道德行为选择能力，就社会方面来说，必须加强道德教育，从外面进行灌输道德知识；就个人而言，每个教师一定要自觉进行道德修养，努力学习道德知识，增强对道德必然性的认识，特别是道德原则和道德规范的认识，因为任何道德行为选择都是在一定的道德原则和规范的指导下进行的，并且体现着一定的道德原则和规范的要求。只有这样，才能有效地提高自身的道德行为选择的能力。

其次，要培养良好的思维能力。良好的思维能力是道德行为选择能力的基础，思维能力的发展，必须引起道德行为选择能力的提高。思维能力一般是由思维的分析能力、综合能力、比较能力和概括能力所组成。这些能力相互联系，构成完整的思维运动过程。发展分析能力，就要学会分析事物的方法。分析的方法是把选择对象的整体分解为各个部分，从中认识事物的本质的方法。分析的方法虽然能够把握事物的本质特征，但这种认识仍然是零碎的、抽象的，不能把握事物的全体。这就需要综合方法的介入。所谓综合方法，就是思维把选择对象的各个部分联合成为一个整体，使事物的本质体现在各个部分中的方法。在分析的基础上综合，使对象在思维中具体再现，这样就能对事物或人的行

---

① 《马克思恩格斯全集》第20卷，第24页。

为达到完整的具体的认识。有比较才能有鉴别，通过比较，才能辨别真假与善恶，不至于被虚假的形式所迷惑。道德行为选择应该是选择者对行为和事件作详尽的分析、综合和比较的基础上作出抉择。如果没有分析综合，比较鉴别，想当然地去选择，那么这种选择就不可能顺利达到选择主体的价值目标，实现选择的目的。发展思维能力，还必须培养稳定、积极的情绪和坚强的意志。稳定的情绪和坚强的意志能够促进思维活动的进行，有利于道德行为选择目的的实现；消极的情绪和脆弱的意志有碍于思维活动的进行，往往造成道德行为选择的失真，影响道德行为选择目的的实现。

最后，要在社会实践中锻炼道德行为选择能力。任何能力的发展都离不开社会实践的锻炼，教师的道德行为选择能力的提高也需要教师在道德实践中培养和发展的。因为教师面临的社会生活是复杂的，环境提供的选择可能性有时是人们事先无法预料的。这使每个教师的行为选择，在很多场合下，没有现成的答案。如果要正确地选择道德行为，使个人选择与社会要求相统一，就要在道德实践中，进行多方面的学习和锻炼，在实践中积累经验，这样道德行为选择能力就能得到不断升华和提高。

【复习思考题】

1. 如何看待教师道德行为选择心理机制中的情感因素？
2. 教师道德行为选择意志自由有哪些特点？
3. 如何培养教师道德行为选择的能力？

【实例评析】

冯长根的道德价值选择

原北京理工大学力学工程系教授冯长根，曾经下乡插过队，1975 年进入大学时，他的实际水平只相当于初中一年级。在 4

年时间里，他走完了一般大学生要花 10 年时间才能走完的从初中到大学毕业之路，接着他以优异成绩考上研究生，后来又出国深造。在英国，他为了学习国家所急需的专业，同时攻两个系的课程，破例成为两个系共有的研究生。在准备博士论文的日子里，他一头扎进图书馆，整整两个月天天实际工作十四五个小时。他在论文的扉页上深情地用中文和英文写上："本论文献给我们的祖国——中华人民共和国。"1983 年 12 月，他顺利地通过了博士论文答辩，来不及参加毕业典礼，就回到祖国，迅速投入研究工作，将自己掌握的专业知识献给祖国。1989 年被评为首届"中国青年十大杰出人物"之一。冯长根对做什么事有价值、做什么事没有价值，在思想上有一个正确的价值标准，这就是报效祖国。有了正确的价值观，他的价值选择也就是成功的。

【提示】

1. 冯长根教授心向祖国，志在教育的价值选择，难能可贵。

2. 教师的行为选择总是与一定的道德价值目标相联系的。今天我们的国家正在进入全面建设中国特色社会主义现代化的新时刻，建设小康社会，构建社会主义和谐社会是我们的奋斗目标，人民教师的理想目标应该与之相一致。

3. 做出正确的道德价值选择，关键在于正确认识和处理个人利益与国家整体利益的关系。

参 考 书 目

徐特立教育文集. 人民教育出版社

施修华. 教育伦理学. 上海科学普及出版社

王正平. 教育伦理学. 上海人民出版社

李春秋. 教育伦理学概论. 北京师大出版社

乐龚进. 教师职业道德. 北京教育出版社

李春秋. 简明伦理学. 蓝天出版社

胡春木. 弘扬爱国主义与集体主义. 职工教育出版社

姚新中. 困惑——当代社会问题的伦理思考. 中国城市经济社会
　　　　出版社

罗国杰. 中国伦理学百科全书·伦理学原理卷. 吉林人民出版社

郑维铭等. 从教为师之道——师德读本. 广东高等教育出版社

李春秋等. 师德读本. 人民教育出版社

后　记

　　教育者必先受教育。教师要完成时代赋予的使命，必须全面提高自身的素质，不仅需要掌握一定的专业知识和教学技巧，而且更要具有良好的教师职业道德品质。为此，教师应该加强职业道德修养，提高师德素质，真正做到爱岗敬业，教书育人，为人师表。

　　本书是为了贯彻科教兴国战略，落实《教师法》，努力实现从应试教育向素质教育的转变而组织编写的。全书分八章。第一、二、三章阐述教师职业道德的基本理论；第四、五章概述教师职业道德的基本原则和主要规范；第六、七章论述如何将教师职业道德的原则和规范转化为教师个体的道德品质；第八章阐明教师职业道德最终要落实到行为选择上，这既是道德转化的重要途径和要求，又是教师个体道德品质的重要表现。本书是各级各类学校特别是高等学校教师道德建设的适用教材。

　　本书由李春秋拟定大纲和修改定稿。撰稿人是（以姓氏笔划为序）：王彩霞、包兰英、曲宗琴、许小平、李春秋、李逢惠、陈春花、张发祥、秦丽君、梁常青、蒋正明、樊婧、樊秀萍。

　　本书的出版发行，是各方面支持的结果。国家教育部人事司负责人做了大量组织工作。在此，我们谨向他们表示由衷感谢。各作者在写作过程中，汲取了学术界同仁的一些精辟见解，由于篇幅所限，没有在书中——加以注明，我们向他们表示深切的感谢。

由于我们对教师职业道德问题的研究尚处起步阶段，无论在框架体系上，还是内容阐述上，还有不少纰漏，欢迎专家、读者批评指正。

作者
1999 年春

重 版 后 记

　　本教材已使用整整一年，根据专家、读者们的批评建议，现进行修订重版。在保持全书大结构不动的前提下，增加了"道德是为人处世的行为准则"（第一章）和"教师个体高尚人格的塑造（第九章）两章，重写"教师个体道德品质的养成"（第八章）一章。第二、五、六章也作了较大的增删。增加章节内容与修订工作由主编完成。为了帮助读者更好地把握各章的内容和联系实际，这次修改时，在章后增添了复习思考题。教师讲课时，还可以列举道德案例进行教学。欢迎专家、读者继续批评指正。

　　教师作为"人类灵魂的工程师"，不仅要教好书，还要育好人，各方面都要为人师表。这是千真万确、饱含哲理的。高等学校的教师是培养社会主义现代化建设高级人才的"工程师"，加强职业道德修养，是顺理成章的。

作者
2000 年春

修订版后记

时代的发展向广大教师职业道德提出了新的要求。为此，我们对《高等学校教师职业道德修养》做了修订。大致涉及到以下几个方面：第一，根据"三个代表"重要思想和科学发展观的要求，删改了书中的一些不合时宜的观点和文字表达。第二，吸收了近年来教师职业道德修养的研究成果，在第二章中增加了第四节即"以人为本，加强教师职业道德建设"，以及"弘扬古代重视师德修养的优良传统"的内容。第三，各章的最后，增设了"实例评析"，以便读者更好地理论联系实际，提高本书的生动性、可读性。

教师职业道德修养是个动态过程，因此，教师总是在与时俱进，为完成时代的使命而努力提高自己的素质特别是职业道德素质。

作者
2005 年冬